2019

COORDENADORES

GILBERTO CARLOS
MAISTRO JUNIOR

JULIANE DIAS
FACÓ

DIREITO PROCESSUAL DO TRABALHO
NOVOS RUMOS

EDITORA FOCO

2019 © Editora Foco

Organizadores: Gilberto Carlos Maistro Junior e Juliane Dias Facó
Autores: Adalberto Martins, Alan Coelho Furtado Gonçalves, Andréa Presas Rocha, Carlos Augusto Marcondes de Oliveira Monteiro, Danilo Gonçalves Gaspar, Edilton Meireles, Fabiano Aragão Veiga, Fábio Rodrigues Gomes, Gilberto Carlos Maistro Junior, Ingrid Elise Scaramucci Fernandes, João Humberto Cesário, Jorge Cavalcanti Boucinhas Filho, Juliane Dias Facó, Marcelo José Ladeira Mauad, Marcelo Miranda Caetano, Marcos Bernardini, Raimundo Simão de Melo, Raphael Miziara, Ricardo Souza Calcini e Tercio Roberto Peixoto Souza
Diretor Acadêmico: Leonardo Pereira
Editor: Roberta Densa
Assistente Editorial: Paula Morishita
Revisora Sênior: Georgia Renata Dias
Capa Criação: Leonardo Hermano
Diagramação: Ladislau Lima
Impressão miolo e capa: GRÁFICA META BRASIL

Dados Internacionais de Catalogação na Publicação (CIP) de acordo com ISBD

D598

Direito processual do trabalho: novo rumos / Adalberto Martins ... [et al.] ; organ izado por Gilberto Carlos Maistro Junior, Juliane Dias Facó. - Indaiatuba, SP : Editora Foco, 2019.

XXX p. ; 17cm x 24cm.

Inclui bibliografia e índice.

ISBN: 978-85-8242-321-9

1. Direito. 2. Direito processual do trabalho. I. Martins, Adalberto. II. Gonçalves, Alan Coelho Furtado. III. Rocha, Andréa Presas. IV. Monteiro, Carlos Augusto Marcondes de Oliveira. V. Gaspar, Danilo Gonçalves. VI. Meireles, Edilton. VII. Veiga, Fabiano Aragão. VIII. Gomes, Fábio Rodrigues. IX. Maistro Junior, Gilberto Carlos. X. Fernandes, Ingrid Elise Scaramucci. XI. Cesário, João Humberto. XII. Boucinhas Filho, Jorge Cavalcanti. XIII. Facó, Juliane Dias. XIV. Mauad, Marcelo José Ladeira. XV. Bernardini, Marcos. XVI. Melo, Raimundo Simão de. XVII. Miziara, Raphael. XVIII. Calcini, Ricardo Souza. XIX. Souza, Tercio Roberto Peixoto. XX. Título.

2018-1384   CDD 342.68   CDU 347.9

Elaborado por Vagner Rodolfo da Silva - CRB-8/9410
Índices para Catálogo Sistemático:
1. Direito processual do trabalho 342.68   2. Direito processual do trabalho 347.9

DIREITOS AUTORAIS: É proibida a reprodução parcial ou total desta publicação, por qualquer forma ou meio, sem a prévia autorização da Editora FOCO, com exceção do teor das questões de concursos públicos que, por serem atos oficiais, não são protegidas como Direitos Autorais, na forma do Artigo 8º, IV, da Lei 9.610/1998. Referida vedação se estende às características gráficas da obra e sua editoração. A punição para a violação dos Direitos Autorais é crime previsto no Artigo 184 do Código Penal e as sanções civis às violações dos Direitos Autorais estão previstas nos Artigos 101 a 110 da Lei 9.610/1998.

NOTAS DA EDITORA:

Atualizações e erratas: A presente obra é vendida como está, atualizada até a data do seu fechamento, informação que consta na página II do livro. Havendo a publicação de legislação de suma relevância, a editora, de forma discricionária, se empenhará em disponibilizar atualização futura.

Erratas: A Editora se compromete a disponibilizar no site www.editorafoco.com.br, na seção Atualizações, eventuais erratas por razões de erros técnicos ou de conteúdo. Solicitamos, outrossim, que o leitor faça a gentileza de colaborar com a perfeição da obra, comunicando eventual erro encontrado por meio de mensagem para contato@editorafoco.com.br. O acesso será disponibilizado durante a vigência da edição da obra.

Impresso no Brasil (10.2018) – Data de Fechamento (10.2018)

2019
Todos os direitos reservados à
Editora Foco Jurídico Ltda.
Al. Júpiter 542 – American Park Distrito Industrial
CEP 13347-653 – Indaiatuba – SP
E-mail: contato@editorafoco.com.br
www.editorafoco.com.br

Prefácio

Não há dúvida de que o processo trabalho está passando, desde 2014, pela sua mais profunda transformação desde a promulgação da CLT.

A Lei 13.015/2014, o CPC e a reforma trabalhista mudaram substancialmente o processo e a litigância trabalhistas.

Atentos a isso, Gilberto Maistro Jr. e Juliane Facó organizam essa belíssima coletânea, para enfrentar o que chamam de "novos rumos" do processo do trabalho. Deram atenção especial aos enunciados produzidos no Fórum Permanente de Processualistas do Trabalho, que vem tentando posicionar-se como ambiente adequado e perene para as discussões em alto nível nessa área.

A obra é importantíssima para todos quantos gostem daqueles livros que devem ficar sempre à mão, para nos ajudar nas questões dogmáticas que surgem em nosso cotidiano profissional.

Parabéns aos coordenadores, aos coautores e à Editora.

Salvador, em setembro de 2018.

Fredie Didier Jr.
Professor da UFBA e advogado.

Apresentação

Direito Processual do Trabalho: novos rumos. Sim, o Direito Processual do Trabalho, nos últimos anos, sofreu relevantes reflexos advindos de recentes alterações legislativas, e, por isso, teve seus pilares sensivelmente alterados, com inegáveis desdobramentos nos direitos fundamentais, em especial dos trabalhadores.

O primeiro momento de considerável impacto se deu com a publicação da Lei 13.015/2014 e a profunda alteração provocada no sistema recursal trabalhista. Pouco depois, foi publicada a Lei 13.105/2015, o "Novo" Código de Processo Civil, cuja aplicação nos domínios do Processo do Trabalho foi bastante maximizado pelo disposto no seu artigo 15, com o incremento de sua aplicação *supletiva* – e não apenas *subsidiária*, como há tempos já conhecida e praticada a partir do disposto na CLT, artigos 769 e 889.

A referida alteração legislativa no plano do Processo Civil exigiu, como não poderia ser diferente, a concentração e o aprofundamento dos estudos desenvolvidos pela doutrina e fomentados por Jornadas, Congressos, Encontros e Fóruns. Dentre esses, destaca-se, por sua importância e pelos resultados obtidos, o FPPC – Fórum Permanente de Processualistas Civis, resultante dos Encontros de Jovens Processualistas, coordenado por Fredie Didier Junior e com a participação ativa de centenas de processualistas brasileiros.

No bojo dos trabalhos desenvolvidos no FPPC, em seus primeiros encontros, diversos processualistas se reuniram em grupo temático dedicado aos impactos do CPC/2015 no Processo do Trabalho, com a promoção de relevantes debates acerca das alterações trazidas pela nova legislação e seus reflexos nas causas que tramitam perante a Justiça do Trabalho.

A grande relevância de tais debates e os resultados profícuos dos trabalhos deste grupo, contudo, exigiu que a ele se desse maior amplitude e aprofundamento, frente à constatação dos novos rumos pelos quais se via conduzido o Processo do Trabalho - e o próprio Direito Processual do Trabalho, como ciência. Frente a isso, inspirados na concepção do FPPC, os membros do grupo de análise dos impactos do novo CPC no Processo do Trabalho resolveram constituir um Fórum autêntico e autônomo, baseado em premissas semelhantes, denominado, de início, FPDPT – Fórum Permanente de Direito Processual do Trabalho, nome este alterado, depois, para FPPT – Fórum Permanente de Processualistas do Trabalho, evento multiestadual, formado por estudiosos do tema (professores, juízes do trabalho, advogados, procuradores do trabalho, assessores), com reuniões periódicas para fim de discutir os novos rumos aqui mencionados, de modo isonômico, aberto e respeitoso, visando encontrar soluções para as mais candentes questões do Processo do Trabalho, pela via do estudo e do debate, com a consequente edição de enunciados aprovados por unanimidade, voltados a servir de norte para o estudioso e/ou operador do Direito (disponíveis para consulta em: fppt.com.br).

Os trabalhos do FPPT, contudo, sofreram um importante incremento a partir do ano passado, quando veio a lume a Lei 13.467/2017, a chamada "Reforma Trabalhista" e, com ela, mais de uma centena de alterações no texto da Consolidação das Leis do Trabalho, dentre outras normas, tanto no que se refere a dispositivos pertinentes ao direito material quanto no que tange a regras processuais.

Tratam-se de alterações profundas, que abalaram verdadeiros paradigmas do Processo do Trabalho repercutindo, inclusive, na jurisprudência antes consolidada do TST.

Questões como a aplicação de regras pertinentes a honorários advocatícios sucumbenciais nos domínios do Processo do Trabalho (com relação às quais a jurisprudência do TST era refratária, principalmente no que se refere às ações nas quais se discutia direitos decorrentes da relação de emprego), a admissão da prescrição intercorrente na fase de execução trabalhista, novos requisitos para a concessão dos benefícios da gratuidade de justiça e sua mitigação frente à condenação do beneficiário no pagamento de honorários periciais e advocatícios, a positivação da possibilidade de submissão à Justiça do Trabalho de acordo extrajudicial para homologação com previsão de procedimento especial de jurisdição voluntária, a regulamentação da transcendência exigida para fim de conhecimento do Recurso de Revista, a previsão específica da necessidade de prévio incidente, nos moldes do CPC com as devidas adaptações às peculiaridades do Processo do Trabalho, prévio à desconsideração da personalidade jurídica, a contagem dos prazos em dias úteis, dentre tantas outras alterações de suma relevância, marcaram os impactos da Reforma Trabalhista (Lei 13.467/2017) no Processo do Trabalho, o que não foi ignorado, passando a ocupar posição de destaque a partir do IV FPPT – em especial no quinto encontro, havido em março de 2018, em Salvador/BA.

A reunião de processualistas do trabalho no FPPT resultou, além de importantes interpretações consolidadas em enunciados, outras iniciativas, a bem do desenvolvimento dos estudos sobre esses novos rumos do Direito Processual do Trabalho, trazidos pelo CPC/15 e pela Lei 13.467/2017. Dentre elas, merece destaque a ABPT – Associação Brasileira de Processualistas do Trabalho, constituída para propiciar a tomada de medidas concretas voltadas ao combate às distorções e à defesa do Direito Processual do Trabalho, no intuito de mantê-lo na trilha para a qual é vocacionado: servir de instrumento de segurança jurídica e pacificação social sem perder de vista o relevante papel que ocupa frente à salvaguarda do próprio Direito Material do Trabalho, qual seja, a realização de justiça social e o estabelecimento de um estado de bem-social para todos, como apregoado no artigo 193 da Constituição Federal. Hoje, o FPPT é produto da ABPT, principal responsável por sua organização.

No âmbito destes debates, encontros, estudos e demais interações proporcionadas pela ABPT e pelo FPPT, surgiu a iniciativa de elaboração desta obra, na busca de refletir sobre os novos rumos do Direito Processual do Trabalho e suas consequências práticas, mantido o caráter democrático que marca o FPPT. Para tanto, foram convidados autores com presença constante nas edições do Fórum Permanente de Processualistas do Trabalho, de modo a permitir ao leitor o conhecimento do conteúdo de debates estabelecidos no âmbito dos grupos temáticos e das plenárias. De outro lado, também foram convidados outros autores, com relevantes conhecimentos sobre os temas tratados, para contribuir com o desenvolvimento buscado nos referidos eventos, a permitir um conflito de ideias indispensável a quem pretende melhor entender os possíveis caminhos que os novos rumos aqui mencionados conduzem.

Nesse diapasão, cada autor apresenta seu entendimento sobre temas relevantes de modo absolutamente livre, sustentando ou criticando os posicionamentos fixados nas edições do FPPT, ou, simplesmente, sem referências a estas, de modo a resultar em obra que, também, será de extrema importância para os futuros trabalhos no próprio Fórum. São profissionais com experiência na advocacia, na magistratura e no Ministério Público do Trabalho bem como nas atividades docentes no ensino jurídico, em graduação e/ou pós-graduação, de diversas regiões do país, de modo a proporcionar uma visão plural e suprarregional.

Esse o objetivo do presente trabalho. Boa leitura e boas reflexões!

GILBERTO CARLOS MAISTRO JUNIOR

JULIANE DIAS FACÓ

(Organizadores)

Sumário

ARBITRAGEM NAS RELAÇÕES DE TRABALHO
Marcos Bernardini 1

COMPATIBILIDADE DOS NEGÓCIOS PROCESSUAIS ATÍPICOS COM O PROCESSO DO TRABALHO: CENÁRIO ANTES E PÓS REFORMA TRABALHISTA
Juliane Dias Facó 21

A PETIÇÃO INICIAL TRABALHISTA APÓS O NOVO CÓDIGO DE PROCESSO CIVIL
Jorge Cavalcanti Boucinhas Filho 47

PETIÇÃO INICIAL: NARRATIVAS, REALIDADE E CONSEQUÊNCIAS
Fábio Rodrigues Gomes 67

O ÔNUS DA PROVA NO PROCESSO DO TRABALHO NO CONTEXTO DA LEI 13.467/2017 (REFORMA TRABALHISTA)
João Humberto Cesário 93

A TEORIA DINÂMICA E A DISTRIBUIÇÃO DO ÔNUS DE PROVA
Ricardo Souza Calcini 109

O QUE MUDOU (SE É QUE MUDOU) NA SISTEMÁTICA DA CONCESSÃO DO BENEFÍCIO DA JUSTIÇA GRATUITA COM A REFORMA TRABALHISTA
Fabiano Aragão Veiga 127

A RESPONSABILIDADE PELO PAGAMENTO DOS HONORÁRIOS ADVOCATÍCIOS E PERICIAIS DO BENEFICIÁRIO DA JUSTIÇA GRATUITA APÓS A LEI 13.467/2017 (REFORMA TRABALHISTA)
Danilo Gonçalves Gaspar 139

OS HONORÁRIOS ADVOCATÍCIOS SUCUMBENCIAIS NA FASE RECURSAL NAS AÇÕES PROPOSTAS ANTES DE 11.11.2017: REFLEXÕES INICIAIS
Gilberto Carlos Maistro Junior 161

PROCEDIMENTO PARA APURAÇÃO DOS ILÍCITOS E APLICAÇÃO DAS PENALIDADES PROCESSUAIS TRABALHISTAS
Edilton Meireles 183

BASES CONSTITUCIONAIS DA SUBSTITUIÇÃO PROCESSUAL E O PODER DE TRANSAÇÃO DOS SINDICATOS
Marcelo José Ladeira Mauad 195

TUTELA COLETIVA DOS DIREITOS TRABALHISTAS
Raimundo Simão de Melo 203

O INCIDENTE DE DESCONSIDERAÇÃO DA PERSONALIDADE JURÍDICA A PARTIR DA REFORMA TRABALHISTA
Adalberto Martins 227

A APLICAÇÃO DA TR E DO IPCA-E A PARTIR DA ANÁLISE FEITA PELO STF E TST
Alan Coelho Furtado Gonçalves 241

A INICIATIVA DA EXECUÇÃO APÓS A REFORMA TRABALHISTA: A PRESCRIÇÃO DA EXECUÇÃO E A PRESCRIÇÃO INTERCORRENTE
Andréa Presas Rocha 261

A GARANTIA DO JUÍZO COMO REQUISITO PARA OPOSIÇÃO DE EMBARGOS À EXECUÇÃO
Ingrid Elise Scaramucci Fernandes 275

CABIMENTO DOS HONORÁRIOS ADVOCATÍCIOS NO PROCESSO DE EXECUÇÃO TRABALHISTA: PRIMEIRAS IMPRESSÕES
Raphael Miziara 293

A REFORMA TRABALHISTA E A JURISDIÇÃO VOLUNTÁRIA PARA HOMOLOGAÇÃO DE ACORDO EXTRAJUDICIAL – ANÁLISE DOS ARTS. 855-B/E, CLT.
Marcelo Miranda Caetano 311

O NOVO DEPÓSITO RECURSAL NO PROCESSO DO TRABALHO: ENTRE ISENÇÕES E GARANTIAS
Tercio Roberto Peixoto Souza 319

RECURSO DE REVISTA E A NULIDADE POR NEGATIVA DE PRESTAÇÃO JURISDICIONAL: ARTIGO 896, § 1º-A, INCISO IV, DA CLT
Carlos Augusto Marcondes de Oliveira Monteiro 335

Arbitragem nas Relações de Trabalho

Marcos Bernardini

Doutorando em Direito pela Fadisp. Mestre pela Universidade Anhembi Morumbi, Especialista em Processo Civil pela Fadisp e em Direito do Trabalho e Direito Processual do Trabalho pela Faculdade de Direito Damásio; é professor do curso de Direito da Faculdade Carlos Drummond de Andrade e da Faculdade das Américas; foi professor da Universidade Anhembi Morumbi; da Universidade Guarulhos e da Faculdade de Direito Santa Rita; Consultor na área trabalhista e cível; Advogado Militante.

Sumário: 1. Introdução – 2. Breves considerações históricas – 3. Conceito de arbitragem – 4. Arbitragem antes da Reforma Trabalhista – 5. Arbitragem após a Reforma Trabalhista – 6. Considerações finais – 7. Referências.

1 INTRODUÇÃO

A arbitragem é o *"meio alternativo de solução de controvérsias através da intervenção de uma ou mais pessoas que recebem poderes de uma convenção privada"* (CARMONA, 2009, p. 31) que, agora, em razão da chamada reforma trabalhista, foi incluída como novo modo de resolução ou pacificação de conflitos individuais, nas relações de trabalho.

A problemática é verificar, se há a vedação do instituto da arbitragem às lides individuais do trabalho; se agride, ou não, os princípios basilares do direito individual do trabalho, quais sejam: proteção, irrenunciabilidade e indisponibilidade. Além de verificar, se há autonomia e equilíbrio das partes antes, durante e após o contrato de trabalho.

As hipóteses tratam-se da aplicação da arbitragem, antes e após a reforma trabalhista. O objetivo é apresentar entendimentos doutrinários e jurisprudenciais. Justifica-se, se há violação aos princípios do direito individual do trabalho, e se o artigo 507-A, incluído na CLT, é inconstitucional.

O primeiro capítulo trata de breves considerações históricas; o segundo, sobre o conceito e objetivo da arbitragem; o terceiro, sobre a aplicação da arbitragem antes da reforma trabalhista; e o quarto, a aplicação após a reforma.

2. BREVES CONSIDERAÇÕES HISTÓRICAS

Por primeiro, convém apresentar breves considerações históricas acerca da arbitragem. Conforme o entendimento de ROCHA (2008): *"Historicamente, a arbitragem deve ter sido uma das primeiras formas de resolver controvérsias entre as pessoas sem o recurso à violência, constituindo, talvez o precedente da criação dos órgãos judiciários permanentes.".*

Conforme o entendimento de Cretella Júnior (1988, p. 28), antes de existir os judiciários para a solução de conflitos, já havia a possibilidade de resolução pacífica, assemelhando-se a arbitragem:

> O direito e a utilização dos meios judiciários surgiram com tal fim, mas, mesmo antes destes, a utilização de formas pacíficas para a solução dos litígios entre os grupos já se fazia presente e, a partir do surgimento do "juízo judiciário", da intervenção do Poder Político, passaram a conviver, ora com predominância de um, ora com maior destaque de outro, evoluindo ou retrocedendo de acordo com o desenvolvimento social, político, histórico, cultural e econômico da própria sociedade.

Em Roma, havia quatro etapas evolutivas para a resolução de conflitos. Em síntese, o primeiro era resolvido através da força; o segundo através de indenização; o terceiro se tratava da obrigação de arbitramento; e o quarto, é o momento onde afasta a justiça privada, e evolve o Estado na resolução do conflito através da sentença.

Nota-se que desde as sociedades primitivas, o árbitro era considerado espécie de líder, que apresentava confiança e respeito para com a sociedade. Conforme elucida Assis (2018, p. 9):

> Dizemos que arbitragem é um meio de heterocomposição, porque envolve a presença de um *outro*, um terceiro da confiança das partes que irá, por si, resolver o conflito. Esse terceiro, chamado **árbitro,** era, nas sociedades primitivas, alguém dotado de particular respeito no âmbito da comunidade, como um líder religioso ou ancião. A solução do árbitro, por não ser ele parte no conflito, apresentava nítida vantagem de ser imparcial.

Veja-se a descrição das quatro etapas evolutivas da arbitragem, segundo Magalhães (2006, p. 30 e 31):

> a). Na primeira, os conflitos entre particulares são, em regra, resolvidos pela força (entre a vítima e o ofensor, ou entre os grupos de cada um deles faz parte), mas o Estado – então incipiente – intervém em questões vinculadas à religião; e os costumes vão estabelecendo, paulatinamente, regras para distinguir violência legítima da ilegítima;
>
> b). Na segunda surge o arbitramento facultativo: a vítima, ao invés de utilizar a vingança individual ou coletiva contra o ofensor, prefere, de acordo com este, receber uma indenização que a ambos parece justa, ou escolher um terceiro (o árbitro) para fixá-la;
>
> c). Na terceira etapa, nasce o arbitramento obrigatório: o facultativo só era utilizado quando os litigantes o desejassem, e, como esse acordo nem sempre existia, daí resultava que, nas mais das vezes, se continuava a empregar a violência para a defesa do interesse violado; por isso, o Estado não só passou a obrigar os litigantes a escolherem árbitro que determinasse a indenização a ser paga pelo ofensor, mas também a assegurar a execução da sentença, se, porventura, o réu não quisesse cumpri-la; e
>
> d). Finalmente, na quarta e última etapa, o Estado afasta o emprego da justiça privada, e, por funcionários seus, resolve os conflitos de interesses surgidos entre os indivíduos, executando, à força se necessário, a sentença.

No mesmo sentido, Assis (2018, p. 9) demonstra a evolução das referidas fases:

> Ocorre que a arbitragem era facultativa e não havia garantia de que aquele que saísse vencido iria efetivamente cumprir o determinado. Mas essa arbitragem inicial, facultativa e privada, foi evoluindo com o passar do tempo. Passou a ser obrigatória. Passou a ter participação do Estado como o terceiro imparcial que solucionava conflitos. Essa evolução pode ser muito bem ilustrada a partir do desenvolvimento romano (...).

Referente a segunda etapa mencionada, a Lei das XII Tábuas, previa, expressamente que: "(...) *TÁBUA IX – DIREITO PÚBLICO: 1) Se um juiz ou um árbitro indicado pelo magistrado recebeu dinheiro para julgar a favor de uma das partes em prejuízo de outrem, que seja morto*". (ROLIN, 2000, p. 58 – 59).

Assim, "*basta destacar que como evolução da arbitragem passamos a ter o próprio Estado solucionando os conflitos de interesse e impondo às partes a solução.*" (ASSIS, 2018, p. 9-10).

Quanto a evolução da arbitragem no direito brasileiro, Theodoro Júnior (2018, p. 613-614), apresenta situações onde a arbitragem era considerada obrigatória, além de mencionar sobre o Decreto que passou a disciplinar o processo relativo às causas comerciais:

> Desde os primeiros tempos de nossa independência política, tem o juízo arbitral encontrado previsão e autorização no direito positivo brasileiro. De início, impunha-se como obrigatória a arbitragem em questões relativas a seguro e locação de serviços. Mais tarde, o Código Comercial obrigou à adoção do juízo arbitral para as controvérsias oriundas de locação mercantil, de relações entre os sócios das sociedades comerciais, e de várias outras fontes. No mesmo ano de 1850, em que se editou o Código Comercial, surgiu o Decreto nº 737, destinando a disciplinar o processo relativo às causas comerciais e, nele também se previa a submissão dos conflitos entre comerciantes à decisão arbitral.

No Brasil, Arruda Alvim, ao mencionar sobre o tema "arbitragem e jurisdição", informa: "*A matéria reveste-se de importância atual, na medida em que a nova disciplina da arbitragem, instituída pela Lei 9.307/1996, garantiu a este instituto maior autoridade e abrangência.*" (2013, p. 208).

E, completa Alvim (2013, p. 208-209):

> Dentre as principais inovações implementadas pela regulamentação da arbitragem contida na Lei 9.307/1996, podem-se citar: (a) a competência do árbitro para decidir sobre a existência, validade e eficácia da cláusula compromissórias e do contrato que contenha esta cláusula; e, consequentemente, a competência do árbitro para decidir sobre o próprio cabimento da via arbitral; (b) a obrigatoriedade de se utilizar a via arbitral, se uma das partes assim preferir, sempre que houver cláusula compromissória previamente firmada para a solução de conflitos emanados daquela relação jurídica; (c) a desnecessidade de homologação judicial da sentença arbitral (art. 18 da precitada Lei), cuja eficácia é equiparada, por lei, a título executivo judicial (art. 31); (d) a rigidez das normas referentes à anulação da sentença arbitral, que somente pode ser desconstituída nas hipóteses excepcionais arroladas no art. 32 da Lei 9.307/1996.

Assis (2018, p.11), enfatiza que o poder judiciário não é o único responsável pela solução de conflitos, porém, é tratado como meio tradicional, e os demais como meios alternativos:

> (...) Podemos dizer que solucionar litígios significa estabelecer a norma adequada a disciplinar o conflito de interesses. E claro, existem vários caminhos pra a construção dessa norma. Apesar dessa pluralidade, quando se forma em forma de solução dos litígios, automaticamente o pensamento converge para a atuação do Poder Judiciário, pelo fato de a via jurisdicional estatal ser vista como a forma natural dos conflitos.
>
> Tal postura evidencia a cultura da terceirização dos litígios, em que as pessoas, pouco se esforçam para resolver por si mesmas seus conflitos, terceirizando essa solução ao Poder Judiciário. Parecem assumir sua incapacidade de superar suas desavenças, transferindo essa função ao Estado.
>
> Tanto é verdade que as outras formas de solução e litígios, que não a judicial, muitas vezes são tratadas como "meios alterativos de solução de conflitos", colocando o Judiciário na posição de "meio tradicional". Os demais, portanto, seriam os "meios alternativos", visto inclusive como de menor relevância.".

Alvim (2013 p. 209) ressalta que o Estado não é o único capaz de resolver conflitos, e que por vezes, as partes poderão obter resultados mais proveitosos de particulares:

> A Lei 9.307/1996 é um reflexo da mudança de paradigma nos estudos que envolvem os métodos de solução de conflitos, pois sinaliza novas possibilidades para a aplicação do direito aos litígios, alternativas à via judicial. O que se preconiza atualmente é que o Estado não é o único – e, algumas vezes, sequer é o mais adequado ente vocacionado para esta função, que pode muito bem ser exercida por particulares, algumas vezes com resultados mais proveitosos do que aqueles obtidos do Judiciário.

A grande questão observada é que a grande maioria dos conflitantes ignoram as outras soluções para os conflitos, fixando e enfatizando somente a possibilidade de resolução por meio do judiciário. Faz-se necessário, portanto, a criação de uma lei específica a fim de aplicar técnicas para a solução de controvérsias, porém, ao analisar a construção histórica, é possível notar que a arbitragem não é uma nova técnica, que, a bem da verdade, foi criada antes mesmo do poder judiciário.

No direito do trabalho, desde as revoluções liberais, a arbitragem é utilizada como mecanismo de solução de conflito nas relações coletivas. Não diferente, no Brasil, a Constituição Federal de 1988 expressamente previu a arbitragem para conflitos trabalhistas coletivos (artigo 114, § 2º), como o faz também a Lei de Greve (Lei 7.783/1989).

A questão, que se discute é a possibilidade da arbitragem em conflitos individuais do trabalho. Mesmo antes da reforma trabalhista, já havia discussão sobre essa possibilidade. Agora, em razão da previsão expressa na CLT, há um intenso debate sobre a real possibilidade, em razão do conflito entre os princípios do direito do trabalho.

3. CONCEITO DE ARBITRAGEM

A palavra arbitragem é originária do latim *"arbiter"*, que significa juiz, louvado e jurado. O *"processo que se utiliza, a fim de se dar solução a litígio ou divergência, havida entre duas ou mais pessoas"* (PLÁCIDO E SILVA, 1984, p. 183). Segundo Uadi Lammêgo Bulos *"este dispositivo constitui a regra de ouro da Lei de Arbitragem, no sentido de mandamento nuclear de todo o produto legislado, pois todas as demais disposições da lei vinculam-se a ela"*. (1997, p. 25).

A arbitragem é considerada uma técnica para a solução de controvérsia, conforme o entendimento de Carmona (1998, p. 27):

> A arbitragem é uma técnica para a solução de controvérsias através da intervenção de uma ou mais pessoas que recebem seus poderes de uma convenção privada, decidindo com base nesta convenção sem intervenção do Estado, sendo a decisão destinada a assumir eficácia de sentença judicial.

Nota-se que é mencionada a inclusão de uma terceira pessoa – o chamado árbitro – que é escolhido pelas partes, recebendo os poderes necessários para decidir controvérsia, sem que haja a intervenção Estatal, ou seja, é uma decisão proferida pela esfera privada que objetiva a eficácia de decisão judicial. Ressalta-se a necessidade de a questão controvertida, se tratar de direito patrimonial disponível, conforme elucida Carmona (2009, p. 31):

> A arbitragem – meio alternativo de solução de controvérsias através da intervenção de uma ou mais pessoas que recebem seus poderes de uma convenção privada, decidindo com base nela, sem intervenção estatal, sendo a decisão destinada a assumir a mesma eficácia da sentença judicial – é colocada à disposição de quem quer que seja, para a solução de conflitos relativos a direitos patrimoniais acerca dos quais os litigantes possam dispor.

A arbitragem foi criada para resolver conflitos, sobre direitos patrimoniais disponíveis, cuja sentença, produz os mesmos efeitos das sentenças proferidas pelo judiciário (ROCHA, 2008, p. 23):

> A arbitragem pode ser definida como um meio de resolver litígios civis, atuais ou futuros, sobre direitos patrimoniais disponíveis, através de árbitro ou árbitros privados, escolhidos pelas partes, cujas decisões produzem os mesmos efeitos jurídicos das sentenças proferidas pelos órgãos do Poder Judiciário.

Importa ressaltar a principal diferença entre a arbitragem e outras técnicas de solução de conflitos, tais como a mediação e a conciliação: na arbitragem, o terceiro é escolhido pelas partes, havendo a possibilidade de ser mais de um árbitro, porém, desde que seja número ímpar. Nesse sentido, importa ressaltar (ASSIS, 2018, p. 19): *"Na arbitragem, diferentemente do que ocorre na mediação ou na conciliação, o resultado é imposto não por um juiz togado, mas por um terceiro escolhido pelos próprios litigantes. Árbitro ou árbitros, já que pode ser mais de um, desde que número ímpar."*.

Existem elementos essenciais para a validade da arbitragem, em síntese: escolha do árbitro pelas partes; o tipo de conflito deve atender os critérios de disponibilidade e patrimonialidade; a sentença arbitral é protegida pela coisa julgada e constitui título executivo judicial. Veja-se a descrição completa quanto os elementos essenciais para a arbitragem, segundo Rocha (2008, p. 23/24):

> A definição supra permite deduzir os três elementos essenciais para a arbitragem, a saber: (a) a escolha do árbitro ou árbitros pelas partes, que é seu traço mais saliente, pois serve para distingui-la do sistema judiciário em que o juiz é imposto às partes pelo Estado; (b) o tipo de conflito que pode ser decidido pela arbitragem, isto é, os conflitos sobre direitos patrimoniais disponíveis, a significar que os critérios para determinar a matéria objeto da arbitragem são dois, a disponibilidade e a patrimonialidade; e (c) os efeitos jurídicos produzidos pelas decisões dos árbitros, iguais aos das sentença dos órgãos do Judiciário, o que quer dizer que os efeitos da sentença arbitral são protegidos ela coisa julgada, o que os torna definitivos, salvo os casos de anulação, taxativamente previstos pela lei, e, sendo condenatórias, têm o valor de título executivo judicial, independentemente de homologação judicial.

Embora a decisão da arbitragem seja solução de conflito diverso da esfera judiciária, referida decisão, constitui título executivo judicial, conforme estabelecido no artigo 515 do CPC, havendo a possibilidade de ser objeto de cumprimento de sentença. Nesse sentido (ASSIS, 2018, p. 19):

> A arbitragem é uma forma de solução de conflito fora da esfera do Poder Judiciário, realizada por opção das partes, que escolherão um terceiro (ou terceiros) imparcial para solucionar a controvérsia. Tem-se, nessa hipótese, a solução do litígio por um julgador privado, o árbitro, embora a sentença proferida constitua título executivo judicial, tal como estabelece o art. 515, VII, do NCPC. Portanto, não cumprida espontaneamente, será objeto de cumprimento de sentença perante o Poder Judiciário.

Assis (2018, p. 20), complementa, apresentando algumas vantagens, para servir de incentivo para a escolha da arbitragem, como meio de solução de conflitos, tais como: celeridade; informalidade; sigilo e especialidade:

> Em relação à justiça estatal, são apontadas algumas vantagens que podem servir de incentivo para a procura dessa forma de solução dos litígios: (a) celeridade, uma vez que a Lei de Arbitragem fixa o prazo de seis meses para que seja proferida a decisão, salvo se outro prazo for estabelecido pelas partes e árbitro; (b) informalidade procedimental, pois a lei estabelece poucas regras, com o claro objetivo de permitir que sejam definidas pelas próprias partes; (c) sigilo, diferentemente da publicidade própria do processo judicial, o que pode ser do interesse das partes litigantes; (d) especialidade, na medida em que permite que a decisão do litígio seja atribuída a quem tenha efetivo conhecimento sobre a matéria técnica em discussão.

A arbitragem está regulamentada pela lei n.º 9.307, de 23 de setembro de 1996, que, em seu artigo 1º, dispõe: "*As pessoas capazes de contratar poderão valer-se da arbitragem para dirimir conflitos relativos a direitos patrimoniais disponíveis*". Ademais, a base desta técnica, é a manifestação da vontade das partes, que "*ao conferir a um terceiro a solução da lide, estão em primeiro lugar, dispondo sobre direitos que a lei considera disponíveis e que, portanto, não necessitam da intervenção obrigatória de fiscais da lei*". (SOARES, RT 641/30).

4. ARBITRAGEM ANTES DA REFORMA TRABALHISTA

Antes da reforma trabalhista, ainda que sem previsão expressa, tanto na lei de arbitragem, quanto na CLT, a possibilidade de ser submetido a esse mecanismo, os conflitos individuais do trabalho. Discute-se a utilização da arbitragem nas relações de trabalho, tendo em vista que, na lei de arbitragem, há previsão de que somente poderão tratar de conflitos de direitos patrimoniais disponíveis e, no direito do trabalho, sempre foi ressaltada a indisponibilidade (ou irrenunciabilidade) dos direitos trabalhistas e da proteção do trabalhador, em razão da real hipossuficiência existente na relação. A finalidade da irrenunciabilidade, para Amauri Mascaro Nascimento (2011, p. 127)., visa: *"fortalecer as conquistas conferidas pelo ordenamento jurídico adiante da fragilidade do trabalhador, que poderia abrir mão destas, realçando a indisponibilidade dos direitos trabalhistas, sem, contudo, recusar a possibilidade de transações."*

A Constituição Federal, no artigo 114, autoriza, expressamente, a utilização da arbitragem nos dissídios coletivos de trabalho, porém, a doutrina mais conservadora, conforme se verá adiante, não admite a arbitragem como forma de resolução de conflitos de litígios individuais de trabalho. Jorge Neto e Cavalcante (2011, p. 18), apesentam distinções acerca do princípio da indisponibilidade dos direitos, a presentando alguns critérios, veja-se:

> (a) quando à fonte do direito pronunciado: (1) se a origem for de disposição legal, o direito é irrenunciável, exceto por autorização expressa em lei; (2) **no caso da norma oriunda de trato consensual, pode haver a transação**, desde que não haja proibição legal para tal, vício de consentimento ou prejuízo para o empregado (art. 468, CLT); (b) o momento da realização da renúncia; (1) antes da formalização do acordo de trabalho não se admite a renúncia; (2) durante o seu transcurso, é admissível, como exceção – para as regras contratuais e legais, quando expressamente autorizadas; (3) **após a sua cessação, com bem menos restrições, a renúncia é permitida**.

Neste sentido, (DELGADO, 2017, p. 193-194):

> A Constituição da República Federativa do Brasil, se não bastasse, ao tratar com profundidade do Direito Individual do Trabalho (Capítulo II do Título II da CF), não aponta qualquer previsão para a presença da arbitragem na regulação das relações e dos conflitos individuais entre empregadores e trabalhadores.
>
> Ao inverso, a Constituição Federal, quando decide fazer explícita e enfatiza a menção à arbitragem, o faz rigorosamente apenas no plano do Direito Coletivo o Trabalho, na qualidade de fórmula alternativa para a solução de conflitos coletivos trabalhistas. É o que estabelece o art. 114 §1°, *in fine*, da CF: "Frustrada a negociação coletiva, *as partes poderão eleger árbitros*".

Nota-se que até para a criação de normas coletivas, devem ser observadas as disposições legais de proteção ao trabalho, obedecendo aos parâmetros estabelecidos no artigo 114, §2°, da Constituição Federal, conforme Enunciado n.° 239 do FPPT (Fórum Permanente de Processualistas do Trabalho):

> 239. (arts. 7°, caput e 114, 2°, da CF/88; art. 5° da LINDB; art. 8° do CPC) A criação de normas coletivas pelos Tribunais, nos dissídios coletivos, deve obedecer aos parâmetros estabelecidos no

artigo 114, §2º, da Constituição Federal de 1988: as disposições mínimas legais de proteção ao trabalho e as disposições convencionadas anteriormente, sob a égide do princípio de vedação do retrocesso social.

Os princípios de proteção ao trabalhador objetivam o reequilíbrio nas relações, a fim de minimizar a hipossuficiência do trabalhador em relação ao empregador. O entendimento da Subseção I Especializada em Dissídios Individuais (SDI-1), do Tribunal Superior do Trabalho é de que a arbitragem não pode julgar conflitos trabalhistas individuais (RR – 27700-25.2005.5.05.0611).

Durante a sessão, no julgamento do referido recurso, o Ministro Barros Levenhagen, apontou que tramitava no Congresso, uma proposta para induzir a mediação e a arbitragem no âmbito trabalhista, informando: *"Tomei a iniciativa de encaminhar ofício, em nome do Tribunal, manifestando-me contrariamente à adoção do sistema"*.

Conforme leciona Bezerra Leite (2018, p. 106), não se admite que o trabalhador renuncie a direitos trabalhistas, apontado os princípios destinados exclusivamente ao empregado:

> Tendo em vista a grande quantidade de normas de ordem pública na seara do direito do trabalho, não se admite, em princípio, que o trabalhador renuncie a direitos trabalhistas.
>
> Esse princípio, destinado exclusivamente ao empregado, está embutido no art. 9º da CLT. Mas há outros dispositivos celetários inibidores da renúncia (v.g., CLT, arts. 468 e 500 etc.). A Súmula 276 do TST consagra a sua existência.

A respeito do princípio da proteção, este *"engloba três vertentes: o in dubio pro operário, a aplicação da norma mais favorável e a condição mais benéfica."* (GARCIA, 2015, p. 94). Conforme entendimento de Garcia (2015, p. 95), o *in dubio pro operário*, garante que em caso de dúvidas, deve-se interpretar a norma a favor do empregado:

> De acordo com o *in dubio pro operário,* na interpretação de uma disposição jurídica que pode ser entendida de diversos modos, ou seja, havendo dúvida sobre o seu efetivo alcance, deve-se interpretá-la em favor do empregado. Não se trata, no entanto, de alterar o significado claro da normal, nem se permite atribuir sentido que, de modo nenhum, possa ser deduzido da disposição.

O princípio da condição mais benéfica, corresponde ao princípio do direito adquirido, que se encontra na Constituição Federal, onde prevê no artigo 5ª, inciso XXXVI que *"a lei não prejudicará o direito adquirido, o ato jurídico perfeito e a coisa julgada"*. Neste sentido, (NASCIMENTO, 2011, p. 469):

> (...) o *princípio da condição mais benéfica,* correspondendo, no direito do trabalho, ao princípio do direito adquirido do art. 5ª, XXXVI, da Constituição Federal do Brasil e que nos contratos de trato sucessivo sofre limitações.

A respeito de tais princípios protetivos ao trabalhador, leciona (DELGADO, 2016, p. 204) que: *"traduz a inviabilidade técnico-jurídica de poder o empregado despojar-se, por sua simples manifestação de vontade, das vantagens e proteções que lhe asseguram a ordem jurídica e o contrato."*.

Delgado (2016, p. 205), complementa, citando a indisponibilidade dos direitos trabalhistas, ressaltando que visa a igualdade nas referidas relações, certamente, para que haja equilíbrio entre as partes:

> A indisponibilidade inata aos direitos trabalhistas constitui-se talvez no veículo principal utilizado pelo Direito do Trabalho para tentar igualizar, no plano jurídico, a assincronia clássica existente entre os sujeitos da relação socioeconômico de emprego. O aparente contingenciamento da liberdade obreira que resultaria da observância desse princípio desponta, na verdade, como o instrumento hábil a assegurar a efetiva liberdade no contexto da relação empregatícia: é aquele contingenciamento atenua ao sujeito individual obreiro a inevitável restrição de vontade que naturalmente tem prante o sujeito coletivo empresarial.

Importa esclarecer, que o princípio da irrenunciabilidade, aplicável ao direito do trabalho, *"significa não se admitir, em tese, que o empregado renuncie, ou seja, abra mão dos direitos assegurados pelo sistema jurídico trabalhista, cujas normas são, em sua grande maioria, de **ordem pública**, dotadas de **natureza cogente**."* (GARCIA, 2015, p. 37). Na realidade, a intenção é de que as normas trabalhistas, não possam ser modificadas livremente pelo empregador. Garcia (2015, p. 37) cita exemplos de situações onde não podem ser modificadas livremente, a critério do empregador:

> Sendo assim, as normas que regulam as relações de trabalho não podem ser modificadas livremente pelo empregador, ou seja, não são dispositivas. Por exemplo, não são consideradas válidas estipulações, no contrato individual de trabalho, de salário inferior ao mínimo legal, nem de férias por período menor do que o previsto em lei, ainda que, o empregado concordasse com tais derrogações de direitos trabalhistas, conforme disposições dos arts. 9º e 444 da CLT.

Conforme entendimento de Delgado (2016, p. 201): *"Princípio da Proteção à parte hipossuficiente na relação empregatícia – o obreiro -, visando retificar (ou atenuar), no plano jurídico, o desequilíbrio ao plano fático do contrato de trabalho."*.

No mesmo sentido, a Súmula 276 do Tribunal Superior do Trabalho (TST), prevê que o aviso prévio é irrenunciável pelo empregado, acrescentando que o pedido de dispensa, não afasta o empregado de pagar o respectivo valor, exceto se o empregado houver obtido outro emprego, veja-se:

> **AVISO PRÉVIO. RENÚNCIA PELO EMPREGADO (mantida) – Res. 121/2003, DJ 19, 20 e 21.11.2003**
>
> O direito ao aviso prévio é irrenunciável pelo empregado. O pedido de dispensa de cumprimento não exime o empregador de pagar o respectivo valor, salvo comprovação de haver o prestador dos serviços obtido novo emprego.

Bezerra Leite (2018, p. 96), apresenta exemplos em que o princípio da proteção ao trabalhador vigora, indicando-os através do artigo 7º da Constituição Federal: *"o princípio da garantia ao salário mínimo com reajustes periódicos que assegurem o poder aquisitivo do trabalhador e sua família, princípio da irredutibilidade salarial e princípio da isonomia salarial."*.

A respeito da arbitragem em específico, antes da reforma trabalhista, a grande maioria das decisões dos tribunais, julgavam no sentido de que, os direitos trabalhistas, por possuir natureza alimentar, não poderiam ser abrangidos pela lei 9.307/96, tendo em vista o critério da indisponibilidade. Além disso, outros tribunais fundamentavam no sentido de que os direitos individuais trabalhistas, possuem normas de ordem pública, afastando, a aplicação da lei de arbitragem.

Neste sentido, alguns julgados de tribunais regionais:

DIREITOS INDIVIDUAIS. ARBITRAGEM. NÃO-CABIMENTO. O sistema previsto na Lei de Arbitragem para a solução de conflitos trabalhistas individuais não é aceitável, diante da natureza de indisponíveis dos direitos laborais e da inferioridade econômica do empregado, que não lhe permite recusá-la, quando imposta, a qual não se altera com a ruptura do vínculo empregatício. Aqui há a insegurança provocada pelo desemprego e a ciência de que não poderá mais contar com os salários que se sustentava (...).

(TRT 15ª Região – R.O. 24464 SP 024464/2009. Relator: Maria Cecília Fernandes Alvares Leite. Data de Publicação: 30.04.2009).

ARBITRAGEM – LEI Nº 9.307/96. DIREITOS TRABALHISTAS. INAPLICABILIDADE. Possuindo natureza alimentar, os direitos trabalhistas não podem ser abrangidos pela Lei nº 9.307/96, nos termos de seus artigos 1º e 25, dada sua indisponibilidade. (...).

(TRT 15ª Região – R.O nº 1465-2004-092-15-00-6-ROPS- Rel. Desembargador Luiz Carlos de Araújo. Data de Publicação 24.06.2005).

Jorge Neto (2007, p. 158) leciona, no sentido de que a arbitragem, não se admite como solução de conflitos individuais do trabalho, reforçando a ideia de que o direito trabalhista, não possui a faculdade da disponibilidade, veja-se:

Parece não restar dúvidas de que se está – quando se analisa o Direito do Trabalho – **diante de um direito que não se comporta, em princípio, a faculdade da disponibilidade de direitos por ato voluntário e isolado do empregado.** Assim, o Direito do Trabalho não se coaduna com a Lei n. 9.307/96, não admitindo a arbitragem como mecanismo de solução dos conflitos individuais do trabalho.

Afirmando a ideia de que não se aplica a arbitragem no direito do trabalho, surge o Informativo 104 do TST, onde consta expressamente, que não se aplica a arbitragem como meio de solução de conflitos individuais trabalhistas, afastando-a, inclusive, em situações pós-contratuais:

INFORMATIVO 104, do TST.

Ação civil pública. Prática de arbitragem nos dissídios individuais trabalhistas. Período posterior à dissolução dos contratos de trabalho. Inaplicabilidade. Arts. 114, §§ 1º e 2º, da CF, e 1º da Lei nº 9.307/1996. Imposição de obrigação de se abster.

O instituto da arbitragem não se aplica como forma de solução de conflitos individuais trabalhistas, seja sob a ótica do art. 114, §§ 1º e 2º, da CF, seja à luz do art. 1º da Lei nº 9.307/1996, pois a intermediação da câmara de arbitragem (pessoa jurídica de direito privado) não é compatível com o modelo de intervencionismo estatal norteador das relações de emprego no Brasil. Quando se trata de Direito Individual do Trabalho, o princípio tuitivo do emprego inviabiliza qualquer tentativa de se promover a arbitragem, alcançando, inclusive, o período pós-contratual, ou seja, a homologação da rescisão, a percepção das verbas daí decorrentes e até mesmo eventual celebração de acordo. Com esses fundamentos, a SBDI-I, por maioria, conheceu dos embargos interpostos pelo Ministério Público do Trabalho, por divergência jurisprudencial, e, no mérito, deu-lhes provimento para, reformando a decisão que chancelara a atividade de arbitragem em relação ao período posterior à dissolução do contrato de trabalho, desde que respeitada a livre manifestação de vontade do ex-empregado e garantido o acesso irrestrito ao Poder Judiciário, condenar a reclamada a se abster de promover amplamente a arbitragem envolvendo direitos individuais trabalhistas, inclusive após a cessação do contrato de trabalho e no que tange à tentativa e/ou à efetiva formalização de acordos entre empregados, ou ex-empregados, e empregadores. Vencido o Ministro Ives Gandra Martins Filho. TST-E-ED-RR-25900-67.2008.5.03.0075, SBDI-I, rel. Min. João Oreste Dalazen, 16.4.2015.

(INFORMATIVO TST. Brasília: Tribunal Superior do Trabalho, Coordenadoria de Jurisprudência, n. 104, 14 a 27 abr. 2015. 3 p. Disponível em: <https://hdl.handle.net/20.500.12178/95661>.)

Noutra senda, importa demonstrar o entendimento de Martins Filho (2015, p. 792-793), onde ressalta que nem todos os direitos laborais possuem natureza indisponível, apresentando a ideia de que, não se deve afastar a arbitragem, em todos os aspectos no direito laboral. Veja-se:

A mesma preocupação quanto ao desprestígio das comissões de conciliação prévia contempladas pela CLT pelo STF nos assalta em relação à vedação à arbitragem em dissídios individuais formulada pelo TST, quando a lei da arbitragem estabelece, logo em seu art. 1°., ARBITRAL. COISA que "as pessoas capazes de contratar poderão valer-se da arbitragem para dirimir litígios relativos a direitos patrimoniais disponíveis". (Lei n. 9.307/96). Ora, afastar, de plano, a arbitragem em dissídios laborais individuais seria afirmar que todo o universo de direitos laborais tenha natureza indisponível, o que não condiz com a realidade.

Embora haja resistência por parte dos tribunais em reconhecer a arbitragem no direito do trabalho, há um caso isolado, onde o TST entendeu pela validade da sentença arbitral, em outubro de 2008. O relator afirmou o exercício da coisa julgada, decorrente da decisão da corte regional, que proferiu sentença arbitral:

AGRAVO DE INSTRUMENTO EM RECURSO DE REVISTA. JUÍZO JULGADA. LEI N° 9.307/96. CONSTITUCIONALIDADE.

O art. 5°, XXXV, da Constituição Federal dispõe sobre a garantia constitucional da universalidade da jurisdição, a qual, por definir que nenhuma lesão ou ameaça a direito pode ser excluída da apreciação do Poder Judiciário, não se incompatibiliza com o compromisso arbitral e os efeitos de coisa julgada de que trata a Lei n° 9.307/96. É que a arbitragem se caracteriza como forma alternativa de prevenção ou solução de conflitos à qual as partes aderem, por força de suas próprias vontades, e o inciso XXXV do art. 5° da Constituição Federal não impõe o direito à ação como um dever, no sentido de que todo e qualquer litígio deve ser submetido ao Poder Judiciário.

Dessa forma, as partes, ao adotarem a arbitragem, tão-só por isso, não praticam ato de lesão ou ameaça à direito. Assim, reconhecido pela Corte Regional que a sentença arbitral foi proferida nos termos da lei e que não há vício na decisão proferida pelo juízo arbitral, não se há de falar em afronta ao mencionado dispositivo constitucional ou em inconstitucionalidade da Lei n° 9.307/96. Despicienda a discussão em torno dos arts. 940 do Código Civil e 477 da CLT ou de que o termo de arbitragem não é válido por falta de juntada de documentos, haja vista que reconhecido pelo Tribunal Regional que a sentença arbitral observou os termos da Lei n° 9.307/96 – a qual não exige a observação daqueles dispositivos legais – e não tratou da necessidade de apresentação de documentos (aplicação das Súmulas nºs 126 e 422 do TST). Os arestos apresentados para confronto de teses são inservíveis, a teor da alínea a do artigo 896 da CLT e da Súmula nº 296 desta Corte. Agravo de instrumento a que se nega provimento.

(TST – AIRR 1475.2000-193-05-00, 7º Turma), de relatoria do ministro Pedro Paulo Manus. Data da Publicação: 17.10.2008.

Nota-se que embora haja um caso isolado, onde o TST reconheceu a validade da sentença arbitral no direito do trabalho, a todo o momento, doutrinadores e decisões de tribunais, entendem pela não aplicação do instituto da arbitragem nas relações laborais, sempre ressaltando os princípios protecionistas do direito do trabalho.

Desta forma, pode-se verificar a discussão assente sobre esse mecanismo, mesmo antes da reforma trabalhista, ser aplicado às relações e conflitos individuais do trabalho.

5. ARBITRAGEM APÓS A REFORMA TRABALHISTA

A chamada reforma trabalhista, veio e autoriza a instituição da arbitragem nos contratos individuais do trabalho, com a inclusão do artigo 507-A, incluído Lei n.º 13.467, de 2017, com alguns requisitos:

> **Art. 507-A.** Nos contratos individuais de trabalho cuja remuneração seja superior a duas vezes o limite máximo estabelecido para os benefícios do Regime Geral de Previdência Social, poderá ser pactuada cláusula compromissória de arbitragem, desde que por iniciativa do empregado ou mediante a sua concordância expressa, nos termos previstos na Lei nº 9.307, de 23 de setembro de 1996.

Assim, se verifica que primeiro requisito, para a utilização da arbitragem, como meio de solução de conflitos, na esfera trabalhista é que a remuneração do empregado seja superior a duas vezes o limite máximo estabelecido para os benefícios do Regime Geral de Previdência Social, que, na data da publicação da lei n.º 13.467, de 13 de julho de 2017, corresponde ao valor de R$ 11.062,62 (onze mil e sessenta e dois reais e sessenta e dois centavos).

O segundo requisito, previsto no *caput* do referido artigo, é a previsão de cláusula compromissória de arbitragem, por iniciativa do empregado, ou previsão expressa de sua concordância.

Conforme entendimento de Maurício Godinho Delgado e Gabriela Neves Delgado (2017, p. 191), o empregado é relativamente melhor remunerado, porém, significativamente menos protegido. A respeito da permissão legal para a pactuação de cláusula compromissórias de arbitragem e inserção do novo artigo 507-A na CLT, os autores mencionam:

> A Lei da Reforma Trabalhista introduziu a permissão legal para a pactuação de cláusula compromissória de arbitragem nos contratos de trabalho de empregados relativamente melhor

remunerados do que o padrão inerente ao mercado laboratório no País (remuneração superior a duas vezes o limite máximo estabelecido para os benefícios do Regime Geral de Previdência Social – na data da publicação da Lei, em 13 de julho de 2017, o equivalente a R$ 11.062,62).

Quanto ao primeiro requisito, qual seja, a remuneração do empregado, Teixeira Filho (2017, p. 46) se pronunciou a respeito, entendendo que referido requisito não é suficiente para aceitação da cláusula compromissória:

> O fato de o empregado receber salário superior a duas vezes o limite máximo estabelecido para os benefícios do Regime Geral de Previdência Social não significa, necessariamente, que ele possua descortino suficiente para prever as consequências da aceitação da cláusula compromissória.

Em análise ao artigo 444 da CLT, Delgado (2017, p. 191-192), menciona a respeito de estipulação de cláusulas contratuais menos favoráveis ao trabalhador. Porém, nota-se que dois dados fáticos devem ser respeitados, qual seja, o empregado deve ter diploma de ensino superior e perceber salário maior do que duas vezes o limite máximo do Regime Geral de Previdência Social:

> Por intermédio do art. 444, parágrafo único, da CLT, a Lei da Reforma Trabalhista criou seguimento estratificado no universo dos empregados das instituições e empresas empregadoras, a partir de dois dados fáticos: a) a circunstância de ser o empregado portador de diploma de ensino superior; b) a circunstância de esse empregado perceber salário mensal igual ou maior do que duas vezes o limite máximo de benefícios do Regime Geral de Previdência Social (...)

> Para o novo diploma normativo, segundo o texto do parágrafo único do art. 444 da Consolidação das Leis do Trabalho, esse seguimento estratificado de trabalhadores pode ser submetido, pelo empregador, à estipulação de cláusulas contratuais menos favoráveis do que os demais empregados da mesma empresa e estabelecimento, contratados pelo mesmo idêntico empregador.

Ocorre, que para a inclusão da arbitragem no direito do trabalho, não é necessário, sequer, o preenchimento deste primeiro requisito, ou seja, não tem a necessidade de o empregado possuir diploma de ensino superior. O que não pode deixar de ser considerado é o fato de que "*o contrato empregatício provavelmente o mais impressionante contrato de adesão que se conhece no sistema econômico e social contemporâneo.*" (DELGADO, 2017, p. 192). Neste sentido (apud, 2017, p. 192):

> Curiosamente, para o presente dispositivo, sequer é necessário que se trate de empregado "portador de diploma de nível superior" – ao inverso do que dispõe o parágrafo púnico do art. 444 da Consolidação –, bastando se tratar de empregado cuja remuneração seja maior do que o teto dos benefícios da Previdência Social (...).

Ademais, convém ressaltar algumas situações em que, embora seja instituído o juízo arbitral, as partes serão submetidas ao poder judiciário, conforme entendimento de Teixeira Filho, (2017, p. 43), que aponta situações a título de exemplo:

> a) reconhecida a incompetência do árbitro, bem como a nulidade, a invalidade ou a ineficácia da convenção de arbitragem (Lei n. 9307/96, art. 20, §1º);

> b) a testemunha recusar-se a comparecer à audiência, para ser inquirida, caso em que poderá ser conduzida por oficial de justiça (*ibidem*, art. 22, §2º);

c) houver necessidade de adoção de medidas coercitivas ou cautelares (*ibidem*, art. 22, §4º);

d) surgir controvérsia, do curso da arbitragem, sobre direitos indisponíveis (*ibidem*, art. 25);

e) as partes pretenderem obter a declaração de nulidade da sentença arbitral (*ibidem*, art. 33, *caput*).

No mesmo sentido, Delgado (2017, p. 194) conforta os trabalhadores ao mencionar que mesmo que haja a cláusula compromissória no contrato de trabalho, esta não inviabilizará o acesso do empregado ao poder judiciário, lembrando-nos da previsão constitucional, estabelecida no artigo 5º, inciso XXXV, da Constituição Federal:

> Se não bastasse, mesmo configurada a presença de cláusula compromissória de arbitragem no contrato de trabalho ou em termo aditivo adicionado a esse contrato, tal presença não ostentará o condão de inviabilizar o amplo acesso do trabalhador ao Poder Judiciário. É que tal garantia e princípio constitucionais são expressamente assegurados no art. 5º XXXV, da Constituição Federal: "a lei não excluirá da apreciação do Poder Judiciário lesão ou ameaça a direito".

Há fundado receio de que, as cláusulas compromissórias, sejam impostas ao empregado através de condições do empregador. Isto porque, a possibilidade de arbitragem prevista no artigo 507-A da CLT é do tipo extrajudicial, esta forma, "*que a cláusula compromissória, na realidade das relações de trabalho, acabará sendo imposta pelo empregador como condição para contratar o empregado, se este já estiver contratado, como condição para que o contrato continue a vigorar.*". (TEIXEIRA FILHO, 2017, p. 45).

No mesmo sentido, complementa o entendimento (Apud, 2017, p. 45-46):

> Não é desarrazoado supor que, além disso, o empregador alegará que foi do empregado a iniciativa da inserção da cláusula compromissória. Destarte, parece-nos ter sido temerária a introdução na legislação trabalhista, de cláusulas desta natureza, a ser aceita por aquele que, por ser trabalhador: a) necessita do emprego; b) e, ao tornar-se empregado, se submete a um inerente estado de subordinação jurídica e de dependência econômica, em relação ao empregador.

Considerando a análise do caso concreto, é certo que o trabalhador precisa do emprego, dificultando a possibilidade de ser aceita determinada situação sem que haja vício de consentimento, diante da subordinação e dependência econômica. Porém, não há apenas um problema na instituição da arbitragem no direito laboral. Teixeira (2017, p. 46), apresenta uma lista de diversos outros problemas que poderão ocorrer, sendo necessário apresentá-los:

> Há outros problemas:
>
> a) nos termos da Lei n. 9.307/96, a arbitragem também pode por *equidade*, a critério das partes (art. 2ª, *caput*) (...);
>
> b) a arbitragem não é gratuita (...);
>
> c) como a cláusula compromissória é, por certo, do interesse da empresa (empregadora), é muito provável que esta escolha o árbitro da sua confiança (...) em verdadeiro *contrato de adesão* (...);
>
> d) a Lei n. 9.307/96 dispõe que o procedimento da arbitragem será estabelecido pelas partes (art. 21). Na prática, dificilmente a vontade do empegado possuirá alguma eficácia em relação a isso. (...);

e) como meio de solução privada de conflitos de interesses, a arbitragem não está vinculada à imposição constitucional da publicidade dos atos, (CF, art. 93, IX), dificultando, assim, o controle da regularidade dos atos praticados pelo árbitro;

f) nem sempre a sentença arbitral será proferida em menor tempo do que a judicial, porquanto, embora o art. 11, III, da Lei n. 9.307/96, afirme que as partes podem fixar prazo para a apresentação da sentença arbitral, o art. 23 da mesma norma legal estabelece o prazo máximo de seis meses, para isso;

g) lembrar-se que 1) expirado o prazo previsto no art. 11, III, da Lei n. 9.307/96, a parte interessada deverá notificar o árbitro, a fim de emitir a sentença no prazo de (mais) dez dias; e 2) não sendo respeitado esse novo prazo, a sentença será nula (*ibidem*, art. 32, VII), prejudicando desse modo, as partes.

O problema mencionado, pelo autor, no item "a" é a possibilidade do árbitro possa proferir a sentença por equidade, ou seja, sem a necessidade de aplicação da lei no caso concreto, o que certamente, haveria prejuízo às partes, principalmente ao trabalhador. Ademais, quanto ao problema "b", nota-se que tornaria totalmente inviável impor ao empregado, o pagamento de despesas e honorários do árbitro, *"sabendo-se que os custos do procedimento arbitral são muito superiores ao do processo do trabalho."* (TEIXEIRA FILHO, 2017, p. 46).

Em síntese, todos os problemas apresentados, fundamentam a análise de que, muito provável, irá prevalecer os interesses do empregador, e não do empregado. No mínimo, deveriam aplicar regras mínimas para instituir arbitragem no direito laboral, sob pena de prejudicar os direitos garantidos na CLT e na CF/1988. Assim, *"caberá a doutrina e a jurisprudência trabalhistas a irrecusável tarefa de harmonizarem as disposições da Lei n. 9.307/96 com os princípios e particularidades do processo do trabalho, à luz do art. 765, da CLT."* (TEIXEIRA FILHO, 2017, p. 46).

Como é notável, a maioria dos doutrinadores entendem pela incompatibilidade da arbitragem no direito do trabalho, comparando-a em outros seguimentos jurídicos, porém, citam que referido instituto não se harmoniza com o princípio da autonomia e simetria de vontades, comparando o direito do trabalho, com o direito do consumidor, (DELGADO, 2017, p. 192):

> O instituto da arbitragem, entretanto, embora tenha algum sucesso em seguimentos jurídicos nos quais prepondera o princípio da autonomia e simetria de vontades (Direito Empresarial; Direito Internacional; alguns seguimentos do Direito Civil), ele se mostra flagrantemente incompatível com os capôs do Direito em que vigoram princípios distintos, especialmente em vista da lancinante diferenciação de poder entre os sujeitos das relações jurídicas centrais desses campos normativos específicos. É o que acontece, por exemplo, com o Direito do Trabalho e com o Direito do Consumidor.

No mesmo sentido, Delgado (2017, p. 192), não concorda que a arbitragem possa ser a solução para qualquer pendência laboral:

> Lamentavelmente, a Lei da Reforma Trabalhista repetiu o seu objetivo da estratificação contra tais trabalhadores, agora lhes abrindo a arriscada vereda da arbitragem para a solução de qualquer pendência com respeito a seu empregador – art. 507-A da CLT.

O autor ressalta sobre a peculiaridade da lei de arbitragem, onde somente seria possível para a regulação de direitos disponíveis, ressaltando a incompatibilidade quanto à inserção nos direitos individuais trabalhistas (Apud, 2017, p. 192):

> Ora, não é por outra razão que a própria Lei de Arbitragem (n. 9.307 de 1996) dispõe que o peculiar instituto se aplica somente à regulação de *direitos patrimoniais disponíveis* (art. 1º, Lei n. 9.307/1996; grifos acrescidos). Essa incompatibilidade quanto à inserção, nesse grupo de direitos patrimoniais disponíveis, dos direitos individuais e sociais fundamentais justrabalhistas, principalmente quando considerados no plano das relações bilaterais próprias ao contrato empregatício, entre empregado e empregador.

Neste mesmo sentido, se posicionou a ANAMATRA, por meio do enunciado 56:

> Cláusula compromissória de arbitragem. Art. 507-A da CLT. Impossibilidade de ser instituída em se tratando de créditos decorrentes da relação de trabalho, à luz do artigo 1º da Lei 9.307/96, art. 100 da CF/88, art. 1707 do CC e art. 844, § 4º, II da CLT. Caráter alimentar do crédito trabalhista. Indisponibilidade e inderrogabilidade dos direitos trabalhistas.

Pior do que simples incompatibilidade, Teixeira Filho (2017, p. 44) menciona que, a aceitação da arbitragem no direito laboral, significar-se-á, renúncia do direito de ação:

> É necessário esclarecer que a convenção de arbitragem tem o efeito de vincular as partes, no tocante à resolução de conflitos de interesses que estão a ocorrer – ou que poderão ocorrer – entre elas. Dizendo-se de modo mais realista: essa convenção significa *renúncia à jurisdição, à tutela estatal, renúncia em última análise, ao direito de ação*.

Finalizando o entendimento, Teixeira esclarece que o artigo incluído na CLT, qual seja, o 507-A, é inconstitucional, ressaltando o direito de ação previsto no artigo 5º, inciso XXXV, da Constituição Federal, e fato de que, nem mesmo a Lei, pode impedir o exercício deste direito (TEIXEIRA, 2017, p. 45).

> Particularmente, entendemos que o art. 507-A, da CLT, (assim como o art. 7º da Lei n. 9.307/96) é inconstitucional. O direito de ação está assegurado pelo art. 5º, XXXV, da Constituição Federal e figura como uma das mais importantes conquistas dos Estados Democráticos de Direito. Dir-se-á, talvez, que o preceptivo constitucional mencionado está dirigido apenas *ao legislador*, não à *parte*, de tal modo que, embora a Lei não possa excluir da apreciação do Poder Judiciário qualquer ameaça ou lesão a direito, *a parte* pode renunciar ao direito de ação, significa dizer, afastar a atuação jurisdicional do Estado. Se assim se disser, devemos argumentar, em caráter proléptico, que a leitura democrática a ser feita do art. 5º, XXXV, da Constituição Federal, é que *nem mesmo a Lei pode impedir o exercício do direito de ação; logo, esse direito revela não somente intocável, como irrenunciável*.

É possível entender pela resistência na aplicação da arbitragem nos direitos individuais do trabalho, diante das inúmeras possibilidades de problemas que referido instituto poderá causar, desde o fato de vício na vontade do empregado, quanto a inconstitucionalidade do artigo 507-A, da CLT.

Ademais, mesmo os autores adeptos da aplicação da arbitragem no direito do trabalho, mostram receio na sua aplicabilidade, porquanto os requisitos previstos pela CLT, não seriam aptos a prever a situação em que a relação de trabalho guardaria equilíbrio entre as partes, para tornar a válida a manifestação do trabalhador de se submeter a esse procedimento.

Noutra senda, nota-se que o valor mínimo de remuneração, estipulado na CLT, como requisito, não seja um valor considerado alto o suficiente para tornar a relação equilibrada. Outro ponto, é que a previsão de estipulação da arbitragem se daria na contratação, momento em que o trabalhador, na maioria das vezes, está muito vulnerável à vontade e condições impostas pelo empregador.

Não se olvide, também, que a arbitragem ainda é um procedimento caro e que envolve, em sua maioria, valores muito altos. Conforme notícia no Conjur, o "valor envolvido na forma privada de resolução de conflitos sobre questões contratuais, uma alternativa à Justiça comum, saltou de R$ 4,7 milhões para R$ 23,6 bilhões desde 2012."[1]

Na mesma notícia, o presidente do Centro de Arbitragem e Mediação da Câmara de Comércio Brasil-Canadá (CAMCCBC), Carlos Forbes, informa que uma das consequências da popularização da arbitragem é a queda nos valores em disputa — embora o sistema privado ainda seja considerado caro e compensatório apenas para disputas superiores a R$ 1 milhão. Em 2017, o valor médio das ações foi de R$ 84,5 milhões — 47% mais barato que em 2016 e o mais baixo dos últimos quatro anos[2].

Assim, de todo modo, o valor discutido, entre um empregado com remuneração estipulada na CLT como requisito mínimo, não chegaria nem perto do mínimo considerado razoável à estipulação da arbitragem.

6. CONSIDERAÇÕES FINAIS

O presente trabalho permitiu verificar a arbitragem de modo geral, sua aplicabilidade e alcance nas relações de trabalho. Verifica-se também, a aplicabilidade do referido meio de solução de conflito no direito laboral, principalmente, antes e depois da reforma trabalhista.

Constata-se que a arbitragem no direito laboral, antes da reforma trabalhista, já encontrava grande resistência. A bem da verdade, a grande maioria das decisões e doutrinadores tinham posicionamento contrário à sua aplicação. Ademais, mesmo após a reforma, com a inclusão do artigo 507-A, da CLT, os doutrinadores entendem pela inconstitucionalidade e incompatibilidade do referido dispositivo, com o direito do trabalho, isto porque, por vezes, poderia violar os princípios do direito individual do trabalho.

---

1. https://www.conjur.com.br/2018-mar-12/numero-processos-camaras-arbitragem-dobra-anos, acesso em 04/06/2018 às 13h30min.
2. Idem.

Com a pesquisa jurisprudencial, foi possível constatar que a arbitragem no direito individual do trabalho, antes da reforma trabalhista, era praticamente inexistente. Há somente decisões isoladas, onde a arbitragem foi reconhecida como válida, entretanto, mesmo após a inclusão do artigo 507-A da CLT, doutrinadores se mostram resistentes e, ainda, não há decisão sobre a sua aplicabilidade.

Questiona-se, a possibilidade de recorrer ao judiciário para requerer a nulidade da arbitragem no direito individual do trabalho, quando estipulada, ressaltando as inúmeras problemáticas do referido meio para resolução de conflitos, como por exemplo, custos da arbitragem, e ainda, se há autonomia e equilíbrio das partes, antes, durante e após o contrato de trabalho, o que deveria ser observado na sua aplicação.

Podemos verificar que, mesmo os autores adeptos do procedimento nas relações de trabalho, entendem que o legislador foi infeliz na estipulação dos requisitos à sua aplicabilidade. Veja-se que, o único requisito objetivo seria o valor da remuneração que, diga-se, não é hábil a tornar a relação de trabalho menos desiquilibrada, notadamente, pelo momento da estipulação ser no início da relação, onde o empregado mostra-se mais frágil e vulnerável às estipulações do empregador.

Sequer, como exigido em outro tópico da reforma, seria necessário que o empregado tenha nível superior, ou seja, além da remuneração ser razoavelmente baixa, não se exigiu, o legislador reformista, nenhuma formação intelectual do empregado que, por conta disso, poderia não entender, especificamente, as consequências de se estipular o procedimento.

Ademais, as próprias câmaras arbitrais, evidenciam que o custo do procedimento é alto e inviável para conflitos que envolvam valores inferiores a um milhão de reais. Noutra senda, sabemos que o procedimento, ainda que se popularize e se torne mais acessível, ainda é caro e deveria ser custeado por ambas as partes e, não é crível, que o empregado desempregado, tenha que desembolsar crédito de natureza salarial, para custear esse procedimento.

Assim, sustentamos que, a análise do caso concreto, deve ser imprescindível para verificar a viabilidade do procedimento. Isto porque, não é razoável que, apenas, o preenchimento de dois requisitos, infelizes e ineficazes, sejam capazes de afastar a ocorrência de vício de consentimento por parte do empregado, que se vê subordinado antes e durante a contratação. No caso concreto, acreditamos que o juiz deve observar se a estipulação do procedimento se coaduna com os princípios do direito do trabalho e, que a manifestação da vontade fora, efetivamente, livre e consciente para, só assim, entender como válido o procedimento a ponto de excluir o conflito da apreciação da justiça especializada.

7. REFERÊNCIAS

ASSIS, Carlos Augusto de et al. *Teoria Geral do Processo Contemporâneo*. 3ª Edição. São Paulo: Atlas. 2018.

BEZERRA LEITE, Carlos Henrique. *Curso de Direito do Trabalho*. São Paulo: Ed. Saraiva. 2018.

BULOS, Uadi Lammêgo. *Lei da Arbitragem comentada*: breves comentários à lei nº 9.307, de 23.09.1996 / Uadi Lammêgo Bulos, Paulo Furtado. São Paulo: Saraiva, 1997.

CARMONA, Carlos Alberto. *Arbitragem e Processo*: Um Comentário à Lei 9.307/96. São Paulo: Malheiros, 1998.

CARMONA, Carlos Alberto. Arbitragem e processo: um comentário à Lei 9307/96. 3ª ed. São Paulo: Atlas, 2009.

CRETELLA JÚNIOR, José. *Da Arbitragem e o Seu Conceito Categorial*. In Revista de Informação Legislativa. Brasília. Ano 25, n. 98, abr/jun. 1988.

DELGADO, Maurício Godinho. *Curso de Direito do Trabalho*. 15ª Edição. São Paulo: LTr, 2016.

DELGADO, Maurício Godinho; DELGADO, Gabriela Neves. *A Reforma Trabalhista no Brasil*. São Paulo: LTr Editora. 2017.

GARCIA, Gustavo Filipe Barbosa Garcia, *Curso de Direito do Trabalho*. 9ª Edição, Rio de Janeiro: Editora Forense, 2015.

MAGALHÃES, Rodrigo Almeida apud ALVES, José Carlos Moreira. *Arbitragem e Convenção Arbitral*. Belo Horizonte: Mandamentos, 2006.

MARTINS FILHO, Ives Gandra da Silva. *Métodos alternativos de solução de conflitos laborais*: viabilizar a jurisdição pelo prestígio à negociação coletiva. São Paulo: Revista LTr, ano 79, julho, 2015.

NASCIMENTO, Amauri Mascaro. *Direito do Trabalho*. 26ª Ed. – São Paulo: Saraiva, 2011.

NASCIMENTO, Amauri Mascaro. *Iniciação ao direito do trabalho*. 36ª Ed. – São Paulo: LTr, 2011.

JORGE NETO, Francisco Ferreira; CAVALCANTE, Jouberto de Quadros Pessoa. *Direito Processual do Trabalho*. 3 ed. Rio de Janeiro: Lumen Juris, 2007.

ROCHA, José de Albuquerque. *Lei de Arbitragem*: Uma Avaliação Crítica. São Paulo: Editora Atlas. 2008.

ROLIN, Luiz Antônio. *Instituições de Direito Romano*. São Paulo: Editora Revista dos Tribunais, 2000.

SILVA, de Plácido e. *Vocabulário Jurídico*. 10ª Edição. Rio de Janeiro: Forense, 1987.

SOARES, Guido. *Arbitragens comerciais internacionais no Brasil* – vicissitudes. Revista dos Tribunais 641/30.

TEIXEIRA FILHO, Manoel Antônio. *O Processo do Trabalho e a Reforma Trabalhista*: As alterações introduzidas no processo do trabalho pela Lei n. 13.467/2017. São Paulo: LTr, 2017.

THEODORO JÚNIOR, Humberto. *Curso de Direito Processual Civil*: Volume II. 52ª Edição. Rio de Janeiro: Editora Forense. 2018.

COMPATIBILIDADE DOS NEGÓCIOS PROCESSUAIS ATÍPICOS COM O PROCESSO DO TRABALHO:
CENÁRIO ANTES E PÓS REFORMA TRABALHISTA

Juliane Dias Facó

Mestre em Direito Público pela Universidade Federal da Bahia (UFBA). Especialista em Direito e Processo do Trabalho pela Faculdade Baiana de Direito. Professora de Direito e Processo do Trabalho da Faculdade Baiana de Direito. Professora convidada da Escola Judicial do TRT 5, TRT 7, EMATRA 5 e da Escola Superior de Advocacia da OAB/BA. Professora convidada da Pós-Graduação da Faculdade Baiana de Direito, Universidade Católica (UCSAL), UNIFACS, UNIFEOB (São Paulo). Membro do Instituto Brasileiro de Direito Processual (IBDP). Cofundadora do Fórum Permanente de Processualistas do Trabalho (FPPT). Presidente da Associação Brasileira de Processualistas do Trabalho (ABPT). Advogada. Sócia do Pessoa e Pessoa Advogados Associados

Sumário: 1. Modelo cooperativo de processo e princípio do respeito ao autorregramento da vontade no CPC/2015 – 2. Negócio Jurídico processual no CPC/2015: 2.1. Negócios processuais típicos; 2.2. Negócios processuais atípicos – 3. Requisitos de validade dos negócios processuais atípicos – 4. Eficácia dos negócios processuais – 5. Negócios processuais atípicos e sua aplicação ao Processo do Trabalho: 5.1. Aplicação supletiva e subsidiária do CPC/2015; 5.2. Entendimento do Tribunal Superior do Trabalho – Art. 2º, II, da IN 39; 5.3 Conflitos submetidos à jurisdição trabalhista e os negócios processuais atípicos; 5.4. Relações de emprego e manifesta situação de vulnerabilidade; 5.5. Cenário Pós Reforma Trabalhista – 6. Conclusão.

1. MODELO COOPERATIVO DE PROCESSO E PRINCÍPIO DO RESPEITO AO AUTORREGRAMENTO DA VONTADE NO CPC/2015

O Código de Processo Civil de 2015 se alicerça em um modelo cooperativo de processo, em que não há protagonismos das partes ou do juiz, e sim equilíbrio entre os sujeitos[1], cujos comportamentos devem ser pautados na boa fé com vistas a um "processo leal e cooperativo"[2].

Dessa forma, rompeu-se com o modelo excessivamente publicista encampado pelo CPC/1973, prestigiando a participação dos litigantes na construção do provimento jurisdicional.

---

1. "O modelo cooperativo propõe, assim, que todos os sujeitos processuais dirijam seus atos, no decorrer do procedimento, a uma solução mais justa e eficaz, proporcionando a verdadeira pacificação social. Propõe-se, pois, uma responsabilização de todos os participantes da relação jurídica processual no desenrolar do procedimento [...]. BERTÃO, Rafael Calheiros. Negócios jurídicos processuais: a ampliação das hipóteses típicas pelo Novo CPC. *In: Novo CPC doutrina selecionada:* parte geral, vol. 1. Fredie Didier Jr. (coord. geral) Salvador: JusPodivm, 2016, p. 1357.
2. DIDIER JR., Fredie. *Curso de Direito Processual Civil.* Vol. 1. 19 ed. Salvador: JusPodivm, 2017, p. 144.

O consenso é valorizado com o intuito de se obter a solução do conflito, permeada pela observância do contraditório efetivo (arts. 7º, 9º e 10 do CPC) e pela colaboração dos sujeitos processuais (art. 6º do CPC)[3], sem olvidar o respeito a autonomia da vontade e o direito ao seu autorregramento no processo, que deve se tornar adequado às necessidades dos jurisdicionados.

É nesse cenário que desponta o princípio do respeito ao autorregramento da vontade no processo, como reflexo do direito fundamental à liberdade (art. 5º, *caput*, da CF). Significa que as partes possuem o direito de "regular juridicamente os seus interesses"[4] sem sofrer restrições injustificadas à sua liberdade pelo Judiciário, sob pena de violar o devido processo legal[5].

Daí porque o novo código contém diversos dispositivos que privilegiam a autonomia da vontade, seja por meio de estímulo a resolução do conflito por autocomposição (art. 3º, §§ 3º e 4º do CPC, bem como os arts. 165 a 175, que regulam a mediação e conciliação), ou através da autorização de que, no acordo judicial, seja incluída matéria estranha ao objeto litigioso do processo (art. 515, § 2º), além de permitir negócios jurídicos processuais típicos e atípicos.

A possibilidade de realizar atos negociais, que irão regular o conteúdo de algumas das normas aplicáveis ao processo[6], concretiza o princípio do respeito ao autorregramento da vontade e intensifica a cooperação entre os litigantes e o juiz, em prol da efetiva solução dos conflitos de acordo com as peculiaridades de cada lide e da entrega de prestação jurisdicional adequada.

O objetivo deste artigo reside na análise dos negócios processuais estampados nos arts. 190 e 200 do CPC, que consagram a cláusula geral de atipicidade. Pretende-se examinar a possibilidade de sua aplicação ao Processo do Trabalho, inclusive no cenário pós Reforma Trabalhista.

Para se alcançar o fim colimado, propõe-se a responder aos seguintes questionamentos: o art. 190 do CPC/2015 é compatível com o ordenamento trabalhista antes e depois das alterações promovidas na CLT pela Lei 13.467/17 (Reforma Trabalhista)? É necessário fazer alguma adaptação para conformá-lo ao regime adotado no Processo do Trabalho? A Instrução Normativa 39 do TST agiu com acerto ao vedar a aplicação do instituto às demandas trabalhistas? A posição do TST subsiste no cenário pós Reforma Trabalhista?

---

3. CUNHA, Leonardo Carneiro da. Negócios Jurídicos Processuais no Processo Civil Brasileiro. In: *Negócios processuais*. Antônio do Passo Cabral e Pedro Henrique Nogueira (coords.). 2 ed. Salvador: JusPodivm, 2016, p. 61.
4. DIDIER JR., Fredie. *Curso de Direito Processual Civil*. Vol. 1. 19 ed. Salvador: JusPodivm, 2017, p. 149.
5. DIDIER JR., Fredie. Idem., p. 133. Conferir também DIDIER JR., Fredie. Princípio do respeito ao autorregramento da vontade no processo civil. In: *Principiologia*: estudos em homenagem ao centenário de Luiz Pinho Pedreira Silva. Um jurista de princípios. Rodolfo Pamplona Filho e José Augusto Rodrigues Pinto (coords.). São Paulo: LTR, 2016, p. 95-98.
6. TAVARES, João Paulo Lordelo Guimarães. Da admissibilidade dos negócios jurídicos processuais no Novo Código de Processo Civil: aspectos teóricos e práticos. In: *Revista de Processo*, ano 41, vol. 254, abril/2016, p. 92.

São essas as problemáticas que se pretende enfrentar.

Para tanto, serão delimitados os contornos gerais dos negócios processuais, com a análise dos seus requisitos de validade e eficácia, e, em seguida, o estudo se voltará para a investigação acerca da compatibilidade das convenções processuais atípicas no Processo do Trabalho.

2. NEGÓCIO JURÍDICO PROCESSUAL NO CPC/2015

Negócio jurídico, na concepção de Marcos Bernardes de Mello, é o fato jurídico que tem como elemento nuclear do suporte fático a manifestação consciente da vontade, que confere às pessoas, dentro de limites pré-determinados e da sua própria conveniência, "o poder de escolha da categoria jurídica e de estruturação do conteúdo eficacial das relações jurídicas respectivas, quanto ao seu surgimento, permanência e intensidade no mundo jurídico"[7].

Isso quer dizer que as partes que celebram um negócio jurídico manifestam a sua vontade não somente ao exercitarem sua escolha em praticar ou não o ato, mas também na definição de seus efeitos/consequências[8]. Em outras palavras, há uma margem de disposição e discricionariedade sobre o *conteúdo eficacial* do negócio jurídico entabulado entre os sujeitos[9].

Ao transpor essas lições para órbita processual, tem-se que o negócio jurídico processual[10] é o negócio jurídico que sofre a incidência de uma norma de natureza processual[11] e, em decorrência da vontade do(s) sujeito(s) que o pratica, produz efeitos no processo, podendo "constituir, modificar ou extinguir situações processuais ou alterar procedimentos"[12].

Os negócios processuais podem ser unilaterais, quando o ato é praticado apenas por um agente e contém uma declaração de vontade (é o caso da desistência e da renúncia); bilaterais[13], quando duas vontades são manifestadas, a exemplo da elei-

---

7. MELLO, Marcos Bernardes de. *Teoria do fato jurídico:* plano da existência. 14 ed. São Paulo: Saraiva, 2007, p. 153.
8. Já os atos jurídicos em sentido estrito, apesar de também dependerem da manifestação de vontade do sujeito, não dispõem do poder de escolha da categoria jurídica desejada ou de seus efeitos, de modo que o agente deve anuir com as consequências legais da sua escolha.
9. CABRAL, Antonio do Passo. *Convenções processuais*. Salvador: JusPodivm, 2016, p. 49.
10. Fredie Didier Jr. define o negócio processual como "o fato jurídico voluntário, em cujo suporte fático se confere ao sujeito o poder de regular, dentro dos limites fixados no próprio ordenamento jurídico, certas situações jurídicas processuais ou alterar o procedimento". Negócios jurídicos processuais atípicos no Código de Processo Civil de 2015. In: *Revista Brasileira de Advocacia*, vol. 1, ano 1. Flávio Luiz Yarshell (coord.). São Paulo: Revista dos Tribunais, abr.-jun/2016, p. 60.
11. ATAÍDE JR., Jaldemiro Rodrigues. Cap. 5. Estudo da existência, validade e eficácia dos negócios jurídicos processuais. In: *Novo CPC doutrina selecionada:* parte geral, vol. 1. Fredie Didier Jr. (coord. geral) Salvador: JusPodivm, 2016, p. 1384-1385.
12. CABRAL, Antonio do Passo. *Convenções processuais*. Salvador: JusPodivm, 2016, p. 49.
13. "Os negócios jurídicos bilaterais costumam ser divididos em contratos, quando as vontades dizem respeito a interesses contrapostos, e acordos ou convenções, quando as vontades se unem para um interesse comum".

ção negocial de foro; ou plurilaterais, onde mais de duas vontades se exteriorizam e convergem para produção de certos efeitos.

Os negócios plurilaterais podem contar com a participação do magistrado, o que se verifica na fixação de calendário processual (art. 191 do CPC) ou na organização compartilhada do processo na fase de saneamento, na esteira do disposto no art. 357, § 3º do CPC.

A regra é que os negócios processuais não precisam ser homologados judicialmente, já que os sujeitos definem o regramento jurídico que será adotado em uma dada situação[14], exercendo a sua vontade, repita-se, não só na escolha de praticar o ato, mas na produção de efeitos.

Contudo, a necessidade de chancela do órgão judicial não desconfigura o negócio processual, pois a vontade foi direcionada à prática do ato e do seu conteúdo eficacial. Neste caso, a lei apenas opta por condicionar a produção dos efeitos do ato após a apreciação da sua higidez pelo juiz[15], como acontece na desistência da ação (art. 200, parágrafo único, do CPC/15).

Os negócios processuais se classificam, ainda, em típicos, quando existe prévia estipulação legal sobre as alterações que podem ser efetuadas no procedimento, com a identificação precisa do seu objeto, ou atípicos, quando há uma margem de liberdade para que os sujeitos convencionem as adequações necessárias para atender às peculiaridades da lide, atual ou futura.

2.1. Negócios processuais típicos

Os negócios processuais típicos já encontravam previsão no CPC/1973, materializados nas seguintes hipóteses: a) eleição de foro (art. 111); b) prorrogação da competência territorial pelo silêncio do réu (art. 114); c) desistência do recurso (art. 158 c/c art. 500, III); d) suspensão convencional do processo (art. 265, II); e) adiamento da audiência por convenção das partes (art. 453, I); f) renúncia do direito de recorrer (art. 502); dentre outras.

O CPC/2015 ampliou o rol dos negócios processuais típicos, além de aperfeiçoar alguns já existentes. Instituiu-se, por exemplo, o calendário processual (art. 191)[16], a possibilidade de reduzir os prazos peremptórios com a anuência das partes (art.

DIDIER JR., Fredie. Negócios jurídicos processuais atípicos no Código de Processo Civil de 2015. In: Revista Brasileira de Advocacia, vol. 1, ano 1. Flávio Luiz Yarshell (coord.). São Paulo: Revista dos Tribunais, abr.-jun/2016, p. 61.

14. DIDIER JR., Fredie. Idem., p. 64.
15. BERTÃO, Rafael Calheiros. Negócios jurídicos processuais: a ampliação das hipóteses típicas pelo Novo CPC. In: Novo CPC doutrina selecionada: parte geral, vol. 1. Fredie Didier Jr. (coord. geral) Salvador: JusPodivm, 2016, p. 1364.
16. Sobre o calendário processual, Leonardo Carneiro da Cunha assinala que: "o calendário é sempre negocial; não pode ser imposto pelo juiz. Trata-se de negócio jurídico processual plurilateral, havendo a necessidade de acordo de, pelo menos, três vontades: a do autor, a do réu e a do juiz. Se houver intervenientes, estes também devem integrar o negócio processual que fixa o calendário". CUNHA, Leonardo Carneiro da. Ne-

222, § 1º), a escolha consensual do perito (art. 471) e a organização compartilhada do processo (art. 357, §§ 2º e 3º).

A maioria desses atos negociais, com exceção da escolha consensual do perito, incluem o juiz no negócio processual[17], que depende da convergência de vontades das partes e do órgão julgador para existir, ter validade e produzir efeitos na lide. Trata-se, mais uma vez, de concretização do princípio da cooperação (art. 6º do CPC) e da democratização do processo, além do respeito ao direito de autorregramento da vontade, proporcionando um equilíbrio entre os sujeitos processuais e o exercício, dentro de certos limites, da liberdade das partes.

2.2. Negócios processuais atípicos

Mas a grande inovação do Código de Processo Civil de 2015 foi consagrar uma cláusula geral de *atipicidade* dos negócios processuais[18], consubstanciada no art. 190[19]. Conferiu-se maior liberdade para os sujeitos formatarem o regramento jurídico a ser utilizado em dada situação e adaptá-lo às suas necessidades e conveniências. A cláusula geral de *atipicidade* dos negócios processuais significa que não há detalhamento na lei sobre o modelo de negócio que pode ser engendrado pelas partes. Apenas se fixam os contornos gerais e alguns de seus limites, incumbindo ao juiz controlar a validade do ato *a posteriori*, se houver vício[20].

Os negócios atípicos, assim, não se enquadram perfeitamente nos tipos legais[21]. A lei cinge-se a prescrever que as partes podem "estipular mudanças no procedimento" e "convencionar sobre seus ônus, poderes, faculdades e deveres processuais, antes ou durante o processo".

---

gócios Jurídicos Processuais no Processo Civil Brasileiro. In: *Negócios processuais*. Antônio do Passo Cabral e Pedro Henrique Nogueira (coords.). 2 ed. Salvador: JusPodivm, 2016, p. 64.

17. Antonio do Passo Cabral não admite que o juiz seja considerado sujeito de uma convenção processual, vez que inexistente a capacidade negocial diante da ausência da liberdade em manifestar a sua vontade. CABRAL, Antonio do Passo. *Convenções processuais*. Salvador: JusPodivm, 2016, p. 223-225.
18. A realização de negócios jurídicos processuais atípicos já era possível à luz do art. 158 do CPC/1973, como lembra Jaldemiro Rodrigues de Ataíde Júnior, mas não existia uma cláusula geral de negociação processual. O autor ainda pontua que o princípio da autonomia ou do respeito ao autorregramento da vontade no processo "não é propriamente uma inovação do CPC/2015", pois vários autores defenderam o referido princípio "mesmo quando não havia previsão de uma cláusula geral de negociação processual, como o art. 190 do CPC/2015". ATAÍDE JR., Jaldemiro Rodrigues. Cap. 5. Estudo da existência, validade e eficácia dos negócios jurídicos processuais. In: *Novo CPC doutrina selecionada*: parte geral, vol. 1. Fredie Didier Jr. (coord. geral) Salvador: JusPodivm, 2016, p. 1378-1379.
19. Art. 190 do CPC/15: "Versando o processo sobre direitos que admitam autocomposição, é lícito às partes plenamente capazes estipular mudanças no procedimento para ajustá-lo às especificidades da causa e convencionar sobre os seus ônus, poderes, faculdades e deveres processuais, antes ou durante o processo".
20. É o que se infere do art. 190. parágrafo único, do CPC/15: "De ofício ou a requerimento, o juiz controlará a validade das convenções previstas neste artigo, recusando-lhes aplicação somente nos casos de nulidade ou de inserção abusiva em contrato de adesão ou em que alguma parte se encontre em manifesta situação de vulnerabilidade".
21. CUNHA, Leonardo Carneiro da. Negócios Jurídicos Processuais no Processo Civil Brasileiro. In: *Negócios processuais*. Antônio do Passo Cabral e Pedro Henrique Nogueira (coords.). 2 ed. Salvador: JusPodivm, 2016, p. 56.

O preceito legal se fundamenta no *princípio da adequação*, pois autoriza às partes flexibilizarem o procedimento com vistas a torná-lo mais adequado às especificidades da lide[22]. Em síntese, "a tutela jurisdicional pleiteada pela parte autora há de ser proferida em procedimento adequado à satisfação do interesse material ou do direito subjetivo a que se visa proteger"[23].

Não se trata de negociar o objeto litigioso do processo, ou seja, o direito material discutido, o que se pode efetivar por meio da autocomposição. Nos negócios jurídicos processuais atípicos, "negocia-se sobre o processo, alterando suas regras"[24] e derrogando normas.

Algumas hipóteses de negócios processuais atípicos podem ser colhidas dos enunciados do Fórum Permanente de Processualistas Civis (FPPC), especialmente os enunciados 19 e 490, a saber: pacto de impenhorabilidade; acordo de ampliação ou redução de prazos, independentemente da natureza; dispensa consensual de assistente técnico; acordo para rateio de despesas processuais; acordo para retirar o efeito suspensivo de recurso; pacto de alteração da ordem de penhora; pacto de inexecução parcial ou total de multa coercitiva; entre outras.

Fredie Didier Jr. destaca, ainda, a possibilidade de acordo sobre pressupostos processuais, como a permissão de negócio processual sobre competência relativa e sobre foro de eleição internacional (art. 25 do CPC/15), além da legitimação extraordinária convencional[25].

Quanto ao momento da celebração, o negócio processual pode ser entabulado, nos termos da lei, antes ou durante o processo, ou seja, pode repercutir em demanda atual ou futura.

Aliás, é pressuposto para qualificar o negócio jurídico como processual que os seus efeitos sejam projetados pelas partes e sentidos, de forma potencial ou efetiva, em uma ação judicial.

Assim, os sujeitos podem inserir uma cláusula negocial processual em qualquer contrato que seja celebrado entre eles, com a previsão de que, em caso de litígio, a contenda será resolvida de acordo com o que foi convencionado, por meio de procedimento adequado para tutelar o direito material debatido e/ou regras relacionadas a ônus, poderes, deveres e faculdades.

---

22. BERTÃO, Rafael Calheiros. Negócios jurídicos processuais: a ampliação das hipóteses típicas pelo Novo CPC. In: *Novo CPC doutrina selecionada*: parte geral, vol. 1. Fredie Didier Jr. (coord. geral) Salvador: JusPodivm, 2016, p. 1360-1361.
23. CUNHA, Leonardo Carneiro da. Negócios Jurídicos Processuais no Processo Civil Brasileiro. In: *Negócios processuais*. Antônio do Passo Cabral e Pedro Henrique Nogueira (coords.). 2 ed. Salvador: JusPodivm, 2016, p. 69.
24. DIDIER JR., Fredie. Negócios jurídicos processuais atípicos no Código de Processo Civil de 2015. In: *Revista Brasileira de Advocacia*, vol. 1, ano 1. Flávio Luiz Yarshell (coord.). São Paulo: Revista dos Tribunais, abr.-jun/2016, p. 65.
25. DIDIER JR., Fredie. Idem, p. 67.

Se o processo já foi instaurado, sem cláusula negocial prévia, nada impede que as partes convencionem de forma incidental, enquanto houver litispendência, em qualquer fase do processo.

Pode-se pactuar, por exemplo, um acordo para divisão do tempo reservado à sustentação oral, inclusive se houver *amicus curiae* ou outros interessados a contribuir com a solução da controvérsia. Nesse caso, o órgão colegiado (ou o seu Presidente) deve ser envolvido, pois se trata de negócio processual plurilateral, em que mais de duas vontades são manifestadas.

As possibilidades de negociar sobre o processo são inúmeras e, pela sua atipicidade, não se pode elencar exaustivamente todas as hipóteses que podem ser convencionadas pelas partes.

Contudo, faz-se necessário traçar alguns limites e a extensão dos efeitos dos negócios jurídicos processuais, a partir do exame dos requisitos de validade e de eficácia, adiante especificados.

3. REQUISITOS DE VALIDADE DOS NEGÓCIOS PROCESSUAIS ATÍPICOS

O mesmo regramento que se aplica aos negócios jurídicos no plano material pode ser transposto para o âmbito processual, de modo que, para ser considerado válido, o negócio jurídico processual se submete aos requisitos previstos no art. 104 do Código Civil, quais sejam: a) agente capaz; b) objeto lícito, possível e determinado; c) forma prescrita ou não defesa em lei.

A capacidade que se exige do agente para celebrar um *negócio processual atípico* é a *capacidade processual*, isto é, a aptidão para estar em juízo e praticar atos processuais (art. 70 do CPC).

De acordo com o art. 190 do CPC, as partes devem ser plenamente capazes.

Logo, se houver incapacidade, absoluta ou relativa, o negócio processual será invalidado (art. 166, I c/c art. 171, I do CC). Entretanto, se o sujeito estiver assistido ou representado na forma da lei, não há óbice que impeça a celebração de convenções processuais[26].

A vulnerabilidade de um dos agentes pode comprometer a sua capacidade negocial, o que gera um "desequilíbrio entre os sujeitos na relação jurídica, fazendo com que a negociação não se aperfeiçoe em igualdade de condições"[27]. Porém, essa

---

26. Em sentido contrário, Flávio Luiz Yarshell: "o negócio processual exige sujeitos 'plenamente capazes' (art. 190, *caput*). Isso exclui a possibilidade de que seja celebrado por absolutamente incapazes – ainda que na pessoa de seus representantes legais – e por relativamente incapazes – mesmo que regularmente assistidos". YARSHELL, Flávio Luiz. Convenção das partes em matéria processual: rumo a uma nova era? In: *Negócios processuais*. Antônio do Passo Cabral e Pedro Henrique Nogueira (coords.). 2 ed. Salvador: JusPodivm, 2016, p. 85-86
27. DIDIER JR., Fredie. Negócios jurídicos processuais atípicos no Código de Processo Civil de 2015. In: *Revista Brasileira de Advocacia*, vol. 1, ano 1. Flávio Luiz Yarshell (coord.). São Paulo: Revista dos Tribunais, abr.-jun/2016, p. 72.

fragilidade deve ser aferida *in concreto* pelo juiz, que poderá exercer o seu controle e declarar nulo o negócio processual quando há *manifesta* situação de vulnerabilidade (art. 190, parágrafo único, do CPC).

No que diz respeito ao objeto, só podem ser firmados negócios jurídicos processuais quando a demanda versar sobre direitos que admitam autocomposição, isto é, litígios que podem ser solucionados por mediação ou conciliação, o que não se confunde com direitos indisponíveis.

Assim, "a indisponibilidade do direito material não impede, por si só, a celebração do negócio jurídico processual", consoante cristalizado no Enunciado 135 do Fórum Permanente de Processualistas Civis. Portanto, não há impedimento, *a priori*, para que a Fazenda Pública[28] e o Ministério Público[29] celebrem acordos processuais, a depender do que foi convencionado.

O objeto deve ser lícito para que qualquer negócio processual seja considerado válido. Daí porque é nulo o acordo processual que chancele a prática de um crime (a exemplo de depoimento pessoal obtido sob tortura)[30] ou que afronte premissas (Estado laico – utilização de carta psicografada como meio de prova)[31], direitos e garantias constitucionais (fundamentação das decisões judiciais, publicidade do processo) e a própria sistemática processual[32].

Não se admite, pois, negócio processual que crie um novo tipo de recurso não previsto em lei – já que ofenderia o princípio da taxatividade e da reserva legal –, ou que altere normas de ordem pública, como a competência absoluta (material, pessoal e funcional) e a imparcialidade do juiz. Também não pode afastar regra processual criada para proteger direito indisponível, dotada de finalidade pública, a exemplo da intimação obrigatória do Ministério Público.

Em síntese, os negócios jurídicos processuais se reputam lícitos quando se situam "no espaço de disponibilidade outorgado pelo legislador, não podendo autorregular

---

28. Enunciado 256 do Fórum Permanente de Processualistas Civis: "A Fazenda Pública pode celebrar negócio processual".
29. Enunciado 253 do Fórum Permanente de Processualistas Civis: "O Ministério Público pode celebrar negócio processual quando atua como parte". O Conselho Nacional do Ministério Público recomendou a celebração de convenções processuais "toda vez que o procedimento deva ser adaptado ou flexibilizado para permitir a adequada e efetiva tutela jurisdicional aos interesses materiais subjacentes, bem assim para resguardar âmbito de proteção dos direitos fundamentais processuais" – art. 15 da Res. 118/2014. Vide também arts. 16 e 17 da citada Resolução.
30. DIDIER JR., Fredie. Negócios jurídicos processuais atípicos no Código de Processo Civil de 2015. *In: Revista Brasileira de Advocacia*, vol. 1, ano 1. Flávio Luiz Yarshell (coord.). São Paulo: Revista dos Tribunais, abr.-jun/2016, p. 74-75.
31. DIDIER JR., Fredie. Idem, p.74.
32. BERTÃO, Rafael Calheiros. Negócios jurídicos processuais: a ampliação das hipóteses típicas pelo Novo CPC. *In: Novo CPC doutrina selecionada*: parte geral, vol. 1. Fredie Didier Jr. (coord. geral) Salvador: JusPodivm, 2016, p. 1361.

situações alcançadas por normas cogentes"[33], o que implica respeitar as garantias fundamentais do processo.

É válida a cláusula negocial inserida em contrato de adesão, desde que não seja abusiva, o que será aferido concretamente pelo juiz ao verificar o prejuízo causado à parte vulnerável. As partes devem, portanto, estar em situação de equilíbrio (isonomia), sob pena de nulidade[34].

Não há forma definida para o negócio processual atípico, que pode ser expresso ou tácito, oral ou escrito, judicial ou extrajudicial. É interessante, contudo, que seja exteriorizado em algum documento ou reduzido a termo para que seja inequívoco o objeto convencionado pelas partes e não haja problemas relacionados à existência ou à eficácia do negócio celebrado[35].

Por fim, é preciso que a vontade seja considerada livre de qualquer vício de consentimento (erro, dolo, coação). Caso contrário, acarretará a anulabilidade[36] do negócio processual.

4. EFICÁCIA DOS NEGÓCIOS PROCESSUAIS

Os negócios processuais, em regra, produzem efeitos imediatos, isto é, implicam na constituição, modificação ou extinção de direitos processuais (art. 200 do CPC/15), dispensando qualquer ato integrativo do juiz, seja intervenção ou homologação, que são prescindíveis[37].

Todavia, alguns negócios processuais exigem a homologação judicial como condição legal de eficácia[38], como no já citado caso de desistência da ação (art. 200, parágrafo único do CPC).

---

33. CUNHA, Leonardo Carneiro da. Negócios Jurídicos Processuais no Processo Civil Brasileiro. In: *Negócios processuais*. Antônio do Passo Cabral e Pedro Henrique Nogueira (coords.). 2 ed. Salvador: JusPodivm, 2016, p. 71.
34. NOGUEIRA, Pedro Henrique. Sobre os acordos de procedimento no processo civil brasileiro. In: *Negócios processuais*. Antônio do Passo Cabral e Pedro Henrique Nogueira (coords.). 2 ed. Salvador: JusPodivm, 2016, p. 103.
35. Flavio Luiz Yarshell entende que a declaração de vontade que faz existir o negócio processual deve ter necessariamente a forma escrita: "ainda que ela seja manifestada oralmente em audiência – ou em alguma outra oportunidade em que isso seja possível – ela deve ser reduzida a termo; ou, quando menos, ela deve ser registrada em suporte que permita a sua oportuna reprodução, sempre que isso for necessário. A manifestação de vontade deve ser sempre expressa e não pode resultar apenas do silêncio. O que pode ocorrer é que as partes estabeleçam determinado ônus de manifestação no processo, de sorte a qualificar juridicamente eventual silêncio. Mas, isso já está no campo do conteúdo do negócio e não se confunde com a respectiva forma que, repita-se, deve ser escrita". YARSHELL, Flávio Luiz. Convenção das partes em matéria processual: rumo a uma nova era? In: *Negócios processuais*. Antônio do Passo Cabral e Pedro Henrique Nogueira (coords.). 2 ed. Salvador: JusPodivm, 2016, p. 77.
36. Art. 171, II do CC: "Além dos casos expressamente declarados na lei, é anulável o negócio jurídico: [...] II – por vício resultante de erro, dolo, coação, estado de perigo, lesão ou fraude contra credores".
37. Enunciado 256 do Fórum Permanente de Processualistas Civis: "Salvo nos casos excepcionais previstos em lei, os negócios processuais do *caput* do art. 190 não dependem de homologação judicial".
38. Enunciado 260 do Fórum Permanente de Processualistas Civis: "A homologação pelo juiz, da convenção processual, quando prevista em lei, corresponde a uma condição legal de eficácia do negócio".

É possível, ainda, que as partes convencionem a modulação dos efeitos do negócio jurídico processual, inserindo uma condição ou termo que impeça a produção de efeitos imediatos.

Com relação aos limites subjetivos, a eficácia dos negócios processuais se estende apenas aos seus participantes e não podem prejudicar terceiros, a menos que estes integrem a convenção, a exemplo do calendário processual que conta, repita-se, com a participação do juiz[39].

5. NEGÓCIOS PROCESSUAIS ATÍPICOS E SUA APLICAÇÃO AO PROCESSO DO TRABALHO

5.1. Aplicação supletiva e subsidiária do CPC/2015

Nunca se negou que a CLT possui inúmeras lacunas (totais e parciais) que precisam ser supridas por outras leis, tanto no âmbito material (art. 8º da CLT) como no processual (art. 769 e 889 da CLT), a fim de solucionar os conflitos submetidos à sua jurisdição (art. 114 da CF).

E o Direito Processual do Trabalho sempre se valeu do Código de Processo Civil, como fonte subsidiária e supletiva, na hipótese de omissão da CLT para regular determinada situação jurídica, desde que houvesse compatibilidade com os princípios e regras trabalhistas (art. 769).

O CPC/2015, contudo, trouxe muitas novidades para o sistema jurídico, pautado em um modelo cooperativo de processo, no princípio do respeito ao autorregramento da vontade e do contraditório dinâmico, prévio e efetivo (arts. 7º, 9º e 10 do CPC), além de outras normas fundamentais que visam dar concretude aos valores e normas constitucionais (art. 1º do CPC). O novo cenário que se descortina no Direito Processual Civil, com a mudança de paradigmas e a aproximação das normas processuais à realidade e à Constituição Federal, aliado à inserção do art. 15 no CPC[40], fez gerar um certo desconforto e insegurança na doutrina e jurisprudência trabalhistas com relação a aplicação subsidiária e supletiva do Novo Código[41].

Nesse sentido, Vitor Salino de Moura Eça, ao comentar o art. 15 do CPC, assinalou que o referido preceito legal "deixou a impressão de uma norma arrogante,

---

39. REDONDO, Bruno Garcia. Negócios jurídicos processuais: existência, validade e eficácia. In: Panorama atual do Novo CPC. Paulo Henrique de Santos Lucon e Pedro Miranda de Oliveira (coords.), 1 ed. Florianópolis: Empório do Direito, 2016, p. 32.
40. Art. 15 do CPC/15: "Na ausência de normas que regulem processos eleitorais, trabalhistas ou administrativos, as disposições deste Código lhes serão aplicadas supletiva e subsidiariamente".
41. Mauro Schiavi pontua, a propósito, que: "a chegada do Novo Código de Processo Civil provoca, mesmo de forma inconsciente, um desconforto nos aplicadores do Processo Trabalhista, uma vez que há muitos impactos da nova legislação nos sítios do processo do trabalho, o que exigirá um esforço intenso da doutrina e jurisprudência para revisitar todos os institutos do processo do trabalho e analisar a compatibilidade, ou não, das novas regras processuais civil". SCHIAVI, Mauro. *Novo Código de Processo Civil:* a aplicação supletiva e subsidiária ao Processo do Trabalho, p. 1. Disponível em www.trt7.jus.br. Acesso em 01.06.2018.

que tenta sobrepor-se à outra de igual hierarquia. Ademais, desnecessária, pois o art. 769/CLT já dispõe sobre o tema"[42]. Em boa hermenêutica, é a lei especial que pode definir se o direito comum se aplica ou não[43].

Por outro lado, Edilton Meireles disse que o art. 15 do CPC revogou o art. 769 da CLT, pois o Processo do Trabalho não seria autônomo com relação ao Processo Civil[44], mas apenas um procedimento especial deste, assim como as ações que tramitam na Justiça Eleitoral e Juizados Especiais[45]. Logo, partindo dessa premissa, a lei posterior (art. 15 do CPC) teria revogado a anterior (art. 769 da CLT), com fulcro no art. 2º, § 1º, da Lei de Introdução[46].

Apesar de abalizada, discorda-se da opinião do autor. Não há que se falar em revogação do art. 769 da CLT, tampouco em ausência de autonomia do Processo do Trabalho com relação ao Processo Civil. Ambos são ramos autônomos do Direito, mas que devem se complementar com o intuito de promover a unidade, integridade e coerência do ordenamento jurídico.

Destaca-se que o enunciado 1 do Fórum Permanente de Processualistas do Trabalho (FPPT) reconheceu a importância de se interpretar o Processo do Trabalho em conjunto com as normas do Processo Civil, sobretudo as normas fundamentais dispostas nos arts. 1 a 15 do CPC/15: "(art. 15 do CPC) As regras do CPC, por força da aplicação conjunta dos seus arts. 1º e 15, devem ser aplicadas supletivamente no processo do trabalho de modo a ampliar a eficácia das regras da CLT, aumentar a democratização do processo e permitir avanços sociais"[47].

Por todos esses motivos, se entende que as normas cristalizadas no art. 769 da CLT e 15 do CPC/15 não são excludentes, mas plenamente compatíveis e convivem

---

42. EÇA, Vitor Salino de Moura. A função do magistrado na direção do processo no Novo CPC e as repercussões no Processo do Trabalho. In: *Novo CPC: repercussões no Processo do Trabalho*. Carlos Henrique Bezerra Leite. São Paulo: Saraiva, 2015, p. 43.
43. EÇA, Vitor Salino de Moura. Op. cit., p. 43.
44. Salvador Franco de Lima Laurino afirma que a autonomia do Processo do Trabalho perante o Processo Civil está em crise, por um motivo sistemático e axiológico: "Do ponto de vista sistemático, a regra do artigo 15 do novo Código abrandou a fronteira com o processo civil, favorecendo uma aproximação pela qual o processo do trabalho beneficia-se da evolução do processo civil nas últimas décadas. Do ponto de vista axiológico, os atributos que diferenciaram o processo do trabalho foram, gradativamente, incorporados pelo processo civil, resultado da tendência de 'socialização' desencadeada pelo próprio processo do trabalho, o que diminui a distância entre um e outro". E o autor conclui dizendo que o art. 15 do CPC "reforça a convergência do processo do trabalho para um modelo de processo civil governado pelos princípios do *acesso à justiça* e do *devido processo legal*, o que exprime um ajuste no equilíbrio entre os *direitos de liberdade* e os *direitos sociais* que, no fundo, é a marca axiológica do Estado democrático de direito". LAURINO, Salvador Franco de Lima. O artigo 15 do novo Código de Processo Civil e os limites da autonomia do processo do trabalho. In: *Novo CPC: repercussões no Processo do Trabalho*. Carlos Henrique Bezerra Leite. São Paulo: Saraiva, 2015, p. 129-130.
45. MEIRELES, Edilton. O Novo CPC e sua aplicação supletiva e subsidiária no processo do trabalho. In: *Coleção repercussões do Novo CPC*: Processo do Trabalho. Vol. 4. Cláudio Brandão e Estêvão Mallet (coords.) Salvador: JusPodivm, 2015, p. 88.
46. MEIRELES, Edilton. Op. cit., p. 99.
47. Disponível em www.fppt.com.br. Acesso em 01.06.2018.

harmonicamente no sistema, consoante sedimentado pelo TST nos "considerandos" da Instrução Normativa 39:

> [...] considerando que as normas dos arts. 769 e 889 da CLT não foram revogadas pelo art. 15 do CPC de 2015, em face do que estatui o art. 2º, § 2º da Lei de Introdução às Normas do Direito Brasileiro, considerando a plena possibilidade de compatibilização das normas em apreço [...],

Dessa forma, o Código de Processo Civil de 2015 aplica-se subsidiária (lacuna total) ou supletivamente (lacuna parcial)[48] à CLT sempre que houver afinidade sistêmica, isto é, compatibilidade das normas transportadas com os princípios e singularidades do processo trabalhista[49].

Resta saber se o art. 190 do CPC, isto é, se os negócios processuais atípicos são compatíveis com o Processo do Trabalho e devem ser aplicados ao ordenamento trabalhista subsidiariamente.

5.2. Entendimento do Tribunal Superior do Trabalho – Art. 2º, II, da IN 39

A Instrução Normativa (IN) 39 foi editada pelo Tribunal Superior do Trabalho em 15 de março de 2016, por meio da Resolução 203, três dias antes da vigência do Novo CPC (18.03.2016).

O propósito do TST foi reduzir a insegurança jurídica dos operadores do direito que atuam na Justiça do Trabalho e dos jurisdicionados, identificando questões polêmicas e "algumas das questões inovatórias relevantes para efeito de aferir a compatibilidade ou não de aplicação subsidiária ou supletiva ao Processo do Trabalho do Código de Processo Civil de 2015"[50].

Dentre as normas objeto de apreciação do TST está o art. 190 do CPC, considerado **inaplicável** ao Processo do Trabalho, nos termos do art. 2º, II da IN 39. Assim, para o TST, a negociação processual atípica, apesar da omissão da CLT, seria **incompatível** com o ordenamento trabalhista, o que afastaria a aplicação subsidiária do Código de Processo Civil de 2015.

---

48. A diferença entre a aplicação subsidiária e supletiva é explicitada por Edilton Meireles: "A aplicação subsidiária teria, assim, cabimento quando estamos diante de uma lacuna ou omissão absoluta. Ou, em outras palavras, quando omisso o sistema ou complexo normativo que regula determinada matéria (o processo do trabalho, no nosso caso). [...] a regra supletiva processual é aquela que visa a complementar uma regra principal (a regra mais especial incompleta). Aqui não se estará diante de uma lacuna absoluta do complexo normativo. Ao contrário, estar-se-á diante da presença de uma regra, contida num determinado subsistema normativo, regulando determinada situação/instituto, mas cuja disciplina não se revela completa, atraindo, assim, a aplicação supletiva de outras normas". MEIRELES, Edilton. O Novo CPC e sua aplicação supletiva e subsidiária no processo do trabalho. In: *Coleção repercussões do Novo CPC: Processo do Trabalho*. Vol. 4. Cláudio Brandão e Estêvão Mallet (coords.) Salvador: JusPodivm, 2015, p. 94.
49. Nesse sentido, o art. 1º da IN 39 do TST dispõe que: "Aplica-se o Código de Processo Civil, subsidiária e supletivamente, ao Processo do Trabalho, em caso de omissão e desde que haja compatibilidade com as normas e princípios do Direito Processual do Trabalho, na forma dos arts. 769 e 889 da CLT e do art. 15 da Lei 13.105, de 17.03.2015".
50. Considerandos da IN 39 do TST. Disponível em www.tst.jus.br. Acesso em 01.06.2018.

Mas nada impede que o TST modifique o seu entendimento. A Instrução Normativa não encerra a discussão sobre a compatibilidade do instituto com o Processo do Trabalho, já que não se trata de normativo imutável e definitivo sobre o tema, além de não dispor de caráter vinculante[51]. Serve apenas de diretriz para orientar o julgamento dos magistrados trabalhistas.

Acredita-se que a análise do TST à época em que foi editada a IN 39 foi apressada e perfunctória. Provavelmente se pensou em proteger o hipossuficiente (reclamante-trabalhador), que estaria em situação de vulnerabilidade perante o seu empregador, e não se sentiu confortável em excluir o juiz do negócio jurídico processual atípico, que prescinde de homologação.

Será que esses supostos argumentos são suficientes para vedar a negociação processual no âmbito trabalhista? A hipossuficiência do reclamante e a não participação do juiz (na maioria dos casos) são, de fato, óbices intransponíveis para se firmar a convenção processual?

É o que se verá a seguir.

5.3. Conflitos submetidos à jurisdição trabalhista e os negócios processuais atípicos

Diversos são os conflitos que se submetem à jurisdição trabalhista, de acordo com a competência fixada no artigo 114 da Constituição Federal de 1988, modificado pela EC 45/2004.

---

51. Essa foi a conclusão do Ministro Corregedor-Geral da Justiça do Trabalho em resposta à consulta formulada pela ANAMATRA com relação a IN 39 do TST: "Sendo assim, acolho a presente Consulta, para assentar que: 1) a intepretação do Juiz do Trabalho em sentido oposto ao estabelecido na Instrução Normativa 39/2016 não acarreta qualquer sanção disciplinar; 2) a interpretação concreta quanto à aplicabilidade das normas do CPC (Lei 13.105/2015), em desconformidade com as regras da Instrução Normativa 39/2016 não desafia o manejo da correição parcial, por incabível à espécie, até porque a atividade hermenêutica do ordenamento jurídico exercida pelo magistrado encerra tão somente o desempenho da sua função jurisdicional, o que não implica em tumulto processual para os efeitos do caput do art. 13 do RICGJT, apto a ensejar a medida correicional; 3) como consequência lógica da resposta atribuída à segunda questão, tem se por prejudicada a terceira questão e, por conseguinte, a sua resposta. Todavia, compre salientar que a Instrução Normativa 39/2016 foi aprovada considerando a imperativa necessidade de o Tribunal Superior do Trabalho firmar posição acerca das normas do novo Código de Processo Civil aplicáveis e inaplicáveis ao Processo do Trabalho, e, assim, resguardar às partes a segurança jurídica exigida nas demandas judiciais, evitando-se eventual declaração de nulidade em prejuízo da celeridade processual. Ressalte-se que tal imperativo se revela ainda mais premente diante das peculiaridades do Direito Processual do Trabalho, advindas da relação material celebrada entre empregados e empregadores, na qual se verifica, a rigor, a condição de hipossuficiência do trabalhador. Por esse motivo é que se espera a colaboração e comprometimento dos órgãos da Justiça do Trabalho de primeiro e de segundo graus, a fim de que adequem os seus atos processuais aos parâmetros estabelecidos na Instrução Normativa 39/2016, com vistas à uniformização das normas a serem aplicadas no âmbito do Processo do Trabalho. Dê-se ciência à consulente, bem como aos Corregedores dos Tribunais Regionais do Trabalho. Publique-se. Após, arquive-se. Brasília, 01 de setembro de 2016. Firmado por assinatura digital (MP 2.200-2/2001). RENATO DE LACERDA PAIVA Ministro Corregedor-Geral da Justiça do Trabalho". Publicado em 1.9.2016, na Seção 3, do Diário Eletrônico da Justiça do Trabalho (Caderno Judiciário do TST).

Em resumo, pode-se dizer que a Justiça do trabalho é competente para processar e julgar: a) ações decorrentes da relação de trabalho, seja de emprego ou não; b) demandas envolvendo sindicato, na defesa de interesses próprios (legitimação ordinária, ex. cobrança de contribuição sindical) ou como substituto processual, na defesa dos interesses coletivos ou individuais da categoria (art. 8º, III, da CF); c) litígios em que o Ministério Público do Trabalho atua na qualidade de parte (ou *custos legis*) para defesa dos direitos e interesses coletivos, consoante estabelecido no art. 83 da LC 75/93; d) ações relativas às penalidades administrativas impostas aos empregadores pelos órgãos de fiscalização das relações de trabalho.

Do que se conclui que as causas trabalhistas não se restringem às lides decorrentes da relação de emprego, em que o reclamante-empregado se encontra em situação de vulnerabilidade.

Logo, não haveria qualquer impedimento em se celebrar negócio processual nas demandas que envolvem o sindicato[52], o Ministério Público do Trabalho ou a União (Fazenda Pública).

Nessas situações, as partes são plenamente capazes, pois dispõem de capacidade processual e negocial – inexistindo desigualdades[53] entre os sujeitos da relação jurídica processual – e os direitos admitem, em regra, autocomposição, mesmo se forem considerados indisponíveis.

Note-se que, no caso do sindicato, há autorização para negociar condições de trabalho que irão reger toda uma categoria profissional e econômica, sendo obrigatória a sua participação na negociação coletiva[54], efetuada por meio de convenção ou acordo coletivo de trabalho. Permite-se até mesmo a exclusão/alteração de condições ou vantagens anteriormente ajustadas.

Ora, se é permitido que os sindicatos negociem sem a participação do Judiciário[55] questões relacionadas ao direito *material* de uma categoria de trabalhadores, não há razão para proibir a negociação *processual* a ser celebrada entre sindicatos (patronal e dos trabalhadores) ou entre o sindicato dos trabalhadores e o empregador (pessoa física ou jurídica).

---

52. Quando a demanda versa sobre direito coletivo do trabalho, as partes se encontram em situação de igualdade, pois "a presença da entidade sindical equilibra a balança, fazendo desaparecer a vulnerabilidade de quem está sozinho perante a força econômica patronal". MARTINEZ, Luciano. Curso de Direito do Trabalho. 9 ed. São Paulo: Saraiva, 2018, p. 121.
53. É nesse sentido, que Luciano Martinez aduz que "no campo laboral, a relação jurídica destinatária do princípio da proteção é unicamente a relação individual de trabalho (máxime a relação individual de emprego), não se estendendo à relação coletiva de trabalho. Esta, como se detalhará em alguns pontos deste estudo, é composta de partes que se encontram em situação de igualdade." MARTINEZ, Luciano. Curso de Direito do Trabalho. 9 ed. São Paulo: Saraiva, 2018, p. 120.
54. Art. 8º, VI, da CF: "é obrigatória a participação dos sindicatos nas negociações coletivas de trabalho"
55. Somente se frustrada a negociação coletiva ou a arbitragem é que pode se recorrer ao Judiciário através do dissídio coletivo, conforme art. 114, § 2º da CF: "Recusando-se qualquer das partes à negociação coletiva ou à arbitragem, é facultado às mesmas, de comum acordo, ajuizar dissídio coletivo de natureza econômica, podendo a Justiça do Trabalho decidir o conflito, respeitadas as disposições mínimas legais de proteção ao trabalho, bem como as convencionadas anteriormente".

A cláusula negocial pode ser, inclusive, prévia ao processo, estabelecida no instrumento que exterioriza a negociação coletiva (convenção ou acordo coletivo de trabalho: CCT/ACT).

Pode-se pactuar, por exemplo, a dispensa da prova testemunhal para resolver determinado conflito, elegendo a prova documental e até o tipo de documento hábil para provar a alegação das partes; dispensar assistente técnico se houver necessidade de perícia; celebrar acordo para limitar a recorribilidade ao Tribunal Regional do Trabalho, vedando o reexame da causa pelo Tribunal Superior do Trabalho, em nome da celeridade processual ou para evitar expedientes indevidos ou procrastinatórios (quando se tenta revolver fatos e provas[56]); reduzir ou ampliar número de testemunhas; fixar termos e condições para descumprimento de obrigação (de fazer, não fazer, pagar ou entrega de coisa) estipulada entre as partes.

Enfim, inúmeras são as hipóteses viáveis e que podem ser objeto de convenção processual atípica, desde que observem os limites impostos no ordenamento (licitude do objeto, agente plenamente capaz, forma prescrita ou não defesa em lei, vontade livre – sem vício de consentimento –, equilíbrio entre os sujeitos, respeito às normas de ordem pública, etc.).

Com relação ao Ministério Público, já se viu que não há óbice na realização de acordo processual, recomendado pelo Conselho Nacional do Ministério Público (Res. 118/2014, arts. 15-17).

Assim, o Ministério Público do Trabalho pode negociar com o réu/investigado a alteração no procedimento para ajustá-lo às peculiaridades da causa ou convencionar sobre ônus, poderes, faculdades e deveres processuais, antes – cláusula negocial instituída no termo de ajustamento de conduta (TAC) – ou durante a litispendência, em qualquer fase do processo.

Eventuais vícios serão apurados pelo juiz no caso concreto ao realizar o controle de validade a *posteriori* (art. 190, parágrafo único do CPC), quando a demanda já estiver instaurada.

Também a União pode promover execuções fiscais, para cobrança das penalidades impostas aos empregadores pelo descumprimento das obrigações trabalhistas, e resolver entabular um negócio jurídico processual com o réu-empregador, nos termos do art. 190 do CPC.

Não há, portanto, como se proibir a negociação processual atípica aprioristicamente para essas demandas, em face da compatibilidade com os princípios, valores e singularidades trabalhistas.

Já nas relações de trabalho, sobretudo as de emprego, em que se depara com um possível desequilíbrio entre os sujeitos da relação jurídica processual, o tema

---

56. Súmula 126 do TST: "Incabível o recurso de revista ou de embargos (arts. 896 e 894, *b*, da CLT) para reexame de fatos e provas".

tende a ser mais delicado, motivo pelo qual se dedicará um tópico para examinar a aplicação do art. 190 do CPC.

5.4. Relações de emprego e manifesta situação de vulnerabilidade

Como se sabe, as relações de trabalho contam com a presença de um tomador de serviços e de um trabalhador[57], que pode ser empregado (se preencher os requisitos do art. 3º da CLT), trabalhador avulso (quando há um órgão intermediador de mão de obra[58]), eventual ou autônomo.

Os direitos dos empregados e trabalhadores avulsos[59] estão assegurados na Constituição Federal, CLT, nas legislações especiais e nos acordos, convenções ou dissídios coletivos.

Os demais trabalhadores, que não se qualificam como empregados, possuem as condições de trabalho regidas pelo contrato de prestação de serviços celebrado entre as partes e/ou por legislações esparsas (Código Civil, Lei das cooperativas, dentre outros diplomas legais).

O direito do trabalho se assenta sob uma égide de princípios que visam proteger o empregado, considerado como parte hipossuficiente em face da dependência econômica e subordinação que emana do seu empregador. Isso gera uma situação de desequilíbrio na relação jurídica que os une, demandando uma tutela diferenciada[60] para garantir a isonomia material[61].

---

57. "Relação de trabalho *versus* Relação de Emprego – A Ciência do Direito enxerga clara distinção entre relação de trabalho e relação de emprego. A primeira expressão tem caráter genérico: refere-se a todas as relações jurídicas caracterizadas por terem sua prestação essencial centrada em uma obrigação de fazer consubstanciada em *labor humano*. [...] A expressão relação de trabalho englobaria, desse modo, a relação de emprego, a relação de trabalho autônomo, a relação de trabalho eventual, de trabalho avulso e outras modalidades de pactuação de prestação de labor [...]. Traduz, portanto, gênero a que se acomodam todas as formas de pactuação de prestação de trabalho existentes no mundo jurídico atual". DELGADO, Maurício Godinho. *Curso de Direito do Trabalho*. 15 ed. São Paulo: LTR, 2016, p. 295 (destaques do original).
58. O sindicato também pode atuar como intermediador de mão de obra, no caso do trabalhador avulso. O trabalhador avulso pode ser portuário ou não portuário. O avulso não portuário é intermediado pelo sindicato e alguns são regidos pela Lei 12.023/09. Já o portuário é regido pela Lei 8.630/93 e intermediado pelo órgão gestor de mão de obra (OGMO).
59. Os trabalhadores avulsos, apesar de não ostentarem o *status* de empregados, possuem os mesmos direitos dos trabalhadores com vínculo de emprego, como assegura o art. 7º, XXXIV, da CF.
60. Os trabalhadores autônomos e os eventuais, por não preencherem os requisitos que caracterizam a figura empregado, não titularizam os mesmos direitos e não são destinatários da tutela diferenciada direcionada aos que mantém vínculo empregatício. Assim, as partes estão, em tese, em posição de igualdade quando litigam judicialmente, inexistindo hipossuficiência. No caso concreto, porém, o desequilíbrio pode existir e incumbe ao juiz se valer dos mecanismos para assegurar a paridade de armas ao vulnerável.
61. "A diretriz básica do Direito do Trabalho é a proteção do trabalhador, uma vez que o empregado não tem a mesma igualdade jurídica que o empregador, como acontece com os contratantes no Direito Civil. A finalidade do Direito do Trabalho é a de alcançar uma verdadeira igualdade substancial entre as partes e, para tanto, necessário é proteger a parte mais frágil desta relação: o empregado". CASSAR, Vólia, Bomfim. *Direito do Trabalho*. 14 ed. São Paulo: Método, 2017, p. 169.

Daí porque os direitos trabalhistas são irrenunciáveis e indisponíveis[62] durante a vigência do vínculo de emprego[63], vedada a transação ou alteração contratual que acarrete prejuízos ao empregado (art. 468 da CLT). Reputam-se nulos os atos praticados com o intuito de desvirtuar, impedir ou fraudar os direitos trabalhistas, consoante preceitua o artigo 9º da CLT.

No âmbito processual, porém, a desigualdade entre as partes não é tão evidente já que, na maioria dos casos, quando a ação é ajuizada o vínculo não mais subsiste, de modo que cessa a relação de dependência econômica e de subordinação que caracterizam o contrato de emprego.

Mas ainda se pode enxergar o desequilíbrio na relação jurídica, visto que o reclamante (ex-empregado) tem maior dificuldade na produção da prova, na contratação de um bom advogado para patrocinar seus interesses, além da dificuldade financeira para arcar com as despesas do processo (custas, honorários periciais e honorários advocatícios, se sucumbente).

Assim, a hipossuficiência do reclamante e a necessidade de proteção[64] pode ter lugar também na perspectiva processual, o que poderia justificar a inaplicabilidade do art. 190 do CPC.

Sucede que, como dito anteriormente, a situação de vulnerabilidade de uma das partes deve ser *manifesta*, a ponto de desequilibrar efetivamente a relação jurídica processual, e isso só pode ser aferido no caso concreto[65] e não de forma abstrata, como fez o TST na IN 39.

---

62. "O principio da indisponibilidade dos direitos ou da irrenunciabilidade de direitos baseia-se no mandamento nuclear protetivo segundo o qual não é dado ao empregado dispor (renunciar ou transacionar) de direito trabalhista, sendo, por conta disso, nulo qualquer ato jurídico praticado contra essa disposição. Tal proteção que, em ultima análise, visa proteger o trabalhador das suas próprias fraquezas, está materializada em uma série de dispositivos da CLT, entre os quais se destaca o seu art. 9º. Esta atuação legal impede que o vulnerável, sob a miragem do que lhe seria supostamente vantajoso, disponha dos direitos mínimos que à custa de muitas lutas históricas lhe foram assegurados nos termos da lei". MARTINEZ, Luciano. Curso de Direito do Trabalho. 9 ed. São Paulo: Saraiva, 2018, p. 127.
63. Entende-se que, embora os direitos trabalhistas sejam irrenunciáveis, é possível transacionar os créditos correspondentes aos direitos, como assinala Luciano Martinez: "Chama-se atenção para essa distinção porque os créditos trabalhistas, notadamente quando finda a relação de emprego, não têm a mesma proteção jurídica conferida aos direitos trabalhistas. Isso é facilmente constatável a partir da evidência de que a própria norma trabalhista admite a possibilidade de o Juiz do Trabalho tentar a conciliação entre os litigantes (*vide* art. 831 da CLT), independentemente de a demanda envolver acionantes desempregados ou ainda vinculados ao contrato de emprego". MARTINEZ, Luciano. Curso de Direito do Trabalho. 9 ed. São Paulo: Saraiva, 2018, p. 128.
64. Aqui a necessidade de proteção é no sentido de promover a paridade de armas entre as partes, ou seja, a igualdade processual *substancial*, consubstanciada no art. 7º do CPC/15: "É assegurada às partes paridade de tratamento em relação ao exercício de direitos e faculdades processuais, aos meios de defesa, aos ônus, aos deveres e à aplicação de sanções processuais, competindo ao juiz zelar pelo efetivo contraditório". Busca-se o efetivo acesso à justiça.
65. Oportuna é a lição de João Paulo Lordelo Guimarães Tavares: "Regra geral, a vulnerabilidade é fato a ser constatado de forma concreta, daí porque o parágrafo único do art. 190 alude à 'manifesta situação de vulnerabilidade'. Assim, o fato de alguém ser trabalhador ou consumidor não presume, por si só a vulnerabilidade. Rememore-se que, pelo art. 4º, I, do CDC, o 'reconhecimento da vulnerabilidade do consumidor no mercado de consumo' consiste em um princípio, e não uma regra, a depender, portanto, das circunstâncias

O fato de o reclamante ser ex-empregado não afasta, por si só, a possibilidade de firmar um acordo processual, ainda que seja considerado vulnerável. Cabe ao juiz examinar o objeto convencionado e verificar se a cláusula é desarrazoada e onera excessivamente uma das partes. É preciso vislumbrar a abusividade do negócio firmado em detrimento de um sujeito.

Nada impede que as partes pactuem cláusula **mais favorável** ao hipossuficiente ou que contenha benefícios **recíprocos**[66], a exemplo de: a) rateio dos honorários periciais provisionais (para as demandas ajuizadas antes da Lei 13.467/2017), independentemente de quem requereu a perícia (pedido que, normalmente, é formulado pelo reclamante por ser fato constitutivo do seu direito); b) aumento de prazo para manifestação de documentos, em se tratando de causa complexa; c) acordo para fixar o valor do depósito recursal[67] acima do teto estabelecido pelo TST e que corresponda, v.g., ao valor da causa arbitrado na sentença, ou 50% dele; d) dispensa de assistente técnico, pois geralmente apenas o reclamado (empregador) tem condições de arcar com o custo e contratar especialistas de referência; e) divisão de tempo para sustentação oral; f) aumento/redução no número de testemunhas; g) aumento/redução de prazos de acordo com as peculiaridades da causa; e) delimitação das matérias que serão objeto de prova, com a distribuição prévia do ônus ou a criação de fase específica para realizar o saneamento e a organização compartilhada do processo[68], dentre outros.

Logo, se as partes estiverem assistidas pelos seus respectivos advogados (e não sob o manto do *jus postulandi*[69]) e respeitarem os limites legais, além de lhes ser

---

fáticas e jurídicas do caso concreto. Tal situação pode ser aferida de ofício pelo juiz". TAVARES, João Paulo Lordelo Guimarães. Da admissibilidade dos negócios jurídicos processuais no Novo Código de Processo Civil: aspectos teóricos e práticos. *In: Revista de Processo*, ano 41, vol. 254, abril/2016, p. 106.

66. "Quando se diz, portanto, que a igualdade substancial é decisiva para a validade do negócio processual, está-se na premissa de que eventual preponderância de um dos sujeitos não deve resultar em regras a ele favoráveis e desfavoráveis ao adversário. Mas, se apesar da desigualdade no plano substancial, o negócio processual contiver regras que assegurem não apenas o contraditório, mas a igualdade real, então a validade do ato estará preservada. Em suma: pode haver negócio processual válido entre pessoas desiguais, desde que o processo assegure a igualdade real". YARSHELL, Flávio Luiz. Convenção das partes em matéria processual: rumo a uma nova era? *In: Negócios processuais*. Antônio do Passo Cabral e Pedro Henrique Nogueira (coords.). 2 ed. Salvador: JusPodivm, 2016, p. 81.

67. O depósito recursal, na esteira do art. 1º da Instrução Normativa 3 do TST, não tem natureza jurídica de taxa, e sim de garantia do juízo recursal, que deve observar o valor da causa e o limite estabelecido pelo TST a cada ano. Assim, poderia ser acordado entre as partes um valor que ultrapassasse o teto fixado pelo TST e atingisse o valor da causa arbitrado na sentença. Isso favoreceria o reclamante, que teria à sua disposição um montante maior para garantir o juízo. Também não desfavorece o reclamado, já que, se tiver capacidade econômica, o depósito vai funcionar como uma antecipação do débito, cuja quantia será deduzida em eventual execução e, acaso excessiva, devolvida.

68. O processo do trabalho não dispõe de uma fase específica para saneamento e organização do processo, delimitação do objeto de prova, como a prevista no art. 357 do CPC. Mas nada impede que isso seja objeto de acordo processual atípico entre as partes e o juiz.

69. O Enunciado 18 do Fórum Permanente de Processualistas Civis fixou a diretriz de que "há indício de vulnerabilidade quando a parte celebra acordo de procedimento sem assistência técnico-jurídica". No processo do trabalho, haveria uma presunção relativa, que pode ser elidida por prova em contrário, em face da presunção de vulnerabilidade do trabalhador.

assegurada a igualdade real[70] no processo (art. 7º do CPC), não se vislumbra óbice para celebrarem negócio processual atípico, mesmo que a demanda envolva relação de trabalho[71], inclusive a de emprego.

Contudo, o juiz precisará ser mais criterioso no exame de validade do negócio no caso concreto, em face da presunção de vulnerabilidade/hipossuficiência do trabalhador[72]. Mas isso não significa que o negócio processual atípico não possa ser celebrado entre os litigantes.

Não se pode olvidar ainda que existem empregados que possuem alta qualificação, discernimento, capacidade de negociação das condições de trabalho (sobretudo do salário) e da rescisão contratual, além de elevado poder aquisitivo – o que permite a contratação de excelentes advogados – e que não podem ser considerados meros hipossuficientes ou vulneráveis.

Imagine-se a situação de um renomado professor de Direito e Processo do Trabalho de uma faculdade privada, contratado sob o regime celetista, como empregado. Se houver conflito no rompimento do vínculo, poder-se-ia negar a aplicação do art. 190 do CPC, sob o argumento de que o reclamante está em manifesta situação de vulnerabilidade e desequilíbrio com relação ao seu ex-empregador, não possuindo capacidade de negociar em iguais condições?

Seria correto alegar que o reclamante, professor de Direito e Processo do Trabalho, não tem conhecimento dos seus direitos ou discernimento para convencionar questões processuais?

Não há, na hipótese narrada, pelo menos *a priori*, desigualdade material entre as partes que impeça o acordo processual previsto no art. 190 ou a sua validação perante o Judiciário.

---

70. Flávio Luiz Yarshell ressalta que a igualdade real das partes é essencial para a validade de qualquer disposição convencional no âmbito processual, "como forma de assegurar que existe livre manifestação dos sujeitos envolvidos. Não se pode admitir que uma das partes – por sua proeminência econômica ou de outra natureza – imponha regras processuais que lhe sejam mais vantajosas, consideradas as peculiaridades de cada caso". YARSHELL, Flávio Luiz. Convenção das partes em matéria processual: rumo a uma nova era? In: *Negócios processuais*. Antônio do Passo Cabral e Pedro Henrique Nogueira (coords.). 2 ed. Salvador: JusPodivm, 2016, p. 80-81.
71. Se a relação for de trabalho (*strictu sensu*) não há, *a priori*, vulnerabilidade de uma das partes, de modo que não haveria óbice para celebração do negócio processual, sem prejuízo do controle de validade que será exercido *a posteriori* pelo juiz.
72. Bruno Freire e Silva adverte que: "No processo do trabalho, a cláusula de convenções processuais somente poderá ser aplicada com rigoroso acompanhamento e autorização do magistrado trabalhista, diante da rotineira hipossuficiência do empregado em relação ao empregador, o que pode ser mitigado nos dissídios coletivos diante da presença dos sindicatos". SILVA, Bruno Freire e. O Novo CPC e o Processo do Trabalho: parte geral. São Paulo: Ltr, 2015, p. 152. Discorda-se do autor apenas com relação a necessidade de autorização do magistrado, já que, como visto, os negócios processuais produzem efeitos de imediato (art. 200 do CPC), cabendo ao juiz controlar a validade *a posteriori* (art. 190, parágrafo único do CPC), sob pena de desvirtuar o instituto que se ampara no princípio do respeito ao autorregramento da vontade das partes no processo.

Seria o caso até mesmo de validar eventual cláusula processual previamente estipulada no contrato de trabalho, desde que chancelada por advogado e ausente vicio de consentimento ou no objeto negociado. Note-se que o empregado não estará renunciando ou transacionando o direito material, protegido pelo principio da indisponibilidade, mas questões relacionadas ao âmbito processual, em caso de eventual conflito, em nome da autonomia da vontade[73].

Até um contrato de adesão pode conter cláusula negocial processual, pois o CPC apenas nega validade quando a cláusula é abusiva, como evidencia o art. 190, parágrafo único[74].

Não existe razão, portanto, para considerar inaplicável o art. 190 do CPC/15 ao Processo do Trabalho em qualquer causa que se submete à sua jurisdição. Nesse sentido, cumpre reproduzir os enunciados 7 e 31 do Fórum Permanente de Processualistas do Trabalho[75]:

> En. 7 (art. 190 do CPC) A celebração de negócio jurídico processual no curso do processo já é prática na esfera trabalhista, cabendo ao juiz verificar a sua validade, e, se for o caso, justificar a decisão de não reconhecer o acordo feito em uma das hipóteses estabelecidas no parágrafo único do art. 190 do CPC, observado o contraditório"

> En. 31. (art. 190 do CPC) A previsão da atipicidade das convenções processuais é aplicável ao processo do trabalho.

O juiz trabalhista será incumbido de analisar, no caso concreto, inclusive de ofício, se o negócio processual é válido[76], negando-lhe eficácia apenas se houver manifesta situação de vulnerabilidade, abusividade da cláusula negocial, vício de consentimento na manifestação da vontade e desrespeito às normas de ordem pública, consoante os limites já aqui explicitados.

---

73. Embora, em regra, o empregado comum não disponha de liberdade para negociar os termos do seu contrato de trabalho, os altos empregados (executivos, por exemplo), geralmente, possuem plena autonomia e as tratativas podem envolver advogados que auxiliam as duas partes nas questões jurídicas.
74. É preciso aferir o real poder da cláusula inserida em contrato de adesão em gerar prejuízo a uma das partes, causando-lhe iniquidade ou inferioridade de posição processual. WAMBIER, Teresa Arruda Alvim et al. Primeiros comentários ao Novo Código de Processo Civil: artigo por artigo. São Paulo: Revista dos Tribunais, 2015, p. 355. Nesse sentido, Nida Saleh Hatoum e Luiz Fernando Bellinetti destacam que; "para que seja declarada nula, não basta que determinada cláusula que disponha sobre convenção procedimental conste em contrato de adesão. É imprescindível que possua, para tanto, caráter abusivo". HATOUM, Nida Saleh; BELLINETTI, Luiz Fernando. Aspectos relevantes dos negócios jurídicos processuais previstos no art. 190 do CPC/2015. In: Revista de Processo, ano 41, vol. 260, outubro/2016, p. 66.
75. Disponível em www.fppt.com.br. Acesso em 01.06.2018
76. "Assim, nada impede, em tese, a celebração de negócios processuais no contexto do processo consumerista ou trabalhista. Caberá ao órgão jurisdicional, em tais situações, verificar se a negociação foi feita em condições de igualdade; se não, recusará eficácia ao negócio. Note que o parágrafo único do art. 190 do CPC/2015 concretiza as disposições dos arts. 7º e 139, I, do CPC/2015, que impõem o juiz o dever de zelar pela igualdade das partes". DIDIER JR., Fredie. Negócios jurídicos processuais atípicos no Código de Processo Civil de 2015. In: Revista Brasileira de Advocacia, vol. 1, ano 1. Flávio Luiz Yarshell (coord.). São Paulo: Revista dos Tribunais, abr.-jun/2016, p. 73.

A apreciação do juiz não pode ser particular e subjetiva. Deve observar objetivamente se a convenção é lícita, proporcional e razoável, ainda que "eventualmente inconveniente ou inoportuna sob a ótica do julgador"[77]. Isso não corrompe, por si só, a validade do negócio se ele apresentou conteúdo adequado, necessário e proporcional/ razoável[78].

O Processo do Trabalho, portanto, não exclui liminarmente a utilização dos negócios processuais atípicos entabulado pelas partes que se encontram em situação de igualdade processual.

5.5. Cenário pós Reforma Trabalhista

Tudo que se disse antes se aplica integralmente à esfera trabalhista após a vigência da Lei 13.467/17 (Reforma Trabalhista), que alterou diversos dispositivos da CLT. Em verdade, o campo se tornou ainda mais fértil para utilização dos negócios processuais atípicos (CPC 190).

Isto porque houve a mitigação da presunção, quase absoluta, de hipossuficiência do empregado e criação de novos mecanismos que tornam possível a negociação do direito material, inclusive na vigência do contrato de trabalho, se atendidos certos requisitos previstos em lei.

Seguindo essa diretriz, o art. 444, parágrafo único[79] e o 507-A[80] da CLT instituíram o que parte da doutrina está denominando de empregado hipersuficiente[81], que são os que recebem remuneração superior a duas vezes o teto estabelecido para o Regime Geral da Previdência Social (RGPS), autorizados a negociar livremente com o seu empregador se tiverem diploma de nível superior, prevalecendo o negociado sobre o legislado (CLT 444, P.U).

O art. 507-A, por sua vez, torna possível a pactuação de cláusula compromissória de arbitragem para os empregados "hipersuficientes", não sendo necessário,

---

77. REDONDO, Bruno Garcia. Negócios jurídicos processuais: existência, validade e eficácia. In: Panorama atual do Novo CPC. Paulo Henrique de Santos Lucon e Pedro Miranda de Oliveira (coords.), 1 ed. Florianópolis: Empório do Direito, 2016, p. 31. Se o juiz fizer juízo de conveniência a respeito do negócio jurídico celebrado e negar-lhe validade por não ser do seu agrado haverá prevalência da vontade do magistrado sobre a das partes, o que viola o princípio do respeito ao autorregramento da vontade no processo.
78. REDONDO, Bruno Garcia. Op. cit., p. 31.
79. Art. 444, parágrafo único, da CLT: "A livre estipulação a que se refere o *caput* deste artigo aplica-se às hipóteses previstas no art. 611-A desta Consolidação, com a mesma eficácia legal e preponderância sobre os instrumentos coletivos, no caso de empregado portador de diploma de nível superior e que perceba salário mensal igual ou superior a duas vezes o limite máximo dos benefícios do Regime Geral de Previdência Social."
80. Art. 507-A, da CLT. "Nos contratos individuais de trabalho cuja remuneração seja superior a duas vezes o limite máximo estabelecido para os benefícios do Regime Geral de Previdência Social, poderá ser pactuada cláusula compromissória de arbitragem, desde que por iniciativa do empregado ou mediante a sua concordância expressa, nos termos previstos na Lei 9.307, de 23 de setembro de 1996."
81. É o caso de Luciano Martinez. Reforma Trabalhista: entenda o que mudou. São Paulo: Saraiva, 2. Ed. 2018, p. 117.

para este efeito, que o empregado possua diploma de nível superior. Permite, assim, a arbitragem em dissídios individuais.

Não se nega que os dois dispositivos legais vêm sofrendo ácidas críticas da doutrina e alguns advogam, inclusive, sua inconstitucionalidade, mas o que se quer demonstrar é que não se pode presumir aprioristicamente a manifesta situação de vulnerabilidade do empregado, principalmente daqueles que possuem uma remuneração mais elevada e nível superior.

Não está se dizendo que esses empregados são hipersuficientes por si só, erro cometido pela legislação reformista, mas não se pode afirmar que há uma presunção de que estão em situação de vulnerabilidade que implique tornar nula *automaticamente* qualquer negociação celebrada. O que se defende é que o juiz examine o caso concreto e verifique se é possível validar a convenção entabulada pelas partes, seja versando sobre o direito material ou processual.

Observe-se que a Reforma Trabalhista permitiu até mesmo o acordo entre empregado e empregador para pagamento de verbas rescisórias na extinção do contrato de trabalho (art. 484-A[82]) e a acordo extrajudicial (art. 855-B[83]), que autoriza o empregado a transacionar créditos trabalhistas.

Diante disso, indaga-se: como é possível o empregado realizar acordos sobre o direito material, em que, na maioria das vezes, se encontra em maior situação de vulnerabilidade e lhe ser vedada a negociação sobre questões processuais, que será firmada por seu advogado, que está na defesa dos seus interesses e possui a habilidade técnica para tanto?

O ponto aqui é quem pode mais – negociar direito material – pode menos – negociar direito processual – e isso não será feito indistintamente, mas contará com a análise do Judiciário.

Observe-se, ainda, que a transação extrajudicial, permitida por lei, é um negócio processual, na medida em que as partes decidem pela jurisdição voluntária, pacifi-

---

82. Art. 484-A da CLT. "O contrato de trabalho poderá ser extinto por acordo entre empregado e empregador, caso em que serão devidas as seguintes verbas trabalhistas: I – por metade: a) o aviso prévio, se indenizado; e b) a indenização sobre o saldo do Fundo de Garantia do Tempo de Serviço, prevista no § 1º do art. 18 da Lei nº 8.036, de 11 de maio de 1990; II – na integralidade, as demais verbas trabalhistas. § 1º A extinção do contrato prevista no *caput* deste artigo permite a movimentação da conta vinculada do trabalhador no Fundo de Garantia do Tempo de Serviço na forma do inciso I-A do art. 20 da Lei 8.036, de 11 de maio de 1990, limitada até 80% (oitenta por cento) do valor dos depósitos. § 2º A extinção do contrato por acordo prevista no *caput* deste artigo não autoriza o ingresso no Programa de Seguro-Desemprego."
83. Art. 855-B. "O processo de homologação de acordo extrajudicial terá início por petição conjunta, sendo obrigatória a representação das partes por advogado. § 1º As partes não poderão ser representadas por advogado comum. § 2º Faculta-se ao trabalhador ser assistido pelo advogado do sindicato de sua categoria". Art. 855-C. "O disposto neste Capítulo não prejudica o prazo estabelecido no § 6º do art. 477 desta Consolidação e não afasta a aplicação da multa prevista no § 8º art. 477 desta Consolidação". Art. 855-D "No prazo de quinze dias a contar da distribuição da petição, o juiz analisará o acordo, designará audiência se entender necessário e proferirá sentença". Art. 855-E. "A petição de homologação de acordo extrajudicial suspende o prazo prescricional da ação quanto aos direitos nela especificados. Parágrafo único. O prazo prescricional voltará a fluir no dia útil seguinte ao do trânsito em julgado da decisão que negar a homologação do acordo."

cando o seu conflito sem a necessidade de litígio. O autor renuncia o seu direito de ação, pois entende que o acordo firmado atende aos seus interesses e lhe entrega o bem pretendido de forma mais rápida.

Se a medida, porém, for utilizada para fins espúrios, com o intuito de ludibriar o trabalhador, o juiz deixará de homologar a transação e poderá aplicar as medidas punitivas pertinentes. Ele é incumbido, portanto, de analisar com cautela o acordo submetido ao seu crivo.

A cláusula compromissória que institui a arbitragem como meio de solução dos conflitos futuros também é um negócio processual, na medida em que as partes decidem previamente que desejam submeter eventual litígio a um árbitro, seguindo os ditames da Lei 9.307/96.

Em outras palavras, as partes optam por um procedimento arbitral ao invés das regras de direito processual previstas no CPC e/ou CLT, elegendo o procedimento que se adequa às suas necessidades.

Isso ratifica, portanto, a incorporação legal do instituto ao ordenamento trabalhista, não mais se sustentando a posição do TST no sentido de inaplicabilidade do art. 190 às causas trabalhistas.

O cenário que se tem pós-reforma é, assim, ainda mais favorável à aplicação dos negócios processuais atípicos ao Processo do Trabalho, como revelam os dispositivos legais citados ilustrativamente, o que reforça a compatibilidade do instituto com os preceitos trabalhistas.

Destarte, tanto antes como depois da Reforma Trabalhista a cláusula de atipicidade dos negócios processuais, prevista no art. 190 do CPC, se aplica ao Processo do Trabalho, observando as ponderações feitas no bojo deste artigo e as singularidades do ordenamento trabalhista.

6. CONCLUSÃO

O negócio processual atípico, nos moldes do art. 190 do CPC/15, se aplica ao Processo do Trabalho, independentemente do conflito submetido ao Judiciário ou das partes envolvidas.

Não se pode criar, portanto, uma vedação no plano abstrato, pois apenas o exame do caso concreto será capaz de macular a validade da convenção processual firmada entre os litigantes.

Essa avaliação será realizada pelo juiz, incumbido de analisar de forma criteriosa a higidez do acordo processual, sobretudo se a vontade foi manifestada de forma livre e se os sujeitos se encontram em situação de igualdade real. Não pode haver abusividade ou prejuízo para uma das partes, manifestamente vulnerável, a ponto de desequilibrar a relação processual.

Se todos os requisitos forem atendidos, o juiz não deve intervir e se vinculará ao que foi acordado, observando as alterações de procedimento ou das regras sobre ônus, poderes, faculdades e deveres promovidas pelas partes com o propósito de adequar às peculiaridades da lide.

Assim, concretizam-se os princípios da cooperação, da adequação e do respeito ao autorregramento da vontade no processo, que se torna mais efetivo e apto para tutelar o direito material discutido e entregar, de forma qualificada, a prestação jurisdicional pretendida pelas partes.

7. REFERÊNCIAS

ATAÍDE JR., Jaldemiro Rodrigues. Cap. 5. Estudo da existência, validade e eficácia dos negócios jurídicos processuais. In: *Novo CPC doutrina selecionada*: parte geral, vol. 1. Fredie Didier Jr. (coord. geral) Salvador: JusPodivm, 2016, p. 1377-1397.

BERTÃO, Rafael Calheiros. Negócios jurídicos processuais: a ampliação das hipóteses típicas pelo Novo CPC. In: *Novo CPC doutrina selecionada*: parte geral, vol. 1. Fredie Didier Jr. (coord. geral) Salvador: JusPodivm, 2016, p. 1347-1376.

CABRAL, Antonio do Passo. *Convenções processuais*. Salvador: JusPodivm, 2016.

CASSAR, Vólia, Bomfim. *Direito do Trabalho*. 14 ed. São Paulo: Método, 2017.

CUNHA, Leonardo Carneiro da. Negócios Jurídicos Processuais no Processo Civil Brasileiro. In: *Negócios processuais*. Antônio do Passo Cabral e Pedro Henrique Nogueira (coords.). 2 ed. Salvador: JusPodivm, 2016, p. 39-74.

DELGADO, Maurício Godinho. *Curso de Direito do Trabalho*. 15 ed. São Paulo: LTR, 2016.

DIDIER JR., Fredie. *Curso de Direito Processual Civil*. Vol. 1. 19 ed. Salvador: JusPodivm, 2017.

_____. Princípio do respeito ao autorregramento da vontade no processo civil. In: *Principiologia*: estudos em homenagem ao centenário de Luiz Pinho Pedreira Silva. Um jurista de princípios. Rodolfo Pamplona Filho e José Augusto Rodrigues Pinto (coords.). São Paulo: LTR, 2016, p. 95-98.

_____. Negócios jurídicos processuais atípicos no Código de Processo Civil de 2015. In: *Revista Brasileira de Advocacia*, vol. 1, ano 1. Flávio Luiz Yarshell (coord.). São Paulo: Revista dos Tribunais, abr.-jun/2016, p. 59-84.

EÇA, Vitor Salino de Moura. A função do magistrado na direção do processo no Novo CPC e as repercussões no Processo do Trabalho. In: *Novo CPC: repercussões no Processo do Trabalho*. Carlos Henrique Bezerra Leite. São Paulo: Saraiva, 2015, p. 30-57.

HATOUM, Nida Saleh; BELLINETTI, Luiz Fernando. Aspectos relevantes dos negócios jurídicos processuais previstos no art. 190 do CPC/2015. In: *Revista de Processo*, ano 41, vol. 260, outubro/2016, p. 49-71.

LAURINO, Salvador Franco de Lima. O artigo 15 do novo Código de Processo Civil e os limites da autonomia do processo do trabalho. In: *Novo CPC: repercussões no Processo do Trabalho*. Carlos Henrique Bezerra Leite. São Paulo: Saraiva, 2015, p. 111-130.

MARTINEZ, Luciano. *Curso de Direito do Trabalho*. 9 ed. São Paulo: Saraiva, 2018.

_____, *Reforma Trabalhista*: entenda o que mudou. 2. ed. São Paulo: Saraiva, 2018.

MEIRELES, Edilton. O Novo CPC e sua aplicação supletiva e subsidiária no processo do trabalho. *In: Coleção repercussões do Novo CPC:* Processo do Trabalho. Vol. 4. Cláudio Brandão e Estêvão Mallet (coords.) Salvador: JusPodivm, 2015, p. 85-109.

MELLO, Marcos Bernardes de. *Teoria do fato jurídico:* plano da existência. 14 ed. São Paulo: Saraiva, 2007.

NOGUEIRA, Pedro Henrique. Sobre os acordos de procedimento no processo civil brasileiro. *In: Negócios processuais.* Antônio do Passo Cabral e Pedro Henrique Nogueira (coords.). 2 ed. Salvador: JusPodivm, 2016, p. 93-104.

REDONDO, Bruno Garcia. Negócios jurídicos processuais: existência, validade e eficácia. In: Panorama atual do Novo CPC. Paulo Henrique de Santos Lucon e Pedro Miranda de Oliveira (coords.), 1 ed. Florianópolis: Empório do Direito, 2016, p. 27-32.

SCHIAVI, Mauro. *Novo Código de Processo Civil:* a aplicação supletiva e subsidiária ao Processo do Trabalho, p. 1. Disponível em www.trt7.jus.br. Acesso em 01.06.2018.

SILVA, Bruno Freire e. *O Novo CPC e o Processo do Trabalho:* parte geral. São Paulo: Ltr, 2015.

TAVARES, João Paulo Lordelo Guimarães. Da admissibilidade dos negócios jurídicos processuais no Novo Código de Processo Civil: aspectos teóricos e práticos. *In: Revista de Processo*, ano 41, vol. 254, abrl/2016, p. 91-109.

WAMBIER, Teresa Arruda Alvim et al. Primeiros comentários ao Novo Código de Processo Civil: artigo por artigo. São Paulo: Revista dos Tribunais, 2015.

YARSHELL, Flávio Luiz. Convenção das partes em matéria processual: rumo a uma nova era? *In: Negócios processuais.* Antônio do Passo Cabral e Pedro Henrique Nogueira (coords.). 2 ed. Salvador: JusPodivm, 2016, p. 75-92.

A Petição Inicial Trabalhista após o Novo Código de Processo Civil

Jorge Cavalcanti Boucinhas Filho

Graduado em Direito pela Universidade Federal do Rio Grande do Norte (2003), especialista em Direito do Trabalho pela Universidade Potiguar (2005), mestre (2008) e doutor em Direito do Trabalho pela Universidade de São Paulo (2012), pós-doutor em direito pela Université de Nantes, França. Professor de Direito do Trabalho na Fundação Getúlio Vargas – SP e pesquisador do Núcleo de Estudos em Organizações e Pessoas (NEOP) da mesma instituição. Professor visitante no Trinnity College, na Irlanda (2014) e na Université de Nantes, França (2013 e 2015). Sócio-fundador do escritório Boucinhas e Fernandes.

Sumário: 1. Introdução – 2. Aplicação supletiva do Código de Processo Civil ao Processo do Trabalho – 3. Distinções entre elementos da petição inicial no CPC e na CLT – 4. Dos pedidos na petição trabalhista – 5. Hipóteses de indeferimento de petição inicial e inépcia – 6. Cuidados na redação da petição inicial para viabilizar uma fundamentação ampla da sentença – 7. Petição inicial nos ritos processuais trabalhistas diferenciados – 8. Considerações finais – 9. Referências.

1. INTRODUÇÃO

A petição inicial tem destacada importância por caber-lhe traçar os contornos iniciais dos limites objetivos e subjetivos da lide, que somente serão ampliados caso exista intervenção de terceiros ou reconvenção.

Uma petição inicial bem elaborada, escrita com clareza, com boa narrativa dos fatos que serão postos em controvérsia durante a instrução processual e boa disposição dos pedidos, facilita a organização da audiência e a prolação de decisão sem omissões que possam justificar a oposição de embargos e o retardamento do trânsito em julgado da decisão. A petição confusa, demasiadamente longa, sem sequência lógica na narrativa nos fatos e no pedido, tem efeito absolutamente inverso. Dificulta a compreensão do que efetivamente está em discussão e em disputa no caso e, por conseguinte, do que deve e não deve ser perguntado e de quais são os pedidos a serem apreciados. Com isso perdem o autor, com o retardamento do processo, o réu, em razão das dificuldades em apresentar a sua defesa e o magistrado com o retrabalho para julgar embargos para sanar omissões provocadas pela dificuldade em compreender a inicial. Perdem ainda os tribunais, que receberão recursos interpostos para reformar decisões prolatadas por juízes que compreenderam mal a narrativa inicial do processo em razão de sua má estruturação.

Os requisitos legais da petição inicial são dispostos na lei justamente para nortear o trabalho de quem irá lançar a pedra inicial do edifício processual. Os esclarecimentos acerca das situações que justificarão o indeferimento da petição inicial e sobre a definição e hipóteses de inépcia da petição complementam as diretrizes para a orientação de uma boa peça vestibular.

Há, por fim, sugestões não escritas em texto legal, mas igualmente válidas. A primeira delas diz respeito a relevância da seleção do conteúdo e tamanho da peça. Uma boa narrativa dos fatos é muito mais relevante do que a transcrição de textos legais e verbetes dos tribunais, que deverão apenas ser indicados, pois os juízes inquestionavelmente os conhecem. As transcrições de acórdãos, não necessariamente conhecidos pelo juízo de piso, é muito relevante em outros momentos do processo, notadamente nos recursos de natureza extraordinária. Na inicial, transcrições de decisões somente são relevantes se houver alguma questão não usual e o seu autor desejar mostrar que situação similar já foi apreciada pelo Judiciário.

A redação deverá ser a mais clara possível. Escrever bem no século XXI não é escrever muito, ou escrever difícil, para mostrar erudição. É passar o máximo de informação com o mínimo de palavras.

Além dos inevitáveis cuidados com a narrativa dos fatos, o autor deverá se ocupar também com a explicitação das principais teses jurídicas. É preciso ter ciência de que o prequestionamento, que futuramente possibilitará os mecanismos de uniformização da jurisprudência, começa já nesse primeiro ato processual.

As regras da Consolidação das Leis do Trabalho acerca dos requisitos da petição inicial são bastante simples. Não esclarecem, por exemplo, quais seriam as hipóteses de inépcia. Não sem razão a utilização subsidiária e mesmo supletiva do Código de Processo Civil para solução dessas questões vem sendo feita já há algum tempo. É de se esperar, portanto, que o Código de 2015 continue complementando as regras da Consolidação das Leis do Trabalho sobre a petição inicial.

O escopo do presente trabalho é analisar de que maneira a disciplina legal do Novo Código de Processo Civil impactará a forma de elaboração das petições iniciais trabalhistas.

2. APLICAÇÃO SUPLETIVA DO CÓDIGO DE PROCESSO CIVIL AO PROCESSO DO TRABALHO

A redação do artigo 15 do Código de Processo Civil de 2015 vem alimentando inúmeros debates no Processo do Trabalho. Ele estatui que na ausência de normas que regulem processos eleitorais, trabalhistas ou administrativos, as disposições do CPC lhes serão aplicadas supletiva e subsidiariamente.

De acordo com o dicionário Michaelis, supletivo é aquilo "Que serve de suplemento; que completa"[1]. Subsidiário, por sua vez, é aquilo "que pertencente ou relativo a subsídio, que

---

1. Disponível em: http://michaelis.uol.com.br/moderno/portugues/index.php?lingua=portugues-portugues&palavra=supletivo. Acesso em 02.05.2016.

subsidia, que fortalece, que vem em apoio ou reforço, que se dá ou manda em socorro de outrem". É algo "auxiliador, preparador"[2]. Do ponto de vista semântico, se diferença há entre as duas expressões, essa deve ser considerada mínima.

Do ponto de vista estrutural, o acréscimo da expressão supletiva separada do epíteto subsidiária pelo conectivo "e" deixa transparecer que as expressões não são sinônimas, mas complementares. Essa conclusão é reforçada pela máxima de hermenêutica segundo a qual "o legislador não utiliza palavras desnecessárias".

Desta feita, ainda que se admita que as duas palavras têm significado idênticos, é forçoso reconhecer que não deverão ser tratadas como sinônimos, sob pena de tornar sem efeito a escolha do legislador.

Para não viabilizar uma utilização excessiva das regras do direito processual civil no processo do trabalho, os ministros do Tribunal Superior do Trabalho esclareceram que a norma do artigo 15 do NCPC não constitui sinal verde para a transposição de qualquer instituto do processo civil para o processo do trabalho, ante a mera constatação de omissão, sob pena de desfigurar-se todo o especial arcabouço principiológico e axiológico que norteia e fundamenta o Direito Processual do Trabalho.

Há um entendimento consagrado de que aplicar subsidiariamente uma norma significa utiliza-la quando não houver norma principal para fazê-lo. É o caso, por exemplo, da utilização das regras sobre tutela geral de urgência, previstas no artigo 300 e seguintes do Código de Processo Civil de 2015, ao processo do trabalho.

A melhor compreensão do significado do epiteto supletivo, por sua vez, é compreende-lo como utilização dos elementos extras de um preceito legal mais completo do que outro, que deverá ser complementado. O artigo 801 da Consolidação das Leis do Trabalho relaciona quatro hipóteses de suspeição, a saber, inimizade pessoal; amizade íntima; parentesco por consanguinidade ou afinidade até o terceiro grau civil; e interesse particular na causa.

O artigo 145 do CPC de 2015 é mais amplo ao afirmar que há suspeição do juiz amigo íntimo ou inimigo de qualquer das partes ou de seus advogados; do magistrado que receber presentes de pessoas que tiverem interesse na causa antes ou depois de iniciado o processo, que aconselhar alguma das partes acerca do objeto da causa ou que subministrar meios para atender às despesas do litígio. Haverá ainda suspeição quando qualquer das partes for credora ou devedora do julgador, de seu cônjuge ou companheiro ou de parentes destes, em linha reta até o terceiro grau, inclusive. Por fim, será suspeito o juiz que for interessado no julgamento do processo em favor de qualquer das partes.

Poder-se-á, por exemplo, aplicar a regra do artigo 145 do CPC supletivamente à do artigo 801 da CLT para considerar suspeito o juiz trabalhista que seria, por exemplo, credor ou devedor de qualquer uma das partes, de seu cônjuge, companheiro ou

---

2. Disponível em: http://michaelis.uol.com.br/moderno/portugues/index.php?lingua=portugues-portugues&palavra=subsidiário. Acesso em 02.05.16.

do magistrado que aconselhar alguma das partes acerca do objeto da causa ou que subministrar meios para atender às despesas do litígio.

Sob esta perspectiva, a aplicação das regras atinentes ao impedimento, que constam no artigo 144 do CPC de 2015, seria sempre de forma subsidiária, pois o tema não é tratado na CLT. Somente seriam supletivas se o texto consolidado lhe dedicasse alguns dispositivos, mas uma complementação por normas processuais civil fosse possível e adequada.

Supletiva ou subsidiária, a aplicação do CPC só será possível quando houver compatibilidade com o arcabouço principiológico e axiológico que norteia e fundamenta o Direito Processual do Trabalho.

3. DISTINÇÕES ENTRE ELEMENTOS DA PETIÇÃO INICIAL NO CPC E NA CLT

Quando formulada por escrito, a petição inicial trabalhista deverá conter o endereçamento; a qualificação das partes; uma breve exposição dos fatos de que resulte o pedido; o pedido, que deverá ser certo, determinado e indicar o valor correspondente; a data e a assinatura do autor ou de seu representante (art. 840, §1º da CLT, com redação dada pela Lei 13.467 de 2017). Confrontando-se esse dispositivo legal com o artigo 319 do Código de Processo Civil de 2015, três coisas chamam a atenção: 1) a terminologia utilizada no texto consolidado é muito mais simples do que a utilizada nos estatutos processuais civis; 2) Alguns elementos presentes nestes não são referidos por aquele; 3) a partir de 11 de novembro de 2017, termo inicial da vigência da Lei 13.467, o pedido na petição inicial trabalhista precisa ser líquido. Passemos então a analisar cada um desses requisitos isoladamente.

Enquanto a CLT fala em designação do presidente da Vara, ou do juiz de Direito, a quem a petição for dirigida, o atual Código de Processo Civil, utilizando expressão bastante similar, fala em juízo a que é dirigida. Para uma correta elaboração do endereçamento, nome dado a este elemento presente em praticamente todos os atos das partes, faz-se necessário o domínio das regras definidoras da competência material e territorial do processo do trabalho. Enquanto aquelas estão estatuídas no artigo 114 da Constituição Federal, estas estão disciplinadas no artigo 651 da Consolidação das Leis do Trabalho e podem ser assim resumidas:

1) As ações trabalhistas deverão, em regra, ser distribuídas na localidade onde o empregado, reclamante ou reclamado, prestar serviços ao empregador, pouco importando o local onde tenha sido contratado;

2) Quando o empregado for agente ou viajante comercial, ou, por aplicação analógica, desenvolver suas atividades de forma itinerante, a competência será da Vara do Trabalho da localidade em que a empresa tenha agência ou filial e a esta o empregado esteja subordinado. Caso não esteja vinculado a nenhuma agência a competência será da Vara do Trabalho do seu domicílio ou da que for localizada mais próxima dele. A hipótese é sucessiva. Se o empregado estiver vinculado a alguma

filial, competente será a Vara do Trabalho com jurisdição sobre aquela localidade. Somente se não estiver vinculado a nenhuma é que será competente a de seu domicílio ou a mais próxima dele;

3) Quando o empregador exercer atividades fora do lugar do contrato de trabalho, é assegurado ao empregado apresentar reclamação no foro da celebração do contrato ou no da prestação dos respectivos serviços. A hipótese é alternativa. Pode o empregador optar livremente entre o foro da celebração do contrato e o foro da prestação de serviços.

Alguns Tribunais Regionais do Trabalho admitem que o empregado ajuíze a ação em seu domicílio sem, portanto, observar as regras indicadas acima.[3] É forçoso reconhecer, contudo, que a nova redação do artigo 800[4], estabelecida pela Lei 13.467, impõe ao juiz o dever de decidir a exceção de incompetência antes da audiência, evitando assim que a empresa tenha gastos desnecessários com deslocamento até o foro indicado pelo autor. A mudança legislativa aparentemente veio para ressaltar a necessidade de observância das regras do artigo 651 da Consolidação das Leis do Trabalho resumidas acima.

O segundo elemento da petição inicial é, nos termos do artigo 840 da CLT, a qualificação do reclamante e do reclamado. O CPC de 2015, de forma mais precisa e detalhada, exalta a necessidade de indicação dos nomes, prenomes, estado civil, existência de união estável, profissão, número de inscrição no Cadastro das Pessoas Físicas ou no Cadastro Nacional de Pessoa Jurídica, o endereço eletrônico, o domicílio e residência do autor e do réu. No Processo Civil o autor que não dispuser de alguma dessas informações poderá requerer as diligências necessárias para a sua obtenção.

O importante, em todo caso, é colher elementos que permitam a individualização do autor e do réu, evitando confusão entre potenciais homônimos. A praxe forense instituiu, para este fim, a indicação também da filiação e de determinados documentos como carteira de identidade e CPF e, no caso das reclamações trabalhistas, CTPS e PIS. O litisconsórcio é possível tanto no polo ativo, hipótese chamada

---

3. Nesse sentido é a Súmula 19 do Tribunal Regional do Trabalho da 22ª Região. O Tribunal Superior do Trabalho, contudo, não vinha acolhendo este entendimento e costumeiramente reformava decisões que o adotavam (Vide. Processo TST-E-RR-25850-56.2014.5.24.007).
4. Art. 800. Apresentada exceção de incompetência territorial no prazo de cinco dias a contar da notificação, antes da audiência e em peça que sinalize a existência desta exceção, seguir-se-á o procedimento estabelecido neste artigo.
   § 1º Protocolada a petição, será suspenso o processo e não se realizará a audiência a que se refere o art. 843 desta Consolidação até que se decida a exceção.
   § 2º Os autos serão imediatamente conclusos ao juiz, que intimará o reclamante e, se existentes, os litisconsortes, para manifestação no prazo comum de cinco dias.
   § 3º Se entender necessária a produção de prova oral, o juízo designará audiência, garantindo o direito de o excipiente e de suas testemunhas serem ouvidos, por carta precatória, no juízo que este houver indicado como competente.
   § 4º Decidida a exceção de incompetência territorial, o processo retomará seu curso, com a designação de audiência, a apresentação de defesa e a instrução processual perante o juízo competente."

reclamação plúrima, quanto no polo passivo, hipótese cada vez mais usual, presente, por exemplo, quando há discussão acerca da formação de grupo econômico ou em que se discute a responsabilidade subsidiária da empresa tomadora de serviços em caso de terceirização.

O terceiro elemento seria, no processo do trabalho, "uma breve exposição dos fatos de que resulte o dissídio" e, no processo civil, "o fato e os fundamentos jurídicos do pedido". Tem-se, neste caso, uma distinção que não é meramente terminológica. Ao falar em "breve exposição dos fatos" o legislador claramente optou pela adoção dos princípios da simplicidade e da informalidade e por viabilizar o *jus postulandi* das partes no processo do trabalho. Sensíveis a este fato, os juízes veem com grande reserva alegações de inépcia da petição inicial, somente extinguindo o feito sem resolução do mérito quando a irregularidade em questão for absolutamente insanável.

Mesmo em se tratando de ação rescisória, o Tribunal Superior do Trabalho flexibiliza a aplicação das regras do Código de Processo Civil para não reconhecer inépcia da petição inicial por ausência de capitulação ou capitulação errônea no artigo 966 do CPC de 2015. Apenas quando a ação rescisória se fundar no artigo 966, V do estatuto processual em vigor, o TST entende indispensável a expressa indicação do dispositivo legal por entender se tratar de causa de pedir da rescisória[5].

Por fim, a legislação trabalhista fala em pedido certo determinado e com a indicação do seu valor, data e assinatura do reclamante ou de seu representante, enquanto a legislação processual civil fala em pedido com suas especificações.

Mesmo quando a norma trabalhista não falar em especificações, entendíamos que essa omissão não significava que o seu pedido não devesse ser especificado. Sempre defendemos que a parte tivesse a cautela de indicar exatamente o que pretende, evitando expressões genéricas como "horas extras e reflexos" ou "verbas rescisórias". As parcelas em que se pretende ver incidir o chamado "efeito circular e expansivo do salário" devem ser indicadas expressamente no pedido, assim como as verbas rescisórias, conceito plurissêmico que varia conforme o tipo de dispensa.

Doravante é preciso também liquidar todos os pedidos e já na petição inicial indicar o valor correspondente de cada um deles, independentemente do rito a que

---

5. Súmula 408. AÇÃO RESCISÓRIA. PETIÇÃO INICIAL. CAUSA DE PEDIR. AUSÊNCIA DE CAPITULAÇÃO OU CAPITULAÇÃO ERRÔNEA NO ART. 966 DO CPC DE 2015. ART. 485 DO CPC DE 1973. PRINCÍPIO "IURA NOVIT CURIA". Não padece de inépcia a petição inicial de ação rescisória apenas porque omite a subsunção do fundamento de rescindibilidade no art. 966 do CPC de 2015 (art. 485 do CPC de 1973) ou o capitula erroneamente em um de seus incisos. Contanto que não se afaste dos fatos e fundamentos invocados como causa de pedir, ao Tribunal é lícito emprestar-lhes a adequada qualificação jurídica (*iura novit curia*). No entanto, fundando-se a ação rescisória no art. 966, inciso V, do CPC de 2015 (art. 485, inciso V, do CPC de 1973), é indispensável expressa indicação, na petição inicial da ação rescisória, da norma jurídica manifestamente violada (dispositivo legal violado sob o CPC de 1973), por se tratar de causa de pedir da rescisória, não se aplicando, no caso, o princípio "iura novit curia". (ex-Ojs 32 e 33 da SBDI-2 – inseridas em 20.09.2000).

estiver submetida a ação. Bastante interessantes são, a esse respeito, as seguintes ponderações de Vitor Salino de Moura Eça:

Merece destaque a circunstância de que a indicação de pedido certo, determinado e com a indicação de valor é um acréscimo vindo com a Lei n. 13.467/2017 – Reforma Trabalhista, mas não chega a ser uma inovação para o Direito Processual do Trabalho, eis que o inciso I do art. 852-C, da CLT, que também trata da petição inicial trabalhista no procedimento sumaríssimo, já fazia tal exigência.[6]

Há pedidos, contudo, que não podem ser liquidados por apresentarem valor inestimável. É o caso dos pleitos declaratórios e constitutivos. Nesse caso o autor da petição inicial deverá apenas indicar o fato de o pedido apresentar valor inestimável. Quando, contudo, a determinação do valor da condenação depender de ato que deva ser praticado pelo reclamado, como, por exemplo, a juntada de notas fiscais para o cálculo das comissões efetivamente devidas ao empregado, o autor poderá formular pedido genérico com base no artigo 324, §1º, III do CPC.[7]

Se, contudo, deixar de liquidar algum pedido que poderia ser liquidado, deverá apenas o pedido ilíquido ser extinto sem resolução do mérito, na forma do §3º do artigo 840 da Consolidação das Leis do Trabalho.

O primeiro elemento previsto na legislação processual civil e não na trabalhista é o "valor da causa". Trata-se de requisito imprescindível também no processo do trabalho para a definição do rito (sumário, ordinário ou sumaríssimo), para o cálculo das custas em caso de ação julgada totalmente improcedente e para cálculo do valor de determinadas sanções processuais como litigância de má-fé (art. 18 do CPC) e multa por embargos protelatórios (art. 538, parágrafo único, do CPC).

O segundo é o chamado protesto pela produção de provas, ou, na terminologia do Código de Processo Civil, a indicação das "provas com que o autor pretende demonstrar a verdade dos fatos alegados". A finalidade da instituição deste requisito era forçar as partes a contribuir com a outorga da prestação jurisdicional pelo juiz. Como, porém, instituiu-se uma praxe de, ao invés de indicar precisamente a prova que pretende produzir, a parte transcrever um despacho genérico com os dizeres "protesta provar por todos os meios de prova em direito admitidos", a utilidade do requisito em questão acabou sendo reduzida e sua relevância colocada em xeque. Não obstante esteja elencado expressamente

---

6. EÇA, Vitor Salino de Moura. Petição Inicial Trabalhista e a Formação do Processo. MARTINEZ, Luciano; BOUCINHAS FILHO, Jorge; EÇA, Vitor Salino de Moura. **A reforma trabalhista na visão da Academia Brasileira de Direito do Trabalho**. Porto Alegre: Lex Magister, 2018, p.459.
7. Art. 324. O pedido deve ser determinado.
   § 1º É lícito, porém, formular pedido genérico:
   I – nas ações universais, se o autor não puder individuar os bens demandados;
   II – quando não for possível determinar, desde logo, as consequências do ato ou do fato;
   III – quando a determinação do objeto ou do valor da condenação depender de ato que deva ser praticado pelo réu.
   § 2º O disposto neste artigo aplica-se à reconvenção.

entre os requisitos da petição inicial, seria certamente considerado excesso de formalismo o indeferimento da petição inicial ou mesmo a determinação de sua emenda por falta do requisito em questão.

Por fim, o Novo Código de Processo Civil fala em "opção do autor pela realização ou não de audiência de conciliação ou de mediação". No processo do trabalho a audiência de conciliação não é uma opção das partes, mas um imperativo legal (arts. 847 e 850 da Consolidação das Leis do Trabalho). Desta feita, não há razão alguma para se exigir essa formalidade, por aplicação supletiva do CPC ao Processo do Trabalho, nas petições iniciais trabalhistas.

O Pleno do Tribunal Superior do Trabalho ratificou esse entendimento ao, no artigo 2º, IV de sua Instrução Normativa n. 39, datada de 15 de março de 2016, asseverar a inaplicabilidade da regra do artigo 334 do CPC de 2015 ao processo do trabalho. Inaplicáveis as regras concernentes à audiência de conciliação ou de mediação, não há razão para o autor indicar sua opção a ela na peça vestibular.

O Novo Código de Processo Civil acertadamente excluiu o requerimento para citação do réu da relação de elementos da petição inicial. Era um despautério indeferir ou deixar de apreciar uma petição inicial apenas por ausência desse requisito formal. Se o autor qualificou o réu, apresentou os fatos e fundamentos jurídicos e os pedidos que dele decorrem é evidente que ele deseja a citação do *ex adverso* para dar seguimento ao processo. Determinar a sua notificação apenas para incluir isso expressamente na petição era absolutamente desarrazoado, embora se tenha notícia de alguns poucos casos.

No processo do trabalho, contudo, essa discussão nunca foi relevante dado que se trata de elemento absolutamente dispensável. A distribuição é automática, assim como a expedição de notificação convocando o réu a comparecer na audiência em que, se não houver conciliação, deverá ser apresentada a defesa. Logo, havendo ou não o requerimento para a citação do réu, este seria citado. A eventual ausência do requisito somente seria verificada em audiência quando o reclamado já teria sido citado e, portanto, qualquer nulidade referente à notificação já estaria sanada.

Com a possibilidade de honorários sucumbenciais e da necessidade de comprovação da hipossuficiência para obtenção do benefício da Justiça Gratuita, instituídas pela reforma trabalhista de 2017, caberá ao advogado do reclamante formular pedidos expressos nesse sentido e acostar aos autos documento que compromisse sua real condição financeira. A mera declaração de hipossuficiência já não é suficiente para a isenção do pagamento de custas. Os honorários sucumbenciais poderão, em caso de ausência de pedido nesse sentido, ser deferidos por magistrado que considere tratar a questão de pedido implícito, decorrente da própria disposição legal. O benefício da Justiça Gratuita não. Esse, indiscutivelmente, precisará ser requerido.

4. DOS PEDIDOS NA PETIÇÃO TRABALHISTA

A Consolidação das Leis do Trabalho trata, de forma bastante superficial, sobre o pedido formulado na reclamação trabalhista. Além de incluí-lo entre os elementos da petição inicial no artigo 840 e de diferenciar a base de cálculo sobre a qual incidirá o percentual de 2% devido a título de custas conforme o pedido seja procedente ou improcedente (Artigo 790, II e III), o termo é encontrado, em sua acepção processual, em poucos dispositivos.

O artigo 832 estatui que o resumo do pedido deverá constar da decisão e que esta determinará o prazo e as condições para o seu cumprimento, quando a ação for julgada procedente. O artigo 846 afirma que entre as condições da conciliação poderá ser estabelecida a de ficar a parte que não cumprir o acordo obrigada a satisfazer integralmente o pedido ou pagar uma indenização convencionada, sem prejuízo do cumprimento do acordo.

Mais recentemente a Lei n. 9.957, de 2000, incluiu o art. 852-B, segundo o qual nas reclamações enquadradas no procedimento sumaríssimo o pedido deverá ser certo ou determinado e indicará o valor correspondente. Desde sua inclusão na CLT, entende-se que somente se exige pedido líquido nas ações que tramitam pelo rito sumaríssimo. Nas demais ações o pedido deve ser certo. Não precisa, contudo, ser líquido.

O tratamento superficial da Consolidação das Leis do Trabalho acerca de um elemento tão relevante para o processo do trabalho quanto o pedido, responsável pela delimitação inicial dos limites objetivos da lide, atrai a aplicação, por vezes supletiva, por vezes subsidiária, dos dispositivos da CLT que tratam da matéria.

Por aplicação supletiva do artigo 322, *caput*, do Código de Processo Civil de 2015, o pedido deve ser certo. A inclusão no principal dos juros legais, correção monetária e as verbas de sucumbência, inclusive os honorários advocatícios não são, contudo, compatíveis com o *jus postulandi* e a simplicidade que permeiam o processo do trabalho.

A regra de hermenêutica consagrada no artigo 322, § 2º do Código de Processo Civil de 2015, segundo a qual "a interpretação do pedido considerará o conjunto da postulação e observará o princípio da boa-fé" mostra-se compatível com o processo do trabalho e é, bastante razoável que passe a norteá-lo.

Igualmente aplicável é a regra do artigo 323 do CPC de 2015 que trata das ações que tiverem por objeto cumprimento de obrigação em prestações sucessivas, como a reclamação movida, durante a vigência da relação de emprego, para obter equiparação salarial. Segundo aludido preceito as prestações sucessivas serão incluídas no pedido, independentemente de declaração expressa do autor, e serão incluídas na condenação, enquanto durar a obrigação, se o devedor, no curso do processo, deixar de pagá-las ou de consigná-las.

Pela regra do artigo 324 do CPC de 2015, segundo a qual o pedido deve ser determinado, deveriam ser considerados ineptos os pedidos genéricos de horas extras "e reflexos" e de reflexos em "verbas rescisórias", quando não se esclarecer sob quais parcelas deverão incidir o efeito expansivo e circular do salário. A regra do § 1º, que admite a licitude do pedido genérico nas ações universais, se o autor não puder individuar os bens demandados; quando não for possível determinar, desde logo, as consequências do ato ou do fato; ou quando a determinação do objeto ou do valor da condenação depender de ato que deva ser praticado pelo réu, será aplicável ao processo do trabalho se alguma das hipóteses de verificar.

O pedido será alternativo, assim chamado o formulado quando, pela natureza da obrigação, o devedor puder cumprir a prestação de mais de um modo, e consagrado no artigo 325 da Consolidação das Leis do Trabalho, afigura-se bastante compatível com o processo do trabalho. Uma hipótese relativamente comum de pedido alternativo é o pleito de liberação das guias para recebimento de seguro desemprego pelo empregador que rescindiu indiretamente o contrato de trabalho ou dispensou o empregado sem justa causa ou o pagamento por ele de uma indenização compensatória de mesmo valor. Essa hipótese é de pedido alternativo e não sucessivo pois as duas hipóteses terão resultado idêntico para o reclamante, fazendo com que ele não tenha preferência por quaisquer delas. Caberá ao devedor escolher qual dos pedidos alternativos prefere cumprir (hipótese prevista no parágrafo único do artigo 325). Quando o pedido for alternativo o juiz poderá escolher entre eles e sua escolha deverá ser acatada pela parte que formulou o pleito dessa forma. Não cabe recurso dessa decisão judicial para buscar o pedido pretendido.

Os pedidos sucessivos, previstos no artigo 326 do CPC de 2015 também são possíveis no Processo do Trabalho. Esse tipo de pedido é adequado para as situações em que o autor espera que o juiz conheça do posterior, quando não acolher o anterior. Ou seja, há um pedido mais desejado do que outro. O reclamante o deseja e somente aceitará o outro se esse primeiro não for possível.

O artigo 327 é perfeitamente compatível com o processo do trabalho. Verdade seja dita, a cumulação de pedidos é a regra geral no processo do trabalho, sendo o pedido único a exceção. A orientação do § 1º de aludido preceito também é bastante adequada ao processo do trabalho. Segundo ela são requisitos de admissibilidade da cumulação de pedidos que eles sejam compatíveis entre si; que seja competente para conhecer deles o mesmo juízo; que seja adequado para todos os pedidos o tipo de procedimento.

A hipótese do § 2º do artigo 327, contudo, não é verificável no processo do trabalho. Segundo aludido preceito, "quando, para cada pedido, corresponder tipo diverso de procedimento, será admitida a cumulação se o autor empregar o procedimento comum, sem prejuízo do emprego das técnicas processuais diferenciadas previstas nos procedimentos especiais a que se sujeitam um ou mais pedidos cumulados, que não forem incompatíveis com as disposições sobre o procedimento comum". Isso porque no processo do trabalho o rito é definido pelo valor da causa. Não há, portanto, como cumular no mesmo processo pedidos que tramitam por ritos diferentes.

O artigo 329 do CPC de 2015 para ser aplicável ao processo do trabalho precisa de singelas adaptações. Segundo lá preceituado, o autor poderá aditar ou alterar o pedido ou a causa de pedir até a citação independentemente de consentimento do réu. Poderá aditar ou alterar o pedido e a causa de pedir até o saneamento do processo, com consentimento do réu, assegurado o contraditório mediante a possibilidade de manifestação deste no prazo mínimo de 15 (quinze) dias, facultado o requerimento de prova suplementar.

No processo do trabalho o aditamento vem sendo admitido, a despeito de inexistir norma legal nesse sentido. Como não há despacho saneador e a citação é feita automaticamente a partir da distribuição da inicial, sem qualquer tipo de análise pelo juiz, o entendimento consagrado é o de que o aditamento pode ser feito unilateralmente pelo reclamante até a entrega da defesa pelo reclamado, em audiência. Após este momento a relação jurídica processual estará formada e eventual alteração dependerá do consentimento do reclamado, que passa a ter direito próprio de ver a solução do processo.

5. HIPÓTESES DE INDEFERIMENTO DE PETIÇÃO INICIAL E INÉPCIA

A Consolidação das Leis do Trabalho não se dedica a tratar nas hipóteses de indeferimento da petição inicial. A explicação não poderia mais simples. No processo do trabalho não se tem previsão legal de um despacho saneador. Em razão disso os juízes do trabalho, em sua maioria, somente têm contato com a petição inicial no momento da audiência, ou alguns minutos antes. Muitas vezes as leem após receber a defesa, ou seja, após a primeira tentativa obrigatória de conciliação restar infrutífera. Nos poucos instantes de que dispõe para analisar as matérias arguidas nas duas peças dedicam-se, em sua maioria, a analisar os fatos narrados para inteirar-se dos limites da controvérsia, evitando com isso sejam deferidas provas desnecessárias ou indeferidas provas necessárias. As questões processuais em geral têm a sua análise adiada para o momento da prolação da sentença.

Nesse momento, o juiz deverá verificar se a petição é inepta, se alguma das partes é manifestamente ilegítima; se o autor carecer de interesse processual; se o advogado que atua em causa própria ou a parte não retificarem os equívocos apontados pelo órgão jurisdicional mesmo quando notificado para tanto (Inteligência do artigo 330 do CPC de 2015).

Caberá em particular ao juiz verificar se está ou não diante de hipótese de inépcia da petição inicial. Quatro, são as suas hipóteses, segundo artigo 330, §1º do CPC de 2015, a saber faltar à petição pedido ou causa de pedir; o pedido for indeterminado, salvo quando expressamente admitido pela legislação o pedido genérico; da narração dos fatos não decorrer logicamente a conclusão; houver pedidos incompatíveis entre si.

A exigência de discriminação na petição inicial das obrigações contratuais que se pretende controverter e de quantificação do valor incontroverso do débito, prevista nos §§ 2º e 3º do artigo 330 do CPC de 2015, somente se aplica nas ações que tenham por objeto a revisão de obrigação decorrente de empréstimo, de financiamento ou de alienação de bens. A sua aplicabilidade ao processo do trabalho somente poderia ser questionada caso se discutisse empréstimo, financiamento ou alienação de bens decorrentes de relação de trabalho, hipótese possível, mas de difícil verificação prática.

Ainda assim a sua compatibilidade deverá ser questionada pelo simples fato de no processo do trabalho o pedido líquido somente se afigurar admissível no rito sumaríssimo. Caso a reclamação que visa revisão de obrigação decorrente de empréstimo, de financiamento ou de alienação de bens, seja da competência da justiça especializada por, decorrer, por exemplo de uma relação de trabalho, não tramite sob este rito, não deverá ser admitida.

O Tribunal Superior do Trabalho considera que a petição inicial somente poderá ser indeferida após o juiz conceder ao autor oportunidade para sanar a irregularidade identificada. Nesse sentido é a Súmula 263 do Tribunal Superior do Trabalho:

> *PETIÇÃO INICIAL. INDEFERIMENTO. INSTRUÇÃO OBRIGATÓRIA DEFICIENTE. Salvo nas hipóteses do art. 330 do CPC de 2015 (art. 295 do CPC de 1973), o indeferimento da petição inicial, por encontrar-se desacompanhada de documento indispensável à propositura da ação ou não preencher outro requisito legal, somente é cabível se, após intimada para suprir a irregularidade em 15 (quinze dias), mediante indicação precisa do que deve ser corrigido ou completado, a parte não o fizer (art. 321 do CPC de 2015).*

Numa rara hipótese em que a petição inicial seja indeferida por completo, é razoável que se aplique a regra do artigo 331 do CPC de 2015 que faculta ao autor recorrer, assegurando ao juiz a possibilidade de retratação no prazo de cinco dias. Essa retratação foi uma das hipóteses de aplicação subsidiária do CPC ao processo do trabalho admitidas expressamente pelo Tribunal Superior do Trabalho na Instrução Normativa n. 39/16.

O juiz analisa as questões processuais que levariam ao indeferimento da inicial por inépcia ou por qualquer outro motivo apenas no momento da prolação da sentença, ou seja, após o encerramento da instrução processual. Neste momento, acolher uma preliminar de inépcia que conduza a extinção do feito implicaria em tornar sem efeito toda a prova produzida nos autos e fazer necessária à sua repetição, caso proposta nova ação após a correção da irregularidade. Será sempre mais conveniente encontrar um argumento para afastar a preliminar e julgar desde logo o mérito do feito.

Não obstante esta seja seguramente a melhor solução para o processo singularmente considerado, ela certamente é a pior para o sistema processual como um todo, pois acaba estimulando a falta de capricho e de atenção na redação das petições iniciais, dificultando com isso a elaboração da contestação pela parte contrária, e a compreensão do juiz para fixação dos pontos que serão objeto de prova e posterior julgamento da lide.

Não fosse isto o bastante, alguns argumentos comumente utilizados para rejeitar a preliminar ora estudada, como o de que o processo do trabalho é pautado pela simplicidade e informalidade, o de que o equívoco foi corrigido no depoimento pessoal ou ao longo da instrução probatória, ou o de que se a parte teve condições de produzir defesa, não há razão para se falar em inépcia da petição inicial, são verdadeiramente inadmissíveis.

Uma excessiva apologia aos princípios da simplicidade e da informalidade pode acabar tornando o processo do trabalho um diálogo em que as partes não conseguem se comunicar, em face das irregularidades verificadas nas peças de cada uma delas. Afinal em se admitindo que os princípios da simplicidade e da informalidade justifiquem a rejeição das preliminares de inépcia da petição inicial, poder-se-ia sustentar também que eles dão suporte à flexibilização do rigor na aplicação do princípio da impugnação específica, pelo menos quando o réu fizer uso do seu *jus postulandi* ou for micro ou pequena empresa, e com isso as duas partes teriam argumentos para justificar a sua falta de esmero na redação das peças processuais. O efeito a longo prazo seria nefasto para o sistema processual, como demonstrado anteriormente.

Tampouco é razoável a assertiva de que eventual omissão, como por exemplo, a indicação do nome do paradigma ou alguma forma de erro material existente na petição inicial teria sido corrigida no depoimento pessoal do autor, justificando-se assim a rejeição da inépcia. A petição inicial e as respostas do réu compreendem a chamada fase postulatória do processo. O depoimento pessoal do autor, a fase dita instrutória. Não é admissível que um erro verificado na fase inicial do processo seja corrigido na subsequente, posto que, a rigor, esta somente poderia começar se estivesse tudo adequado com a anterior.

É preciso, por outro lado, reconhecer que o fundamento de que "a inicial possibilitou a elaboração de defesa", muito utilizado para rejeição de inépcias, mostra-se incompatível com o princípio da eventualidade que instiga os reclamados a apresentar defesa ainda que o pedido da inicial não esteja adequadamente formulada. Ora, se o réu precisa apresentar defesa impugnando todos os fatos e fundamentos apresentados pelo autor, sob pena de serem considerados verdadeiros os fatos que não forem especificadamente atacados ele não poderá apresentar alegações em momento posterior. É natural, portanto, que ele impugne até mesmo pedidos absolutamente ineptos. A simples verificação desta impugnação não pode ser utilizada como fundamento para afastar a inépcia.

6. CUIDADOS NA REDAÇÃO DA PETIÇÃO INICIAL PARA VIABILIZAR UMA FUNDAMENTAÇÃO AMPLA DA SENTENÇA

Um dos pontos do Novo CPC que mais controvérsia tem gerado, particularmente entre os juízes, é o referente à motivação das decisões judiciais. O artigo 490 disciplina, em seu *caput* e incisos, os elementos da sentença. Permanecem os mesmos, a saber relatório, fundamentação e dispositivo. O § 1º, contudo, deixa claro que não se considera fundamentada qualquer decisão judicial, seja ela interlocutória, sentença ou acórdão, que:

> I – se limitar à indicação, à reprodução ou à paráfrase de ato normativo, sem explicar sua relação com a causa ou a questão decidida;
>
> II – empregar conceitos jurídicos indeterminados, sem explicar o motivo concreto de sua incidência no caso;
>
> III – invocar motivos que se prestariam a justificar qualquer outra decisão;
>
> IV – não enfrentar todos os argumentos deduzidos no processo capazes de, em tese, infirmar a conclusão adotada pelo julgador;
>
> V – se limitar a invocar precedente ou enunciado de súmula, sem identificar seus fundamentos determinantes nem demonstrar que o caso sob julgamento se ajusta àqueles fundamentos;
>
> VI – deixar de seguir enunciado de súmula, jurisprudência ou precedente invocado pela parte, sem demonstrar a existência de distinção no caso em julgamento ou a superação do entendimento.

O § 2º do mesmo dispositivo afirma textualmente que "No caso de colisão entre normas, o juiz deve justificar o objeto e os critérios gerais da ponderação efetuada, enunciando as razões que autorizam a interferência na norma afastada e as premissas fáticas que fundamentam a conclusão". O § 3º, por sua vez, trata de uma regra de exegese, ao afirmar que "A decisão judicial deve ser interpretada a partir da conjugação de todos os seus elementos e em conformidade com o princípio da boa-fé".

Na breve exposição de motivos da Instrução Normativa n. 39 do Tribunal Superior do Trabalho, o Ministro João Oreste Dalazen, Coordenador da Comissão de Ministros responsável pelo texto administrativo, assim se manifestou acerca desse dispositivo:

> A Comissão reputou inafastável a aplicação subsidiária ao processo do trabalho da nova exigência legal de fundamentação das decisões judiciais (CPC, art. 489, §1º). Cuidou, contudo, de algumas regras elucidativas e atenuadoras, sobretudo de modo a prevenir controvérsia sobre o alcance dos incisos V e VI do §1º do art. 489 do CPC (art. 15, incisos I a VI da IN).

O mencionado artigo trata justamente do atendimento à exigência legal de fundamentação das decisões judiciais. O seu primeiro inciso dedica-se ao que se deve considerar precedente. O gênero em questão compreenderia as seguintes espécies: acórdão proferido pelo Supremo Tribunal Federal ou pelo Tribunal Superior do Trabalho em julgamento de recursos repetitivos (CLT, art. 896-B; CPC, art. 1.046, §4º); entendimento firmado em incidente de resolução de demandas repetitivas ou de assunção de competência; decisão do Supremo Tribunal Federal em controle concentrado de constitucionalidade; tese jurídica prevalecente em Tribunal Regional do Trabalho e não conflitante com súmula ou orientação jurisprudencial do Tribunal Superior do Trabalho (CLT, art. 896, §6º); decisão do plenário, do órgão especial ou de seção especializada competente para uniformizar a jurisprudência do tribunal a que o juiz estiver vinculado ou do Tribunal Superior do Trabalho.

O inciso III do artigo 489, §1º, IV, do CPC evidencia que o magistrado pode deixar de apreciar uma questão se o seu exame restar prejudicado pela análise de uma das anteriores.

O inciso IV, por sua vez, evidencia que o juiz ou Tribunal não é obrigado a enfrentar os fundamentos jurídicos invocados pela parte quando estes já o tiverem sido na formação dos precedentes obrigatórios ou nos fundamentos determinantes de enunciado de súmula.

O inciso V estatui, com clareza solar, que "decisão que aplica tese jurídica já firmada em precedente, não precisa enfrentar os fundamentos analisados na decisão paradigma, bastando a demonstração da correlação fática e jurídica entre o caso concreto e aquele apreciado no incidente de solução concentrada.

Por fim, os ministros do Tribunal Superior do Trabalho deixam claro ser ônus da parte identificar os fundamentos determinantes ou demonstrar a existência de distinção no caso em julgamento ou a superação do entendimento, sempre que invocar precedente ou enunciado de súmula. Esta regra, esculpida no inciso VI do artigo 15, demonstra que o autor deve, em sua petição inicial, fazer uso das chamadas técnicas de superação de precedentes, que surgiram nos países de *Common Law* e que tendem a se tornar bastante frequentes no Brasil a partir das reformas empreendidas pelas Leis 13.015 (processo do trabalho) e 13.105 (processo civil).

A Lei 11.417 de 19 de dezembro de 2006 que disciplina a edição, a rescisão e o cancelamento de enunciado de Súmula Vinculante pelo STF, foi das primeiras normas a estabelecer procedimentos legais para a superação de precedentes. Ela regulamentou as situações de *Overruling*, revogação completa do precedente com perda de sua força vinculante e sua consequente substituição, possíveis no ordenamento jurídico brasileiro[8]. O juiz exporá o motivo pelo qual não seguirá o antigo precedente, justificando com argumentos mais densos, a razão que gerou a superação dos precedentes[9].

Outra técnica de superação de precedentes possível é o chamado *Overriding*, a revogação parcial do precedente em razão de uma mudança no cenário jurídico a partir da inserção de uma regra ou princípio legal. Um bom exemplo de *overriding* na legislação trabalhista é a Súmula 277[10] que foi alterada em duas ocasiões, em

---
8. DIDIER JR., Fredie; BRAGA, Paula Sarno; OLIVEIRA, Rafael. Curso de direito processual civil, vol. II. 8.ed. Salvador: Juspodium, p. 456.
9. CUNHA, Zeneida Girão da. Há uma jurisprudência genuína no STF? Um estudo de casos parecidos. 2014. Dissertação (Mestrado em direito). 244p. Faculdade de Direito da Pontifícia Universidade Católica do Rio de Janeiro, 2014, p. 31.
10. SUM-277 CONVENÇÃO COLETIVA DE TRABALHO OU ACORDO COLETIVO DE TRABALHO. EFICÁCIA. ULTRATIVIDADE (redação alterada na sessão do Tribunal Pleno realizada em 14.09.2012) – Res. 185/2012 – DEJT divulgado em 25, 26 e 27.09.2012 As cláusulas normativas dos acordos coletivos ou convenções coletivas integram os contratos individuais de trabalho e somente poderão ser modificadas ou suprimidas mediante negociação coletiva de trabalho. Histórico: Súmula alterada – (redação alterada na

16.11.2009 e em 27.09.2012 em revisões realizadas pelo Tribunal Superior do Trabalho para adequá-la a nova redação do artigo 114 da Constituição Federal conferida pela Emenda Constitucional n. 45, de 2004. Como se vê, a nova redação do artigo 114 deixou claro que os dissídios coletivos precisariam respeitar as condições convencionadas anteriormente, o que mudou o cenário jurídico possibilitando a conclusão de que as cláusulas convencionadas coletivamente somente poderão ser modificadas por meio de outra negociação coletiva. Diante disso, o TST empreendeu hipótese típica de *overruling*, adotando entendimento diametralmente oposto ao anterior.

Distinguishing, por sua vez, é a distinção de casos realizada pelos atores do processo. Essa técnica visa justificar a não utilização de um precedente anterior ao caso sob análise, pois este apresenta particularidades que obstam seu uso[11]. É o exemplo da não aplicação da Súmula 283 do Tribunal Superior do Trabalho.

Por fim, mas não menos importante, temos a técnica conhecida como *Transformation*, na qual deve-se justificar a não aplicação de precedente existente, sem fazer referência a essa mudança ou postura, que consiste na superação implícita do entendimento. A diferença entre *Transformation* e *overruling* é que neste há uma declaração expressa pela corte de que houve superação do precedente[12]. Um ótimo exemplo é a não aplicação por algum juiz ou Corte do inciso II da Súmula 330 do Tribunal Superior do Trabalho, que estabelece que "quanto a direitos que deveriam ter sido satisfeitos durante a vigência do contrato de trabalho, a quitação é válida em relação ao período expressamente consignado no recibo de quitação", por entender que, a despeito da literalidade do verbete, qualquer quitação do contrato de trabalho depende da presença de um juiz do trabalho para equilibrar as forças entre o empregador e o empregado, entre o capital e o trabalho, sem expressamente cancelar o verbete em questão.

Além de tudo isso é forçoso reconhecer que os advogados também precisam colaborar com a fundamentação das decisões judiciais adotando uma linguagem jurídica que facilite a compreensão da narrativa. O linguajar rebuscado de autores festejados como Pontes de Miranda, Orozimbo Nonato e Rui Barbosa eram típicos de uma época em o bom advogado era o que mostrava erudição, não o que conse-

---

sessão do Tribunal Pleno em 16.11.2009) – Res. 161/2009, DEJT 23, 24 e 25.11.2009 Nº 277 Sentença normativa. Convenção ou acordo coletivos. Vigência. Repercussão nos contratos de trabalho I – As condições de trabalho alcançadas por força de sentença normativa, convenção ou acordos coletivos vigoram no prazo assinado, não integrando, de forma definitiva, os contratos individuais de trabalho. II – Ressalva-se da regra enunciado no item I o período compreendido entre 23.12.1992 e 28.07.1995, em que vigorou a Lei nº 8.542, revogada pela Medida Provisória 1.709, convertida na Lei 10.192, de 14.02.2001. Súmula mantida – Res. 121/2003, DJ 19, 20 e 21.11.2003 Redação original – Res. 10/1988, DJ 01, 02 e 03.03.1988 N. 277Sentença normativa. Vigência. Repercussão nos contratos de trabalho. As condições de trabalho alcançadas por força de sentença normativa vigoram no prazo assinado, não integrando, de forma definitiva, os contratos.

11. CUNHA, Zeneida Girão da. Há uma jurisprudência genuína no STF? Um estudo de casos parecidos. 2014. Dissertação (Mestrado em direito). 244p. Faculdade de Direito da Pontifícia Universidade Católica do Rio de Janeiro, 2014, p. 31.
12. CUNHA, Zeneida Girão da. **Há uma jurisprudência genuína no STF? Um estudo de casos parecidos.** 2014. Dissertação (Mestrado em direito). 244p. Faculdade de Direito da Pontifícia Universidade Católica do Rio de Janeiro, 2014, p. 31/32.

guia passar seus objetivos com clareza. Como dito, escrever bem em 2016 é passar o máximo de informação com o mínimo de palavras. É simplificar a vida do leitor.

O advogado também deve evitar a cumulação exagerada de pedidos. É inadmissível que alguns ainda sejam formulados com fins obscuros como, por exemplo, receber maior proposta de acordo quando é sabido que elas são baseadas no cálculo abstrato dos pleitos da inicial. Formular pedidos indenizatórios apenas para formalizar acordo discriminando todo o pagamento como indenizatório, também não é uma conduta adequada do ponto de vista ético. Deve, portanto, ser combatida.

7. PETIÇÃO INICIAL NOS RITOS PROCESSUAIS TRABALHISTAS DIFERENCIADOS

A grande distinção sempre presente na petição inicial nos dissídios coletivos, chamada representação. Diferente das demais petições nos ritos ordinário e sumário, que podem ser deduzidas oralmente, as representações precisavam ser escritas. Essa era a interpretação a que se chegava a partir do caput do artigo 858 da Consolidação das Leis do Trabalho, segundo o qual "A representação será apresentada em tantas vias quantos forem os reclamados". Ora, se ela deverá ser apresentada em muitas vias, a única forma de fazê-lo é por escrito. Não fosse isso o bastante, o Decreto-lei 7.321, de 1945, alterou o artigo 859 da CLT, que dizia que "a representação poderá ser escrita ou verbal", estatuindo que "A representação dos sindicatos para instauração da instância fica subordinada à aprovação de assembleia, da qual participem os associados interessados na solução do dissídio coletivo, em primeira convocação, por maioria de 2/3 (dois terços) dos mesmos, ou, em segunda convocação, por 2/3 (dois terços) dos presentes".

Esclarecido que a representação não pode ser feita verbalmente, duas outras questões precisam ser clarificadas. Inicialmente, a indicação do número de vias da petição inicial em questão deixou de fazer sentido com o processo eletrônico, como bem observa Vitor Salino[13]. Em segundo lugar o dispositivo que trata da exigência da aprovação por assembleia geral dos associados permanece válido[14], assim como o quórum legal de 2/3 dos associados interessados, em primeira convocação, ou

---
13. *Op. Cit.* p. 459.
14. DISSÍDIO COLETIVO – ILEGITIMIDADE ATIVA AD CAUSAM DO SINDICATO-SUSCITANTE – EDITAL DE CONVOCAÇÃO DE ASSEMBLEIA GERAL APENAS DOS ASSOCIADOS DO SINDICATO – LEGALIDADE – CLT, ART. 859. 1. Nos termos do art. 859 da CLT, a legitimidade das entidades sindicais para ajuizar dissídio coletivo se subordina à aprovação da assembleia geral da categoria, integrada pelos associados interessados na solução do conflito. 2. O 4º TRT declarou a ilegitimidade ativa do Suscitante, em face de o edital de convocação para a assembleia geral ter sido dirigido exclusivamente aos trabalhadores associados do sindicato. 3. A decisão regional atenta contra a literalidade do art. 859 da CLT, que apenas exige a participação dos associados na assembleia geral. 4. Assim, demonstrada a autorização da assembleia para o ajuizamento do presente dissídio coletivo, afasta-se a preliminar de ilegitimidade ativa na decisão recorrida e determina-se o retorno dos autos ao TRT de origem, para que prossiga na apreciação da ação coletiva, como entender de direito. Recurso ordinário provido. (TST – RODC: 1265336912004504 1265336-91.2004.5.04.0900, Relator: Ives Gandra Martins Filho, Data de Julgamento: 23/08/2007, Seção Especializada em Dissídios Coletivos, Data de Publicação: DJ 21/09/2007.)

2/3 dos associados presentes[15], em segundo convocação, para autorizar o dissídio coletivo é o fixado na lei[16]. Não obstante toda a autonomia e a vedação à intervenção do Estado nas Organizações Sindicais, não pode o sindicato definir quórum diverso para autorização do dissídio coletivo em seu respectivo estatuto.

Não é descabido destacar ainda que o Supremo Tribunal Federal e o Tribunal Superior do Trabalho há muito sedimentaram entendimento quanto à impossibilidade de dissídio coletivo contra a Administração Pública Direta[17], impondo-se a extinção do feito sem resolução do mérito.

As alíneas do artigo 859 também enumeram os requisitos da representação, a saber a designação e qualificação dos reclamantes e dos reclamados e a natureza do estabelecimento ou do serviço; os motivos do dissídio e as bases da conciliação. Por qualificação dos reclamantes dever-se-á entender, desde o cancelamento da Súmula n. 305 do Tribunal Superior do Trabalho, a qualificação do sindicato e não de todos os integrantes da categoria.[18]

---

15. Art. 859. A representação dos sindicatos para instauração da instância fica subordinada à aprovação de assembleia, da qual participem os associados interessados na solução do dissídio coletivo, em primeira convocação, por maioria de 2/3 (dois terços) dos mesmos, ou, em segunda convocação, por 2/3 (dois terços) dos presentes.
16. DISSSIDIO COLETIVO – AJUIZAMENTO – QUORUM – OBSERVÂNCIA DO ARTIGO 859 DA CLT. O ajuizamento do dissídio coletivo está subordinado à aprovação da assembleia geral da categoria, da qual participem os associados interessados na solução do conflito. Sendo que, em segunda convocação, a deliberação deve ser a manifestação da vontade de 2/3 (dois terços) dos presentes, conforme disposição legal. Se houve a segunda convocação para a realização da assembleia geral e, ainda, constado que a deliberação pelo ajuizamento da instância ocorreu por unanimidade, pode-se concluir que restou alcançado o quórum. Recurso ordinário provido. (TST – RODC: 951009120045010000 95100-91.2004.5.01.0000, Relator: Mauricio Godinho Delgado, Data de Julgamento: 13/03/2008, Seção Especializada em Dissídios Coletivos, Data de Publicação: DJ 09/05/2008.). PROCESSO À DISPOSIÇÃO DOS SRS. ADVOGADOS NA DIRETORIA DE RECURSOS, RUA GOITACASES, 1475, 2º. ANDAR. EMENTA: DISSÍDIO COLETIVO – AGE – QUÓRUM ARTIGO 859 DA CLT – APLICABILIDADE. O col. TST vem entendendo que o quórum a ser observado para validade da AGE convocada para legitimação da atuação da entidade sindical profissional para instauração da instância é o estabelecido no artigo 859 da CLT, restando, inclusive, canceladas as OJs n. 13 e 21 da SDC da Corte Superior Trabalhista, porquanto editadas à luz do artigo 612 da CLT, inaplicável à hipótese. (TRT-3 – DC: 01853201100003003 0001853-55.2011.5.03.0000, Relator: Convocada Maria Cristina Diniz Caixeta, Seção Espec. de Dissídios Coletivos, Data de Publicação: 24/08/2012,23/08/2012. DEJT. Página 19. Boletim: Não.)
17. STF, ADIn 492-I DF, Rel. Min. Carlos Velloso, sessão de 12.11.1992, publicada no DJU 16.11.1992. TST, Ac. SEDC 1.431/93, RODC 71.499/93, Rel. Hylo Gurgel, JTDC 17:19, fev.-Mar de 1994.
18. RECURSO DE REVISTA. 1) HIPÓTESES DE CABIMENTO. DIVERGÊNCIA PRETORIANA NÃO COMPROVADA. NÃO-CONHECIMENTO. Para que o Recurso de Revista interposto contra decisão regional venha a ser conhecido, faz-se necessária a satisfação dos requisitos enumerados no art. 896 da CLT. No presente caso, a inespecificidade do aresto regional válido indicado a confronto, na forma da Súmula 296-TST, impede que seja reconhecida a divergência jurisprudencial. Tema recursal não conhecido. 2) INÉPCIA DA INICIAL. RELAÇÃO DOS SUBSTITUÍDOS. SÚMULA N.º 310/TST. CANCELAMENTO.O apelo não merece prosperar, haja vista o cancelamento da indigitada Súmula pela Resolução n.º 119, de 25/9/2003, valendo ressaltar que a Revista vem fundamentada exclusivamente na contrariedade ao predito verbete. 3) DOS DEPÓSITOS DO FGTS. DESFUNDAMENTAÇÃO.O Recurso de Revista, no particular, encontra-se desfundamentado, porquanto não aponta nenhuma violação legal ou traz aresto à colação. Recurso de Revista não conhecido. (TST – RR: 7765758620015215555 776575-86.2001.5.21.5555, Relator: Maria de Assis Calsing, Data de Julgamento: 15/06/2005, 4ª Turma, Data de Publicação: DJ 01.07.2005.)

Não se pode, por fim, descuidar do fato de que sempre que uma ação cível, com regramento peculiar, como a ação rescisória, a ação monitória e o mandado de segurança, forem ajuizadas perante a Justiça do Trabalho, deverão seguir os seus requisitos próprios fixados em lei específica[19].

8. CONSIDERAÇÕES FINAIS

Diante de todo o exposto é forçoso reconhecer que a simplicidade e superficialidade das regras da Consolidação das Leis do Trabalho concernentes à petição inicial atraem a aplicação supletiva e subsidiária do Código de Processo Civil ao Processo do Trabalho. Será supletiva quando o texto consolidado tiver regra menos completa do que o texto da CLT. Será subsidiária quando o texto consolidado for silente a respeito de algum tema em particular.

O Novo Código de Processo Civil não dispõe de regras revolucionárias sobre a petição inicial. As regras que inovam, por exemplo, ao exigir a inclusão de endereço eletrônico na qualificação, não terão grande impacto no processo do trabalho, ainda que lhe sejam consideradas aplicáveis.

A grande mudança que o novo Código traz no tocante a petição inicial diz respeito, paradoxalmente, as mudanças inseridas na prolação da sentença. As novas exigências impostas aos juízes obrigam os advogados a serem mais cuidadosos na elaboração de suas petições iniciais, prequestionando desde já as matérias que poderão ser objeto de futuro recurso de natureza extraordinária e manuseando de forma apropriada as chamadas técnicas de superação de precedentes.

A reforma trabalhista de 2017, por sua vez, impôs ao advogado do reclamante o ônus de liquidar os pedidos formulados na petição inicial. Com a possibilidade de honorários sucumbenciais e da necessidade de comprovação da hipossuficiência para obtenção do benefício da Justiça Gratuita, caber-lhe-á também formular pedidos expressos nesse sentido e acostar aos autos documento que compromisse sua real condição financeira. A mera declaração de hipossuficiência já não é suficiente para a isenção do pagamento de custas.

9. REFERÊNCIAS

CUNHA, Zeneida Girão da. **Há uma jurisprudência genuína no STF? Um estudo de casos parecidos.** 2014. Dissertação (Mestrado em direito). 244p. Faculdade de Direito da Pontifícia Universidade Católica do Rio de Janeiro, 2014.

DICIONÁRIO MICHAELIS. '. Acesso em 02.05.2016.

DIDIER JR., Fredie; BRAGA, Paula Sarno; OLIVEIRA, Rafael. **Curso de direito processual civil**, vol. II. 8.ed. Salvador: Juspodium.

EÇA, Vitor Salino de Moura. Petição Inicial Trabalhista e a Formação do Processo. MARTINEZ, Luciano; BOUCINHAS FILHO, Jorge; EÇA, Vitor Salino de Moura. **A reforma trabalhista na visão da Academia Brasileira de Direito do Trabalho.** Porto Alegre: Lex Magister, 2018.

---

19. Nesse sentido é o entendimento de Vitor Salino de Moura Eça, *op. cit.*, p. 459.

Petição Inicial:
narrativas, realidade e consequências

Fábio Rodrigues Gomes

Juiz Titular da 41ª VT/RJ, Mestre e Doutor em Direito Público pela UERJ, Professor Adjunto de Direito Processual do Trabalho e Prática Jurídica da UERJ e Coordenador Pedagógico da EJUTRA.

Sumário: 1. Introdução – 2. Era uma vez: o *storytelling* no processo do trabalho – 3. O processo-surpresa: sem história e com pedidos invisíveis – 4. Teorizando sobre universos processuais paralelos – 5. Consequências de uma história infeliz: as mudanças da realidade a fórceps legislativo – 6. Conclusão – 7. Referências bibliográficas.

1. INTRODUÇÃO

Petição inicial, peça de ingresso ou peça exordial. Estes são alguns dos nomes dados ao primeiro de muitos outros atos sequenciais que constituirão o processo[1]. Trata-se do "exórdio" ou do início do discurso jurídico. É a partir deste começo, deste ato de comunicação originário, que se estabelece a demanda, retira-se o Poder Judiciário da sua inércia institucional e deflagra-se a movimentação de todo o maquinário estatal em busca de uma solução para o problema que lhe é apresentado. Afinal de contas, se não foi possível a composição autônoma dos interesses em conflito e os meios alternativos não foram utilizados ou, se o foram, não se mostraram suficientes, só resta aos litigantes recorrerem ao processo judicial, a fim de darem um ponto final ao imbróglio antes de se voltarem para as vias de fato.

No processo comum, a verbalização das pretensões em juízo vinha cercada de cuidados formais, mas estas exigências foram bastante abrandadas com o novo Código de Processo Civil e as suas generosas brechas para que o erro, o lapso ou a má redação pudessem ser corrigidos nos mesmos autos[2]. Entretanto, na esfera processual trabalhista, parece que as coisas caminharam no sentido contrário.

De fato, a combinação de alguns fragmentos do novo CPC com a Lei nº 13.467/17 transformaram o processo do trabalho de maneira paradigmática. Parafraseando Thomas Kuhn, na medida em que as anomalias criadas pelas clássicas teorias vão se acumulando e diante de sua incapacidade de lidar com fenômenos ocorridos nas suas entranhas, aduba-se o terreno para o surgimento das mais variadas crises e de

---

1. Cf., por todos, SCHIAVI, Mauro. **Manual de direito processual do trabalho.** 7ª ed. São Paulo: Ltr, 2014, p. 503-505.
2. Por exemplo, o art. 321 do CPC que impõe ao juiz de direito o dever de conceder prazo para emendar a inicial e, não satisfeito, o dever de indicar com precisão o que deve ser corrigido ou complementado (criando a carinhosa figura da "babá processual"). Mais à frente retornarei a este ponto.

novas ideias para resolvê-las³. Estas revoluções científicas não acontecem vagarosamente, a passo de tartaruga. Elas vêm num rompante, influenciadas pelos contextos sociais, históricos e psicológicos do observador e levam de uma só vez toda a velha estrutura teórica carcomida, a qual apenas aparentemente se mantinha de pé. E foi precisamente isto o que se deu com o direito processual do trabalho.

Novos conceitos, novos procedimentos e novas crenças permeiam um renovado processo do trabalho. As resistências a esta ruptura são previsíveis, e é bom que assim o sejam, pois nem sempre a novidade é para melhor. É importante questioná-la, criticá-la e, principalmente, testá-la na prática e monitorar as suas consequências. Sem isso, torna-se impossível o falseamento de suas hipóteses ou a contraposição racional de suas novas premissas, restando ao amante da velha teoria o choro e o ranger de dentes típicos da emoção à flor da pele, instintiva, mas desprovida de uma mínima dose de razão⁴.

Portanto, será neste contexto de virada de página estrutural, conceitual e sentimental do processo do trabalho que falarei um pouco sobre a petição inicial. Como ela era antes e como ela deve ser interpretada depois do advento das mudanças implantadas pelo novo CPC, devidamente turbinadas pela Reforma Trabalhista.

E nada é mais apropriado do que analisar este refrescado marco teórico pelo seu ato de início, pela forma de ingresso de sua primeira manifestação discursiva, pela autópsia de sua exordial.

2. ERA UMA VEZ: O *STORYTELLING* NO PROCESSO DO TRABALHO

1. "Advogados são contadores de histórias"⁵. Esta é uma das realidades da vida processual que raros teóricos já se dispuseram a abordar⁶. Os advogados trazem versões sobre os fatos, reordenam os eventos, reconstroem o passado, remodelam as histórias dos seus clientes com o intuito – legítimo, diga-se de passagem – de alcançar os seus propósitos. Ou seja, afirmar que a comunicação linguística e a narrativa integram a essência desta atividade profissional não é demérito algum, muito ao contrário. Neste sentido, bem nos advertiu Benjamin Cardozo, há quase cem anos: os juristas deveriam deixar de lado as suas atitudes jocosas ou a sua cínica indiferença sobre a influência da literatura no direito⁷.

---

3. A estrutura das revoluções científicas. Trad. Beatriz Vianna Boeira e Nelson Boeira. 5ª ed. São Paulo: Ed. Perspectiva, 1998.
4. POPPER, Karl. Os dois problemas fundamentais da teoria do conhecimento. Trad. Antonio Ianni Segatto. 1ª ed. São Paulo: Ed. Unesp, 2013.
5. "Lawyers are storytellers" (tradução livre). Cf. MEYER. Philip N. Storytelling for lawyers. New York: Oxford University Press, 2014, p. 3. Nota do autor: como se trata de um ebook, a numeração das páginas não corresponde exatamente ao similar em papel.
6. Como exemplo, menciono TARUFFO, Michele. Uma simples verdade. O juiz e a construção dos fatos. Trad. Vitor de Paula Ramos. São Paulo: Marcial Pons, 2012.
7. "Law and Literature". In: CARDOSO, Benjamin Nathan. Selected writings of Benjamin Nathan Cardozo: the choice of tycho brahe. New York: Fallon Law Book Company, 1947, p. 339. Cf., também, SILVA, Joana Aguiar e. A prática judiciária entre o direito e a literatura. Coimbra: Livraria Almedina, 2001.

Com um pouco de boa vontade, pode-se dizer que as habilidades exigidas de um bom advogado muito se assemelham às dos bons jornalistas ou dos bons escritores. Todos devem dominar com maestria a "poderosa e bem-definida arquitetura narrativa de suas histórias"[8]. Forma e conteúdo são inseparáveis, pois "a verdade de uma história está na maneira como ela é contada"[9]. A rigor, ninguém pode dizer com certeza onde a substância termina e a forma se inicia[10]. A esta unidade indissolúvel, chamamos de competência linguística[11].

2. O detalhe que torna a tarefa do advogado um caso à parte está na sua necessária vinculação aos preceitos éticos e de busca da cooperação, além de sua imaginação não estar livre, leve e solta, devendo-se ater às informações relevantes, limitar-se às evidências produzidas e valer-se de critérios normativos válidos e eficazes. Isso tudo sem se esquecer, obviamente, do uso da linguagem técnica, por vezes imprescindível.

De toda sorte, o mais importante para este artigo é frisar a existência de métodos para que a história processual seja narrada a contento[12]. Duas sugestões de leitura sobre este tema são o livro dos Professores Fábio P. Shcaira e Noel Struchiner e o do Professor Victor Gabriel Rodríguez (este último já referido acima)[13]. Ambos explicam o que significa argumentar, discorrem sobre modelos de justificação e ilustram suas ideias com interessantes exemplos do cotidiano forense. Feita a indicação e diante de restrições de tempo, espaço e propósito, peço licença a você, caro(a) leitor(a), para não me estender por demais e insistir no conselho de que se aprofunde neste assunto, fundamental para ajudá-lo(a) a arrumar a sua petição inicial e aprimorar sua prática laboral como um todo.

Dito isso, balizo-me em apenas duas singelas orientações para um bom discurso, pois imediatamente aproveitáveis neste texto. Em primeiro lugar, a construção da história a partir dos "Five Ws": "Where? Who? What? When? Why?"[14]. Detalhar onde, quem, o que, quando e por que o fato aconteceu é o mínimo que se espera de um escritor preocupado em convencer o seu auditório. E, em segundo lugar, mas não menos importante, os "Cinco Termos-Chave da Dramaturgia"[15]: (1) a cena, (2) o elenco e o personagem, (3) a sinopse (síntese dos fatos), (4) o período de tempo e (5) o sofrimento humano envolvido.

---

8. MEYER. Philip N., op. cit., p. 3.
9. Idem, p. 5.
10. CARDOZO, Benjamin Nathan, op. cit., p. 340.
11. RODRÍGUEZ, Victor Gabriel. Argumentação jurídica: técnicas de persuasão e lógica informal. 6ª ed. São Paulo: Editora WMF Martins Fontes, 2015, p. 221.
12. Benjamin Cardozo sugere a classificação dos métodos em (1) magistral ou imperativo, (2) lacônico ou sentencioso, (3) conversacional ou caseiro, (4) refinado ou artificial, (5) demonstrativo ou persuasivo e (6) aglutinante. Cf., op. cit., p. 342.
13. Respectivamente: Teoria da argumentação jurídica. Rio de Janeiro: Ed. PUC-Rio: Contraponto, 2016 e Argumentação jurídica: técnicas de persuasão e lógica informal. 6ª ed. São Paulo: Editora WMF Martins Fontes, 2015.
14. MEYER. Philip N., op. cit., p. 4.
15. "Five Key Terms of Dramatism (...) 1. Scene 2. Cast and Character 3. Plot 4. Time Frame 5. Human Plight" (tradução livre). Idem, p. 5.

Para contar uma história crível, é indispensável que o advogado contextualize o fato, descreva as pessoas nele envolvidas, seja objetivo na sua exposição, localize o evento no tempo e no espaço e tente indicar o impacto dos acontecimentos na vida do seu cliente. Sem estas circunstâncias elementares, dificilmente a comunicação será fluente e, pior do que isso, dificilmente irá angariar credibilidade.

3. Não somente no Brasil, mas também nos EUA e, provavelmente, em muitos outros países, o desenvolvimento destas habilidades narrativas é bastante rarefeito nas faculdades de direito[16]. Quando muito, aprendemos a redigir peças processuais, com um roteiro (ou um esqueleto) pré-estabelecido em manuais de prática forense, conferindo-se pouca ou quase nenhuma relevância à maneira como os fatos devem ser descritos. Quais devem ser os componentes de sua sinopse? Quais são os gêneros de prosa mais utilizados ou os mais importantes para o seu caso? Como os personagens devem ser descritos e trabalhados na sua história? Como manipular estrategicamente o contexto e o período de tempo em que o evento se estabeleceu?

Estas são dúvidas relacionados ao estilo de redação. Qual é o correto? Qual é o melhor? Qual deve ser o seu?

Sobre estas questões, apesar de o ato de criação do discurso ser personalíssimo e de, por isso, inexistir uma única resposta correta, uma coisa é certa: a "virtude soberana" de todo aquele que se aventura a escrever [sobre] direito deve ser a clareza[17]! Um texto bem redigido possui os atributos da linguagem "precisa, direta, culta e clara"[18]; é aquele cuja seleção constante e coerente de termos claros e precisos consiga "enunciar a ideia que se quer transmitir ao interlocutor"[19]. E como o fazer-se entender é o objetivo número um de qualquer jurisconsulto, a este pequeno ensaio não deve faltar a advertência colocada no topo da lista dos "Don'ts" de Cardozo: não se alongue demais[20]!

Talvez a crença equivocada de que estas habilidades comunicativas sejam intuitivas ou que não possam ser ensinadas estejam na origem desta deficiência da nossa formação profissional[21]. Especulando sobre a conjuntura brasileira, talvez a nossa tradição bacharelesca de nos expressarmos de modo empolado – usando e abusando de jargões empoeirados (o famigerado "juridiquês") – somado ao nosso hábito de copiar e colar ementas de julgamentos, fragmentos de doutrina e até mesmo o conteúdo de peças anteriores tenha nos levado ao atual estado de coisas: petições iniciais que ou não dizem nada, ou que falam em demasia.

---

16. Idem, p. 4.
17. CARDOZO, Benjamin Nathan, op. cit., p. 341.
18. RODRÍGUEZ, Victor Gabriel, op. cit., p. 232.
19. Idem, p. 233.
20. CARDOZO, Benjamin Nathan, op. cit., p. 355.
21. MEYER. Philip N., op. cit., ibidem.

3. O PROCESSO-SURPRESA: SEM HISTÓRIA E COM PEDIDOS INVISÍVEIS

1. Nos EUA, costumam-se ensinar acrônimos aos estudantes para que eles memorizem algumas das possibilidades mais prosaicas de organização de suas exposições jurídicas. CREAC (Conclusion, Rule, Explanation of Rule, Analysis/Application, Conclusion), IRAC (Issue, Rule, Analysis/Application, Conclusion), MIRAT (Material Facts, Issues, Rules, Application, Tentative Conclusion), TREACC (Topic, Rule, Explanation, Analysis, Counterarguments, Conclusion), IPAAC (Issue, Principle, Authority, Application, Conclusion), TREAT (Thesis, Rule, [Rule] Explanation, Thesis) e ILAC (Issue, Law, Application, Conclusion) são alguns dos exemplos mais utilizados[22].

Já no Brasil, não usamos deste artifício. Valemo-nos de manuais de redação jurídica ou de prática forense, como mencionei há pouco. Mas, de um jeito ou de outro, não há formulário obrigatório ou receita de bolo para a confecção da petição inicial. Há, no máximo, indicativos estruturais do que não deve faltar no seu cozimento. E aqui relembramos o velho art. 840, § 1º da CLT. Prescrevia ele, lá na consolidação: "Sendo escrita, a reclamação deverá conter a designação do presidente da Junta, ou do juiz de direito, a quem for dirigida, a qualificação do reclamante e do reclamado, uma breve exposição dos fatos de que resulte o dissídio, o pedido, a data e a assinatura do reclamante ou de seu representante".

2. Pois bem. Passearei rapidamente por alguns dos requisitos legais positivados até chegar nos dois mais importantes: a causa de pedir ("breve exposição dos fatos") e o pedido.

O endereçamento da petição inicial deve ser feito para o juiz competente (material, funcional e territorialmente) e imparcial. Onde devo demandar? A que órgão judicial devo me dirigir para falar sobre o problema que tenho em mãos? Mas para responder a estas perguntas, devo, antes, solucionar algumas outras questões: Qual a espécie de relação jurídica? Qual foi o local da prestação do trabalho ou o tipo de trabalho executado? Qual a natureza da pretensão que se busca? Em face de quem será a contenda? Quem é a pessoa responsável pelo julgamento? Eis algumas arestas que devem ser aparadas pelo advogado, antes de distribuir sua petição inicial.

Quanto à qualificação das partes, ela deve atender a formalidades tais como a indicação do nome completo (se pessoa física) ou da razão social (se pessoa jurídica), da personalidade jurídica de direito público ou privado (se pessoa jurídica), do endereço completo, residencial (se pessoa física), do trabalho (se militar), da sede da empresa (se pessoa jurídica) ou do administrador judicial (se massa falida), da nacionalidade (se pessoa física), do estado civil (se pessoa física), do número do CPF (se pessoa física) ou do CNPJ (se pessoa jurídica) e por aí vai.

---

22. Cf. https://en.wikipedia.org/wiki/IRAC. Acesso em 31.05.2018.

Logo, o advogado deve fazer, ele próprio, essa primeira filtragem técnica, segundo os critérios estipulados em lei e em resoluções administrativas[23]. Até porque, sem a qualificação adequada das partes, torna-se impossível finalizar o protocolo da petição inicial no sistema processo judicial eletrônico (PJe-JT).

3. Feito isso, chega-se ao "coração" da petição inicial: a causa de pedir. É aqui onde mora a história a ser contada.

Entretanto, apesar de a diretriz simplificadora do processo do trabalho merecer elogios e ser digna de aplausos, a elocução "breve exposição dos fatos", quando a ela associada, gerou uma anomalia ao mesmo tempo técnica e jurídica.

De um lado, sob a perspectiva da técnica redacional, abriram-se as comportas da Justiça do Trabalho para uma enxurrada de ações estilo "embalagem para qualquer produto". Ao serem lidas, encontrávamos falácias a granel, sendo a mais comum a da generalização esvaziada de conteúdo[24]. Por exemplo: Fulano de Tal foi coagido a pedir demissão e, por consequência, pleiteia a declaração de nulidade da rescisão. Ora: Quem coagiu? Quando coagiu? Como coagiu? Onde coagiu? Por que coagiu? Definitivamente, não foi contada uma história. Muitos se escudavam em ideias genéricas. O recurso ao lugar-comum era frequente, tal como o de que o empregado, por ser sempre o mais vulnerável, jamais seria capaz de decidir romper o contrato por sua livre e espontânea vontade. A petição inicial vinha desprovida de uma mínima circunstanciação, de uma narrativa minimamente atenta aos "Five W's", aos "Cincos Termos-Chave da Dramaturgia". Não se preocupavam com a clareza [e a credibilidade] da escrita.

De outra parte, ainda na linha da composição do texto, a mesma leitura romântica da causa de pedir trabalhista deu ensejo ao efeito diametralmente oposto ao anterior: petições volumosas, com dezenas de páginas de redação. Todavia, após a leitura atenta destes calhamaços, via de regra encontrávamos escassa pormenorização da realidade vivenciada pelo autor. O que havia aos montes eram citações de doutrina, jurisprudência e... mais citações de doutrina e jurisprudência. Não que o argumento teórico abalizado e/ou a descoberta do precedente perfeito não fossem relevantes. O ponto é que a história não era contada, apesar da prolixa, alongada e por vezes incoerente narrativa.

4. Sob a ótica jurídica, havia uma grave confusão sobre a modelagem da causa de pedir no processo do trabalho. Isso porque, no processo civil, pacificou-se a ideia de que o Código de Processo Civil de 1973 e também o atual, de 2015, assimilaram a teoria da substanciação[25]. Segundo esta corrente, a demanda é definida pelos fatos alegados na petição inicial. Para cada fato, uma demanda; logo, alterando-se o fato,

---
23. Cf. Arts. 75 e 319, II do CPC, Lei nº 11.419/06 e Resolução nº 94/2012 do CSJT.
24. Sobre a presença de falácias na argumentação, cf. RODRÍGUEZ, Victor Gabriel, op. cit., p. 241-245.
25. Neste sentido, por todos, DIDIER JR., Fredie. **Curso de direito processual civil: introdução ao direito processual civil, parte geral e processo de conhecimento.** 17ª ed. Salvador: Editora Juspodivm, 2015, p. 552.

a demanda passava a ser outra. Esta sutileza hermenêutica suscitava efeitos jurídicos de alta densidade processual, como, por exemplo, a impossibilidade de se arguir a coisa julgada em uma ação posterior. Para facilitar a compreensão, transcreverei o exemplo do Professor Ovídio Baptista[26]:

> "Imaginemos uma controvérsia existente entre um locador e um locatário a respeito do contrato de locação que os vincula. (...) Suponhamos que o locatário haja infringido uma cláusula contratual que o obrigava a proceder, nos 3 (três) primeiros meses de vigência do contrato, à construção de um muro divisório e à remodelação do sistema de instação elétrica no prédio, sendo que tanto o muro quanto a reforma do sistema elétrico tornavam-se urgentes para a conservação do imóvel (...). Imaginemos (...) que o locador peça que o Juiz decrete a rescisão do contrato e o subsequente despejo do inquilino apenas baseado no fato de não haver ele construído o muro divisório [e] (...) A outra infração constante da mesma cláusula contratual não fora expressamente alegada pelo locador e, naturalmente, sobre ela nenhuma controvérsia se verificou no processo".

Diante deste caso, a pergunta que não quer calar é a seguinte: malsucedido na primeira ação, poderá o locador ajuizar uma segunda, apenas alterando o fato constante da nova causa de pedir? Antes, a ausência do muro; agora, a ausência de remodelação do sistema elétrico.

De acordo com a teoria da substanciação a resposta é sim. Como a demanda se define pelos fatos nela descritos, não haverá identidade com a outra cuja causa de pedir traz fatos distintos. Mas o que tem isso a ver com o processo do trabalho?

Como nele admite-se a capacidade postulatória da parte (*jus postulandi*), pensou-se em um formato de petição no qual a causa de pedir não seria exauriente. Ou seja, ao reclamante bastaria narrar, por alto, a sua relação jurídica com a parte contrária. Estaria autorizado a trazer uma história mal contada, pois eventuais lacunas seriam sanadas em juízo. "Breve exposição dos fatos", portanto, significaria uma rápida pincelada da realidade, sem a preocupação de pormenorizar os tons e sobretons inerentes às complexidades das relações humanas. Abraçava-se, com gosto e ainda que inconscientemente, a teoria da individuação. Para que não se diga que estou exagerando, leia, por favor, a ementa abaixo:

> *AGRAVO DE INSTRUMENTO DOS RECLAMANTES. 1. PETIÇÃO INICIAL. PAGAMENTO EM DOBRO DOS SÁBADOS, DOMINGOS E FERIADOS TRABALHADOS. BREVE EXPOSIÇÃO DOS FATOS. PEDIDO. INÉPCIA. INOCORRÊNCIA. ARTIGO 840, § 1º, DA CLT. Ante uma possível afronta ao artigo 840, § 1º, da CLT, o destrancamento do recurso de revista é medida que se impõe. Agravo de instrumento a que se dá provimento. RECURSO DE REVISTA. 1. PETIÇÃO INICIAL. PAGAMENTO EM DOBRO DOS SÁBADOS, DOMINGOS E FERIADOS TRABALHADOS. BREVE EXPOSIÇÃO DOS FATOS. PEDIDO. INÉPCIA. INOCORRÊNCIA. ARTIGO 840, § 1º, DA CLT. Não cabe falar em inépcia da inicial na hipótese em que os pressupostos exigidos pelo artigo 840 da CLT, estão devidamente atendidos, sendo desnecessário observar as regras do CPC, que são mais específicas e formais e fogem ao princípio da informalidade aplicado na Justiça do Trabalho. Assim, havendo coerência entre os fatos expostos e o pedido formulado, de forma a possibilitar a*

---

26. SILVA, Ovídio A. Baptista e GOMES, Fábio. **Teoria Geral do Processo Civil**. 3ª ed. São Paulo: Ed. Revista dos Tribunais, 2002, p. 240-241.

ampla defesa da parte contrária, não há falar em inépcia de pedido formulado na petição inicial. No caso em exame, o autor logrou expor, ainda que de forma breve, os fatos que justificariam o seu pedido de pagamento em dobro dos sábados, domingos e feriados laborados, não podendo a ausência de fundamento jurídico obstar a análise do pleito por esta Justiça Especializada. Recurso de revista conhecido e provido. RECURSO DE REVISTA DA RECLAMADA. 1. PROVIMENTO DO RECURSO DE REVISTA DOS RECLAMANTES. RETORNO DOS AUTOS À VARA DE ORIGEM. NOVO JULGAMENTO. PEDIDO DE HORAS EXTRAORDINÁRIAS PELO LABOR AOS SÁBADOS, DOMINGOS E FERIADOS. SOBRESTAMENTO DO PRESENTE APELO. No julgamento do AIRR-117740-94-2007-5-17-0014, interposto pelos reclamantes, foi destrancado o recurso de revista e, em seguida, dado provimento ao apelo para, afastada a inépcia da inicial quanto ao pedido de horas extraordinárias pelo labor aos sábados, domingos e feriados, determinar o retorno dos autos à Vara de origem para apreciação do tema. A fim de se evitar o fracionamento dos autos e tendo em vista que as matérias objeto do presente apelo não serão afetadas pelo novo julgamento proferido pelas instâncias ordinárias, determino sobrestamento do exame do recurso de revista interposto pela reclamada. Recurso de revista sobrestado. (TST – RR: 1177001520075170014 117700-15.2007.5.17.0014, Relator: Guilherme Augusto Caputo Bastos, Data de Julgamento: 01/06/2011, 2ª Turma, Data de Publicação: DEJT 10/06/2011)

Pronto. Com base em uma regra que se tornou exceção na vida forense trabalhista – visto que, especialmente em tempos de PJe, são raríssimos os casos em que a parte atua em causa própria – transmutaram a nossa causa de pedir. Na prática, o peticionante não deveria mais se amofinar com a descrição precisa do fato lesivo à sua esfera jurídica ou com a justificativa jurídica de sua pretensão (causa próxima) e nem, tampouco, com o relato detalhado do seu passado com o demandado (causa remota). A formalização clara, fluida e minuciosa do pleito era apenas para inglês ver.

Ocorre que, paradoxalmente, as coisas julgadas continuaram a abarcar estritamente os fatos mencionados nas iniciais[27]. Evitou-se, com isso, o efeito mais draconiano desta linha de pensamento: a "coisa julgada faz-se sobre toda a lide, quer as partes a tenham efetivamente controvertido, quer não"[28].

Reparou na embrulhada? Na ponta de partida: teoria da individuação; na de chegada: teoria da substanciação. Permite-se a petição enigmática e os imprevisíveis complementos narrativos ao longo da instrução, mas, simultaneamente, restringem-se seus efeitos aos fatos escritos no papel. Se esta é uma bipolaridade processual difícil de entender, quanto mais de explicar.

5. E no tocante ao pedido? Deveria ele também ser certo e determinado, à moda do CPC?

Mais ou menos.

Veja este caso concreto e retire as suas próprias conclusões:

INÉPCIA DO PEDIDO DE ADICIONAL POR TEMPO DE SERVIÇO EM RELAÇÃO ÀS DIFERENÇAS SALARIAIS DEFERIDAS EM DECORRÊNCIA DO RECONHECIMENTO DE SEU DIREITO À

---

27. Cf. TST – AIRR: 633005320085170002, Relator: Alexandre de Souza Agra Belmonte, Data de Publicação: DEJT 09/11/2015.
28. SILVA, Ovídio A. Baptista e GOMES, Fábio, op. cit., p. 241.

EQUIPARAÇÃO SALARIAL E AO ACÚMULO DE FUNÇÃO. AUSÊNCIA DE PEDIDO NO ROL FINAL DA PETIÇÃO INICIAL. O Processo do Trabalho é regido por vários princípios, dentre eles o da informalidade e o da simplicidade, tanto que nas demandas trabalhistas a reclamação pode ser ajuizada pelo próprio empregado, de forma escrita ou verbal, conforme o disposto no artigo 840, § 1º, da CLT. Extrai-se da petição inicial que a autora formulou pedido de "diferenças de adicional por tempo de serviço (5%)em face das parcelas postuladas nos itens 6.1 e 6.2, considerando seu caráter salarial", conforme item 7 da referida peça de ingresso (pág. 22). Da mesma forma, infere-se da inicial que o item 6.1 refere-se a diferenças salariais decorrentes de equiparação salarial e o item 6.2 de diferenças salariais decorrentes do acúmulo de funções. Ressalta-se, ainda, que a reclamada contestou o pedido sustentando sua acessoriedade em relação ao principal, pois decorrente de diferenças salariais improcedentes, o que afasta, por consequência, a hipótese de inépcia. Ademais, a ausência de pedido no rol final da petição inicial, quando consta expressamente tal pedido no corpo da exordial, juntamente com a causa de pedir, não compromete a causa para fins de julgamento, principalmente em se tratando de parcela acessória, cuja análise e deferimento dependem da procedência do pedido principal, in casu, as diferenças salariais decorrentes de equiparação salarial e acúmulo de função. Em tais circunstâncias, e diante dos princípios norteadores das demandas trabalhistas, merece reforma a decisão regional que entendeu existente a alegada inépcia. Precedentes. Recurso de revista conhecido por divergência jurisprudencial e provido (TST-ARR-933-26.2011.5.09.0029, Relator: Alexandre Agra Belmonte, Data do Julgamento: 18.04.2018, 3ª Turma, Data da Publicação: DEJT 20.04.2018).

Este é apenas um exemplo, um pouco mais sofisticado, de outra velha prática conhecida das salas de audiência: não se pedir a declaração de vínculo de emprego, mas tão somente a condenação na obrigação de fazer (registro da CTPS) e dar-se o não dito pelo dito. Este, sim, é um pedido implícito tão comum de ser visto no cotidiano forense, que peço licença a você, caro(a) leitor(a), para não buscar decisões judiciais com o intuito de confirmá-lo.

Indo adiante, classicamente dividem-se os pedidos em objeto imediato (a providência jurisdicional ou a produção do ato de julgamento declaratório, constitutivo e/ou condenatório) e objeto mediato (o bem da vida pretendido, a prestação de dar, fazer ou não fazer a ser imposta). O primeiro é nada mais do que o meio para se alcançar o segundo[29].

Além disso, o art. 322 do CPC determina que o pedido deve ser certo. De acordo com os Professores mais conhecidos, este enunciado normativo traduz-se em pedido expressamente escrito na petição inicial[30]. É o objeto mediato, a obrigação de dar, fazer ou não fazer explicitamente formalizada nos autos. Já o art. 323 do CPC prescreve que o pedido deve ser determinado. Traduzindo: deve ser delimitado qualitativa e/ou quantitativamente[31]. Uma regra, da certeza, obrigando a exposição da [natureza da] pretensão; outra, da delimitação, ordenando a sua mensuração (monetária e/ou numérica).

---

29. GRECO, Leonardo. **Instituições de processo civil: introdução ao direito processual civil.** Vol. 1. 4ª ed. Rio de Janeiro: Forense, 2013, p. 167-171.
30. Por todos, mais uma vez, DIDIER JR., Fredie, op. cit., p. 566-567.
31. Idem, ibidem. Frise-se que, para este festejado autor baiano, o pedido deve ser certo, determinando, claro e coerente.

Por que não é assim no processo do trabalho? Perceba que não lancei mão do verbo "ser" ao acaso. Pergunto por que o processo do trabalho "não é" assim, pois acabamos de constatar como a jurisprudência tem tratado a formulação de pedidos na petição inicial: podem ser implícitos, mesmo que a hipótese não seja uma das exceções positivadas no parágrafo 1º do art. 322 do CPC[32].

Mas os contornos desta realidade não param por aqui. Também com eles se desenha a desnecessidade de uma mínima determinação do pedido.

Voltando um pouco no tempo, em 13 de março de 2000 entrou em vigor a Lei nº 9.957, incorporando o art. 852-B à CLT. No seu inciso I, prescreveu-se que "o pedido deverá ser certo ou determinado e indicará o valor correspondente". Dois detalhes: (1) o enunciado traz a conjunção alternativa "ou"; (2) pela primeira vez o direito processual do trabalho esmiuçou as características do pedido, uma vez que o vetusto art. 840 da CLT se limitava a dizer que a reclamação trabalhista escrita deveria conter pedido, e nada mais.

Diante deste quadro normativo o que se "deveria" esperar (agora sim, uma elocução deôntica)? Qual "deveria ser" a realidade encontrada?

Ao menos para os processos submetidos ao rito sumaríssimo, deveria existir a determinação quantitativa da pretensão. Pura e simples conta aritmética: a soma dos valores correspondentes a cada um dos pedidos geraria o resultado final igual ao valor daquela causa. Mais rudimentar, impossível. Finalmente iniciava-se um movimento para se levar a sério a delimitação econômica da demanda trabalhista. Porque – cá entre nós – o que se fazia no rito ordinário era mais do mesmo formalismo para inglês ver. O valor da causa (esquecido pela CLT, mas relembrado pelo art. 2º da Lei nº 5.584/70) jamais representou a estimativa econômica do somatório das pretensões, tal qual preceituam os art. 291 a 293 do CPC[33]. Bastava comparar as propostas de acordo efetuadas em audiência com os valores da causa declinados na parte final das petições. Invariavelmente, o que se propunha em juízo ultrapassava, e muito, o que se estimava no papel.

E depois da Lei nº 9.957/00 ficou ainda pior. Para driblar esta e outras peculiaridades do rito sumaríssimo, muitos advogados começaram a incluir o pedido de indenização por dano moral em todas as petições iniciais. Causa de pedir? Genérica, como sempre. A bem de ver, construíram uma engenhosa vinculação entre o inadimplemento das verbas rescisórias e a automática presunção de lesão à esfera existencial do empregado. O fato de a CLT já haver tarifado a mora patronal no seu art. 477, § 8º não era levado em consideração. Criaram outra sanção para o atraso, cuja base fática estava unicamente no próprio atraso. Por certo que esta situação poderia, sim, dar ensejo à discussão sobre compressões desproporcionais de direi-

---

32. "Compreendem-se no principal os juros legais, a correção monetária e as verbas de sucumbência, inclusive os honorários advocatícios".
33. DIDIER JR., Fredie, op. cit., p. 555.

tos fundamentais do empregado (por exemplo, deixou de pagar o aluguel, atrasou a mensalidade da escola do filho ou interrompeu o tratamento de saúde da mãe). Para tanto, seria imprescindível fazer o quê? Contar essa história! E, é claro, depois comprová-la. Mas não. Escolheram o caminho da teoria da individuação, aplainado pelo próprio Judiciário trabalhista[34].

Foram bem-sucedidos em alguns tribunais e não o foram em outros[35].

O que importa ressaltar, no entanto, é que a petição inicial confeccionada no velho modelo poderia gerar um processo surpreendente: sem história e com pedidos invisíveis.

4. TEORIZANDO SOBRE UNIVERSOS PROCESSUAIS PARALELOS

1. Este cenário, deveras infeliz, não precisava ser assim. Para entrevermos o que seria uma versão alternativa da realidade, faço questão de retomar as lições de um dos maiores juristas brasileiros, Wilson de Souza Campos Batalha, cuja obra foi dedicada em grande parte ao estudo do direito processual do trabalho[36].

Juiz do Tribunal Regional do Trabalho da 2ª Região (SP) por mais de trinta e cinco anos, Campos Batalha possuía o talento necessário para harmonizar suas ideias e sua vasta experiência com grande afinação. E – é importante registrar – o conteúdo de suas obras percorria tanto a filosofia do direito, a teoria do direito, o direito civil e o direito do trabalho, como também o direito internacional privado e o direito comercial e societário. Escreveu até mesmo sobre automação[37]. Portanto, não é excessivo afirmar que o direito processual do trabalho brasileiro foi premiado com a sua dedicação intelectual.

E o que dizia este autor sobre a petição inicial?

---

34. Sobre a banalização do dano moral no direito brasileiro, cf. PASSOS, J. J. Calmon de. "O imoral nas indenizações por dano moral". In: PASSOS, J. J. Calmon de. **Ensaios e artigos**. Vol. I. Salvador: Ed. Juspodivum, 2014, p. 601-612.
35. Cf., por exemplo, a Tese Prevalecente nº 1 do TRT da 1ª Região: DANO MORAL. INADIMPLEMENTO CONTRATUAL OU ATRASO NO PAGAMENTO DAS VERBAS RESILITÓRIAS. DANO IN RE IPSA E NECESSIDADE DE PROVA DE VIOLAÇÃO AOS DIREITOS DA PERSONALIDADE DO TRABALHADOR. Ainda que o dano moral seja in re ipsa, não é toda a situação de ilegalidade que é capaz de, automaticamente, causar um abalo moral indenizável. A situação de ilegalidade que constitui suporte para a indenização moral é aquela que impõe ao homem médio um abalo moral significativo. O dano moral não decorre, por si só, de mero inadimplemento contratual ou da falta de pagamento das verbas resilitórias pelo empregador, a não ser que se alegue e comprove (CLT, art. 818 c/c do CPC/15, art. 373, inciso I) de forma inequívoca, o nexo de causalidade entre tal inadimplemento e a superveniência de transtornos de ordem pessoal dele advindos. Disponível em http://www.trt1.jus.br/c/document_library/get_file?uuid=e966e41a-1116-4e-96-b450-e560d283cf50&groupId=10157. Acesso em 04.06.2018.
36. Cf. **Tratado de direito judiciário do trabalho**. Vol. I e II. 3ª ed. São Paulo: LTr, 1995.
37. AUTOMAÇÃO: Segunda revolução industrial. São Paulo: Ed. do Serviço de Publicações do Centro e da Federação das Indústrias do Estado de São Paulo, 1961.

2. De plano, ele realçou a maior leveza de suas exigências formais pelo fato de a CLT permitir "a leigos postularem em juízo"[38]. Como vimos, este argumento atravessou os acórdãos do TST simpáticos à teoria da individuação: petição mais simples para o peticionante amador. Mas, não obstante isso, o Professor Campos Batalha foi na contramão daquelas decisões. Na sua opinião, mesmo o leigo não deveria estar isento de apresentar uma inicial "clara e explícita, enunciando a postulação com todas as suas características: os fatos, minuciosamente descritos, e o pedido"[39]. E o motivo era de enorme envergadura principiológica: o caráter contraditório do processo[40]. Sendo assim, caso o reclamante não fosse cuidadoso na apresentação dos fatos, veria indeferida a sua petição inicial por inépcia.

3. Aproveitando o ensejo, outra lição merecedora de nota é a distinção entre a inépcia e a "mera deficiência" da peça de ingresso. Apenas esta daria margem para a emenda, ao passo que, verificada a inépcia, "a inicial deverá ser sumariamente indeferida"[41].

Parênteses: a Súmula nº 263 do TST, mesmo com a sua nova redação promovida pela Resolução nº 208/16, parece adotar o mesmo entendimento do saudoso Professor. Veja o seu enunciado: "Salvo nas hipóteses do art. 330 do CPC de 2015 (art. 295 do CPC de 1973), o indeferimento da petição inicial, por encontrar-se desacompanhada de documento indispensável à propositura da ação ou não preencher outro requisito legal, somente é cabível se, após intimada para suprir a irregularidade em 15 (quinze) dias, mediante indicação precisa do que deve ser corrigido ou complementado, a parte não o fizer (art. 321 do CPC de 2015)".

Lido com atenção, as similaridades afloram espontaneamente: (1) ressalvou-se o dispositivo legal que cuida exatamente das hipóteses de inépcia, o que, *a contrario sensu*, permite-nos concluir que, para elas, não há obrigatoriedade de concessão de prazo para correção/complemento; (2) fala em "suprir a irregularidade", o que vai ao encontro da distinção entre inépcia e mera deficiência ensinada por Campos Batalha; (3) exemplifica quando há irregularidade (ou mera deficiência) da inicial com a ausência de documento indispensável (*e.g.*, com uma norma coletiva) e repete o texto positivado ao falar em "outro requisito legal" (*v.g.*, como o do atual art. 844, § 2º da CLT, ao exigir o pagamento das custas para a propositura de outra ação, quando a anterior for arquivada e não houver justificativa nos 15 dias úteis subsequentes[42]).

---

38. BATALHA, Wilson de Souza Campos, op. cit., p. 8.
39. Idem, ibidem.
40. Idem, ibidem.
41. Idem, p. 10
42. Este dispositivo está *sub judice* perante o Supremo Tribunal Federal por força da ADI nº 5.677, ajuizada pela Procuradoria Geral da República. Foi proferido voto pela improcedência do pedido (com alguns condicionamentos) pelo Ministro relator, Luis Roberto Barroso, e outro pela integral procedência do pedido, antecipado pelo Ministro Luiz Edson Fachin. Em seguida, houve suspensão do julgamento em razão da vista dos autos, postulada pelo Ministro Luiz Fux. Cf. www.stf.jus.br. Acesso em 04.06.2018.

Depreende-se, pois, que este modelo de petição inicial defendido pelo Professor Campos Batalha não era passível de emenda, *rectius*, não era passível de emenda após a citação[43]. Referindo-se aos arts. 264 e 294 do CPC de 1973, ele sublinhou este marco temporal e falou, por mais de uma vez, ser a petição inicial (e, por derivação, também o pedido) inalterável *post citationem*[44].

Fazendo menção ao autor italiano Gian Antonio Micheli, ele elencou as seguintes situações abrangidas pela proibição: (1) modificação dos fatos (novidade objetiva); e/ou (2) ampliação do pedido (nova demanda).

Em seguida, apresentou alterações excepcionalmente permitidas, porque sem prejuízo para o réu (diga-se para o exercício do contraditório): (1) mudança de nome jurídico ou das razões jurídicas, desde que não se desfigure a causa de pedir (até porque, mesmo no processo civil, o juiz não está limitado pela fundamentação jurídica do autor – *iura novit curia*); (2) redução dos pedidos; (3) mudança dos fatos e/ou ampliação dos pedidos com a concordância do réu; (4) revelia (desde que haja nova citação); (5) reconvenção (quando o autor/reconvindo poderá complementar a sua história na contestação); e (6) fato superveniente relevante[45].

4. Por fim, destaco ainda três lições do Juiz e Professor Wilson de Souza Campos Batalha.

Em primeiro lugar, lembrava ele que os pedidos implícitos admissíveis são apenas aqueles "taxativamente enunciados na lei" e que aqueles certificados nos autos devem ser "interpretados restritivamente"[46].

Em segundo lugar, foi destacado que a argumentação elaborada pelo autor "não comporta alegações contraditórias, devendo ser considerado como simplesmente jocoso o exemplo clássico, lembrado por *Couture* (p. 133): "Primeiro, não deste dinheiro algum; segundo, já o devolvi faz um ano; terceiro, disseste que era um presente; e, finalmente, já prescreveu..."[47]. Fazendo um paralelo, estas são ideias muito próximas as de outro jurista de mão cheia: Neil MacCormick. Em seu livro "Retórica e Estado de Direito", este Professor escocês salientou a importância da coerência narrativa durante o discurso jurídico (à necessária observância do fluxo de eventos no tempo). E, no caminho oposto, lecionou como as incoerências narrativas retiram qualquer laivo de credibilidade da história contada em juízo[48].

A bem de ver, a contradição discursiva equivale a um suicídio processual, pois o próprio postulante entra em rota de colisão consigo mesmo, mediante um ziguezague argumentativo que, além de cansativo e insustentável, torna sua história completamente sem pé nem cabeça. Se os ares de verdade das alegações genéricas

---

43. BATALHA, Wilson de Souza Campos, op. cit., p. 10.
44. Idem, ibidem.
45. Idem, p. 11-12.
46. Idem, p. 13.
47. Idem, p. 39.
48. **Retórica e estado de direito**. Trad. Conrado Hübner Mendes. Rio de Janeiro: Elsevier, 2008, p. 298-306.

já eram rarefeitos e deixavam a comunicação truncada, as alegações contraditórias sufocam qualquer tentativa de se dar início a uma interlocução séria e merecedora de respeito e consideração pelos sujeitos do processo.

Em terceiro lugar, e com um caráter bastante elucidativo, o Professor Campos Batalha ressaltou algo que fica um tanto quanto encoberto, mas que, depois de descortinado, salta aos olhos: "Na inicial – e o mesmo deve ser dito em relação à defesa – cumpre à parte mencionar todos os argumentos de que disponha, ainda que considere determinado argumento como decisivo. Assim deve ser a força do *princípio da eventualidade (Eventualprinzip ou Eventualmaxime)*, salvo se se tratar de argumentos colidentes ou contraditórios (...) As partes estão compelidas a se utilizarem, no momento próprio, sob risco de preclusão, de todos os meios de ataque e de defesa *as omnem eventum*"[49].

Em síntese: se vivêssemos neste universo processual alternativo, a teoria da individuação jamais seria aceita para a petição inicial trabalhista, pois verificou-se o enorme potencial de aumento da entropia do sistema jurídico, causado pela ausência de história e pela invisibilidade dos pedidos.

5. CONSEQUÊNCIAS DE UMA HISTÓRIA INFELIZ: AS MUDANÇAS DA REALIDADE A FÓRCEPS LEGISLATIVO

1. O "se" do último parágrafo era, até bem pouco tempo atrás, o sonho de uma noite de verão. Uma aspiração ingênua de quem desejava uma petição inicial apta a constituir um processo mais ordenado, previsível, transparente, sinceramente dialógico, enfim, mais legítimo.

Noções elementares não eram encontradas nas petições iniciais esvaziadas de vida real e repleta de platitudes. Para além de dificultarem a compreensão e a solução dos problemas, elas estimulavam o aparecimento de falsos problemas. Isso porque, a par das naturais omissões de histórias inexistentes, havia o estímulo à omissão maliciosa de histórias que, se contadas, atrapalhariam os planos do postulante movido pela má-fé. Não foram poucas as vezes em que me deparei com petições contendo pedido de pagamento de horas extraordinárias, tendo o autor omitido, na causa de pedir, o fato de que, dos últimos cinco anos do contrato, não trabalhou durante quatro, porque afastado e recebendo auxílio-doença previdenciário. Ou com petições postulando reconhecimento de vínculo empregatício, mas omitindo o fato de o reclamante ter recebido seguro-desemprego durante este período.

2. Aquele modelo também proporcionava um "fato-surpresa" a cada esquina processual. Apesar de surpresa e processo serem como água e óleo no direito brasileiro (arts. 9º e 10 do CPC), a prova, dia sim, outro também, servia para a inovação, para suprir lacunas narrativas, e não para confirmar as narrativas previamente

---

49. BATALHA, Wilson de Souza Campos, op. cit., p. 38.

descritas. Dizia-se: Sicrano laborou na mesma função que Fulano, logo requeiro o pagamento de diferenças salariais. Quais as tarefas de Sicrano? Quais as tarefas de Fulano? Quanto Fulano recebia? Fatos triviais que deveriam ser declinados na causa de pedir para a realização de uma comparação minimamente aceitável entre ambos, como também para a confrontação desta versão da realidade com as provas a serem produzidas mais adiante.

Entretanto, nada feito. O velho processo do trabalho satisfazia-se com estes vazios narrativos, deixando não mais que as partes, mas que as testemunhas ditassem ao seu bel-prazer os rumos da história. Na prática, descriminalizou-se o falso testemunho tipificado no art. 342 do CP. Não havendo outro meio de prova disponível, pergunto: como saber se ela contou a história verdadeira? Como saber se ela mentiu (ou se o autor mentiu)? A rigor, a testemunha sequer precisava conhecer os fatos, pois a petição inicial "em branco" seria preenchida por ela mesma, um terceiro com ampla liberdade de decidir o destino do processo alheio.

Como já nos ensinava o Professor Calmon de Passos[50]:

"O thema probandum (...) deve estar expresso e ser bem preciso. Seja qual for o meio de prova a utilizar-se, deve a prova vincular-se a fato de determinado, não sendo admissível se faça do ônus de provar ou do direito à contraprova algo abstrato, que na prática se traduz em arma para a chicana e para o desvirtuamento das finalidades de justiça do processo. Se se pretende a ouvida de testemunhas, fato concreto, relevante e pertinente deve ser indicado como do conhecimento dessas testemunhas, o mesmo se podendo afirmar no tocante à prova pericial e documental. (...) Não mais se admitiria fossem arroladas pura e simplesmente testemunhas para serem ouvidas sobre o pedido ou sobre a defesa, sem a mais mínima indicação do que sabem e das razões desse conhecimento".

3. Quanto aos pedidos e o valor da causa, o esmorecimento do rigor formal da petição inicial a transformou numa peça de ficção macabra, cujo final não era conhecido nem mesmo pelo seu autor. Se os pleitos invisíveis eram aceitos, tornando-se visíveis apenas no momento do julgamento, absolutamente ninguém conseguiria antecipar o que estava por vir. Ora, se o pedido incerto era bem-vindo, qual seria a "bitola" da atuação judicial? E mais: determinação da pretensão ou dimensionamento econômico da demanda? Pesadelo de uma fria noite de inverno.

Gestou-se ali o ovo da serpente a respeito da (im)parcialidade da Justiça do Trabalho.

4. Consequências desta história infeliz? A Lei 13.467/17. Reconhecidamente, a chamada Reforma Trabalhista foi fruto de um "backlash effect" (efeito rebote) dos resultados produzidos por aquele estado de coisas[51].

---

50. PASSOS. J. J., Calmon de. "Julgamento antecipado da causa". In: PASSOS. J. J., Calmon de. **Ensaios e artigos.** Vol. II. Salvador: Ed. Juspodivm, 2016, p. 73-74.
51. Neste mesmo sentido, cf. SOUZA, Roberta de Oliveira. "Reforma trabalhista e trabalho intermitente: limites conforme o direito comparado (Brasil & Itália). In: TUPINAMBÁ, Carolina e GOMES, Fábio Rodrigues. A **reforma trabalhista: o impacto nas relações de trabalho.** Belo Horizonte: Fórum, 2018, p. 390.

Sob o prisma da petição inicial, houve uma única alteração legal, mas cujos efeitos sistêmicos são alvissareiros.

Consoante o novo art. 840, § 1º da CLT, "Sendo escrita, a reclamação deverá conter a designação do juízo, a qualificação das partes, a breve exposição dos fatos de que resulte o dissídio, o pedido, que deverá ser certo, determinado e com indicação de seu valor, a data e a assinatura do reclamante ou de seu representante". E no seu § 3º prescreveu: "Os pedidos que não atendam ao disposto no § 1º deste artigo serão julgados extintos sem resolução de mérito".

A partir de 11 de novembro de 2017, todas as petições iniciais no processo do trabalho deverão trazer pedidos líquidos, independentemente de o somatório global (de o valor da causa) totalizar mais ou menos de quarenta salários mínimos. Rito ordinário ou rito sumaríssimo? Não importa. Para ambos, a quantificação aritmética da pretensão tornou-se um requisito legal obrigatório.

5. Consequências mais imediatas desta alteração? Antevejo algumas. Por exemplo: agora não é mais interessante enxertar o pedido de indenização por danos morais em toda e qualquer petição inicial, com o intuito de afugentar as agruras do rito sumaríssimo[52]. Muito ao contrário. Como o novo art. 791-A da CLT prevê o pagamento de honorários de sucumbência, calculados à base de 5% a 15% do proveito econômico obtido ou do valor atualizado da causa, o demandante deverá pensar duas vezes antes de se aventurar em pedidos descolados da realidade. Esta é mais uma das consequências obtidas: a maior prudência no ajuizamento das ações. Apesar de ser uma alteração legislativa muito recente, não vejo outro motivo para o decréscimo de aproximadamente 50% do volume de ações após a entrada em vigor da Lei nº 13.467/17[53].

Vê-se, assim, que a modificação do art. 840 da CLT não deve ser interpretada isoladamente, pois cuida-se de uma das várias engrenagens deste renovado sistema processual trabalhista. A exigência de liquidação não é uma maldade arbitrária, pensada apenas para criar dificuldades. Na minha modesta opinião, ela foi fruto do rol de anomalias criadas pelo modelo anterior. Seu objetivo é o de arrumar a casa, tanto sob o ponto de vista técnico, como sob o aspecto ético. Afinal de contas, não devemos nos esquecer de outra novidade: a internalização de uma seção novinha em folha, talhada para resgatar a ética no manuseio do direito processual do trabalho[54].

6. Exigências severas ou mais severas do que as encontradas no processo civil? Talvez, mas nada impossível de serem experimentadas. De frente para o quadro

---

52. *Verbi gratia*, proibição de citação por edital e menor número de testemunhas do que no rito ordinário (arts. 852-B, II e 852-H, § 2º, da CLT).
53. Cf. https://economia.estadao.com.br/noticias/geral,acoes-trabalhistas-caem-mais-de-50-apos-reforma,70002176586. Acesso em 05.06.2018.
54. Sobre este assunto, cf. GOMES, Fábio Rodrigues. "Responsabilidade processual: o início do fim da aventura jurídica". In: AIDAR, Leticia, RENZETTI, Rogério e LUCA, Guilherme de. **Reforma trabalhista e reflexos no direito e no processo do trabalho**. São Paulo, LTr, 2017, p. 121 e ss.

dantesco no qual nos encontrávamos, cabe aqui trazer à memória a terceira lei [processual] de Newton: a toda ação corresponde uma reação igual e contrária. Levaram a desorganização do sistema a um nível tamanho que o efeito rebote veio com uma força nada desprezível.

Mas há boas notícias. Por exemplo: as válvulas de escape. Aquelas mesmas previstas no art. 324, § 1º do CPC podem e devem ser usadas neste renovado processo do trabalho (art. 15 do CPC c/c o art. 769 da CLT)[55]. Contudo, como boas exceções que são, devem ser utilizadas parcimoniosamente e interpretadas restritivamente[56].

Uma coisa é a parte deparar-se com impossibilidades fáticas de fazer contas sobre a sua pretensão, porque ela não consegue individualizar os bens integrantes de universalidades de fato ou de direito, porque não consegue determinar as consequências dos atos ou do fato descrito ou porque tal determinação depende de ato complementar, a ser praticado pelo réu[57]. Todas são situações cuja possibilidade de quantificação da pretensão (do *quantum debeatur*) foge claramente ao seu controle. Outra hipótese, bem diferente, é a de não ter certeza do seu direito (do *an debeatur*) e, na dúvida, pagar para ver.

Imagine que o autor se acha discriminado, pois suspeita que seu colega de trabalho recebe um salário superior ao seu, apesar de ambos executarem idênticas atividades. Ao procurar o advogado, ele externaliza o seu inconformismo, mas não lhe fornece subsídios para o ajuizamento da ação. Como fazê-lo se o cliente não dispõe do valor do salário do potencial paradigma? Neste caso, o patrono estaria autorizado a pedir sem liquidar a pretensão?

Entendo que não. Penso desta maneira porque o problema não está na impossibilidade factual de calcular a diferença, mas, sim, no conhecimento prévio desta diferença. A parte simplesmente não sabe quanto ganha o outro empregado. Por isso, em situações como esta, o advogado trabalhista acabará se tornando um *habitué* da ação de antecipação de provas, prevista nos arts. 381 a 383 do CPC. Curiosamente, sua origem está no "discovery" do direito processual norte-americano, cuja finalidade é justamente a de permitir ao interessado conhecer as provas em poder da parte potencialmente contrária, antes de se decidir pelo ajuizamento da ação propriamente dita ("trial")[58].

7. Daí porque, com todas as vênias do mundo, digo que a Comissão de Regulamentação da Lei nº 13.467/17, composta por diversos Ministros do TST, errou feito:

---

55. TUPINAMBÁ, Carolina. "O processo do trabalho em cifras". In: TUPINAMBÁ, Carolina e GOMES, Fábio Rodrigues. **A reforma trabalhista: o impacto nas relações de trabalho.** Belo Horizonte: Fórum, 2018, p. 103.
56. MAXIMILIANO, Carlos. **Hermenêutica e aplicação do direito.** 19ª ed. Rio de Janeiro: Forense, 2001, p. 167 e 186-187.
57. DIDIER JR., Fredie, op. cit., p. 579-582.
58. Cf. HAZARD JR. Geoffrey and TARUFFO, Michele. **American civil procedure: an introduction.** New Haven: Yale University Press, 1993, p. 87-88 e 114-118.

liquidação por estimativa não é liquidação[59]. Estimar significa achar, opinar sobre algo que não se tem certeza, isto é, possui o mesmo sentido de indeterminação. Será isso razoável? Será que estamos perante uma legislação lampedusiana, que tudo muda para que permaneçamos no mesmo lugar? Certamente que não. E se você discorda de mim, sugiro a leitura dos relatórios do Deputado Federal Rogério Marinho[60] e do Senador Ricardo Ferraço[61], responsáveis pelos projetos que deram ensejo à Reforma Trabalhista.

Com o perdão da analogia, mas estimar, tal como ventilado pela Comissão de Ministros, também pode ser entendido como "chutar para o alto", algo que não requer nem mesmo o talento de um centroavante, quanto mais de um advogado. Brincadeiras à parte, daqui para frente, este profissional deverá fazer a conta aritmética com amparo nos parâmetros objetivos por ele próprio descritos na sua causa de pedir, ou então terá se colocado em uma constrangedora armadilha: como é logicamente explicável que a história por ele contada não sirva para nada?

8. A propósito, merece atenção o julgamento proferido pela Seção de Dissídios Individuais do TRT da 4ª Região, sobre a constitucionalidade do renovado § 1º do art. 840 da CLT[62].

Depois de analisar diversos votos com suas menções a princípios, teorias abstratas e divagações ideológicas de vários sabores, encontrei afirmações no sentido de que o dispositivo "viola a garantia constitucional de acesso à justiça gravada no art. 5º, XXXV, da Constituição". E mais: também se disse que "a interpretar-se de forma literal o conteúdo do art. 840, § 1º, da CLT, o julgador a quo está a estabelecer no processo trabalhista – de cunho social e por fundamento e gênese regido pelos princípios da proteção, da instrumentalidade e da celeridade – dificuldades e obstáculos que sequer são previstas no direito processual civil".

Todavia, de tudo o que foi dito, sobrelevou-se um pormenor capaz de derrubar todos os demais arrazoados, tal qual um frágil castelo de cartas: a menção ao art. 852-B da CLT. Em um dos trechos da deliberação colegiada, falou-se que "a possibilidade de liquidação dos pedidos não é nova dentro da sistemática trabalhista, encontrando-se prevista desde a edição do art. 852-B da CLT (Lei 9.957, de 2000). O que deve ser considerado é se a liquidação antecipada dos pedidos é possível, no caso concreto, dentro de um critério de razoabilidade e tendo em vista as nuances do Processo do Trabalho. E sendo negativa a resposta, a aplicação das exceções que

---

59. No art. 12, § 2º, da proposta de Instrução Normativa prescreveu-se que: "Para fim do que dispõe o art. 840, §§ 1º e 2º, da CLT, o valor da causa será estimado, observando-se, no que couber, o disposto nos arts. 291 a 293 do Código de Processo Civil". Para o inteiro teor da proposição, cf. http://www.tst.jus.br/documents/10157/2374827/Parecer+Comissão.pdf/adfce987-afaf-c083-89ea-459f08f25209. Acesso em 05.06.2018.
60. http://www.camara.gov.br/proposicoesWeb/prop_mostrarintegra?codteor=1544961. Acesso em 05.06.2018.
61. https://legis.senado.leg.br/sdleg-getter/documento?dm=5302372&disposition=inline. Acesso em 05.06.2018.
62. MS nº 0020054-24.2018.5.04.0000, Rel. Des. João Paulo Lucena. Para uma leitura completa dos votos, cf. http://www.espacovital.com.br/arquivos/1_35979_5aec448dc171b.pdf. Acesso em 06.06.2018.

autorizam pedidos genéricos, na forma do art. 324, do CPC, é medida que se impõe, especialmente nas hipóteses de seus incisos II e III, que retratam situações corriqueiras nas lides laborais".

Ora bolas, foi exatamente o que eu disse linhas atrás, aqui mesmo neste capítulo e no final do capítulo 3. O direito processual do trabalho convive com a exigência legal de liquidação dos pedidos há mais de 18 anos, através do art. 852-B da CLT, e, ao que me consta, nunca suscitaram a sua inconstitucionalidade. Por que, agora, mudar de opinião e apenas em relação ao renovado § 1º do art. 840 da CLT? Como legitimar a aplicação de dois pesos e duas medidas para situações normativamente idênticas?

Na verdade, no modelo anterior, muitos advogados conseguiram ludibriar o sistema, refestelando-se nos pedidos desenfreados de dano moral. Como a Lei nº 13.467/17 fechou esta brecha, não restou outra escapatória, que não a de arguir-se a inconstitucionalidade da nova lei. No entanto, soa muito mal esta duplicidade de critérios, virulento em relação ao art. 840, § 1º, da CLT e tacitamente obsequioso com o art. 852-B da CLT, apesar de ambos possuírem conteúdos praticamente iguais.

Ao fim e ao cabo, não há qualquer violação do acesso à justiça. O Poder Judiciário continua lá, acessível do mesmo jeito. E as válvulas de escape também, por meio do art. 324, § 1º, do CPC. O que se fez, democraticamente, foi a imposição de mais seriedade a um processo movido por idealismo. Corrigiu-se uma grosseira falha sistêmica que transformava o processo do trabalho numa terra sem riscos, pois além de distribuir automaticamente gratuidade de justiça para todos, aceitava petições iniciais contendo pedidos incomensuráveis. Não porque eles fossem impossíveis de serem calculados, mas porque eram baseados em histórias incompletas, incoerentes e, por vezes, inverossímeis, muito longe da realidade.

Portanto, a partir de 11 de novembro de 2017, para respaldar o seu cálculo, os advogados deverão expor claramente os seus balizadores na petição inicial. E quais são eles? Aqueles narrados na sua história. Tornou-se um mau negócio a história mal contada, pois ela não só afetará o curso do seu processo, como poderá inviabilizá-lo, haja vista a falta de credibilidade da fatura a ser obrigatoriamente apresentada.

9. O valor da causa também cresceu e apareceu, ou melhor, passou a ser um fenômeno processual de verdade. Com pedidos liquidados, ele representa o seu somatório, o seu ponto final. Não cabe mais colocar neste tópico um valor qualquer ou o seu número da sorte, totalmente desconectados do potencial econômico do que se pretende[63]. Tem-se, portanto, para ambas as partes, o dimensionamento real, palpável do tamanho da encrenca. Isso faz com que ganhem protagonismo as consequências e os riscos que dela se avizinham: o pagamento de honorários de sucumbência, de honorários periciais, de multa por litigância de má-fé e das custas.

Antes de concluir, mais um pequeno adendo. Faço questão de me colocar na mesma frequência de onda do Professor Campos Batalha, em relação a um ponto não

---

63. Sobre o tema, cf. TUPINAMBÁ, Carolina, op. cit., p. 69-70.

enfrentado diretamente pela Reforma: a qualidade da causa de pedir. Apesar de ter sido revirado pelo avesso ao longo deste artigo, nunca é demais insistir neste assunto, até mesmo para demonstrar que nem todas as transições do multiverso processual necessitam ser a fórceps legislativo. Como ensinava outro gigante do direito processual brasileiro, tão ou mais importante do que a reorganização judiciária, a eficiência da administração dos órgãos da justiça e as alterações da lei formal, é a mudança da mentalidade dos juízes, da sua atitude perante o processo[64]!

Por esta razão, concordo com o Professor Campos Batalha, quando ele afirmava ser incabível a emenda à petição inicial depois de realizada a citação.

À época, ele se respaldava nos arts. 264 e 294 do CPC de 1973, além da lacuna normativa da CLT, para sustentar a sua posição. Agora, aparentemente, seria mais difícil a defesa deste ponto de vista, em razão do art. 321 do CPC de 2015, segundo o qual: "O juiz, ao verificar que a petição inicial não preenche os requisitos dos arts. 319 e 320 ou que apresenta defeitos e irregularidades capazes de dificultar o julgamento de mérito, determinará que o autor, no prazo de 15 (quinze) dias, a emende ou a complete, indicando com precisão o que deve ser corrigido ou completado".

Para o Professor Fredie Didier Jr., o novo CPC trouxe um caminho de ferro para o juiz: sua única opção é conceder o prazo para emenda. A rigor, seria um direito subjetivo da parte, com dois deveres jurídicos correlatos do magistrado: (1) de prevenção (de dar oportunidade de correção do defeito) e (2) de esclarecimento (cabendo-lhe dizer precisamente qual foi o defeito identificado)[65]. Na sua opinião, não existiria sequer preclusão temporal para a emenda feita fora do prazo, nem, tampouco, preclusão consumativa para a emenda que ficou pior do que o soneto[66]. Pelo que entendi, em ambas as hipóteses, o julgador deverá buscar sanar o defeito de qualquer jeito, ainda que ao preço de fechar os olhos para a inobservância arbitrária do tempo por ele concedido ou de permitir a emenda da emenda da emenda da emenda. De fato, para os advogados, o paraíso processual está aqui.

10. Pretendo rebater estes argumentos em duas frentes: uma, com três proposições normativas, e outra, com uma proposição pragmática. Mas antes, estabelecerei duas premissas para estas justificativas.

Logo de plano, é importante não perdermos de vista a nossa geografia normativa: o processo do trabalho positivado na CLT. Esta é a nossa ilha discursiva. É a partir deste microssistema que desbravaremos outros continentes em busca da matéria-prima de que não dispomos. Por isso, como bons ilhéus, devemos, antes de mais nada, analisar a questão da emenda à petição inicial com os instrumentos disponíveis em nosso recanto jurídico. Só depois de constatarmos a inexistência de regramento próprio ou a existência de regramento insuficiente é que devemos içar

---

64. MOREIRA, José Carlos Barbosa. **Temas de direito processual: quarta série**. São Paulo: Saraiva, 1989, p. 5.
65. Op. cit., p. 558.
66. Idem, p. 557.

velas para atravessar o "enorme fosso" que nos separa do processo civil, a fim de nele buscarmos subsidiariamente o que não temos (art. 769 da CLT) ou supletivamente o que nos falta (art. 15 do CPC)[67].

Estabelecida esta primeira premissa, relembrarei uma segunda: o procedimento trabalhista não prevê o saneamento do processo. E por que este é um detalhe importante? Porque não há uma omissão legislativa, mas, sim, um silêncio eloquente, entendido como uma "situação na qual a hipótese contemplada é única a que se aplica o preceito legal, não se admitindo, portanto, aí o emprego da analogia" (STF, in RE 0130.552-5, AC. 1ª T., Rel. Min. Moreira Alves, in Ltr 55-12/1.442) ou de qualquer regra supletiva ou subsidiária"[68].

11. O traçado do processo do trabalho foi feito para torná-lo mais veloz, simples, prático e efetivo do que o processo comum. E como nele há, desde sempre, a previsão do *jus postulandi*, não faria sentido o juiz determinar o saneamento dos defeitos a uma parte desprovida dos conhecimentos técnicos para fazê-lo. Assim, a petição inicial trabalhista não sofre esse desvio de percurso. Ela vai, numa linha reta, do protocolo à audiência inaugural. E quando falo em retidão, imagino a figura de um trem-bala procedimental, pois nem mesmo o famoso despacho de "cite-se", do processo civil, existe no processo do trabalho, onde a citação é feita automaticamente pela serventia da Vara (art. 841, *caput* da CLT).

12. Agora veja bem. O art. 329 do CPC demarca dois momentos para a válida constituição do processo civil: no inciso I, permite a adição ou a alteração do pedido ou da causa de pedir até a citação; no inciso II, permite a adição ou a alteração do pedido ou da causa de pedir, mas apenas mediante consentimento do réu e até o saneamento.

Assim, juntando tudo o que foi dito nos últimos parágrafos, creio ser possível convencê-lo de que a possibilidade de emenda da petição inicial no processo do trabalho deve sofrer temperamentos. Neste passo, entendo que até a realização da citação pelo "escrivão ou secretário", o reclamante estará autorizado a modificar a sua história e os pedidos dela decorrentes, como também poderá adicionar novos fatos e novas pretensões. A lógica embutida é cristalina: não haverá custo algum para o Estado (que ainda não emitiu a comunicação processual) ou, tampouco, para o futuro réu, pois como não teve ciência da existência da demanda, ainda não produziu defesa ou contratou advogado. E, sem prejuízo, não haverá nulidade (art. 794 da CLT).

13. Porém, se a citação já foi emitida, estará preclusa a possibilidade de emenda e de aditamento. Como havia falado, são basicamente três os argumentos normativos a impulsionar esta conclusão:

---

67. Em sentido semelhante, MEIRELES, Edilton "O novo CPC e sua aplicação supletiva e subsidiária no processo do trabalho". In: MIESSA, Elisson (org.). **O novo código de processo civil e seus reflexos no processo do trabalho**. Salvador: Ed. Juspodivm, 2015, p. 37-41.
68. Idem, p. 42-43.

(1) Porque não existe parada estratégica no processo do trabalho para sanear eventuais deformidades técnicas da inicial. Repito para fixar: ela será enviada diretamente para o dia da audiência inaugural. Ocorre que, até este dia (e não mais apenas neste dia), o réu poderá oferecer a sua defesa no PJe, ocasião em que o autor estará proibido de desistir unilateralmente da ação (arts. 841, § 3º, e 847, parágrafo único da CLT). E consoante a mais comezinha argumentação *a fortiori*, quem não pode o mais (abandonar unilateralmente a demanda), logicamente não poderá o menos (modificar ou inflar unilateralmente a demanda).

(2) Porque o silêncio eloquente sobre o saneamento no processo do trabalho também deve ser identificado em relação à proibição de emenda após a citação. Tanto assim, que o novo art. 840, § 3º, da CLT determina a extinção dos pedidos que não atendam ao comando do seu § 1º, isto é, que não sejam certos, determinados e com a indicação do valor respectivo. Dito de outro modo: além de a CLT nunca ter previsto prazo para se emendar a petição inicial ao longo de mais de 75 anos de vigência, a sua mais recente reforma não só manteve este silêncio eloquente como acabou por incrementá-lo, ao ordenar a extinção imediata de pedidos atécnicos. Deliberação democrática, concretizada em *lei especial e posterior* ao Código de Processo Civil de 2015.

(3) Porque a defesa radical de um "direito à correção", como feita pelo Professor Didier, não é razoável nem mesmo na sistemática do processo civil, bastando verificar que se transformou na defesa do indefensável: ignorar arbitrariamente as preclusões temporal e consumativa!

Além de denotar uma grave violação das regras do jogo e, pois, do próprio princípio do Estado de Direito, este engajamento acaba por absolutizar uma posição de vantagem de uma parte em detrimento da outra, a despeito dos efeitos deletérios que lhe são causados e também para a sociedade.

Em um contexto de sobrevivência institucional do Judiciário em face de uma avalanche processual sem precedentes na história do país, permitir emendas infinitas e sem qualquer critério faz com que a duração razoável do processo seja mais uma das nossas várias normas para inglês ver. Isso sem falar da imprevisibilidade acarretada por estas abruptas guinadas processuais, pois o demandado quase nunca poderá ter certeza se aquela petição que tem em mãos é a definitiva. A majoração dos custos do processo para a parte contrária também não deve ser esquecida (o seu advogado terá que preparar outra defesa, com novo nível de complexidade, e comparecer a mais uma audiência), já que, em decorrência disso, cria-se uma assimetria de tratamento desproporcional.

14. Para encerrar, aproveito o gancho e apresento o argumento pragmático. Ora, o fetiche do conteúdo a qualquer preço joga por terra a noção de competência linguística referida neste ensaio, pois o desvincula da forma para, em sequência, tratá-la como um mero capricho. Além disso, estimula o ajuizamento de petições iniciais malfeitas e, por consequência, produz ineficiência dos órgãos judiciários,

pautados pela métrica da reserva do possível orçamentária e do aumento do número de demandas solucionadas[69]. Em suma: uma interpretação utópica e atécnica, geradora de sequelas condenáveis sob qualquer ângulo que se aborde a questão.

Portanto, quando o cobertor é curto e a necessidade é grande, a tão propalada cooperação deve entrar em cena, fazendo com que cada sujeito do processo assuma a responsabilidade pelos seus atos[70]. Ajuizou uma petição inicial inepta e não a corrigiu antes da citação? O seu processo será extinto sem o julgamento do mérito, você terá que ajuizar nova ação e entrar no final da fila das audiências inaugurais. Um preço relativamente pequeno a se pagar, tendo em vista o efeito pedagógico que se irá obter.

6. CONCLUSÃO

O Brasil não passa por um tempo de euforia ou de desesperança. Estamos na era da perplexidade. Nada será como antes e não se sabe o que virá no curto, médio ou longo prazo. E foi neste momento conturbado que surgiu a Lei 13.467/17.

Como toda e qualquer reforma legislativa, esta não é neutra e não se propõe a resolver todos os nossos problemas em uma única penada[71]. A bem de ver, ela serviu para duas coisas muito importantes, dentro de um processo de amadurecimento civilizatório.

De um lado, a reforma veio a realçar a imbricação visceral entre o poder político e o direito, e como ambos devem manter sintonia fina com a realidade, sob pena de serem brutalmente atropelados pelos fatos[72].

De outra parte, ela nos mostra como o olhar puramente técnico do processo é ilusório. Sendo um canal para a manifestação do poder estatal, o processo constitui fenômeno político, suprindo omissões do legislador e do administrador, definindo os rumos da sociedade e impactando a economia.

Em suma: a sua natureza intrinsecamente multifacetada exige do processualista "a humildade intelectual suficiente para aceitar o fato de que a sua visão de técnico não penetra a inteira realidade do universo processual"[73]. Sua palavra não é a única e não será a última, devendo estar "receptivo a propostas de oriundas de outros quadrantes científicos"[74].

---

69. Cf. http://www.cnj.jus.br/gestao-e-planejamento/metas/justica-do-trabalho. Acesso em 05.06.2018.
70. Em sentido semelhante, PASSOS, J. J. Calmon: "Porque capaz de opção, o homem fez-se responsável. Tendo condições de fazer acontecer o que sem seu agir jamais teria acontecido, tornou-se obrigado a responder pelas consequências de seus atos". "O imoral das indenizações por dano moral", op. cit., p. 601.
71. PASSOS, J. J. Calmon. "Dimensão política do processo – direito, poder e justiça". In: n: PASSOS. J. J., Calmon de. **Ensaios e artigos**. Vol. II. Salvador: Ed. Juspodivm, 2016, p. 385.
72. Idem, p. 380-381. Cf. também, neste mesmo sentido, DIMOULIS, Dimitri. **Positivismo jurídico: teoria da validade e da interpretação do direito**. 2ª de. Porto Alegre: Livraria do Advogado, 2018, p. 61-66.
73. MOREIRA, José Carlos Barbosa, op. cit., p. 20.
74. Idem, ibidem.

Portanto, estejamos abertos às mudanças trazidas pela Lei nº 13.467/17. Ela concretiza novas ideias de outros atores sociais, para além da Justiça do Trabalho. E o recado nos foi dado em alto e bom som: devemos levar o processo a sério. E a começar pela sua petição inicial, que deve materializar a real dimensão econômica do problema posto, a fim de todos tenham plena consciência dos riscos envolvidos.

Contar uma boa história tornou-se inevitável neste novo sistema processual, devendo ela ser clara e precisa, detalhando os fatos relevantes e mantendo a coerência. Apenas desta maneira abriremos um diálogo sincero, respeitoso e transparente. Somente com o discurso expresso em uma linguagem cuidadosa conseguiremos revelar "aos outros o incomunicável de nós próprios"[75].

Mas isso não é só. No exercício virtuoso de uma dialética bem contextualizada, onde as partes expõem claramente as suas carências e expectativas, esforçando-se para convencer, mas também se deixando convencer, estaremos próximos de um ideal cada vez mais escasso nos dias de hoje: o sentimento de justiça[76].

7. REFERÊNCIAS BIBLIOGRÁFICAS

BATALHA. Wilson de Souza Campos. **Tratado de direito judiciário do trabalho.** Vols. I e II. 3ª ed. São Paulo: LTr, 1995.

CARDOSO, Benjamin Nathan. **Selected writings of Benjamin Nathan Cardozo: the choice of tycho brahe.** New York: Fallon Law Book Company, 1947.

DIDIER JR., Fredie. **Curso de direito processual civil: introdução ao direito processual civil, parte geral e processo de conhecimento.** 17ª ed. Salvador: Editora Juspodivm, 2015.

DIMOULIS, Dimitri. **Positivismo jurídico: teoria da validade e da interpretação do direito.** 2ª de. Porto Alegre: Livraria do Advogado, 2018.

GOMES, Fábio Rodrigues. "Responsabilidade processual: o início do fim da aventura jurídica". In: AIDAR, Leticia, RENZETTI, Rogério e LUCA, Guilherme de. **Reforma trabalhista e reflexos no direito e no processo do trabalho.** São Paulo, LTr, 2017.

GRECO, Leonardo. **Instituições de processo civil: introdução ao direito processual civil.** Vol. 1. 4ª ed. Rio de Janeiro: Forense, 2013.

HAZARD JR. Geoffrey and TARUFFO, Michele. **American civil procedure: an introduction.** New Haven: Yale University Press, 1993.

KUHN, Thomas. **A estrutura das revoluções científicas.** Trad. Beatriz Vianna Boeira e Nelson Boeira. 5ª ed. São Paulo: Ed. Perspectiva, 1998.

MACCORMICK, Neil. **Retórica e estado de direito.** Trad. Conrado Hübner Mendes. Rio de Janeiro: Elsevier, 2008.

MAXIMILIANO, Carlos. **Hermenêutica e aplicação do direito.** 19ª ed. Rio de Janeiro: Forense, 2001.

---

75. PASSOS, J. J. Calmon. "Dimensão política do processo – direito, poder e justiça", op. cit., p. 382.
76. Idem, p. 385-387.

MEIRELES, Edilton "O novo CPC e sua aplicação supletiva e subsidiária no processo do trabalho". In: MIESSA, Elisson (org.). **O novo código de processo civil e seus reflexos no processo do trabalho.** Salvador: Ed. Juspodivm, 2015.

MEYER. Philip N. **Storytelling for lawyers.** New York: Oxford University Press, 2014.

MOREIRA, José Carlos Barbosa. **Temas de direito processual: quarta série.** São Paulo: Saraiva, 1989.

PASSOS, J. J. Calmon de. "O imoral nas indenizações por dano moral". In: PASSOS, J. J. Calmon de. **Ensaios e artigos. Vol. I.** Salvador: Ed. Juspodivum, 2014.

_____ "Julgamento antecipado da causa". In: PASSOS. J. J., Calmon de. **Ensaios e artigos. Vol. II.** Salvador: Ed. Juspodivm, 2016.

_____ "Dimensão política do processo – direito, poder e justiça". In: n: PASSOS. J. J., Calmon de. **Ensaios e artigos. Vol. II.** Salvador: Ed. Juspodivm, 2016.

POPPER, Karl. **Os dois problemas fundamentais da teoria do conhecimento.** Trad. Antonio Ianni Segatto. 1ª ed. São Paulo: Ed. Unesp, 2013.

RODRÍGUEZ, Victor Gabriel. **Argumentação jurídica: técnicas de persuasão e lógica informal.** 6ª ed. São Paulo: Editora WMF Martins Fontes, 2015.

SCHIAVI, Mauro. **Manual de direito processual do trabalho.** 7ª ed. São Paulo: Ltr, 2014.

SHCAIRA, Fábio P. Shcaira e STRUCHINER, Noel. **Teoria da argumentação jurídica.** Rio de Janeiro: Ed. PUC-Rio: Contraponto, 2016.

SILVA, Joana Aguiar e. **A prática judiciária entre o direito e a literatura.** Coimbra: Livraria Almedina, 2001.

SOUZA, Roberta de Oliveira. "Reforma trabalhista e trabalho intermitente: limites conforme o direito comparado (Brasil & Itália). In: TUPINAMBÁ, Carolina e GOMES, Fábio Rodrigues. **A reforma trabalhista: o impacto nas relações de trabalho.** Belo Horizonte: Fórum, 2018.

TARUFFO, Michele. **Uma simples verdade. O juiz e a construção dos fatos.** Trad. Vitor de Paula Ramos. São Paulo: Marcial Pons, 2012.

TUPINAMBÁ, Carolina. "O processo do trabalho em cifras". In: TUPINAMBÁ, Carolina e GOMES, Fábio Rodrigues. **A reforma trabalhista: o impacto nas relações de trabalho.** Belo Horizonte: Fórum, 2018.

O Ônus da Prova no Processo do Trabalho no Contexto da Lei 13.467/2017 (Reforma Trabalhista)

João Humberto Cesário

Juiz do Trabalho no TRT da 23ª Região. Doutorando em Função Social do Direito pela Faculdade Autônoma de Direito de São Paulo. Mestre em Direito Agroambiental pela Universidade Federal de Mato Grosso. Autor de livros jurídicos. Coordenador Acadêmico da Pós-graduação em Direito e Processo do Trabalho da Escola Superior da Magistratura Trabalhista de Mato Grosso nos biênios 2011 a 2013 e 2013 a 2015. Membro do Comitê Executivo do Fórum de Assuntos Fundiários do Conselho Nacional de Justiça de 2013 a 2014. Professor das disciplinas Teoria Geral do Processo, Direito Processual Civil, Direito Processual do Trabalho e Direito Ambiental do Trabalho. Tem atuado ultimamente como professor visitante na Escola Nacional de Formação e Aperfeiçoamento de Magistrados do Trabalho (ENAMAT) e nas Escolas Judiciais dos TRTs da 3ª, 5ª, 6ª, 7ª, 9ª, 14ª, 15ª, 18ª e 23ª Regiões. Endereços eletrônicos: prof.jhcesario@gmail.com (e-mail), www.facebook.com/prof.joaohumbertocesario (Facebook), www.facebook.com/prof.joaohumbertocesarioII (Facebook) e @joaohumbertocesario (Instagram).

Sumário: 1. Breve itinerário legislativo do ônus da prova – 2. Significado: ônus subjetivo e ônus objetivo – 3. Distribuição estática do ônus da prova – 4. Distribuição dinâmica: o princípio da aptidão para a prova e a inversão do ônus probatório no Processo do Trabalho: 4.1. A alegação da parte que a princípio responde estaticamente pelo ônus de provar deverá ser verossímil ou ela deverá ser tida por hipossuficiente; 4.2. A prova daquele que detém estaticamente o ônus probatório deve ser de difícil produção, ao passo que a prova da parte contrária deve ser veiculação mais simples; 4.3. Da inversão não pode resultar uma prova impossível ou excessivamente difícil para a parte (*probatio diabolica*) – 5. Momento processual da repartição do ônus da prova – 6. A produção de provas no caso de inversão do encargo probatório e o adiamento da audiência: possibilidade de harmonização dos princípios do contraditório e da razoável duração do processo – 7. Sínteses conclusivas – 8. Referências bibliográficas.

1. BREVE ITINERÁRIO LEGISLATIVO DO ÔNUS DA PROVA

O artigo 818 da Consolidação das Leis do Trabalho, na sua redação original, ditava que a prova das alegações incumbia à parte que as fizesse.

Diante da sua laconicidade, tal preceito na prática não passava de letra morta, razão pela qual ainda ao tempo do Código de Processo Civil de 1973 os juslaboralistas passaram a aplicar o artigo 333 da lei em questão no Processo do Trabalho, para compreenderem, em síntese, que ao autor incumbia a prova do fato constitutivo do seu direito, ao passo que ao réu se impunha comprovar a existência de fato impeditivo, modificativo ou extintivo do direito do autor.

O tempo passou e também o artigo 333 do CPC/1973 se tornou obsoleto, principalmente em função das indagações jurídicas advindas da naturalização forense das técnicas de distribuição dinâmica do ônus da prova, razão pela qual o Código de Processo Civil de 2015 passou a tratar da matéria de modo mais minucioso, fazendo-o no seu artigo 373, para deixar claro, entre outras disposições, que nos casos previstos em lei ou diante de peculiaridades da causa relacionadas à impossibilidade ou à excessiva dificuldade de cumprir o encargo ou à maior facilidade de obtenção da prova do fato contrário, o juiz pode atribuir o ônus da prova de modo diverso daquele estaticamente previsto na legislação, desde que o faça por decisão fundamentada, caso em que deverá dar à parte a oportunidade de se desincumbir do ônus que lhe foi atribuído[1].

Finalmente, rendendo-se à superioridade técnica da disposição processual civil, a Lei 13.467/2017 modificou a redação do artigo 818 da CLT, para de modo quase idêntico ao artigo 373 do CPC/2015, ditar que:

> Art. 818. O ônus da prova incumbe:
>
> I – ao reclamante, quanto ao fato constitutivo de seu direito;
>
> II – ao reclamado, quanto à existência de fato impeditivo, modificativo ou extintivo do direito do reclamante.
>
> § 1º Nos casos previstos em lei ou diante de peculiaridades da causa relacionadas à impossibilidade ou à excessiva dificuldade de cumprir o encargo nos termos deste artigo ou à maior facilidade de obtenção da prova do fato contrário, poderá o juízo atribuir o ônus da prova de modo diverso, desde que o faça por decisão fundamentada, caso em que deverá dar à parte a oportunidade de se desincumbir do ônus que lhe foi atribuído.
>
> § 2º A decisão referida no § 1º deste artigo deverá ser proferida antes da abertura da instrução e, a requerimento da parte, implicará o adiamento da audiência e possibilitará provar os fatos por qualquer meio em direito admitido.
>
> § 3º A decisão referida no § 1º deste artigo não pode gerar situação em que a desincumbência do encargo pela parte seja impossível ou excessivamente difícil.

Percebe-se, de tudo o quanto foi dito até aqui, que a rigor a nova redação do artigo 818 da CLT não carrega consigo nenhuma grande novidade legislativa em relação ao ônus da prova. Mesmo assim, compreendemos que a reforma trabalhista coloca à nossa frente uma excelente oportunidade de pôr em debate uma série de questões que ainda não estão suficientemente claras sobre o assunto. É o que faremos a seguir.

2. SIGNIFICADO: ÔNUS SUBJETIVO E ÔNUS OBJETIVO

No campo jurídico, a primeira noção a se dominar no que diz respeito à palavra ônus, é a do seu significado de encargo e não propriamente de dever. Assim, do

---

1. Importa notar, por relevante, que o Enunciado nº 37 do Fórum Permanente de Processualistas do Trabalho, antes mesmo de a Reforma Trabalhista trazer consigo qualquer novidade sobre o tema, já dizia o seguinte: *É aplicável ao processo do trabalho a distribuição dinâmica do ônus da prova, prevista no artigo 373, § 1º, do CPC, fixada pelo juiz em decisão fundamentada, com posterior oportunidade à parte afetada de produzir a prova.*

mesmo modo que o réu não tem o dever de contestar a ação em face de si proposta, devendo assumir, porém, a consequência da sua revelia, a parte não possui propriamente a obrigação de produzir provas, necessitando tolerar, entretanto, o resultado da sua omissão.

Na realidade, a questão é ainda mais complexa, já que o litigante, subjetivamente falando, deve suportar o resultado da sua displicência probatória e, objetivamente argumentando, deve se resignar com o resultado da prova de interesse do adversário que tenha inadvertidamente produzido. Pode-se concluir, portanto, que o ônus da prova detém aspectos omissivos e comissivos, podendo ser encarado tanto pelo seu prisma subjetivo, quanto pela sua angulação objetiva.

Dito de modo mais claro, o ônus subjetivo da prova se destina aos contendores, na medida em que antecipa os fatos relevantes e controvertidos que cada um deles deverá comprovar. Por outro lado, o ônus objetivo da prova se liga à atividade do magistrado, que apreciará as provas produzidas nos autos, independentemente de qual dos litigantes a tenha fabricado.

O CPC/1973 não tratava com clareza do ônus objetivo da prova, que, assim, era objeto de análise apenas doutrinária e jurisprudencial. Tal falha foi corrigida no CPC/2015, na medida em que o artigo 371 deste último diploma estabelece, com tintas fortes, que o juiz apreciará a prova constante dos autos, *"independentemente do sujeito que a tiver promovido"* (tratando, assim, do ônus objetivo), cabendo-lhe indicar na decisão as razões da formação do seu convencimento. Quanto ao ônus subjetivo da prova, pelo menos na perspectiva estática ele está distribuído, como já visto na parte introdutória do presente estudo, nos artigos 818 da CLT e 373, I e II, do CPC/2015.

3. DISTRIBUIÇÃO ESTÁTICA DO ÔNUS DA PROVA

Na perspectiva estática, atualmente, seja em função do disposto na CLT ou no CPC, ao autor se impõe provar o fato constitutivo do seu direito e ao réu incumbe demonstrar o fato impeditivo, modificativo ou extintivo do direito daquele primeiro.

Fato constitutivo do direito do autor, como se sabe, é aquele que, uma vez provado, a princípio garantirá a ele o êxito na demanda. Fato impeditivo do direito do autor, por sua vez, será aquela circunstância especial, em regra de origem legal, capaz de deduzir efeitos do fato constitutivo. Fato extintivo, de outra senda, é aquele que extermina um direito preexistente. Fato modificativo, finalmente, é o evento que permuta as consequências jurídicas do fato constitutivo do direito do autor[2].

Imagine-se, pois, que o autor se diga ex-empregado de uma empresa, postulando, em consequência, a anotação da sua CTPS. Em defesa o réu nega a condição

---

2. Vide, para aprofundamento das definições, inclusive com fata exemplificação, CESÁRIO, João Humberto. *Provas no processo do trabalho: de acordo com o novo código de processo civil*. Cuiabá: JHC, 2015, p. 110 *et seq.*

de empregado do trabalhador, cingindo-se a asseverar que ele jamais prestara a seu favor qualquer tipo de serviço. Nessa situação hipotética o ônus da prova incumbiria ao trabalhador, na medida em que este alegara como fundamento do seu direito a condição de empregado da empresa, sendo certo que esta última se restringira a negar o fato, eximindo-se de trazer à tona qualquer outro que fosse impeditivo, extintivo ou modificativo do pretenso direito obreiro.

Situação diferente seria se o trabalhador continuasse a se dizer empregado da empresa, mas o empresário, admitindo a prestação de trabalho, negasse a sua condição jurídica de empregado, argumentando, para tanto, que o obreiro teria meramente trabalhado na condição de autônomo, jamais recebendo ordens, não estando adstrito ao requisito da pessoalidade. Nesse caso o reclamado teria admitido pelo menos em parte o fato constitutivo do direito do autor, qual seja, a prestação de serviços, mas a ele teria somado outro de natureza impeditiva, consistente na execução autônoma de serviços, razão pela qual o ônus da prova a ele pertenceria.

Conceba-se, por outra vertente, que determinado empregado ajuíze ação trabalhista fundada na ocorrência de acidente de trabalho, por via da qual persiga indenização por danos materiais, morais e estéticos. Se o empregador se limitar a negar a ocorrência do infortúnio, o objeto da prova será o acontecimento em si considerado, competindo o ônus da prova ao reclamante, por ser este o fato constitutivo do seu direito. De outro tanto, se o empregador admitir a existência do evento, mas alegar que ele foi gerado por culpa exclusiva da vítima, esta – a culpa exclusiva da vítima – passará a ser o objeto da prova, razão pela qual o encargo probatório incumbirá ao reclamado que fundou sua defesa em fato impeditivo do direito almejado na primígena.

Avente-se, ademais, que certo empregado tenha ajuizado reclamação para pleitear equiparação salarial, apontando como paradigma um colega de trabalho (artigo 461, *caput*, da CLT). Nesta conjuntura, se o empregador arrimar sua defesa na alegação de que os respectivos trabalhos – do reclamante e do paradigma – não tinham o mesmo valor (§ 1º do artigo 461 da CLT), atrairá para si a carga probante, vez que terá verberado fato impeditivo do direito do autor (S. 6, VIII, do TST).

Idealize-se, por fim, que o empregado assevere na inicial que foi imotivadamente dispensado, mas não recebeu as verbas rescisórias de direito, postulando-as na sequência. Em resposta, a vindicada reconhece a dispensa, mas alega que ela se deu por justa causa (artigo 482, "a", da CLT), motivo pelo qual não faz jus às rescisórias postuladas. Em tal hipótese, a contestação, lastreada que estava em fato impeditivo do direito do autor, acabou por dirigir à reclamada o ônus da prova.

Os exemplos, por suposto, são inesgotáveis. O fundamental é que o juslaboralista apreenda meticulosamente os conceitos de fato constitutivo, impeditivo, extintivo e modificativo do direito do autor, para que caso a caso se guie com segurança sobre o tema.

4. DISTRIBUIÇÃO DINÂMICA: O PRINCÍPIO DA APTIDÃO PARA A PROVA E A INVERSÃO DO ÔNUS PROBATÓRIO NO PROCESSO DO TRABALHO

É fundamental saber que relativamente à distribuição do ônus da prova a legislação de regência a princípio traça diretrizes estáticas para a orientação dos atores processuais. Porém, a atenuação dessas diretivas rígidas, fundada no princípio da aptidão para a prova, vem a cada dia ganhando destaque no Poder Judiciário, tendo atingido com o advento do CPC de 2015 e a CLT reformada de 2017 o seu apogeu legislativo.

Ao contrário do que se possa imaginar, o princípio da aptidão para a prova, do qual decorre a técnica de inversão do encargo probatório, não se trata de tema novo na doutrina. Transcrevemos, para comprovar o asseverado, a lição do processualista italiano Francesco Carnelutti, extraída da sua clássica obra Sistema de Direito Processual Civil:

> *Quando a parte se encontrar em condições de poder (materialmente) facilitar a prova, basta para assegurar a disponibilidade da mesma ao juiz, a constituição de um ônus, de tal forma que se não fornecer a prova, o juiz pode ou deve entender contrária à verdade e, da mesma forma, desestimular a afirmação da parte que não a proporcionar, e, correlativamente, entender conforme a verdade, e por isso acolhê-la, à afirmação oposta. A lesão do interesse da parte (interesse em litígio) ameaçada dessa forma atua como estímulo eficaz para a produção da prova. Além disso, a consequência se deduz assim da inatividade da parte fundamenta-se sobre a experiência, e a sentença que se adapta a ela tem maiores possibilidades de ser justa, porque se apesar do estímulo de seu interesse a parte não proporcionar a prova, isto, de acordo com a experiência, dá ensejo para entender que a prova teria sido resolvida em prejuízo seu.*[3]

Dessarte, numa perspectiva menos dogmática e mais racional, o Juiz do Trabalho podia em algumas situações emblemáticas, mesmo ao tempo do CPC/1973, atribuir o ônus da prova àquela parte que estivesse em melhores condições de produzi-la, independentemente do balizamento rígido dos vetustos artigos 818 da CLT e 333 do CPC/1973.

Àquele tempo, nem mesmo os positivistas estritos poderiam refutar a óbvia conveniência de adoção pretoriana da conduta em questão. Ocorre que o artigo 6º, VIII, do CDC, elencava (e continua elencando) como um dos direitos básicos do Consumidor a facilitação da defesa de seus direitos, inclusive com a inversão do ônus da prova, a seu favor, no processo civil, quando, a critério do juiz, fosse verossímil a alegação ou quando fosse ele hipossuficiente, segundo as regras ordinárias de experiências.

Naquela ocasião, a questão que importava ser enfrentada era a da aplicabilidade, ou não, da mencionada regra no âmbito do Processo do Trabalho. A resposta era trivial, já que existia quanto ao tema uma notória lacuna axiológica na processualística laboral, que podia e devia ser colmatada pela disposição consumerista.

---

3. CARNELUTTI, Francesco. **Sistema de direito processual civil**. Vol. II. Trad. Hiltomar Martins Oliveira. São Paulo: Classic Book, 2000, p. 556 e 557.

À guisa de argumentação, ainda que o artigo 6º, VIII, do Código de Defesa do Consumidor não existisse ou não pudesse ser aplicado no âmbito processual trabalhista, o princípio da aptidão para a prova com o seu consectário da inversão do encargo probatório poderia ser reverenciado pelo Juiz do Trabalho por força do disposto no artigo 5º, XXXV, da CRFB, que preconiza o direito de todos terem acesso não apenas formal, mas sobretudo substancial ao Poder Judiciário. Colhemos, a propósito, as notáveis palavras de Eduardo Cambi, que embora não tenham sido escritas com os olhos pousados na realidade trabalhista, calham justas à hipótese:

> *O legislador brasileiro, com auxílio do juiz, tem se valido desta técnica, tal como prevê o artigo 6º, VIII, do CDC. Entretanto, essa técnica pode ser utilizada pelo juiz, desde que haja critérios para estabelecer uma discriminação justa, mesmo na ausência de uma lei que expressamente consagre a inversão do ônus da prova, por se tratar de um modo de concretização do princípio constitucional da isonomia, em sentido substancial, e de efetivação da garantia constitucional do contraditório.*[4]

Trazendo a discussão para o presente, podemos dizer que todas essas conclusões ganham indisfarçável reforço legislativo quando percebemos que o CPC/2015 encampou expressamente no seu interior, mais especificamente nos §§ 1º e 2º do seu artigo 373, o postulado da distribuição dinâmica do ônus da prova. Além disso, como já visto, para não deixar margem a dúvidas, a Lei 13.467/2017 reformou a CLT, para, no pertinente, adotar a visão civilista. Aceita, seja legal ou doutrinariamente, a incidência da inversão probatória no Processo do Trabalho, resta assentar as condições básicas do seu aproveitamento.

Iniciando a resposta para o tema proposto, o artigo 6º, VIII, do CDC esclarece que para a inversão do ônus da prova o juiz deverá, segundo as regras ordinárias de experiências, tomar a alegação da parte por verossímil ou enquadrá-la como hipossuficiente.

Na esteira de tal disposição, tanto o § 1º do artigo 373 do CPC/2015, quanto o § 1º do artigo 818 da CLT, estatuem que nos casos previstos em lei ou diante de peculiaridades da causa relacionadas à impossibilidade ou à excessiva dificuldade de cumprir o encargo (previsto estaticamente nos artigos 373, I e II, do CPC/2015 e 818, I e II, da CLT) ou à maior facilidade de obtenção da prova do fato contrário, poderá o juízo atribuir o ônus da prova de modo diverso, desde que o faça por decisão fundamentada, caso em que deverá dar à parte a oportunidade de se desincumbir do ônus que lhe foi atribuído. Sobreleva realçar, por importante, que de acordo com o § 2º do artigo 373 do CPC/2015 e com o § 3º do artigo 818 da CLT, a decisão de inversão não pode gerar situação em que a desincumbência do encargo pela parte seja impossível ou excessivamente difícil.

---

4. CAMBI, Eduardo. Direito constitucional à prova no processo civil. São Paulo: Revista dos Tribunais, 2001, p. 134.

Assim é que da combinação sinérgica dos artigos 6°, VIII do CDC, 373, §§ 1° e 2° do CPC/2015 e 818, §§ 1° e 3° da CLT, estão fincadas as balizas para a correta adoção pretoriana da técnica processual em estudo, que serão de agora em diante estudadas em tópicos apartados para fins pedagógicos.

4.1. A alegação da parte que a princípio responde estaticamente pelo ônus de provar deverá ser verossímil ou ela deverá ser tida por hipossuficiente

De acordo com o disposto no artigo 6°, VIII, do CDC, como já visto, para que o ônus da prova seja invertido, o juiz deverá, segundo as regras ordinárias de experiências, tomar a alegação da parte por verossímil ou enquadrá-la como hipossuficiente. É de se discutir, nesse contexto, o que se deve entender por regras ordinárias de experiências, verossimilhança e hipossuficiência.

Segundo o artigo 375 do CPC/2015 o juiz aplicará, no exercício das suas funções jurisdicionais, as regras de experiência comum subministradas pela observação do que ordinariamente acontece e, ainda, as regras de experiência técnica, ressalvado, quanto a estas, o exame pericial. Tal preceito não passa da tradução legal da antiga máxima de que o ordinário se presume e o extraordinário se comprova.

As regras da experiência comum povoam a cabeça do julgador, que, com o correr dos tempos, estribado na sua experiência pessoal e profissional, adquire uma percepção bastante sensível e apurada da maneira como os fatos do cotidiano trabalhista se desenrolam.

Já as regras da experiência técnica, muito embora a rigor não se insiram no universo cognitivo do julgador, geralmente formado somente em direito, podem ser apreendidas pela repetição de casos corriqueiros como aqueles relativos a insalubridade, periculosidade ou redução da capacidade laborativa do trabalhador, ressalvada, sempre, a colaboração de um perito da área, cuja atividade será imprescindível para que a causa seja adequadamente solucionada. Sintetizando, quando a matéria depender de prova técnica, o fundamental para o desate do imbróglio será a realização de perícia, podendo as máximas da experiência técnica apreendidas pelo magistrado no exercício da sua profissão ser utilizadas concomitantemente, até mesmo para fins de inversão do ônus da prova.

De sua vez, a verossimilhança deve considerar, entre outros requisitos: a) o valor do bem jurídico ameaçado de lesão; b) a dificuldade de se provar a alegação; c) a credibilidade, de acordo com as regras de experiência, da alegação[5].

Por óbvio, a verossimilhança não deve se assentar em um juízo absoluto de verdade, até porque este é impossível de ser alcançado na sua máxima complexidade, ainda que em procedimento de cognição exauriente. Aliás, se a verossimilhança é um

---
5. Nesse sentido, MARINONI, Luiz Guilherme; MITIDIERO, Daniel. *Código de processo civil comentado artigo por artigo*. São Paulo: Revista dos Tribunais, 2008, p. 271.

elemento de inversão do ônus da prova, é porque ela não se mostra plena enquanto critério de verdade. Deve provir, portanto, da confiabilidade da arguição, lastreada, no mais das vezes, nas máximas da experiência, subministradas pelo que ordinariamente acontece.

A hipossuficiência, ao contrário do que possa parecer à primeira vista, não se trata de um conceito propriamente econômico, sendo relativo, no contexto probatório, à fragilidade probante daquele a quem incumbiria, a princípio, dar a prova em juízo. Não podemos fechar os olhos, entretanto, para o fato de que não raro a hipossuficiência econômica afetará a capacidade comprobatória do agente, que reprimido pelas vicissitudes financeiras experimentadas ao longo da vida, nem sempre possuirá condições de carrear a juízo um acervo consistente de provas.

Percebe-se, nessa perspectiva, que a inversão do ônus da prova é uma técnica capaz de dar vida ao princípio da paridade de armas probatórias no interior do processo. Não é por outra razão, aliás, que o professor Eduardo Cambi esclarece que *"a inversão do ônus da prova é uma técnica que visa proteger (...) a parte que, na relação jurídica substancial, está em posição de desigualdade, sendo a parte mais vulnerável (v.g., nas relações de trabalho subordinado)"*[6], sendo certo, porém, que ela *"não se restringe aos aspectos econômicos, mas também devem ser ponderados alguns fatores, tais como acesso às informações, grau de escolaridade, poder de associação e posição social"*[7].

4.2. A prova daquele que detém estaticamente o ônus probatório deve ser de difícil produção, ao passo que a prova da parte contrária deve ser veiculação mais simples

Aqui há de se enfatizar, trazendo o debate desde logo para o campo do Processo do Trabalho, que a utilização da inversão do ônus da prova na processualística laboral baseia-se, no mais das vezes, na constatação de que o empregador, em virtude de deter na relação de emprego os poderes de direção e de fiscalização, possui a obrigação de previamente constituir provas do desvencilhamento das obrigações laborais a que esteja jungido.

Assim, não é raro que ocorram situações no cotidiano forense trabalhista que a prova a princípio atribuível ao empregado seja de difícil, improvável ou mesmo impossível (*probatio diabolica*), ao passo que a contraprova do empregador é de fácil realização, na medida em que ele possui em suas mãos o chamado poder empregatício, que se divide em poder diretivo, poder regulamentar, poder fiscalizatório, poder disciplinar e poder de documentação. Em situações que tais, não há dúvida de que a técnica da inversão probatória deve ser utilizada pelo julgador.

Devidamente apresentadas essas imprescindíveis premissas, é chegado o momento de trazer a lume alguns exemplos jurisprudenciais de inversão do ônus da

---

6. CAMBI, Eduardo. *Curso de direito probatório*. Curitiba: Juruá, 2014, p.169
7. CAMBI, Eduardo. Ibid. p.174.

prova no Processo do Trabalho. Dois dos mais eloquentes deles estão catalogados nos incisos I e III da Súmula 338 do TST, a saber:

> *I – É ônus do empregador que conta com mais de 10 (dez) empregados o registro da jornada de trabalho na forma do art. 74, § 2º, da CLT. A não apresentação injustificada dos controles de frequência gera presunção relativa de veracidade da jornada de trabalho, a qual pode ser elidida por prova em contrário.*
>
> *III – Os cartões de ponto que demonstram horários de entrada e saída uniformes são inválidos como meio de prova, invertendo-se o ônus da prova, relativo às horas extras, que passa a ser do empregador, prevalecendo a jornada da inicial se dele não se desincumbir.*

No primeiro caso, ainda que o réu se restrinja a negar o fato constitutivo do direito do autor, qual seja, a jornada por ele alegada na petição inicial, não se preocupando em esgrimir outro que seja impeditivo, extintivo ou modificativo do interesse obreiro, deixando de trazer para os autos, caso mantenha mais de dez empregados, os cartões de ponto alusivos à jornada praticada pelo trabalhador, o ônus da prova lhe será dirigido por inversão típica.

Consoante pontuado pouco atrás, a utilização da técnica de repartição dinâmica do ônus da prova no Processo do Trabalho geralmente se baseia nos poderes de direção e de fiscalização que o Direito do Trabalho atribui ao empregador, situação essa que lhe impõe a obrigação a preconstituir provas, principalmente em uma situação dessa natureza, na qual o seu dever está expresso § 2º do artigo 74 da CLT. Desse modo, diante da notória aptidão do reclamado para a produção da prova, o encargo probatório ser-lhe-á direcionado, prevalecendo, caso dele não se desincumba, a jornada articulada na primígena (desde que ela, naturalmente, seja verossímil, consoante exige o artigo 6º, VIII, do CDC).

Já na segunda hipótese, a jurisprudência parte da premissa de que um cartão de ponto contendo anotação invariável de jornada não se mostra digno de credibilidade, vez que as máximas da experiência, subministradas pelo que ordinariamente acontece, eloquentemente indicam que tais anotações sejam fraudulentas, apenas se prestando a sobreporem formas à realidade, em manifesta afronta a um dos mais reverenciados princípios de Direito Material do Trabalho.

Imagine-se, por outro lado, o caso de um trabalhador que depois de trabalhar anos a fio em uma mina de extração de amianto, se veja acometido por neoplasia maligna no pulmão. Em uma situação como essa, não há como se pensar de modo diferente, a não ser para se compreender, inclusive com fulcro no artigo 21-A da Lei 8.213-9, que existe um nexo técnico epidemiológico, constatável por simples simbiose estatística, entre o trabalho realizado e o agravo experimentado.

Em assim sendo, uma eventual alegação contida na petição inicial de que o câncer foi desenvolvido por causa da atividade desenvolvida na mina de amianto, por ser absolutamente verossímil, conduz à inexorável inversão do ônus da prova, competindo ao empregador, que explora um setor econômico de risco inescondível, o qual inclusive já devastou cidades inteiras na Europa[8], o ônus de provar, por exemplo, que o trabalhador era um consumidor inveterado de tabaco ou, por via de prova pericial, um tanto mais sofisticada é bem verdade, que havia predisposição genética do empregado para o desenvolvimento da enfermidade. Nesse sentido, embora tratando de outra doença, a jurisprudência da Seção de Dissídios Individuais 1 do Tribunal Superior do Trabalho, que mesmo longa merece reprodução integral devido a sua riqueza de detalhes:

> RESPONSABILIDADE CIVIL DO EMPREGADOR PELOS DANOS MORAIS DECORRENTES DE DOENÇA OCUPACIONAL PROFISSIONAL DIAGNOSTICADA COMO LER/DORT DE QUE FOI VÍTIMA A EMPREGADA QUANDO DESENVOLVIA A ATIVIDADE DE DIGITADORA – CULPA PRESUMIDA – INDENIZAÇÃO. As doenças ocupacionais são as enfermidades ocasionadas pela execução do trabalho, "seja pela atividade em si, seja pelas condições ambientais". No Brasil, o legislador equiparou, para fins de proteção ao trabalho, a doença ocupacional ao acidente do trabalho. Nos termos do artigo 20 da Lei 8.213/91, as doenças ocupacionais, são subdivididas em doenças profissionais e doenças do trabalho. Da leitura do referido diploma legal, extrai-se que as doenças profissionais são enfermidades próprias de algumas atividades, peculiares a determinadas profissões, e são reconhecidas como tais pela Previdência Social. Decorrem do risco da atividade, ou seja, da própria função exercida pelo empregado. As doenças do trabalho, por sua vez, são aquelas que podem ser adquiridas ou desencadeadas pelas condições ocupacionais inadequadas em que o trabalho é realizado, expondo o trabalhador a agentes nocivos. Tais doenças não são próprias de determinadas atividades profissionais, mas são consideradas como acidentes do trabalho em virtude da equiparação feita pela lei. Na hipótese dos autos, é incontroverso que a autora, que exercia a atividade de digitadora, foi acometida por doença ocupacional do grupo LER/DORT. A partir dos conceitos legais estabelecidos no artigo 20 da Lei 8.213/91, a doutrina vem atrelando a LER/DORT ao conceito de doença profissional quando afirma que essas doenças são "afecções, perturbações funcionais, lesões agudas ou crônicas de quem podem se vitimar os trabalhadores, por força da atividade, de um trabalho ou profissão". No caso vertente, portanto, o que se está examinando é a responsabilidade do empregador em hipótese em que o empregado apresenta lesões crônicas em decorrência de doença classificada como LER/DORT, resultante do exercício da atividade profissional. É certo que a obrigação de indenizar os danos morais e/ou materiais causados por doenças do trabalho surge para o empregador quando presentes os pressupostos da responsabilidade civil, quais sejam: o dano causado ao empregado, o ato culposo ou doloso praticado pelo empregador e o nexo causal da ocorrência com o trabalho. Desse modo, a indenização devida pelo empregador em casos de doença profissional pressupõe sempre a sua conduta dolosa ou culposa por violação de dever imposto por lei ou descumprimento de um dever genérico ou um dever jurídico ou obrigação socialmente exigível e esperada, fundando-se a responsabilidade no artigo 927 do Código Civil. Todavia, no caso dos autos, não foi delineado o quadro fático preciso, quanto à ocorrência ou não de efetiva prática ilícita causadora do dano, atendo-se o Tribunal Regional a considerar a possibilidade de reconhecer-se a responsabilidade objetiva. Em contrapartida, entendo ser possível presumir-se a culpa do empregador no presente caso, eis que o quadro fático autoriza o entendimento de que existe uma presunção de culpa do empregador, advinda do fato de que o exercício da função desempenhada pelo empregado originou a doença profissional, já que evidenciada a exposição do empregado a serviços repetitivos e contínuos quando do desempenho de suas funções (digitação de documentos). De acordo com a teoria da presunção de culpa, inverte-se o ônus da prova em favor da vítima, presumindo-se a

---

8. Indicamos a leitura de ROSSI, Giampiero. *A lã da salamandra: a verdadeira história da catástrofe do amianto em Casale Monferrato*. São Paulo: Instituto José Luís e Rosa Sundermann, 2010.

culpa do empregador no evento danoso, salvo prova em sentido contrário. No caso, desse ônus o reclamado não se desincumbiu, porquanto não produziu qualquer prova que demonstrasse que ele proporcionou ao empregado condições seguras de trabalho, já que ele tem como obrigação cumprir as normas relativas à saúde do trabalhador, bem como fiscalizar se o desempenho de suas funções estão, na prática, obedecendo a essas orientações. Assim, restando caracterizados o dano, o nexo de causalidade e a culpa do empregador, permanece o dever de reparação moral. Recurso de embargos conhecido e desprovido.[9]

Pense-se, outrossim, na hipótese em que um empregado portador de doença grave, geradora de estigma ou preconceito, como, v.g., a AIDS, seja dispensado injustificadamente do trabalho e pleiteie a reintegração no emprego. Nesse caso, de acordo com a Súmula 443 do TST, a dispensa presume-se discriminatória. Logo, por ser manifestamente verossímil, o empregado não está obrigado a comprovar o fato constitutivo capaz de justificar o seu retorno ao trabalho, impondo-se, de tal arte, a inversão do ônus da prova, a fim de que o empregador elida a presunção relativa existente no caso, demonstrando, por exemplo, que a dispensa não foi arbitrária, tendo na realidade se fundado em motivo disciplinar, técnico, econômico ou financeiro (aplicação analógica do artigo 165 da CLT).

Reflita-se, finalmente, sobre uma situação mais que corriqueira na Justiça do Trabalho, na qual se discute se o empregado necessita de vale-transporte para se deslocar da residência até o local de realização do trabalho. Compreendia-se, ao tempo da OJ 215 da SDI-1 do TST, que era do empregado, por ser fato constitutivo do seu direito, o ônus de comprovar a satisfação dos requisitos indispensáveis à obtenção do benefício em questão.

Nada obstante, o fato é que a SBDI I do TST cancelou o aludido verbete na data de 25.04.2011, demonstrando, com tal comportamento, que incide à espécie a técnica da inversão do ônus da prova. Ocorre que como já vimos, o ordinário se presume e o extraordinário se comprova. Não há dúvidas, à luz do antedito apotegma, que principalmente nos grandes centros urbanos, a regra geral é que o empregado necessita do vale-transporte, sendo exceção a sua desnecessidade. Nesse diapasão, é absolutamente normal que a prova deva ser dada pelo empregador, que por via de tecnologias simples e acessíveis como o *googlemaps*, pode demonstrar com facilidade, por exemplo, que o empregado morava tão perto do emprego, que poderia ir andando até o trabalho. Nesse sentido, a súmula 460 não mais deixa margem para dúvidas, ao enunciar expressamente que é do empregador o ônus de comprovar que o empregado não satisfaz os requisitos indispensáveis para a concessão do vale-transporte ou não pretenda fazer uso do benefício.

Inúmeros outros exemplos poderiam ser apresentados. O fundamental nessa matéria, entretanto, é que o juslaboralista tenha em mente que a técnica de inversão do ônus da prova almeja transportar o processo do campo da igualdade formal para o da isonomia substancial, protegendo no plano prático, em honra dos princípios

---

9. TST – E-RR 80500-83.2007.5.04.0030, Ac. SDI-1 – Rel. Min. Ives Gandra da Silva Martins Filho – Red. Min. Renato de Lacerda Paiva – Publicado em 17/05/2013.

do contraditório e da paridade de armas probatórias, o interesse daquele que teria especial dificuldade em provar o seu direito.

4.3. Da inversão não pode resultar uma prova impossível ou excessivamente difícil para a parte (*probatio diabolica*)

Como já vimos, para que haja a inversão do ônus da prova, são necessários os seguintes requisitos: a) a alegação da parte que responde estaticamente pelo ônus de provar deverá ser verossímil ou ela deverá ser tida por hipossuficiente; b) a prova daquele que detém estaticamente o ônus probatório deve ser de difícil produção, enquanto que a prova da parte contrária deve ser veiculação mais simples.

Por corolário desta última regra, resta claro que até mesmo em virtude do princípio da paridade de armas probatórias, da inversão não poderá resultar um ônus diabólico para aquele a quem se atribuir dinamicamente o encargo de provar. É justamente por isso que o § 2º do artigo 373 do CPC/2015 bem como o § 3º do artigo 818 da CLT, ambos laborando no terreno de manifesta obviedade, se preocuparam em estatuir que a decisão de inversão do ônus da prova não pode gerar situação em que a desincumbência do encargo pela parte seja impossível ou excessivamente difícil.

Imagine-se a seguinte hipótese, mais que corriqueira na Justiça do Trabalho, na qual o autor alega a percepção de salário não contabilizado, postulando, em decorrência, os seus reflexos em horas extras, aviso prévio, 13º salários, férias + 1/3 e FGTS + 40%. Nesse caso, o Juiz do Trabalho se vê diante de uma situação paradoxal, já que ainda que a alegação da inicial seja verossímil (tendo em conta, por exemplo, os salários praticados no mercado) e que a prova do autor seja extremamente difícil (já que aqueles que pagam salário marginal não deixam rastros contábeis, bancários ou testemunhais da prática), ele não poderá pura e simplesmente inverter o ônus da prova, já que se ele assim o fizesse, dirigiria uma prova diabólica ao réu, consistente no encargo de provar fato negativo (o não pagamento de salário 'por fora').

Nesse caso, o ônus da prova continuará sendo do autor, que por força da distribuição estática prevista nos artigos 373, I, do CPC/2015 e 818, I, da CLT, deverá comprovar o fato constitutivo do seu direito, qual seja, a percepção de salário não contabilizado. Vale adiantar, contudo, que o uma situação como essa abrirá margem para a incidência da técnica de redução do módulo da prova no Processo do Trabalho brasileiro, cujos pormenores estão apresentados no nosso livro Provas no processo do trabalho: de acordo com o novo código de processo civil[10.]

5. MOMENTO PROCESSUAL DA REPARTIÇÃO DO ÔNUS DA PROVA

É chegada a ocasião, uma vez explicadas as regras de distribuição estática e dinâmica do ônus da prova, de estudarmos um tema de altíssima indagação no direito

---

10. CESÁRIO, João Humberto. Op. cit. p. 150 *et seq.*

processual, que diz respeito ao momento em que o juiz deve distribuir o encargo probatório; se durante a instrução ou no momento do julgamento.

Não há como negar que a distribuição do ônus da prova possui dúplice escopo. Ao mesmo tempo em que é uma regra de instrução, sendo, pois, um indicativo aos litigantes quanto às provas que devam produzir, é também um sistema de julgamento, servindo como ferramenta para que o magistrado decida, principalmente naqueles contextos em que não houve prova convincente. Mas a grande questão a ser agora respondida, como já enfatizado, é a do momento processual em que o juiz deverá se pronunciar sobre o tema.

O CPC/1973 não obrigava o julgador a orientar previamente os litigantes quanto às provas que pesavam sobre os seus ombros. Tanto é assim, que o artigo 451 do CPC/1973 se limitava a dizer que, ao iniciar a instrução, o magistrado, ouvidas as partes, deveria apenas fixar os pontos controvertidos sobre os quais a prova incidiria. Tal diretiva, naturalmente, se devia ao fato de que o CPC/1973 somente trabalhava com a perspectiva da distribuição estática do ônus da prova, sendo de se esperar que a parte assistida por advogado soubesse da prova que por imposição legal estava obrigada a dar.

Mesmo àquele tempo, a questão no nosso ponto de vista já era um tanto mais complexa[11], merecendo assim tratamento cuidadoso, vez que não é de hoje que a distribuição dinâmica vem se sobrepondo à repartição estática do encargo probatório. Já pensávamos desde então, que principalmente quando o juiz tomasse a iniciativa de inverter o ônus da prova, deveria alertar as partes no ato da audiência, inclusive fundamentando, ainda que de modo conciso, o seu ponto de vista (artigo 93, IX, da CRFB), de modo a prestigiar o mais amplo direito de defesa dos contendores.

Tal perspectiva, para o nosso júbilo, foi expressamente consagrada pelo CPC/2015, que preconiza no seu artigo 373, § 1°, parte final, que quando o juiz atribuir a prova de modo diverso do legalmente previsto, deverá fazê-lo por decisão fundamentada, caso em que deverá dar à parte a oportunidade de se desincumbir do ônus que lhe foi atribuído, fazendo-o, naturalmente, pela via da advertência prévia, evitando, assim, surpresas que somente se revelariam por ocasião da sentença[12].

Seguindo a diretriz civilista, a parte inicial do § 2° do artigo 818 da CLT, inserido no corpo do aludido diploma legal por força da Lei 13.467/2017, revela-se capaz de espancar qualquer dúvida sobre o tema no Processo do Trabalho, já que a sua inteligência preconiza que a decisão de inversão deverá ser proferida antes da abertura da instrução.

---

11. Vide, quanto ao afirmado, CESÁRIO, João Humberto. *Provas e recursos no processo do trabalho*. São Paulo: LTr, 2010, p.50 e 51.
12. Note-se, aliás, na dicção civilista até mesmo quando o juiz não inverte o ônus da prova, ele deve distribui-lo previamente, na decisão de saneamento, consoante determina o artigo 357, III, do CPC/2015.

Tal diretiva, contudo, será capaz de em alguma medida retardar a prestação jurisdicional trabalhista, vez que a parte final do prefalado § 2º do artigo 818 da CLT ressalva que, a requerimento do interessado, eventual inversão probatória implicará o adiamento da audiência, a fim de que o novo destinatário da prova, sem surpresas ou sobressaltos, se desvencilhe do encargo que passou a pesar sobre os seus ombros, podendo, com efeito, provar os fatos por qualquer meio em direito admitido.

Diante das peculiaridades do problema detectado no parágrafo anterior, que em última análise coloca em rota de colisão os princípios constitucionais do contraditório e do devido processo sem dilações excessivas, dele trataremos a seguir em tópico apartado.

6. A PRODUÇÃO DE PROVAS NO CASO DE INVERSÃO DO ENCARGO PROBATÓRIO E O ADIAMENTO DA AUDIÊNCIA: POSSIBILIDADE DE HARMONIZAÇÃO DOS PRINCÍPIOS DO CONTRADITÓRIO E DA RAZOÁVEL DURAÇÃO DO PROCESSO

Como já indicado no tópico precedente, o § 2º do artigo 818 da CLT estabelece que a inversão do ônus da prova, ocorrida dinamicamente antes da abertura da instrução, possibilitará que o interessado requeira o adiamento da audiência.

Tal disposição, obviamente, possui arrimo na vedação da surpresa, que é um princípio previsto genericamente no artigo 10 do CPC/2015 como norma fundamental do processo. Dito de outro modo, o aludido preceito almeja evitar que um litigante fique privado do contraditório e da ampla defesa, naquelas circunstâncias em que não tenha trazido uma prova para audiência, acreditando, de boa-fé, que estaticamente o encargo probatório pertencia à parte contrária.

Em que pese a correta intenção da regra enfocada, não é difícil imaginar que ela poderá ser usada como um poderoso mecanismo de procrastinação da prestação jurisdicional. Cumpre ao magistrado, com efeito, buscar uma solução de conformação do procedimento, que sem desprestigiar a vedação da surpresa, seja capaz de garantir, harmonicamente, o contraditório, a ampla defesa e a razoável duração do processo. Pelo menos duas soluções, na nossa visão, serão capazes de viabilizar o alcance do objetivo colimado.

Na primeira delas, por exemplo, principalmente nas ações de rito ordinário, onde comumente ocorre a fragmentação da audiência (ainda que ao arrepio da literalidade do artigo 849 da CLT), poderá o magistrado, em achando viável, inspirado no artigo 357, II e III, do CPC/2015, proferir após a réplica do autor uma breve decisão de saneamento e organização do processo, na qual, entre outras coisas, delimitará as questões de fato sobre as quais recairá a atividade probatória, especificando os meios de prova admitidos, definindo, ademais, a distribuição do ônus da prova. Assim, uma vez intimadas as partes com a necessária antecedência da mencionada decisão, não poderiam elas requerer, senão desnudando a má-fé objetiva com que agiriam, a redesignação da sessão instrutória, sob a alegação de que teriam sido apanhadas de surpresa.

Por outro lado, caso o juiz venha a compreender que a prolação de um despacho saneador seja hábil a aumentar para além do razoável o serviço interno da sua secretaria, poderá adotar uma outra solução de contorno, como, por exemplo, a de cientificar as partes, já na expedição da notificação para a audiência, aquelas circunstâncias que imporiam a inversão do ônus da prova, como, por exemplo, as de há muito catalogadas na súmula 338 do Tribunal Superior do Trabalho. Tal estratégia, simples e eficiente, sem dúvida seria capaz de harmonizar os princípios do contraditório e do devido processo sem dilações indevidas.

7. SÍNTESES CONCLUSIVAS

Uma vez apresentado um trabalho, é sempre saudável veicularmos em tópicos algumas sínteses conclusivas:

A redação original do artigo 818 da CLT, por ser extremamente lacônica, não disciplinava a contento o ônus da prova no Processo do Trabalho. Assim, ao tempo do CPC/1973 era aplicado à processualística laboral o artigo 333 do mencionado código. Atualmente, diante da sua melhor construção, o artigo 373 do CP/2015 tem sido usado na jurisdição trabalhista. Atenta a tal fato, a legislação reformadora atribuiu nova redação ao artigo 818 da CLT, que, na sua essência, incorporou a disciplina normativa do artigo 373 do CPC/2015;

O ônus subjetivo da prova se destina aos litigantes, antecipando os fatos relevantes e controvertidos que cada um deles deverá comprovar. Por outro lado, o ônus objetivo da prova se liga à atividade do magistrado, que apreciará as provas produzidas nos autos, independentemente de qual dos litigantes a tenha fabricado;

Na perspectiva estática, o autor deve provar o fato constitutivo do seu direito, ao passo que o réu deve provar o fato impeditivo, extintivo ou modificativo do direito do autor;

Atualmente, tanto o § 1º do artigo 373 do CPC/2015, quanto o § 1º do artigo 818 da CLT (na redação reformada), estatuem que nos casos previstos em lei ou diante de peculiaridades da causa relacionadas à impossibilidade ou à excessiva dificuldade de cumprir o encargo (previsto estaticamente nos artigos 373, I e II, do CPC/2015 e 818, I e II, da CLT) ou à maior facilidade de obtenção da prova do fato contrário, poderá o juízo atribuir dinamicamente o ônus da prova de modo diverso, desde que o faça por decisão fundamentada;

A decisão de inversão deverá ser proferida antes da abertura da instrução, sendo certo, porém, que o § 2º do artigo 818 da CLT ressalva que, a requerimento do interessado, eventual inversão probatória implicará o adiamento da audiência, a fim de que o novo destinatário da prova, sem surpresas ou sobressaltos, se desvencilhe do encargo que passou a pesar sobre os seus ombros;

Em que pese a correta intenção da regra enfocada, não é difícil imaginar que ela poderá ser usada como um mecanismo de procrastinação da prestação jurisdicional, cumprindo ao magistrado, com efeito, buscar uma solução de conformação do procedimento, que sem desprestigiar a vedação da surpresa, seja capaz de garantir, harmonicamente, o contraditório, a ampla defesa e a razoável duração do processo.

Tais soluções adviriam, por exemplo, da prolação de um despacho saneador prévio, que, entre outras coisas, deliberaria sobre a distribuição do ônus da prova, de modo que as partes, uma vez intimadas, viriam para audiência sabendo, de antemão, sobre quais fatos deveriam provar. Caso o juiz entenda tal procedimento como contraproducente do ponto de vista da organização dos serviços da sua secretaria, poderia, alternativamente, cientificar as partes, já na expedição da notificação para a audiência, sobre aquelas circunstâncias que imporiam a inversão do ônus da prova.

8. REFERÊNCIAS BIBLIOGRÁFICAS

CAMBI, Eduardo. *Curso de direito probatório*. Curitiba: Juruá, 2014.

_____. *Direito constitucional à prova no processo civil*. São Paulo: Revista dos Tribunais, 2001.

CARNELUTTI, Francesco. *Sistema de direito processual civil*. Vol. II. Trad. Hiltomar Martins Oliveira. São Paulo: Classic Book, 2000.

CESÁRIO, João Humberto. *Provas e recursos no processo do trabalho*. São Paulo: LTr, 2010.

_____. *Provas no processo do trabalho: de acordo com o novo código de processo civil*. Cuiabá: JHC, 2015.

MARINONI, Luiz Guilherme; MITIDIERO, Daniel. *Código de processo civil comentado artigo por artigo*. São Paulo: Revista dos Tribunais, 2008.

ROSSI, Giampiero. *A lã da salamandra: a verdadeira história da catástrofe do amianto em Casale Monferrato*. São Paulo: Instituto José Luís e Rosa Sundermann, 2010.

A Teoria Dinâmica e a Distribuição do Ônus de Prova

Ricardo Souza Calcini

Professor de Pós-Graduação e de Cursos Jurídicos. Instrutor de Treinamentos "In Company". Palestrante em Eventos Corporativos. Mestrando em Direito do Trabalho pela PUC/SP. Pós-Graduado em Direito Processual Civil pela EPM do TJ/SP. Especialista em Direito Social pela Universidade Presbiteriana Mackenzie. Assessor de Desembargador e Professor da Escola Judicial no TRT/SP da 2ª Região. Membro do IBDSCJ, da ABDPC, do CEAPRO, da ABDPro, da ABDConst, do IDA e do IBDD.
Contatos: rcalcini@gmail.com (e-mail) e/ou www.ricardocalcini.com (site)

Sumário: 1. Introdução – 2. Ônus da Prova Estático e o Novo CPC de 2015 – 3. Teoria Dinâmica do Ônus Probatório – 4. Prova Negativa ("diabólica") – 5. Reforma Trabalhista e a Jurisprudência do TST – 6. Enunciados do FPPT – 7. Conclusão – 8. Referências bibliográficas.

1. INTRODUÇÃO

Do ponto de vista etimológico do termo, "ônus" significa obrigação, dever, encargo de alguém ou de uma das partes. Assim, ônus da prova significa o dever da parte de fazer prova de suas alegações.

A prova consiste em todo meio idôneo e moralmente legítimo de comprovar e demonstrar a existência de um fato[1]. Assim, inexiste rol taxativo dos meios de prova, a qual visa formar o convencimento do Magistrado, afetando sua forma de julgar. Possui íntimo liame com as garantias constitucionais do acesso à Justiça, do devido processo legal e do contraditório (art. 5º, XXXV, LIV e LV, CF).[2]

A doutrina pátria define a prova em dois aspectos, sendo o primeiro de cunho objetivo, e o segundo de caráter subjetivo.

Sobre tal distinção, leciona Humberto Theodoro Júnior:

Há, por isso, dois sentidos em que se pode conceituar a prova no processo: (a) objetivo, isto é, como instrumento ou meio hábil para demonstrar a existência de um fato (os documentos, as

---

1. CPC, Artigo 369. As partes têm o direito de empregar todos os meios legais, bem como os moralmente legítimos, ainda que não especificados neste Código, para provar a verdade dos fatos em que se funda o pedido ou a defesa e influir eficazmente na convicção do juiz.
2. CRFB, Artigo 5º. Todos são iguais perante a lei, sem distinção de qualquer natureza, garantindo-se aos brasileiros e aos estrangeiros residentes no País a inviolabilidade do direito à vida, à liberdade, à igualdade, à segurança e à propriedade, nos termos seguintes: [...] XXXV – a lei não excluirá da apreciação do Poder Judiciário lesão ou ameaça a direito; [...] LIV – ninguém será privado da liberdade ou de seus bens sem o devido processo legal; LV – aos litigantes, em processo judicial ou administrativo, e aos acusados em geral são assegurados o contraditório e ampla defesa, com os meios e recursos a ela inerentes.

testemunhas, a perícia etc.); (b) e outro subjetivo, que é a certeza (estado psíquico) originada quanto ao fato em virtude da produção do instrumento probatório. Aparece a prova, assim, como convicção formada no espírito do julgador em torno do fato demonstrado.[3]

Quanto ao objetivo da prova, frisa-se que, em regra, essa se refere a fatos pertinentes e controvertidos do processo. Porém, salienta-se que algumas questões fáticas prescindem de prova, tais quais aquelas indicadas no artigo 74 do CPC de 2015[4]. Ainda, com fulcro no axioma do "iuri novit curia", a prova da existência de direito é excepcional, exigindo determinação do Juiz nesse sentido, como ocorre, por força da lei, nos casos de direito municipal, estadual, estrangeiro ou consuetudinário.[5]

Ademais, é possível pontuar a existência de fases na questão probatória. A primeira consiste no pedido para sua produção; a segunda refere-se ao juízo de admissibilidade pelo Magistrado, que avaliará a pertinência desta; a terceira é a colheita da prova, que, em regra, ocorre na audiência (CPC, artigo 449[6] c/c CPC; CLT, artigo. 852-H[7]); e, a quarta, se traduz na própria valoração probatória pelo Juiz ao decidir.

Fato é que o Julgador não pode se esquivar de sentenciar ou despachar alegando lacuna ou obscuridade em lei. Com isso, na falta de normas jurídicas particulares, o Magistrado aplicará as regras da experiência comum e da técnica, recorrendo à analogia, costumes e princípios gerais do direito (CPC, artigos 140[8] e 375[9]).

Com efeito, é certo que em nosso ordenamento jurídico vigora a teoria do livre convencimento motivado, também denominada de persuasão racional, a qual se encontra prevista no artigo 371 do CPC[10]. Entende-se ser a melhor teoria que concretiza os valores do devido processo legal e da ampla defesa, uma vez que o jurisdicionado deve conhecer os motivos determinantes da decisão.

Segundo tal sistemática, caberá ao Juiz dizer as razões pelas quais decidiu determinado litígio a ele submetido, em atenção ao comando do artigo 93, IX, da

---

3. THEODORO Jr., Humberto. *Curso de Direito Processual Civil*, 44. ed. vol. I, Rio de Janeiro: Forense, 2006, p. 456.
4. CPC, Artigo 374. Não dependem de prova os fatos: I – notórios; II – afirmados por uma parte e confessados pela parte contrária; III – admitidos no processo como incontroversos; IV – em cujo favor milita presunção legal de existência ou de veracidade.
5. CPC, Artigo 376. A parte que alegar direito municipal, estadual, estrangeiro ou consuetudinário provar-lhe-á o teor e a vigência, se assim o juiz determinar.
6. CPC, Artigo 449. Salvo disposição especial em contrário, as testemunhas devem ser ouvidas na sede do juízo. Parágrafo único. Quando a parte ou a testemunha, por enfermidade ou por outro motivo relevante, estiver impossibilitada de comparecer, mas não de prestar depoimento, o juiz designará, conforme as circunstâncias, dia, hora e lugar para inquiri-la.
7. CLT, Artigo 852-H. Todas as provas serão produzidas na audiência de instrução e julgamento, ainda que não requeridas previamente.
8. CPC, Artigo 140. O juiz não se exime de decidir sob a alegação de lacuna ou obscuridade do ordenamento jurídico. Parágrafo único. O juiz só decidirá por equidade nos casos previstos em lei.
9. CPC, Artigo 375. O juiz aplicará as regras de experiência comum subministradas pela observação do que ordinariamente acontece e, ainda, as regras de experiência técnica, ressalvado, quanto a estas, o exame pericial.
10. CPC, Artigo 371. O juiz apreciará a prova constante dos autos, independentemente do sujeito que a tiver promovido, e indicará na decisão as razões da formação de seu convencimento.

CRFB[11]. Assim, como não há hierarquia entre as provas, pode o Juiz dar preferência a uma prova em detrimento da outra, julgando de acordo com as provas constantes do processo, motivando, para tanto, a sua decisão.

Importante salientar que o CPC de 2015, no §1º do seu artigo 489, traz novas obrigações quanto à fundamentação da sentença, impondo ao Magistrado que aprecie – tópico por tópico – todos os argumentos levantados pelas partes, ainda que absolutamente impertinentes, sob pena de nulidade.[12]

Bem por isso, para o atingimento da verdade, necessário se faz que o Julgador, dentre outras questões, se atenha aos elementos de prova, a qual é verdadeiro instituto de natureza processual, e que tem por escopo formar a sua própria convicção no ato de julgar.

2. ÔNUS DA PROVA ESTÁTICO E O NOVO CPC DE 2015

No Código de Processo Civil de 1973, a incumbência do ônus da prova encontra-se delineada no artigo 333, segundo o qual o ônus probatório era do autor em relação aos fatos constitutivos de seu direito; ao passo que o ônus se direcionava ao réu quanto à prova da existência de fato impeditivo, modificativo ou extintivo da pretensão do autor.

Note-se que esse parâmetro do CPC/1973, que instituiu o chamado "ônus de prova estático", foi mantido nos incisos do atual artigo 373 CPC/2015:

Art. 373. O ônus da prova incumbe:

I – ao autor, quanto ao fato constitutivo de seu direito;

II – ao réu, quanto à existência de fato impeditivo, modificativo ou extintivo do direito do autor.

A tal respeito, José Roberto dos Santos Bedaque traz as suas conceituações:

---

11. CRFB, Art. 93. Lei complementar, de iniciativa do Supremo Tribunal Federal, disporá sobre o Estatuto da Magistratura, observados os seguintes princípios: [...] IX todos os julgamentos dos órgãos do Poder Judiciário serão públicos, e fundamentadas todas as decisões, sob pena de nulidade, podendo a lei limitar a presença, em determinados atos, às próprias partes e a seus advogados, ou somente a estes, em casos nos quais a preservação do direito à intimidade do interessado no sigilo não prejudique o interesse público à informação.
12. CPC, Artigo 489. São elementos essenciais da sentença: [...] § 1º Não se considera fundamentada qualquer decisão judicial, seja ela interlocutória, sentença ou acórdão, que: I – se limitar à indicação, à reprodução ou à paráfrase de ato normativo, sem explicar sua relação com a causa ou a questão decidida; II – empregar conceitos jurídicos indeterminados, sem explicar o motivo concreto de sua incidência no caso; III – invocar motivos que se prestariam a justificar qualquer outra decisão; IV – não enfrentar todos os argumentos deduzidos no processo capazes de, em tese, infirmar a conclusão adotada pelo julgador; V – se limitar a invocar precedente ou enunciado de súmula, sem identificar seus fundamentos determinantes nem demonstrar que o caso sob julgamento se ajusta àqueles fundamentos; VI – deixar de seguir enunciado de súmula, jurisprudência ou precedente invocado pela parte, sem demonstrar a existência de distinção no caso em julgamento ou a superação do entendimento.

Fato constitutivo é aquele que dá vida a uma vontade concreta da lei, que tem essa função específica e que normalmente produz esse efeito. Extinto, porque faz cessar essa vontade. Impeditivo é inexistência do fato que deve concorrer com o constitutivo, a fim de que ele produza normalmente seus efeitos; enquanto o fato constitutivo é a causa eficiente, o impeditivo é a ausência de uma causa concorrente.[13]

Entrementes, o Juiz, de ofício, poderá determinar a realização de provas que julgar necessárias à instrução do processo (CLT, artigo 765[14] c/c CPC, artigo 370[15]). Essa permissão legal não deve suprir o ônus da prova das partes, mas, tão somente, viabilizar a produção de novas provas a fim de auxiliar o Julgador na avaliação das provas que já se encontram nos autos.

E por decorrência direta dos seus poderes instrutórios, o Magistrado há de ter uma atuação intensa na produção das provas, as quais irão embasar, no momento adequado, a formação da sua convicção na prolação da prestação jurisdicional. Para tanto, quando for necessário, pode e deve o Magistrado inverter a sequência originária do encargo probatório, mantendo, assim, a efetiva justiça na distribuição do ônus da prova.

Importante salientar que, na avaliação da prova, o Juiz não deve aplicar o princípio "in dubio pro operário" (desdobramento do princípio protetor).[16] Isso porque o direito processual do trabalho é um dos ramos do Direito Público, onde se tem a extrema aplicação do princípio da legalidade. As regras processuais informadoras do ônus probatório devem ser observadas pelo Juiz, sob pena de violação do devido processo legal. Na dúvida, o Julgador deve decidir de acordo com o ônus probatório e, na avaliação da prova, pelo princípio da persuasão racional.

3. TEORIA DINÂMICA DO ÔNUS PROBATÓRIO

Nada obstante a regra estática do ônus de prova, e sem que haja o comprometimento de sua imparcialidade, o Magistrado, nos dias atuais, não mais deve ser espectador do processo, passando a ter uma conduta mais ativa. Deixa-se de lado a verdade formal dos autos, em busca da efetiva verdade substancial, material e real dos fatos. Concretiza-se, assim, os primados da efetiva pacificação social e da efetividade

---

13. BEDAQUE, José Roberto dos Santos. *Poderes instrutórios do juiz*. 5. ed., São Paulo: RT, 2011, p. 124.
14. CLT, Artigo 765. Os Juízos e Tribunais do Trabalho terão ampla liberdade na direção do processo e velarão pelo andamento rápido das causas, podendo determinar qualquer diligência necessária ao esclarecimento delas.
15. CPC, Artigo 370. Caberá ao juiz, de ofício ou a requerimento da parte, determinar as provas necessárias ao julgamento do mérito. Parágrafo único. O juiz indeferirá, em decisão fundamentada, as diligências inúteis ou meramente protelatórias.
16. A correta compreensão da índole do Direito do Trabalho mostra-nos que não tem a finalidade de realizar uma justiça comutativa, mas sim uma justiça distributiva. Para tanto impõe-se o combate à desigualdade real, quer se manifeste no campo político, econômico ou social. (PAULA, Carlos Alberto Reis de. *A especificidade do ônus da prova no processo do trabalho*. São Paulo: LTr, 2001, p. 125).

processual (CRFB, artigo 5º, LXXXVIII[17] c/c Pacto de São José da Costa Rica/69, art. 8º, item I[18]).

Sustentar que, agindo deste modo, o Juiz estaria perdendo sua imparcialidade, configuraria, no mínimo, um despautério. Podem muito bem ocorrer, e, de fato, ocorrem situações fáticas onde aspectos relevantes não são trazidos ao processo em decorrência de uma menor sorte econômica de uma das partes, ou mesmo por astúcia de uma delas que omite ou mascara os fatos conforme a sua conveniência e a seu bel-prazer. Nesses casos, o cruzar de braços do Juiz é que caracterizaria uma parcialidade.

Poderosas e irrefragáveis são as palavras de Teresa Arruda Alvim Wambier firmando seu entendimento, cujo enxerto abaixo trasladado arremata perfeitamente o posicionamento aqui defendido:

> *O juiz, nesse contexto, seria parcial se assistisse inerte, como espectador de um duelo, ao massacre de uma das partes, ou seja, de deixasse de interferir para tornar iguais partes que são desiguais. A interferência do juiz na fase probatória, vista sob este ângulo, não o torna parcial. Ao contrário, pois tem ele a função de impedir que uma das partes se torne vencedora na ação, não por causa do direito que assevera ter, mas porque, por exemplo, é economicamente mais favorecida que a outra. A circunstância de uma delas ser hipossuficiente pode fazer com que não consiga demonstrar e provar o direito que efetivamente tem. O processo foi concebido para declarar lato sensu o direito da parte que a ela faz jus e não para dela retirá-lo, dando-o a quem não o possua. Em função desse parâmetro, pois, devem ser concebidas todas as regras do processo, inclusive e principalmente as que dizem respeito ao ônus da prova.*[19]

Não por outra razão que se fala hoje na denominada "Teoria da Carga Dinâmica do Ônus da Prova", cuja ideia síntese – nascida na Argentina, por Jorge W. Peyrano[20] – é pautada na aptidão do ônus de provar. O novo Código de Processo Civil, inclusive, traz em seu corpo referido instituto, fazendo ressalva, apenas, ao dever do Juiz de infirmar às partes que, em determinado caso a ele submetido, inverterá o ônus de prova, forte do princípio do contraditório substancial.

---

17. CRFB, Artigo 5º. Todos são iguais perante a lei, sem distinção de qualquer natureza, garantindo-se aos brasileiros e aos estrangeiros residentes no País a inviolabilidade do direito à vida, à liberdade, à igualdade, à segurança e à propriedade, nos termos seguintes: [...] LXXVIII a todos, no âmbito judicial e administrativo, são assegurados a razoável duração do processo e os meios que garantam a celeridade de sua tramitação.
18. CADH, Artigo 8. Garantias judiciais. 1. Toda pessoa tem direito a ser ouvida, com as devidas garantias e dentro de um prazo razoável, por um juiz ou tribunal competente, independente e imparcial, estabelecido anteriormente por lei, na apuração de qualquer acusação penal formulada contra ela, ou para que se determinem seus direitos ou obrigações de natureza civil, trabalhista, fiscal ou de qualquer outra natureza.
19. WAMBIER, Teresa Arruda Alvim. *O ônus da prova*. Revista Jurídica Consulex, Brasília: Editora Consulex, n. 200, mai.2005, p. 40.
20. "Entren de identificar la categoria de las 'cargas probatórias dinamicas', hemos visualizado – entre otras – como formando parte de la misma a aquélla según la cual se incumbe la carga probatoria a quein – por las circunstancias del caso y sin que interese que se desempeñe como actora o demandada – se encuentre en mejores condiciones para producir la probanza respectiva" (PEYRANO, Jorge W., *Aspectos procesales de la responsabilidad profesional, in*, Làs Responsabilidades Profesionales – Libro al Dr. Luis O. Andorno, coord. Augusto M. Morello e outros, La Plata: LEP, 1992, p. 263).

Para tanto, de se citar o novo §1º acrescido ao artigo 373 do CPC:

Art. 373. O ônus da prova incumbe:

[...]

§ 1º Nos casos previstos em lei ou diante de peculiaridades da causa relacionadas à impossibilidade ou à excessiva dificuldade de cumprir o encargo nos termos do caput ou à maior facilidade de obtenção da prova do fato contrário, poderá o juiz atribuir o ônus da prova de modo diverso, desde que o faça por decisão fundamentada, caso em que deverá dar à parte a oportunidade de se desincumbir do ônus que lhe foi atribuído.

Antonio Janyr Dall'Agnol, em obra específica referente ao assunto à baila, pontifica como premissas decorrentes da "Teoria da Distribuição Dinâmica dos Ônus Probatórios":

a) inaceitável o estabelecimento prévio e abstrato do encargo; b) ignorável é a posição da parte no processo; e c) desconsiderável se exibe a distinção já tradicional entre fatos constitutivos, extintivos etc. Releva, isto sim: a) a caso em sua concretude e b) a 'natureza' do fato a provar – imputando-se o encargo àquela das partes que, pelas circunstâncias reais, se encontra em melhor condição de fazê-lo.[21]

E, neste cenário, relevante apontar qual deve ser o critério adotado pelo Magistrado para justificar, no caso concreto, a inversão do ônus da prova.

Teoricamente, é possível identificar três correntes no campo doutrinário: (i) a existência de uma presunção em favor de quem, originariamente, teria o encargo; (ii) a aplicação subsidiária do artigo 6º, VIII, CDC[22], dada verossimilhança da alegação do trabalhador ou a sua hipossuficiência; e (iii) quem seja a parte mais apta, no caso concreto, a se desincumbir do encargo probatório (carga dinâmica quanto ao ônus da prova).

O legislador ordinário, por sua vez, optou pela adoção da distribuição dinâmica do ônus da prova, seja para os casos previstos em lei, seja diante de peculiaridades da causa relacionadas à impossibilidade ou à excessiva dificuldade de cumprir o encargo ou à maior facilidade de obtenção da prova do fato contrário.

Nos dizeres de Kfouri Neto:

[...] as regras que determinam a posição da parte litigante – autor ou réu – nos processos, quanto à prova, em geral são imutáveis, ao longo da demanda. No entanto, por decisão do juiz, tais posições podem variar – e o sistema deixa de ser pétreo, para se tornar dinâmico.[23]

---

21. DALL'AGNOL JUNIOR, Antonio Janyr. *Distribuição dinâmica dos ônus probatórios*. Revista Jurídica, Porto Alegre: Notadez/Fonte do Direito, n. 280, fev. 2001, p. 11.
22. CDC, Artigo 6º. São direitos básicos do consumidor: [...] VIII – a facilitação da defesa de seus direitos, inclusive com a inversão do ônus da prova, a seu favor, no processo civil, quando, a critério do juiz, for verossímil a alegação ou quando for ele hipossuficiente, segundo as regras ordinárias de experiências.
23. KFOURI NETO, Miguel. *Culpa médica e ônus da prova*. 4ª ed. São Paulo: Revista dos Tribunais, 2002, p. 127.

Nesse prumo, identificadas uma das hipóteses acima referidas, poderá o Juiz atribuir o ônus da prova de modo diverso em despacho saneador (CPC, artigo 357, III[24]), desde que o faça por decisão fundamentada.[25] Em assim procedendo, o Juiz deverá dar à parte a oportunidade de se desincumbir do ônus que lhe foi atribuído, ressaltando-se que a decisão não pode gerar situação em que a desincumbência do encargo pela parte seja impossível ou excessivamente difícil.

Com isso, a partir do caso concreto, o ônus de provar pode ser atribuído de maneira dinâmica. E, segundo a doutrina, com o objetivo de:

> [...] atender a paridade de armas entre os litigantes e às especificidades do direito material afirmado em juízo [...]. À vista de determinados casos concretos, pode-se afigurar insuficiente, para promover o direito fundamental à tutela jurisdicional adequada e efetiva, uma regulação fixa do ônus da prova, em que se reparte prévia, abstrata e aprioristicamente o encargo de provar.[26]

Questão que imediatamente surge diante da possibilidade da atribuição dinâmica do ônus da prova é a relativa à obrigatoriedade do Magistrado de comunicar previamente às partes se o procedimento processual será regido com a atribuição dinâmica do ônus da prova, com relativização da regra geral prevista nos incisos I e II do artigo 373 do NCPC.

A posição que parece mais adequada é a de que as partes sejam previamente comunicadas pelo Juiz, em decisão adequadamente motivada, acerca da decretação da atribuição dinâmica do ônus da prova.

E isso porque o ônus da prova é regra de instrução e/ou procedimento, sendo fundamental, até mesmo diante de uma leitura constitucional do processo e de um adequado respeito ao princípio do contraditório – aqui visto como ampla participação e diálogo entre os sujeitos processuais –, que o Magistrado estabeleça com clareza, em momento processual próprio, quais serão as regras do ônus da prova que deverão ser observadas no caso concreto.

Note-se que tal visão de se observar não apenas o dever de fundamentação, e, sobretudo, o contraditório substancial que veda a prolação de decisão surpresa, é enfatizada por relevante parcela da doutrina, aqui representada pelo professor Cássio Scarpinella Bueno, que, antes mesmo do surgimento do Novo CPC de 2015, já defendia a regra de instrução e/ou procedimento ao ônus de prova:

---

24. CPC, Artigo 357. Não ocorrendo nenhuma das hipóteses deste Capítulo, deverá o juiz, em decisão de saneamento e de organização do processo: [...] III – definir a distribuição do ônus da prova, observado o art. 373.
25. Tanto a publicidade, como a fundamentação das decisões judiciais, desempenham papéis que são essenciais à transparência do Poder Judiciário. A fundamentação, para que haja possibilidade de controle e de recurso relativamente à decisão. A publicidade, para que se possa conhecer o debate que levou a decisão, inclusive no que se refere aos seus fundamentos. Portanto, publicidade e fundamentação são as duas faces de uma mesma moeda. Complementam-se na busca de algo indispensável em um regime democrático: dar a devida satisfação acerca das decisões do poder público – inclusive em juízo – aos seus destinatários, os cidadãos.
26. MARINONI, Luiz Guilherme; ARENHART, Sérgio Cruz; MITIDIERO, Daniel. *Novo Código de Processo Civil Comentado*. São Paulo: Revista dos Tribunais, 2015, p. 395.

Toda temática relativa ao ônus da prova, inclusive as hipóteses de sua inversão, deve ser entendida como regra de procedimento e não como regra de julgamento. Como é o magistrado o destinatário da prova, é importante que ele verifique com cada uma das partes as reais possibilidades da produção das provas de suas alegações em casos em que haja possibilidade de variação das regras gerais [...] Mais ainda quando há, nos diversos procedimentos, um específico momento ou, quando menos, um instante procedimental mais oportuno, para que o magistrado, se volte precipuamente à análise dos pontos controvertidos e sobre a necessidade da produção de sua prova correlata. Não há como, na atualidade do pensamento do direito processual civil, entender diferentemente. Tratar o ônus da prova como mera regra de julgamento, de juízo, acaba revelando uma visão privatista que desloca o magistrado dos fins – que são invariavelmente públicos – do processo.[27]

Da mesma opinião também já compartilhava o professor Luiz Guilherme Marinoni:

> *Ninguém duvida que o juiz pode julgar favoravelmente à parte que não cumpriu o ônus da prova, uma vez que o julgamento pode se basear em provas produzidas de ofício ou mesmo em provas produzidas pela parte contrária. Mas isso não retira a importância de que as partes saibam, de forma prévia, a quem incumbe o ônus da prova, pois, se esse ônus não precisa ser necessariamente observado para que a parte obtenha um resultado favorável – e nesse sentido seria correto sustentar que o ônus da prova não é um verdadeiro ônus –, não há como negar que a parte deve ter ciência prévia do que deve fazer para ter um julgamento favorável independentemente de outras provas, produzidas de ofício ou pela parte contrária.[28]*

Logo, claro está que as partes precisam saber qual é a regra do ônus da prova que será considerada no procedimento, notadamente porque elas necessitam ter conhecimento como podem contribuir, com a devida participação no processo, e com base no direito constitucional à prova, para a obtenção de uma sentença de mérito favorável à sua pretensão.

Parece evidente, pois, que esclarecer previamente quais serão as regras do procedimento que regerão o trâmite processual, dentre elas a do ônus da prova, está dentro das diretrizes do princípio da cooperação[29] e do dever de o Magistrado aplicá-lo em sua dinâmica relação com os demais sujeitos processuais. Afinal, o princípio da cooperação este que está hoje previsto no artigo 6º do NCPC: *"Todos os sujeitos*

---

27. Bueno, Cassio Scarpinella. *Curso Sistematizado de Direito Processual Civil*. Vol. 2, Tomo I. 5ª. Edição. São Paulo: Saraiva, 2012. p. 290.
28. MARINONI, Luiz Guilherme. ARENHART, Sérgio Cruz. *Prova*. 2ª. Edição. São Paulo: RT, 2011. p. 177.
29. No processo cooperativo, modelo de processo civil característico do atual Estado Constitucional, não se pode conceber um procedimento que não seja estruturado senão a partir de um diálogo constante entre o juiz e as partes ao longo de todas as fases procedimentais, inclusive a respeito daquelas questões cognoscíveis de ofício. Quanto maior for esse diálogo, com maior facilidade as partes aceitarão o comando contido no elemento imperativo da decisão a elas destinado e mais consistente será a justificativa que o elemento lógico conferirá ao elemento imperativo da decisão. Evitar o processo de surpresas ou o processo de armadilhas deve ser uma premissa a ser respeitada por todos os sujeitos do processo, mais particularmente pelo julgador que, afinal, produz as decisões a repercutir na vida dos sujeitos parciais do processo.

do processo devem cooperar entre si para que se obtenha, em tempo razoável, decisão de mérito justa e efetiva".

E no tocante à conduta do juiz no curso do processo, Miguel Teixeira de Sousa ensina que o magistrado tem os seguintes deveres decorrentes da cooperação: (i) dever de esclarecimento (o juiz deve solicitar às partes explicações sobre o alcance de suas postulações e manifestações); (ii) dever de prevenção (as partes devem ser alertadas do uso inadequado do processo e da inviabilidade do julgamento do mérito); (iii) dever de consulta (o juiz deve colher manifestação das partes preparatória de sua própria manifestação ou decisão); (iv) dever de auxílio (incentivar as partes no sentido de superar dificuldades relativas ao cumprimento adequado de seus direito, ônus, faculdades ou deveres processuais).[30]

Destarte, do ponto de vista normativo, claro está que o Magistrado, caso venha a alterar a distribuição do ônus da prova, deve alertar as partes, em decisão motivada, e, preferencialmente, em momento prévio ao início da fase de instrução – tudo de modo a permitir que os sujeitos processuais possam estar conscientes da regência probatória que será adotada no trâmite do procedimento.

Não por outra razão que o Novo CPC de 2015, exatamente neste mesmo sentido, chancelando a perspectiva do ônus da prova como regra de instrução, prevê no inciso III do seu artigo 357 que na decisão de saneamento e de organização do processo, o Julgador deve definir a distribuição dinâmica do ônus da prova, desde que observados os requisitos do artigo 373 do NCPC.

Portanto, de acordo com o próprio NCPC, a decisão de saneamento do processo seria o momento adequado para a definição da distribuição do ônus da prova, embora não haja vedação a adoção de tal prática em momento anterior ou posterior ao saneamento, afinal, não há que se falar em preclusão contra o Magistrado.

Assim, caso o juiz, por exemplo, após a leitura da petição inicial e da contestação, já tenha condições de aferir se estão presentes as condições legais para a atribuição dinâmica do ônus da prova, parece plausível que ele deve, desde logo, já decidir se aplicará o §1º do artigo 373 do NCPC, não precisando, pois, aguardar a fase de saneamento do processo.

Lado outro, caso, no decorrer da instrução, pareça mais clara ao Magistrado a presença dos requisitos da atribuição dinâmica do ônus da prova, mostra-se plausível, desde que observadas as normas fundamentais do Novo CPC de 2015, que seja determinada a dinamização do ônus da prova.

O mais importante é que o Julgador não venha a permitir que a fase de instrução do processo ocorra e finalize sem que as partes estejam claramente conscientes se houve – ou não – a atribuição dinâmica do ônus da prova, de modo a se evitar que apenas sejam comunicadas da dinamização do ônus da prova na sentença, o que, por

---

30. SOUSA, Miguel Teixeira de. *Aspectos do novo processo civil português*. Revista de Processo, n. 86. São Paulo: Revista dos Tribunais, 1997. p. 174-184.

evidente, é absolutamente vedado pelo devido processo legal e pelo atual Caderno Processual Civil, o qual não permite o modelo das "decisões surpresa".

De se ver a opinião do professor André Pagani de Souza que, nesse caso específico, é cristalina ao afirmar o seguinte:

> É importante ressaltar que a flexibilização das regras sobre o ônus da prova pode gerar uma decisão surpresa, na hipótese de o magistrado não informar as partes previamente que não observará a distribuição do ônus, tal qual disciplinada pelo art. 333 do código de processo civil. Em outras palavras, o órgão judicial não pode informar as partes que flexibilizou as regras sobre o ônus da prova somente no momento do julgamento. É de rigor que ele, observando o seu dever de prevenção decorrente do princípio do contraditório, advirta as partes sobre o ônus da prova no caso concreto, para que as partes possam atuar de modo a influenciar na preparação do julgamento.[31]

Na mesma linha, Daniel Penteado de Castro enfatiza que:

> Filiamo-nos ao entendimento de que o magistrado deverá alertar as partes sobre a possibilidade de inversão, o que implica numa dilação probatória mais densa e garantidora da defesa de ambas as partes litigantes na demanda. Aliás, sob esse enfoque, assegurar aos litigantes a produção das provas que se fizerem necessárias (principalmente ao réu, já ciente da possibilidade da inversão), certamente conduzirá a um julgamento mais seguro e equânime, à medida que cada parte produzirá a prova que entender necessária e estará ciente do ônus que lhe compete, deixando, portanto, de se surpreender com a regra da inversão de imediato na sentença.[32]

Destarte, é possível a dinamização do ônus da prova em momento posterior à fase de saneamento, sempre com a ressalva de que tal atribuição dinâmica se deu antes do encerramento da fase de instrução e com observância das normas fundamentais que hoje regem o CPC de 2015. Tudo de modo a se permitir, de fato, que haja tempo processual hábil para a produção da prova determinada pelo Magistrado.

4. PROVA NEGATIVA ("DIABÓLICA")

Do ponto de vista processual, dois elementos são necessários na inversão do ônus da prova, quais sejam, a decisão motivada e a oportunidade de provar, sem que a decisão possa ensejar uma "probatiodiabolica reversa".

Essa diretriz, inclusive, está prevista hoje no §2º do artigo 373 do Novo CPC, que expressamente referenda a proibição da "prova negativa", a saber:

> Art. 373. O ônus da prova incumbe:
>
> [...]
>
> § 2º A decisão prevista no § 1º deste artigo não pode gerar situação em que a desincumbência do encargo pela parte seja impossível ou excessivamente difícil.

---

31. SOUZA, André Pagani. *Vedação das decisões – surpresa no processo civil*. São Paulo: Saraiva, 2014, p. 178.
32. CASTRO, Daniel Penteado de. *Poderes instrutórios do juiz no processo civil*. São Paulo: Saraiva, 2013, p. 161.

A partir da leitura de citado preceito legal, infere-se, pois, que o ordenamento jurídico pátrio preconiza, como regra, a distribuição sem dinamismo do "ônus probandi". E isso porque, em grande parte dos casos, tal inversão causaria extrema dificuldade de produção da prova, podendo acarretar a denominada "prova diabólica".

Essa situação, portanto, representa a prova do fato negativo, que é aquela modalidade de prova impossível, ou excessivamente difícil de ser produzida no processo. É a hipótese de se provar algo que não ocorreu.

Nesse sentido, exemplos práticos da prova do fato negativo são os consubstanciados na prova, pelo réu, de sua inocência; da prova, pelo demandado, de inexistência de sua citação para responder ao processo; da prova de direitos indisponíveis ou intergeracionais; entre outras.

5. REFORMA TRABALHISTA E A JURISPRUDÊNCIA DO TST

Já foi dito aqui neste estudo que a finalidade da prova é formar a convicção do Juiz a respeito dos fatos da causa, sendo o Magistrado o destinatário da prova.

Assim sendo, a regra do ônus de prova não se traduz em instituto peculiar e inerente apenas ao ramo do Direito Processual Civil; ao revés, sua aplicabilidade encontra grande incidência na seara trabalhista, sendo certo que a legislação celetária já previa uma norma específica sobre o assunto, em seu artigo 818, que, dada sua incompletudade, sempre atraiu a aplicação supletiva das normas do Código de Processo Civil.

Para tanto, de se citar a redação originária do artigo 818 da CLT: "*A prova das alegações incumbe à parte que as fizer*". E, note-se, que o uso da palavra "originária" foi proposital, na medida em que a Lei 13.467/2017, que institui a chamada Reforma Trabalhista, passou a regular o instituto do ônus da prova de forma totalmente distinta na legislação celetista e, mais, aproximou o processo do trabalho ao processo civil, ao incorporar, basicamente, as regras dos artigo 373 do CPC de 2015, a saber:

> *Art. 818. O ônus da prova incumbe: (Redação dada pela Lei 13.467, de 2017)*
>
> *I – ao reclamante, quanto ao fato constitutivo de seu direito; (Redação dada pela Lei 13.467, de 2017)*
>
> *II – ao reclamado, quanto à existência de fato impeditivo, modificativo ou extintivo do direito do reclamante. (Redação dada pela Lei 13.467, de 2017)*
>
> *§ 1º Nos casos previstos em lei ou diante de peculiaridades da causa relacionadas à impossibilidade ou à excessiva dificuldade de cumprir o encargo nos termos deste artigo ou à maior facilidade de obtenção da prova do fato contrário, poderá o juízo atribuir o ônus da prova de modo diverso, desde que o faça por decisão fundamentada, caso em que deverá dar à parte a oportunidade de se desincumbir do ônus que lhe foi atribuído. (Redação dada pela Lei 13.467, de 2017)*
>
> *§ 2º A decisão referida no § 1º deste artigo deverá ser proferida antes da abertura da instrução e, a requerimento da parte, implicará o adiamento da audiência e possibilitará provar os fatos por qualquer meio em direito admitido. (Redação dada pela Lei 13.467, de 2017)*

§ 3º A decisão referida no § 1º deste artigo não pode gerar situação em que a desincumbência do encargo pela parte seja impossível ou excessivamente difícil. (Redação dada pela Lei 13.467, de 2017)

Impende salientar que, antes mesmo da edição da Lei da Reforma Trabalhista, o Colendo Tribunal Superior do Trabalho, com fulcro na redação primitiva do artigo 818 da CLT, já estabelecia diretrizes de aplicabilidade prática acerca do ônus de prova nos processos trabalhista, em situações pontuais descritas por sua jurisprudência consolidada, sem ter a pretensão, por óbvio, de esgotar a temática.

Nesse diapasão, é salutar a transcrição dos verbetes sumulares que, editados antes da Lei 13.467/2017, traziam o delineamento do ônus de prova em questões mais recorrentes e discutidas no âmbito dos processos laborais, a saber:

SUM-6 EQUIPARAÇÃO SALARIAL. ART. 461 DA CLT (redação do item VI alterada) – Res. 198/2015, republicada em razão de erro material – DEJT divulgado em 12, 15 e 16.06.2015. […] *VIII – É do empregador o ônus da prova do fato impeditivo, modificativo ou extintivo da equiparação salarial.*

SUM-16 NOTIFICAÇÃO (nova redação) – Res. 121/2003, DJ 19, 20 e 21.11.2003. *Presume-se recebida a notificação 48 (quarenta e oito) horas depois de sua postagem. O seu não recebimento ou a entrega após o decurso desse prazo constitui ônus de prova do destinatário.*

SUM-212 DESPEDIMENTO. ÔNUS DA PROVA (mantida) – Res. 121/2003, DJ 19, 20 e 21.11.2003. *O ônus de provar o término do contrato de trabalho, quando negados a prestação de serviço e o despedimento, é do empregador, pois o princípio da continuidade da relação de emprego constitui presunção favorável ao empregado.*

SUM-338 JORNADA DE TRABALHO. REGISTRO. ÔNUS DA PRO-VA (incorporadas as Orientações Jurisprudenciais 234 e 306 da SBDI-I) – Res. 129/2005, DJ 20, 22 e 25.04.2005. *I – É ônus do empregador que conta com mais de 10 (dez) empregados o registro da jornada de trabalho na forma do art. 74, § 2º, da CLT. A não apresentação injustificada dos controles de frequência gera presunção relativa de veracidade da jornada de trabalho, a qual pode ser elidida por prova em contrário. II – A presunção de veracidade da jornada de trabalho, ainda que prevista em instrumento normativo, pode ser elidida por prova em contrário. III – Os cartões de ponto que demonstram horários de entrada e saída uniformes são inválidos como meio de prova, invertendo-se o ônus da prova, relativo às horas extras, que passa a ser do empregador, prevalecendo a jornada da inicial se dele não se desincumbir.*

SUM-460 VALE-TRANSPORTE. ÔNUS DA PROVA – Res. 209/2016, DEJT divulgado em 01, 02 e 03.06.2016. *É do empregador o ônus de comprovar que o empregado não satisfaz os requisitos indispensáveis para a concessão do vale-transporte ou não pretenda fazer uso do benefício.*

SUM-461 FGTS. DIFERENÇAS. RECOLHIMENTO. ÔNUS DA PROVA – Res. 209/2016, DEJT divulgado em 01, 02 e 03.06.2016. *É do empregador o ônus da prova em relação à regularidade dos depósitos do FGTS, pois o pagamento é fato extintivo do direito do autor (art. 373, II, do CPC de 2015).*

Assim sendo, o atual artigo 818 da CLT, como dito alhures, incorporou os regramentos do citado artigo 373 do CPC, notadamente porque foram repetidas, basicamente, as redações dos incisos I e II, além dos §§ 1º e 2º, do artigo 373 do CPC, para os incisos I e II, além dos §§ 1º e 3º, do artigo 818 da CLT.

Bem por isso, reiterem-se aqui os comentários já feitos aos dispositivos do Código de Processo Civil, e que foram discorridos alhures neste presente estudo, até porque a lógica constante do CPC é exatamente idêntica àquela adotada na CLT. Afinal, o legislador reformista se limitou a transcrever, para o interior da Consolidação das Leis do Trabalho, as normas basilares do CPC de 2015, colocando-se um ponto final na incompletude da legislação celetista acerca da adoção da "teoria dinâmica do ônus probatório".

Acontece, porém, que duas foram as novidades que chamaram a atenção quando do advento da Lei 13.467/2017, sendo a primeira aquela relativa à atual previsão da regra § 2º do artigo 818, e, a segunda, quanto à não incorporação dos §§3º e 4º do artigo 373 do CPC.

No tocante à regra do 2ª do artigo 818 da CLT, note-se que essa não estava contida no Caderno Processual Civil. E isso se deu porque no processo do trabalho não há a figura do chamado "despacho saneador", delineado no artigo 357, III, do CPC, de modo que primeiro contato do Magistrado Trabalhista com a ação ocorre, via de regra, em audiência, na qual se concentra a prática de todos os atos processuais.

Essa é a razão pela qual, se houver a prolação de decisão que aplicar a "Teoria da Carga Dinâmica do Ônus da Prova", esse comando judicial deverá ser feito antes mesmo da abertura da instrução processual. A lógica, neste caso, é para justamente evitar a prolação de decisão "surpresa"[33], prestigiando-se o devido processo legal constitucional, que prioriza o contraditório substancial e a ampla defesa.[34]

Interessante pontuar que a inversão do ônus de prova pelo Julgador não acarretará, automaticamente, o adiamento da audiência trabalhista. Isso porque, segundo o artigo 849 da CLT, a audiência na Justiça do Trabalho é UNA[35], o que representa dizer que nela são realizadas as tentativas de conciliação, a apresentação de defesa e o oferecimento de réplica, a colheita dos depoimentos das partes e testemunhas, e, mais, nela são ofertadas eventuais razões finais, com a consequente prolação da sentença judicial.

Deste modo, quando a lei menciona "a requerimento da parte", em realidade, a intenção do legislador foi permitir que a parte prejudicada, caso seja proferida decisão com a inversão do ônus probatório, se manifeste na primeira vez em que tiver de falar nos autos.[36]

---

33. CPC, Artigo 9º. Não se proferirá decisão contra uma das partes sem que ela seja previamente ouvida.
34. CPC, Artigo 7º. É assegurada às partes paridade de tratamento em relação ao exercício de direitos e faculdades processuais, aos meios de defesa, aos ônus, aos deveres e à aplicação de sanções processuais, competindo ao juiz zelar pelo efetivo contraditório.
35. CLT, Artigo 849. A audiência de julgamento será contínua; mas, se não for possível, por motivo de força maior, concluí-la no mesmo dia, o juiz ou presidente marcará a sua continuação para a primeira desimpedida, independentemente de nova notificação.
36. CLT, Artigo 795. As nulidades não serão declaradas senão mediante provocação das partes, as quais deverão argui-las à primeira vez em que tiverem de falar em audiência ou nos autos.

Bem por isso, o adiamento da audiência não será ato automático a ser proferido pelo Juiz Trabalhista, pois, como dito, dependerá de prévio requerimento da parte. E para que isso aconteça o correto é que os pontos controvertidos do processo sejam delimitados na própria audiência, após a reclamada oferecer sua contestação aos termos da petição inicial.

Com o oferecimento da peça defensiva, o Magistrado passa a ter plenas condições, em conjunto com as partes e seus advogados, de fixar as matérias efetivamente controversas, e que exijam a produção de outras provas que não aquelas já constantes dos autos – em regra, de natureza documental.

E justamente no ambiente de audiência é que reside a principal discussão em torno do adiamento da instrução para a oitiva de testemunhas. E isso ocorre porque, como é cediço, as partes devem trazer suas respectivas testemunhas, com vistas a produzir as provas dos fatos por elas alegados em petição inicial e contestação.[37]

Dessarte, se as partes litigantes, que estão presentes em audiência, já estão acompanhadas de suas testemunhas, parece não existir prejuízo de ordem processual quando o Magistrado Trabalhista decide por inverter o ônus probatório, notadamente porque o alcance da prova está circunscrito às matérias expostas nas peças inicial e de defesa.

Neste ponto, acertado o artigo celetista ao prever que o adiamento da audiência se dará, apenas e tão somente, a requerimento da parte prejudicada.[38] E isso, claro, após terem sido fixados os pontos controvertidos pelo Julgador, com a prolação de decisão que acolhe a sistemática do ônus dinâmico da prova, antes mesmo que seja iniciada a abertura da instrução processual.

E aqui, exatamente no momento em que há o pedido de adiamento da audiência, competirá à parte demonstrar, cabalmente, o prejuízo suportado com a inversão do ônus de prova[39]. Deverá, pois, esclarecer as razões pelas quais há efetiva impossibilidade de continuidade da audiência, uma vez que, por força do §1º do artigo 818 da CLT, tem ela a oportunidade de se desincumbir do ônus que lhe foi atribuído pelo Magistrado.

Assim sendo, caso sejam insuficientes os documentos colecionados com sua peça defensiva e, mais, se as testemunhas eventualmente presentes igualmente não tiverem reais condições de testemunhar sobre os fatos controvertidos – que, por decisão judicial, inverteu do ônus de prova –, a reclamada ostentará o direito de requerer o adiamento da audiência. Note-se que idêntico procedimento poderá ser aplicado à pessoa do reclamante.

---

37. CLT, Art. 845. O reclamante e o reclamado comparecerão à audiência acompanhados das suas testemunhas, apresentando, nessa ocasião, as demais provas.
38. CLT, Artigo 794. Nos processos sujeitos à apreciação da Justiça do Trabalho só haverá nulidade quando resultar dos atos inquinados manifesto prejuízo às partes litigantes.
39. Segundo o princípio da Transcendência ou prejuízo ("pas de nullite sans grief"), só haverá nulidade dos atos se houver manifesto prejuízo à parte que o argui, salvo nas nulidades absolutas.

A redesignação, em tal hipótese, deve ser obrigatoriamente acolhida e deferida pelo Julgador, como medida a evitar futura nulidade do julgado, por cerceamento de defesa, afinal, se o juízo atribuiu o ônus de prova de modo diverso, a concessão de oportunidade à parte de desincumbir de tal ônus que foi imposto pelo Julgador é medida que se impõe!

De resto, o legislador reformador não encampou as regras do Novo CPC que possibilitam a distribuição diversa do ônus da parte por convenção entre as partes. Tal hipótese, consoante os §§3º e 4º do artigo 373 do CPC, poderá ser celebrada antes ou durante o processo, não podendo ser aplicada, contudo, quando recair sobre direito indisponível da parte ou tornar excessivamente difícil a uma parte o exercício do direito.

Essas são as exatas dicções dos §§3º e 4º do artigo 373 do CPC:

> *Art. 373. O ônus da prova incumbe:*
>
> *[...]*
>
> *§ 3º A distribuição diversa do ônus da prova também pode ocorrer por convenção das partes, salvo quando:*
>
> *I – recair sobre direito indisponível da parte;*
>
> *II – tornar excessivamente difícil a uma parte o exercício do direito.*
>
> *§ 4º A convenção de que trata o § 3º pode ser celebrada antes ou durante o processo.*

Entrementes, a não recepção de aludidos dispositivos processuais ao texto celetista, à época da vigência do Novo CPC de 2015, já encontrava óbice na Instrução Normativa 39/2016, editada pelo Tribunal Superior do Trabalho, a qual teve por finalidade regulamentar as normas do NCPC aplicáveis, não aplicáveis, e com aplicabilidade em termos ao Processo do Trabalho.

Para tanto, de se citar o artigo 2º, VII, da IN 39/2016 do C. TST:

> *Art. 2º Sem prejuízo de outros, não se aplicam ao Processo do Trabalho, em razão de inexistência de omissão ou por incompatibilidade, os seguintes preceitos do Código de Processo Civil:*
>
> *[...]*
>
> *VII – art. 373, §§ 3º e 4º (distribuição diversa do ônus da prova por convenção das partes).*

6. ENUNCIADOS DO FPPT

Este presente estudo faz parte de uma preciosa obra coletiva que se dedicou ao estudo dos Enunciados do FPPT – Fórum Permanente de Processualistas do Trabalho.

Para aqueles que ainda não conhecem, o FPPT é um evento formado por estudiosos do tema (professores, juízes, procuradores, assessores e advogados) que se reúnem periodicamente para discutir o Processo do Trabalho de forma isonômica, aberta, respeitosa e com desapego aos títulos acadêmicos.

Como descrito em sua página na internet, "*o objetivo do Fórum é o estudo e criação de enunciados, que só são aprovados por unanimidade, e que servirão de norte para a aplicação do Processo do Trabalho, principalmente após as alterações trazidas pelo NCPC.*"[40]

Destarte, de inspiração na concepção do Fórum Permanente de Processualistas Civis, coordenado pelo Professor da Universidade Federal da Bahia, Dr. Fredie Jr., o FPPT já editou 241 enunciados, dos quais 46 resultaram do encontro de março de 2018.

E na particularidade do ônus da prova, certo é que no II FFPT, realizado nos dias 26 e 27 de fevereiro de 2016, deliberou-se pela aprovação do Enunciado de 37, o qual possui a seguinte redação:

Enunciado 37. (art. 373, §1º, do CPC) É aplicável ao processo do trabalho a distribuição dinâmica do ônus da prova, prevista no artigo 373, § 1º, do CPC, fixada pelo juiz em decisão fundamentada, com posterior oportunidade à parte afetada de produzir a prova.

Claro está, portanto, que o citado enunciado aprovado retrata o pensamento de diversos operadores do Direito do Trabalho que, à época, ante a incompletude do artigo 818 da CLT, defenderam a aplicabilidade supletiva dos ditames do artigo 373, §1º, do Novo CPC, ao processo laboral, de modo a justamente assegurar, de forma célere e efetiva, a satisfação do bem da vida pretendido.

Essa conclusão, a propósito, não se modificou ao logo do tempo; ao revés, foi reforçada com a Lei da Reforma Trabalhista que, como dito alhures, positivou no atual artigo 818 celetário a chamada "*distribuição dinâmica do ônus da prova*".

E, mais, no ano de 2018, em encontro realizado no V FPPT, sediado na Cidade de Salvador, nos dias 23 e 24 de março, fato que é os pensadores reforçaram a ideia central de que as regras do Novo CPC de 2015 continuam a ser aplicáveis ao Processo do Trabalho, seja porque esse é mero instrumento do Direito Material, seja porque as regras processuais trazidas pela Lei 13.467/2017 não criam óbice à aplicabilidade, supletiva e/ou subsidiária, das normas do processo comum.

Para tanto, de se citar os Enunciados de 196 e 204:

Enunciado 196. (art. 4º do CPC) O Processo do Trabalho é um instrumento do Direito Material do Trabalho destinado a assegurar, de forma célere e efetiva, a satisfação do bem da vida pretendido.

Enunciado 204. (art. 15 do CPC/2015 e art. 769 da CLT) As normas processuais trazidas pela Lei 13.467/2017 não impedem a aplicação das normas processuais previstas no CPC/2015, sendo possível, ainda, a aplicação subsidiária e supletiva das normas do processo comum.

---

40. http://www.fppt.com.br/institucional.php

7. CONCLUSÃO

A garantia de acesso à Justiça (CF/88, art. 5º, XXXV), modernamente interpretada como acesso à ordem jurídica justa[41], é princípio constitucional que reflete sobre o processo como um todo, inclusive com relação ao instituto da prova, e, em especial, sobre a questão do ônus da prova.

É certo que a CLT, em seu art. 818, após a Lei da Reforma Trabalhista, adotou, a um só tempo, a teoria estática do ônus da prova, ao fazer a diferenciação entre os fatos constitutivos – de prova do reclamante; e os fatos obstativo em geral – de prova do reclamado; como também encampou a teoria da carga dinâmica do ônus probatório, com limite aos casos em que é vedada a prolação de prova negativa ("diabólica").

Assim, como medida a relativizar o então sistema estratificado, previsto que era no artigo 333 do CPC/1973 e na redação original do artigo 818 da CLT, é que o legislador reformista abarcou a moderna teoria da "carga dinâmica do ônus da prova", cuja ideia síntese – nascida na Argentina, por Jorge W. Peyrano – é pautada na aptidão do ônus de provar. Trata-se, em realidade, do desdobramento do devido processo legal[42], da garantia da ação e da ampla defesa, além da efetiva concretização do direito material a partir da garantia de igualdade substancial das partes no processo.

Nesse viés, o legislador ao conferir livre efeito ao poder instrutório ao Magistrado, trouxe evidente compatibilização com o instituo da prova, a qual, inclusive, pode ter sua realização determinada de ofício, por aplicação do princípio da verdade real.

Sobreleva anotar, ainda, que, conquanto haja certa discussão doutrinária, atualmente o ônus de prova é regra de procedimento, e não mais de julgamento. Isso porque, consoante previsões dos artigos 373, §1º, do CPC c/c 818, 2º, da CLT, é necessário que o Magistrado, antes de iniciar a fase instrutória, cientifique às partes sobre o ônus processual de cada uma delas, em respeito ao princípio da segurança jurídica.

Deste modo, em homenagem ao contraditório substancial, deve o Magistrado fixar o ônus da prova ao delimitar os objetos controvertidos da demanda, para se evitar a prolação das chamadas "decisões surpresas".

Neste viés, com o crescente ativismo judicial dos Tribunais – o qual, segundo o Ministro Luis Roberto Barroso, não é um fato, mas sim uma atitude – o Magistrado não se limita mais e, unicamente, à vontade da lei. Possui, em realidade, certo poder criativo que decorre da própria Lei Maior, e não de suas vontades políticas.

Em conclusão, o Juiz deixa de ser mera "boca da lei", e passa a ser "boca da justiça" (Montesquieu). E, para cumprir tal propósito, o processo deve servir ao direito

---

41. Expressão utilizada pelos autores Cappelletti e Garth, para designar essa atual fase do direito processual civil, comprometida com o oferecimento de resultados práticos para o jurisdicionado, por intermédio da jurisdição pública (CAPPELLETTI, Mauro; GARTH, Bryant. *Acesso à Justiça*. Tradução Ellen Gracie Northfleet. Porto Alegre: Sergio Antônio Fabris Editor, 1988, p. 08).
42. Nesse sentido: CÂMARA, Alexandre Freitas. *Lições de Direito Processual Civil*. 19. ed. v. I, Rio de Janeiro: Lumen Juris, 2009, p. 40.

material, ao mesmo tempo em que aquele é servido por este. Esta relação simbiótica, de complementariedade cíclica, foi denominada de "teoria circular dos planos do direito material e do direito processual" (Carnelutti).

8. REFERÊNCIAS BIBLIOGRÁFICAS

BEDAQUE, José Roberto dos Santos. **Poderes instrutórios do juiz**. 5. ed., São Paulo: RT, 2011.

BUENO, Cassio Scarpinella. **Curso Sistematizado de Direito Processual Civil**. Vol. 2, Tomo I. 5ª. Edição. São Paulo: Saraiva, 2012.

CÂMARA, Alexandre Freitas. **Lições de Direito Processual Civil**. 19. ed. v. I, Rio de Janeiro: Lumen Juris, 2009.

CAPPELLETTI, Mauro; GARTH, Bryant. **Acesso à Justiça**. Tradução Ellen Gracie Northfleet. Porto Alegre: Sergio Antônio Fabris Editor, 1988.

CASTRO, Daniel Penteado de. **Poderes instrutórios do juiz no processo civil**. São Paulo: Saraiva, 2013.

DALL'AGNOL JUNIOR, Antonio Janyr. *Distribuição dinâmica dos ônus probatórios*. Revista Jurídica, Porto Alegre: Notadez/Fonte do Direito, n. 280, fev. 2001.

KFOURI NETO, Miguel. **Culpa médica e ônus da prova**. 4ª ed. São Paulo: Revista dos Tribunais, 2002.

MARINONI, Luiz Guilherme. ARENHART, Sérgio Cruz. **Prova**. 2ª. Edição. São Paulo: RT, 2011.

MARINONI, Luiz Guilherme; ARENHART, Sérgio Cruz; MITIDIERO, Daniel. **Novo Código de Processo Civil Comentado**. São Paulo: Revista dos Tribunais, 2015.

PAULA, Carlos Alberto Reis de. **A especificidade do ônus da prova no processo do trabalho**. São Paulo: LTr, 2001.

PEYRANO, Jorge W., **Aspectos procesales de la responsabilidad professional**. Lãs Responsabilidades Profesionales – Libro al Dr. Luis O. Andorno, coord. Augusto M. Morello e outros, La Plata: LEP, 1992.

SOUSA, Miguel Teixeira de. **Aspectos do novo processo civil português**. Revista de Processo, n. 86. São Paulo: Revista dos Tribunais, 1997.

THEODORO Jr., Humberto. **Curso de Direito Processual Civil**. 44. ed. vol. I, Rio de Janeiro: Forense, 2006.

WAMBIER, Teresa Arruda Alvim. *O ônus da prova*. Revista Jurídica Consulex, Brasília: Editora Consulex, n. 200, mai.2005.

O QUE MUDOU (SE É QUE MUDOU) NA SISTEMÁTICA DA CONCESSÃO DO BENEFÍCIO DA JUSTIÇA GRATUITA COM A REFORMA TRABALHISTA

Fabiano Aragão Veiga

Juiz do Trabalho do Tribunal Regional do Trabalho da 05ª Região. Ex-Técnico Previdenciário do Instituto Nacional do Seguro Social. Ex-Técnico Judiciário do Tribunal Regional da 5º Região. Ex-Analista Judiciário do Tribunal Regional do Trabalho da 5ª Região. Especialista em Direito e Processo do trabalho pelo Instituto Excelência (Juspodivm). Especialista em Direito Constitucional pela Escola Judicial do TRT da 5ª Região (convênio com a Universidade Federal da Bahia). Bacharel em Direito (UFBA). Professor de Cursos de Pós-Graduação em Direito. Professor de Cursos Preparatórios Para Concursos Públicos. Autor de Obras Jurídica.

Sumário: 1. Introdução – 2. O significado contemporâneo de acesso à justiça: 2.1 A evolução do significado do acesso à justiça; 2.2 A primeira onda do movimento de acesso à justiça – 3. Assistência Judiciária Gratuita e Justiça Gratuita: 3.1 A assistência judiciária gratuita; 3.2 O benefício da justiça gratuita – 4. Hipóteses de concessão do benefício da justiça gratuita: 4.1 A realidade antes da Lei 13.467/2017; 4.2 A realidade após a Lei 13.467/2017 – 5. Conclusões – 6. Referências.

1. INTRODUÇÃO

A CRFB/88 prevê uma série de direitos e garantias fundamentais, inclusive de natureza processual. Entre eles, com íntima relação com o acesso à justiça (art. 5º, XXXV, CRFB/88), o direito à assistência judiciária gratuita, conforme previsto no art. 5º, LXXIV, segundo o qual "o Estado prestará assistência jurídica integral e gratuita aos que comprovarem insuficiência de recursos"

Desse modo, as normas infraconstitucionais que tratam do tema devem ser interpretadas à luz da CRFB/88 (interpretação conforme a Constituição), tendo sempre em vista a necessidade de promover a efetivação de direitos fundamentais, ante a ocorrência do fenômeno denominado "neoconstitucionalismo".

Além disso, importante destacar que a assistência judiciária gratuita, expressamente prevista no texto constitucional, é gênero, consistindo no direito da parte de ter um advogado do Estado gratuitamente, bem como estar isenta de todas as despesas e taxas processuais, abrangendo, portanto, a ideia de justiça gratuita.

2. O SIGNIFICADO CONTEMPORÂNEO DE ACESSO À JUSTIÇA

O direito fundamental de acesso à justiça, consagrado pela CRFB/88 no inciso XXXV do art. 5º, além de revelar, internamente, um dos direitos fundamentais garantidos aos brasileiros e aos estrangeiros residentes no País, revela um estágio de amadurecimento de uma sociedade e o seu grau de democracia.

Isto porque, em uma perspectiva democrática de Estado, a sociedade necessita de instrumentos efetivamente capazes para que todo e qualquer cidadão, caso sofra alguma lesão (ou ameaça) em seu direito, possa, concretamente, recorrer ao Poder Judiciário, não somente batendo à sua porta, mas sobretudo valendo-se dos princípios do Juiz natural (art. 5º, LIII, da CRFB/88), do devido processo legal (art. 5º, LIV, da CRFB/88), do contraditório e da ampla defesa (art. 5º, LV, da CRFB/88).

Para tanto, torna-se imprescindível que o Estado, em sentido amplo, elimine barreiras, muitas vezes intransponíveis, ao acesso à justiça, de modo que o Poder Judiciário seja, de forma efetiva, acessível a todo e qualquer cidadão:

Nenhum aspecto de nossos sistemas jurídicos modernos é imune à crítica. Cada vez mais pergunta-se como, a que preço e em benefício de quem estes sistemas de fato funcionam. (CAPPELLETTI, Mauro; GARTH, Bryant, p. 7)

A expressão 'acesso à justiça' é reconhecidamente de difícil definição, mas serve para determinar duas finalidades básicas do sistema jurídico – o sistema pelo qual as pessoas podem reivindicar seus direitos e/ou resolver seus litígios sob os auspícios do Estado. Primeiro, o sistema deve ser igualmente acessível a todos; segundo, ele deve produzir resultados que sejam individual e socialmente justos. (CAPPELLETTI, Mauro; GARTH, Bryant, p. 8)

Neste sentido, se há, o que é uma realidade inexorável nos sistemas capitalistas de produção, uma desigualdade social que faz com que, conforme dados estatísticos divulgados pelo Instituto Brasileiro de Geografia e Estatística (IBGE), o rendimento médio real domiciliar per capita seja de R$ 1.157,07, sendo que metade dos brasileiros possuem renda menor que um salário mínimo.[1]

Estes dados objetivos, números contra os quais não há discussão, revelam não somente a concentração de renda que marca as sociedades capitalistas, como o caso brasileiro onde, em 2016, 1% dos trabalhadores com os maiores rendimentos recebia por mês, em média, R$ 27.085,00 – o equivalente a 36,3 vezes mais do que a metade da população com os menores rendimentos, que ganhava, em média, R$ 747, revelando, também, que, para os fins legais (o tema será explorado mais a frente), a sociedade brasileira é economicamente pobre, havendo, portanto, uma barreira verdadeiramente intransponível ao acesso à justiça: as despesas do processo.

---

1. Segundo dados levantados pela Pesquisa Nacional por Amostra de Domicílios Contínua (Pnad Contínua), em 2017, no país, o rendimento médio real domiciliar per capita foi R$ 1.157,07, sendo que, no Estado de menor renda per capita mensal, Maranhão, encontra-se o valor de R$ 597,00, e no Distrito Federal, local de maior renda per capita mensal, encontra-se o valor de R$ 2.548,00. (ftp://ftp.ibge.gov.br/Trabalho_e_Rendimento/Pesquisa_Nacional_por_Amostra_de_Domicilios_continua/Renda_domiciliar_per_capita/Renda_domiciliar_per_capita_2017.pdf)

2.1. A evolução do significado do acesso à justiça

Nos Estados tipicamente liberais, marcados por direitos tipicamente individuais, o processo e o procedimento estavam voltados para os litígios destes direitos, reinando o formalismo processual.

Nestes modelos de Estado, este simplesmente assegurava o direito de acesso à justiça, mantendo-se passivo, evitando tão somente que esse direito fosse infringido/violado por outrem, de modo que o Estado não se preocupava com a incapacidade de algumas pessoas de, na prática, exercerem o direito de acesso à justiça, revelando uma realidade na qual a Justiça só era possível para aqueles que pudessem enfrentar seus custos: era um acesso simplesmente formal ao direito de acesso à justiça:

Nos estados liberais 'burgueses' dos séculos dezoito de dezenove, os procedimentos adotados para solução dos litígios civis refletiam a filosofia essencialmente individualista dos direitos, então vigorante. Direito ao acesso à proteção judicial significava essencialmente o direito formal do indivíduo agravado de propor ou contestar uma ação. (CAPPELLETTI, Mauro; GARTH, Bryant, p. 9)

A segunda dimensão dos direitos fundamentais marca, por sua vez, a outorga pelo Estado de direitos sociais, cuja satisfação dependia de uma atuação positiva do Estado, momento em que as ações e relacionamentos assumiram, cada vez mais, caráter coletivo e a noção de acesso à justiça revelava um "sistema jurídico moderno e igualitário que pretendia garantir, e não apenas proclamar os direitos de todos":

Não é surpreendente, portanto, que o direito ao acesso efetivo à justiça tenha ganho particular atenção na medida em que as reformas do welfare state têm procurado armar os indivíduos de novos direitos substantivos em sua qualidade de consumidores, locatários, empregados e, mesmo, cidadãos. De fato, o direito ao acesso efetivo tem sido progressivamente reconhecido como sendo de importância capital entre os novos direitos individuais e sociais, uma vez que a titularidade de direitos é destituída de sentido, na ausência de mecanismos para sua efetiva reivindicação". (CAPPELLETTI, Mauro; GARTH, Bryant, p. 11)

O acesso à justiça pode, portanto, se encarado como o requisito fundamental – o mais básico dos direitos humanos – de um sistema jurídico moderno e igualitário que pretenda garantir, e não apenas proclamar os direitos de todos. (CAPPELLETTI, Mauro; GARTH, Bryant, p. 12)

Os juristas precisam, agora, reconhecer que as técnicas processuais servem a funções sociais; que as cortes não são a única forma de solução de conflitos a ser considerada e que qualquer regulamentação processual, inclusive a criação ou o encorajamento de alternativas ao sistema judiciário formal tem um efeito importante sobre a forma como opera a lei substantiva – com que frequência ela é executada, em benefício de quem e com que impacto social. (CAPPELLETTI, Mauro; GARTH, Bryant, p. 12)

Na atualidade, seja a partir da noção dos direitos fundamentais previstos na CRFB/88, já citados, seja a partir das normas fundamentais do processo trazidas pela Lei 13.105/2015 (CPC/2015), necessário, portanto, que se conceba exatamente um sistema jurídico moderno e igualitário que pretenda garantir, e não apenas proclamar os direitos de todos.

2.2. A primeira onda do movimento de acesso à justiça

Para se conceber um sistema jurídico moderno e igualitário que consiga, efetivamente, garantir, e não apenas proclamar os direitos de todos, é imprescindível que se eliminem as barreiras intransponíveis ao acesso à justiça, a começar pelos custos do processo. A solução para o obstáculo dos custos processuais é a concessão de Assistência Judiciária Gratuita aos necessitados – A "primeira onda" do movimento de acesso efetivo à justiça (CAPPELLETTI, Mauro; GARTH, Bryant, p. 31).

Não se está falando de algo novo, percebe-se. Se está, aqui, apenas relembrando em que contexto surgiram os institutos da assistência judiciária gratuita e da justiça gratuita, para que não se perca, jamais, o seu sentido primordial, qual seja: materializar um sistema jurídico igualitário que consiga, efetivamente, garantir, e não apenas proclamar os direitos de todos.

3. ASSISTÊNCIA JUDICIÁRIA GRATUITA E JUSTIÇA GRATUITA

3.1. A assistência judiciária gratuita

Apesar de próximos, os institutos da assistência judiciária gratuita e da justiça gratuita se diferenciam enquanto, respectivamente, gênero e espécie.

Assim é que a assistência judiciária gratuita revela o direito da parte de ter um advogado do Estado gratuitamente, bem como estar isenta de todas as despesas e taxas processuais, consagrado no art. 5º, LXXIV, da CRFB/88: "o Estado prestará assistência jurídica integral e gratuita aos que comprovarem insuficiência de recursos".

No Brasil, em geral, a assistência judiciária gratuita é prestada pela Defensoria Pública, ou por quem exerça cargo equivalente, sendo que, se no Estado não houver serviço de assistência judiciária, por ele mantido, caberá a indicação à Ordem dos Advogados, por suas Seções Estaduais, ou Subseções Municipais (arts. 1º e 5º, § 2º e § 5º, da Lei 1.060/50).

No âmbito da Justiça do Trabalho, por sua vez, a Assistência Judiciária Gratuita é disciplinada pela Lei 5.584 de 1970, que eu seu artigo 14 diz que "Na Justiça do Trabalho, a assistência judiciária a que se refere a Lei 1.060, de 5 de fevereiro de 1950, será prestada pelo Sindicato da categoria profissional a que pertencer o trabalhador", deixando, portanto, a responsabilidade pela concessão de defensor para representar, em Juízo, o trabalhador necessitado.

Supletivamente, a obrigatoriedade de concessão de assistência judiciária gratuita, na Justiça do Trabalho, deve ser concedida pelo Estado, através de Promotores ou Defensores Públicos, conforme art. 17 da Lei 5.584 de 1970: "Quando, nas respectivas comarcas, não houver Juntas de Conciliação e Julgamento ou não existir Sindicato da categoria profissional do trabalhador, é atribuído aos Promotores Públicos ou Defensores Públicos o encargo de prestar assistência judiciária prevista nesta lei".

3.2. O benefício da justiça gratuita

O instituto da justiça gratuita ou da gratuidade da justiça, por sua vez, é uma espécie do gênero assistência judiciária gratuita, garantindo ao cidadão, na forma do art. 98, §1º, do CPC/2015[2], a isenção das seguintes despesas processuais: I – as taxas ou as custas judiciais; II – os selos postais; III – as despesas com publicação na imprensa oficial, dispensando-se a publicação em outros meios; IV – a indenização devida à testemunha que, quando empregada, receberá do empregador salário integral, como se em serviço estivesse; V – as despesas com a realização de exame de código genético – DNA e de outros exames considerados essenciais; VI – os honorários do advogado e do perito e a remuneração do intérprete ou do tradutor nomeado para apresentação de versão em português de documento redigido em língua estrangeira; VII – o custo com a elaboração de memória de cálculo, quando exigida para instauração da execução; VIII – os depósitos previstos em lei para interposição de recurso, para propositura de ação e para a prática de outros atos processuais inerentes ao exercício da ampla defesa e do contraditório; IX – os emolumentos devidos a notários ou registradores em decorrência da prática de registro, averbação ou qualquer outro ato notarial necessário à efetivação de decisão judicial ou à continuidade de processo judicial no qual o benefício tenha sido concedido.".

Registre-se, entretanto, desde já, que, como será melhor analisado adiante, a concessão de gratuidade não afasta a responsabilidade do beneficiário pelas despesas processuais e pelos honorários advocatícios decorrentes de sua sucumbência (art. 98, § 2º, CPC/15).

Importante destacar, ainda, que, conforme art. 98, § 4º, do CPC/2015, "A concessão de gratuidade não afasta o dever de o beneficiário pagar, ao final, as multas processuais que lhe sejam impostas.", revelando, assim, que eventual multa por litigância de má-fé não é isentada ao beneficiário da justiça gratuita.

Por fim, vale destacar que, quanto ao inciso VIII do art. 98, §1º, do CPC/2015 (regra que, anteriormente, havia sido inserida, pela Lei Complementar n. 132/2009, no art. 3º, VII, da Lei 1.060/50), o entendimento até então predominante no âmbito do Tribunal Superior do Trabalho era no sentido de que a isenção dos depósitos previstos em lei para interposição de recurso, para propositura de ação e para a prática de

---

2. Importante destacar que o art. 1.072, III, do CPC/2015 revogou os arts. 2º, 3º, 4º, 6º, 7º, 11, 12 e 17 da Lei 1.060, de 5 de fevereiro de 1950 que, até então, regulava o tema.

outros atos processuais inerentes ao exercício da ampla defesa e do contraditório não abrangia o depósito recursal previsto no art. 899 da CLT e no art. 40 da Lei 8.177/91.

O entendimento do TST partia da natureza jurídica do depósito recursal que, conforme item I da IN 3/1993 do TST, possui natureza jurídica de garantia do juízo recursal e não de taxa de recurso.

Neste particular, contudo, a Lei 13.467/2017, alterando a sistemática até então vigente, incluiu o § 10 do art. 899 da CLT, passando a prever, de forma expressa, que "**São isentos do depósito recursal** os beneficiários da justiça gratuita, as entidades filantrópicas e as empresas em recuperação judicial." (grifamos).

Trata-se de alteração que, na linha substancial do acesso à justiça, visa permitir que aquele que não tenha condições de arcar com as despesas processuais, lembrando que, no caso da Pessoa Jurídica, é imprescindível que esta demonstre, de forma inequívoca, sua impossibilidade de arcar com os encargos processuais (Súmula n.481 do STJ e item II da Súmula n. 463 do TST), possa interpor um recurso, exercendo, assim, seu direito fundamental ao acesso à justiça.

4. HIPÓTESES DE CONCESSÃO DO BENEFICIO DA JUSTIÇA GRATUITA

4.1. A realidade antes da Lei 13.467/2017

Até o advento da Lei 13.467/2017, a concessão do benefício da justiça gratuita, no processo do trabalho, estava prevista apenas no § 3º do art. 790, da CLT, que contemplava duas hipóteses de concessão, a requerimento ou de ofício, do referido benefício: a) receber salário igual ou inferior ao dobro do mínimo legal ou; b) declarar, sob as penas da lei, que não possui condições de pagar as custas do processo sem prejuízo do sustento próprio ou de sua família.

A primeira hipótese (receber salário igual ou inferior ao dobro do mínimo legal) contemplava uma presunção legal de veracidade do estado de pobreza, baseada em um critério objetivo: recebimento de salário igual ou inferior ao dobro do mínimo legal.

A segunda hipótese, por sua vez, estava relacionada àqueles que, a despeito de receberem salário superior ao dobro do mínimo legal (afinal, se recebessem salário até o dobro do mínimo legal, estariam contemplados na primeira hipótese), declarassem, sob as penas da lei, que não possuíam condições de pagar as custas do processo sem prejuízo do sustento próprio ou de sua família.

Importante destacar, neste particular, que, no âmbito da Justiça do Trabalho, sempre se entendeu, tanto por força do art. 1º da Lei 7.115/83, quanto por força, depois, do art. 99, § 3º, do CPC/2015, que, quando firmada por pessoa natural, a declaração de pobreza era presumidamente verdadeira, de modo que bastava que a parte juntasse declaração de pobreza, cabendo à parte contrária, se fosse o caso, produzir provas capazes de infirmar a referida declaração.

A declaração de pobreza, para produzir seus efeitos, precisa ser, necessariamente, assinada pela própria parte ou por advogado com poderes específicos para tanto, nos termos do art. 105 do CPC/2015.[3]

4.2. A realidade após a Lei 13.467/2017

A Lei 13.467/2017 (Reforma Trabalhista), alterando a sistemática para a concessão do benefício da justiça gratuita até então existente na CLT, conferiu nova redação ao § 3º do art. 790 e incluiu, neste mesmo artigo, o § 4º.

No que tange ao § 3º, passou a prever "É facultado aos juízes, órgãos julgadores e presidentes dos tribunais do trabalho de qualquer instância conceder, a requerimento ou de ofício, o benefício da justiça gratuita, inclusive quanto a traslados e instrumentos, àqueles que perceberem salário igual ou inferior a 40% (quarenta por cento) do limite máximo dos benefícios do Regime Geral de Previdência Social.".

Neste particular, a alteração promovida pela Reforma Trabalhista ampliou o acesso à justiça, na medida em que, alterando a hipótese que contempla uma presunção legal de veracidade do estado de pobreza, substituiu o critério até então vigente (recebimento de salário igual ou inferior ao dobro do mínimo legal, o que, considerando os valores atuais, significaria receber salário igual ou inferior a R$ 1.908,00) pelo critério de recebimento de salário igual ou inferior a 40% (quarenta por cento) do limite máximo dos benefícios do Regime Geral de Previdência Social[4], o que, considerando os valores atuais, significa receber salário igual ou inferior a R$ 2.258,32).

Assim, como dito, ampliou-se o acesso à justiça, na medida em que passou a permitir ao Juiz, a requerimento ou de ofício, a concessão do benefício da justiça gratuita a quem receba salário entre R$ 1.908,01 a 2.258,32, o que não seria possível caso mantido o critério do recebimento de salário igual ou inferior ao dobro do salário mínimo.

Já com relação ao § 4º do art. 790, a Reforma Trabalhista, diante da redação deste novo dispositivo, vem despertando diversas reflexões.

Isto porque, pela redação anterior (do § 3º do art. 790), a segunda hipótese de concessão do benefício da justiça gratuita estava relacionada ao fato da parte, a despeito de receber salário superior ao dobro do mínimo legal, declarasse, sob as penas

---

3. Não por outra razão, o TST, após a entrada em vigor do CPC/2015, cancelou a OJ n. 331 da SDI-1, que dizia que "Desnecessária a outorga de poderes especiais ao patrono da causa para firmar declaração de insuficiência econômica, destinada à concessão dos benefícios da justiça gratuita." e, em seguida, editou a Súmula n. 463, dizendo que: " I – A partir de 26.06.2017, para a concessão da assistência judiciária gratuita à pessoa natural, basta a declaração de hipossuficiência econômica firmada pela parte ou por seu advogado, desde que munido de procuração com poderes específicos para esse fim (art. 105 do CPC de 2015); II – No caso de pessoa jurídica, não basta a mera declaração: é necessária a demonstração cabal de impossibilidade de a parte arcar com as despesas do processo.".
4. Para o ano de 2018, o valor máximo dos benefícios do Regime Geral de Previdência Social é de R$ 5.645,80.

da lei, que não possuía condições de pagar as custas do processo sem prejuízo do sustento próprio ou de sua família.

Pois bem. Com a redação do § 4º do art. 790 da CLT, possível identificar, na prática, uma ou duas mudanças substanciais. A primeira está relacionada, agora, à impossibilidade de concessão, de ofício, do benefício da justiça gratuita àqueles que recebam salário superior a 40% do teto do INSS, já que a possibilidade de concessão, de ofício, da justiça gratuita, está prevista apenas no § 3º do art. 790 da CLT, que, após a Reforma Trabalhista, passou a contemplar apenas uma hipótese de concessão do benefício: receber salário igual ou inferior a 40% (quarenta por cento) do limite máximo dos benefícios do Regime Geral de Previdência Social.

Assim, diante do novo artigo 790 da CLT, na hipótese de a parte receber salário superior a 40% (quarenta por cento) do limite máximo dos benefícios do Regime Geral de Previdência Social, a concessão do benefício da justiça gratuita está condicionada ao seu requerimento, sendo vedada, portanto, a sua concessão de ofício pelo Magistrado.

A outra conclusão que se pode extrair da alteração promovida pela Reforma Trabalhista está diretamente relacionada à substituição da expressão "declarar" pela expressão "comprovar", de modo que é possível entender que, a partir da Reforma Trabalhista, não basta que a parte que receba salário superior a 40% (quarenta por cento) do limite máximo dos benefícios do Regime Geral de Previdência Social declare, sob as penas da lei, que não possui condições de pagar as custas do processo sem prejuízo do sustento próprio ou de sua família, sendo imprescindível, portanto, que a parte requerente comprove, mediante documentos que comprovem seus gastos mensais (comprometimento dos seus rendimentos), que, mesmo recebendo salário superior a 40% (quarenta por cento) do limite máximo dos benefícios do Regime Geral de Previdência Social, não possui condições de pagar as custas do processo sem prejuízo do sustento próprio ou de sua família.

Tratar-se-ia, contudo, de interpretação distante da CRFB/88 (art. 5º, XXXV) e isolada, na medida em que o regramento da concessão do benefício da justiça gratuita encontra-se previsto em outras normas do sistema jurídico, o que impõe, assim, uma interpretação sistemática do novo dispositivo da CLT.

Desta maneira, ao interpretar o § 4º do art. 790 da CLT (O benefício da justiça gratuita será concedido à parte que comprovar insuficiência de recursos para o pagamento das custas do processo) é possível, sem maiores esforços interpretativos, concluir que, em verdade, exceto quanto à impossibilidade de, neste caso, o Magistrado conceder, de ofício, o benefício, nada mudou!

Isto porque, na hipótese da parte receber salário superior ao equivalente a 40% do limite máximo dos benefícios do Regime Geral de Previdência Social, caso a parte junte aos autos declaração pessoal de pobreza (assinada pela própria parte ou assinada por advogado com poderes específicos para esse fim — art. 105 do CPC/2015 e Súmula n. 463 do TST), esta declaração não dependerá de qualquer outra prova.

A conclusão acima decorre do fato de que, nos termos do art. 99, §3º, do CPC/2015 e do art. 1º da Lei 7.115/83 (aplicáveis ao processo do trabalho por força do art. 769 da CLT e do art. 15 do CPC/2015), a declaração pessoal de pobreza goza de presunção legal de veracidade, presunção esta que, diante da ausência de provas em sentido contrário, prevalece, afinal, nos termos do art. 374, IV, do CPC/2015, não dependem de prova os fatos em cujo favor milita presunção legal de existência ou de veracidade, o que é o caso, como visto, da declaração de pobreza.

Assim, se a parte, a despeito de receber salário superior ao equivalente a 40% do limite máximo dos benefícios do Regime Geral de Previdência Social, juntar aos autos declaração de pobreza (assinada pela própria parte ou assinada por advogado com poderes específicos para esse fim — art. 105 do CPC/2015 e Súmula n. 463 do TST), caberá (continuará cabendo, na verdade, já que, antes da Reforma Trabalhista, era exatamente isto o que ocorria) à parte contrária produzir provas capazes de infirmar a referida declaração de pobreza.

Foi justamente nesse sentido o entendimento consagrado pelo Desembargador Edilton Meireles, quando da decisão monocrática proferida nos autos do AIRO 0000242-76.2017.5.05.0493:

Diga-se, ainda, que o § 4º do art. 790 da CLT, com a redação dada pela Lei 13.467/17, não alterou esse panorama ao exigir que a parte comprove a insuficiência de recursos.

Isso porque, no caso, em aplicação supletiva do CPC/15, tem-se como prova da insuficiência do recurso a mera declaração da pessoa natural.

Não fosse isso, esse dispositivo do CPC segue a linha do disposto na Lei 7.115/83, que, em seu art. 1º, estabelece que a própria declaração do interessado é suficiente para "fazer prova de vida, residência, pobreza, dependência econômica, homonímia ou bons antecedentes".

Assim, ainda que por aplicação do disposto na Lei 7.115/83, mais especial que a CLT em relação ao tema, deve-se ter como comprovado o estado de pobreza do Autor.

Tal entendimento é corroborado pela norma presente no art. 99, § 2º, da CLT, segundo a qual, "o juiz somente poderá indeferir o pedido se houver nos autos elementos que evidenciem a falta dos pressupostos legais para a concessão de gratuidade" e, ainda assim, deverá, antes do indeferimento, "determinar à parte a comprovação do preenchimento dos referidos pressupostos".

Nada impede, por exemplo, que a parte contrária, com base nos próprios recibos de pagamento da parte autora, alegue (e eleja os referidos documentos como prova para tanto) que a renda mensal da parte autora (já comprovada nos autos e, neste caso, necessariamente superior a 40% do teto do INSS) comprova sua possibilidade de arcar com as custas do processo e elida a presunção de veracidade da declaração de pobreza juntada aos autos.

Neste caso, caberá ao Magistrado, antes de indeferir o benefício da justiça gratuita, determinar à parte a comprovação (agora sim é necessário falar em comprovação, já que o Magistrado, diante da alegação da parte contrária, concluiu haver, nos autos, elementos que evidenciem a falta dos pressupostos legais para a concessão de gratuidade) do preenchimento do referido pressuposto, qual seja: não possuir condições de pagar as custas do processo sem prejuízo do sustento próprio ou de sua família.

Esta sistemática, contudo, já existia na redação anterior à Reforma Trabalhista, na medida em que, por mais que o § 3º do art. 790 utilizasse a expressão declaração, a declaração gozava apenas de presunção relativa de veracidade, nada impedindo que, no caso concreto, o Magistrado entendesse que havia, nos autos, elementos que evidenciassem a falta dos pressupostos legais para a concessão de gratuidade, hipótese na qual, antes de indeferir o benefício, teria que intimar a parte para que esta comprovasse o preenchimento do referido pressuposto.

Como se vê, nada mudou no particular. A sistemática continua a mesma, qual seja:

a) se a parte recebe salário superior a 40% do teto do INSS, junta declaração de pobreza (assinada pela própria parte ou assinada por advogado com poderes específicos para esse fim — art. 105 do CPC/2015 e Súmula n. 463 do TST) e não há, nos autos, elementos que evidenciem a falta dos pressupostos legais para a concessão de gratuidade, o Magistrado deve conceder o benefício da justiça gratuita, já que, neste caso, a declaração de pobreza, em face da presunção legal de veracidade que ostenta (art. 99, § 3º, do CPC/2015) não exige prova do estado de insuficiência econômica (art. 374, IV, do CPC/2015);

b) se a parte recebe salário superior a 40% do teto do INSS, junta declaração de pobreza (assinada pela própria parte ou assinada por advogado com poderes específicos para esse fim — art. 105 do CPC/2015 e Súmula n. 463 do TST), mas há (provas preexistentes ou produzidas pela parte contrária), nos autos, elementos que evidenciem a falta dos pressupostos legais para a concessão de gratuidade (impossibilidade de arcar com as custas do processo), restará elidida a presunção de pobreza resultante da declaração juntada, cabendo ao Magistrado, neste caso, antes de indeferir o benefício da justiça gratuita, determinar à parte a comprovação do preenchimento do referido pressuposto, qual seja: não possuir condições de pagar as custas do processo sem prejuízo do sustento próprio ou de sua família, o que poderá ser feito mediante documentos que comprovem seus gastos mensais (comprometimento dos seus rendimentos), comprovando, assim, que, mesmo recebendo salário superior a 40% (quarenta por cento) do limite máximo dos benefícios do Regime Geral de Previdência Social, não possui condições de pagar as custas do processo sem prejuízo do sustento próprio ou de sua família.

Neste sentido, inclusive, importante destacar os enunciados 197 e 198 do Fórum Permanente de Processualistas do Trabalho - FPPT, aprovados no V FPPT, em Salvador:

197. (art. 790, §§ 3º e 4º da CLT; arts. 99, §3º e 374, IV, do CPC; art. 1º da Lei 7.115/83) Na hipótese de a parte receber salário superior a 40% do limite máximo dos benefícios do Regime Geral de Previdência Social, o benefício da justiça gratuita deve ser concedido se, juntada declaração de pobreza, assinada pela parte ou por advogado com poderes específicos para tanto, não existirem, nos autos, nem forem produzidas pela parte contrária, provas capazes de elidir a presunção de veracidade da referida declaração.

198. (art. 790, §§ 3º e 4º da CLT; art. 99, §2º do CPC) Diante da declaração de pobreza juntada pela parte, assinada por ela própria ou por advogado com poderes específicos para tanto, ainda que haja, nos autos, elementos que evidenciem a falta dos pressupostos legais para a concessão de gratuidade, não pode o Juiz ou o Tribunal, sem antes determinar à parte a comprovação do preenchimento dos pressupostos do benefício da justiça gratuita, indeferir o pedido.

5. CONCLUSÕES

As reflexões e provocações trazidas ao longo do presente artigo permitem que se conclua que a Lei 13.467/2017 (Reforma Trabalhista), ao alterar o § 3º do art. 790 da CLT e incluir o § 4º neste dispositivo, provocou as seguintes alterações:

a) ao alterar a redação do § 3º do art. 790 da CLT, substituindo o critério do recebimento de salário igual ou inferior ao dobro do salário mínimo pelo critério de recebimento de salário igual ou inferior a 40% do teto do INSS, ampliou o acesso à justiça, na medida em que passou a permitir ao Juiz, a requerimento ou de ofício, a concessão do benefício da justiça gratuita a quem receba salário, considerando os valores do ano de 2018, entre R$ 1.909,00 a 2.258,32, o que não seria possível caso mantido o critério do recebimento de salário igual ou inferior ao dobro do salário mínimo;

b) ao alterar a redação do § 3º do art. 790 da CLT e incluir, neste artigo, o § 4º, consagrou a impossibilidade de concessão, de ofício, do benefício da justiça gratuita àqueles que recebam salário superior a 40% do teto do INSS, já que a possibilidade de concessão, de ofício, da justiça gratuita, está prevista apenas no § 3º do art. 790 da CLT, que, após a Reforma Trabalhista, passou a contemplar apenas uma hipótese de concessão do benefício: receber salário igual ou inferior a 40% (quarenta por cento) do limite máximo dos benefícios do Regime Geral de Previdência Social.

Contudo, a substituição da expressão "declarar" pela expressão "comprovar", para fins de concessão do benefício da justiça gratuita, não teve o condão de promover qualquer alteração na sistemática processual até então vigente, de modo que a sistemática continua a mesma, qual seja:

a) se a parte recebe salário superior a 40% do teto do INSS, juntar declaração de pobreza (assinada pela própria parte ou assinada por advogado com poderes específicos para esse fim — art. 105 do CPC/2015 e Súmula n. 463 do TST) e não há, nos autos, elementos que evidenciem a falta dos pressupostos legais para a concessão de gratuidade, o Magistrado deve conceder o benefício da justiça gratuita, já que, neste caso, a declaração de pobreza, em face da presunção legal de veracidade que ostenta (art. 99, § 3º, do CPC/2015) não exige prova do estado de insuficiência econômica (art. 374, IV, do CPC/2015);

b) se a parte recebe salário superior a 40% do teto do INSS, juntar declaração de pobreza (assinada pela própria parte ou assinada por advogado com poderes específicos para esse fim — art. 105 do CPC/2015 e Súmula n. 463 do TST), mas há (provas preexistentes ou produzidas pela parte contrária), nos autos, elementos que evidenciem a falta dos pressupostos legais para a concessão de gratuidade (impossibilidade de arcar com as custas do processo), restará elidida a presunção de pobreza resultante da declaração juntada, cabendo ao Magistrado, neste caso, antes de indeferir o benefício da justiça gratuita, determinar à parte a comprovação do preenchimento do referido pressuposto, qual seja: não possuir condições de pagar as custas do processo sem prejuízo do sustento próprio ou de sua família, o que poderá ser feito mediante documentos que comprovem seus gastos mensais (comprometimento dos seus rendimentos), comprovando, assim, que, mesmo recebendo salário superior a 40% (quarenta por cento) do limite máximo dos benefícios do Regime Geral de Previdência Social, não possui condições de pagar as custas do processo sem prejuízo do sustento próprio ou de sua família.

6. REFERÊNCIAS

CAPPELLETTI, Mauro; GARTH, Bryant. Acesso à Justiça. Trad. Ellen Gracie Northfleet.

Porto Alegre: Sergio Antonio Fabris Editor, 1998.

Leite, Carlos Henrique Bezerra, Curso de direito processual do trabalho / Carlos Henrique Bezerra Leite. – 14. ed. de acordo com o novo CPC – Lei 13.105, de 16-3-2015. – São Paulo: Saraiva, 2016.

MEDINA, José Miguel Garcia. Novo Código de Processo Civil comentado. 2. ed. Revista dos Tribunais, São Paulo, 2016.

NEVES, Daniel Amorim Assumpção. Manual e direito processual civil. Volume único. 8. ed – Salvador, JusPodivm, 2016.

Schiavi, Mauro, Manual de direito processual do trabalho / Mauro Schiavi. — 10. ed.

de acordo com Novo CPC. — São Paulo: LTr, 2016.

A RESPONSABILIDADE PELO PAGAMENTO DOS HONORÁRIOS ADVOCATÍCIOS E PERICIAIS DO BENEFICIÁRIO DA JUSTIÇA GRATUITA APÓS A LEI 13.467/2017 (REFORMA TRABALHISTA)

Danilo Gonçalves Gaspar

Juiz do Trabalho do Tribunal Regional do Trabalho da 05ª Região. Mestre em Direito Privado e Econômico (UFBA). Pós-Graduado em Direito e Processo do Trabalho (Curso Preparatório para Carreira Jurídica – JUSPODIVM – Salvador/BA). Bacharel em Direito (Faculdade Ruy Barbosa – Salvador/BA). Professor de Direito do Trabalho da Faculdade Baiana de Direito – FBD. Professor de Cursos de Pós-Graduação em Direito. Professor de Cursos Preparatórios Para Concursos Públicos e Exame da OAB. Autor de Obras Jurídicas.

Sumário: 1. Introdução – 2. O significado contemporâneo de acesso à justiça: 2.1 A evolução do significado do acesso à justiça; 2.2 A primeira onda do movimento de acesso à justiça – 3. Assistência Judiciária Gratuita e Justiça Gratuita: 3.1 A assistência judiciária gratuita; 3.2 O benefício da justiça gratuita – 4. Hipóteses de concessão do benefício da justiça gratuita: 4.1 A realidade antes da Lei 13.467/2017; 4.2 A realidade após a Lei 13.467/2017 – 5. Os efeitos da concessão da Justiça Gratuita – 6. A possibilidade de execução (cobrança) do beneficiário da justiça gratuita das despesas processuais – 7. A responsabilidade pelo pagamento dos honorários periciais e a disciplina da Lei 13.347/2017 – Reforma Trabalhista – 8. A responsabilidade pelo pagamento dos honorários advocatícios na disciplina da Lei 13.347/2017 – Reforma Trabalhista – 9. Conclusões – 10. Referências.

1. INTRODUÇÃO

A CRFB/88 prevê uma série de direitos e garantias fundamentais, inclusive de natureza processual. Entre eles, com íntima relação com o acesso à justiça (art. 5º, XXXV, CRFB/88), o direito à assistência judiciária gratuita, conforme previsto no art. 5º, LXXIV, segundo o qual "o Estado prestará assistência jurídica integral e gratuita aos que comprovarem insuficiência de recursos"

Desse modo, as normas infraconstitucionais que tratam do tema devem ser interpretadas à luz da CRFB/88 (interpretação conforme a Constituição), tendo sempre em vista a necessidade de promover a efetivação de direitos fundamentais, ante a ocorrência do fenômeno denominado "neoconstitucionalismo".

Além disso, importante destacar que a assistência judiciária gratuita, expressamente prevista no texto constitucional, é gênero, consistindo no direito da parte de ter um advogado do Estado gratuitamente, bem como estar isenta de todas as despesas e taxas processuais, abrangendo, portanto, a ideia de justiça gratuita.

2. O SIGNIFICADO CONTEMPORÂNEO DE ACESSO À JUSTIÇA

O direito fundamental de acesso à justiça, consagrado pela CRFB/88 no inciso XXXV do art. 5º, além de revelar, internamente, um dos direitos fundamentais garantidos aos brasileiros e aos estrangeiros residentes no País, revela um estágio de amadurecimento de uma sociedade e o seu grau de democracia.

Isto porque, em uma perspectiva democrática de Estado, a sociedade necessita de instrumentos efetivamente capazes para que todo e qualquer cidadão, caso sofra alguma lesão (ou ameaça) em seu direito, possa, concretamente, recorrer ao Poder Judiciário, não somente batendo à sua porta, mas sobretudo valendo-se dos princípios do Juiz natural (art. 5º, LIII, da CRFB/88), do devido processo legal (art. 5º, LIV, da CRFB/88), do contraditório e da ampla defesa (art. 5º, LV, da CRFB/88).

Para tanto, torna-se imprescindível que o Estado, em sentido amplo, elimine barreiras, muitas vezes intransponíveis, ao acesso à justiça, de modo que o Poder Judiciário seja, de forma efetiva, acessível a todo e qualquer cidadão:

> Nenhum aspecto de nossos sistemas jurídicos modernos é imune à crítica. Cada vez mais pergunta-se como, a que preço e em benefício de quem estes sistemas de fato funcionam. (CAPPELLETTI, Mauro; GARTH, Bryant, p. 7)

> A expressão 'acesso à justiça' é reconhecidamente de difícil definição, mas serve para determinar duas finalidades básicas do sistema jurídico – o sistema pelo qual as pessoas podem reivindicar seus direitos e/ou resolver seus litígios sob os auspícios do Estado. Primeiro, o sistema deve ser igualmente acessível a todos; segundo, ele deve produzir resultados que sejam individual e socialmente justos. (CAPPELLETTI, Mauro; GARTH, Bryant, p. 8)

Neste sentido, se há, o que é uma realidade inexorável nos sistemas capitalistas de produção, uma desigualdade social que faz com que, conforme dados estatísticos divulgados pelo Instituto Brasileiro de Geografia e Estatística (IBGE), o rendimento médio real domiciliar per capita seja de R$ 1.157,07, sendo que metade dos brasileiros possuem renda menor que um salário mínimo.[1]

Estes dados objetivos, números contra os quais não há discussão, revelam não somente a concentração de renda que marca as sociedades capitalistas, como o caso brasileiro onde, em 2016, 1% dos trabalhadores com os maiores rendimentos recebia por mês, em média, R$ 27.085,00 – o equivalente a 36,3 vezes mais do que a metade da população com os menores rendimentos, que ganhava, em média, R$ 747, revelando, também, que, para os fins legais (o tema será explorado mais a frente),

---

[1]. Segundo dados levantados pela Pesquisa Nacional por Amostra de Domicílios Contínua (Pnad Contínua), em 2017, no país, o rendimento médio real domiciliar per capita foi R$ 1.157,07, sendo que, no Estado de menor renda per capita mensal, Maranhão, encontra-se o valor de R$ 597,00, e no Distrito Federal, local de maior renda per capita mensal, encontra-se o valor de R$ 2.548,00. (ftp://ftp.ibge.gov.br/Trabalho_e_Rendimento/Pesquisa_Nacional_por_Amostra_de_Domicilios_continua/Renda_domiciliar_per_capita/Renda_domiciliar_per_capita_2017.pdf)

a sociedade brasileira é economicamente pobre, havendo, portanto, uma barreira verdadeiramente intransponível ao acesso à justiça: as despesas do processo.

2.1. A evolução do significado do acesso à justiça

Nos Estados tipicamente liberais, marcados por direitos tipicamente individuais, o processo e o procedimento estavam voltados para os litígios destes direitos, reinando o formalismo processual.

Nestes modelos de Estado, este simplesmente assegurava o direito de acesso à justiça, mantendo-se passivo, evitando tão somente que esse direito fosse infringido/violado por outrem, de modo que o Estado não se preocupava com a incapacidade de algumas pessoas de, na prática, exercerem o direito de acesso à justiça, revelando uma realidade na qual a Justiça só era possível para aqueles que pudessem enfrentar seus custos: era um acesso simplesmente formal ao direito de acesso à justiça:

> Nos estados liberais 'burgueses' dos séculos dezoito e dezenove, os procedimentos adotados para solução dos litígios civis refletiam a filosofia essencialmente individualista dos direitos, então vigorante. Direito ao acesso à proteção judicial significava essencialmente o direito formal do indivíduo agravado de propor ou contestar uma ação. (CAPPELLETTI, Mauro; GARTH, Bryant, p. 9)

A segunda dimensão dos direitos fundamentais marca, por sua vez, a outorga pelo Estado de direitos sociais, cuja satisfação dependia de uma atuação positiva do Estado, momento em que as ações e relacionamentos assumiram, cada vez mais, caráter coletivo e a noção de acesso à justiça revelava um "sistema jurídico moderno e igualitário que pretendia garantir, e não apenas proclamar os direitos de todos":

> Não é surpreendente, portanto, que o direito ao acesso efetivo à justiça tenha ganho particular atenção na medida em que as reformas do welfare state têm procurado armar os indivíduos de novos direitos substantivos em sua qualidade de consumidores, locatários, empregados e, mesmo, cidadãos. De fato, o direito ao acesso efetivo tem sido progressivamente reconhecido como sendo de importância capital entre os novos direitos individuais e sociais, uma vez que a titularidade de direitos é destituída de sentido, na ausência de mecanismos para sua efetiva reivindicação". (CAPPELLETTI, Mauro; GARTH, Bryant, p. 11)

> O acesso à justiça pode, portanto, se encarado como o requisito fundamental – o mais básico dos direitos humanos – de um sistema jurídico moderno e igualitário que pretenda garantir, e não apenas proclamar os direitos de todos. (CAPPELLETTI, Mauro; GARTH, Bryant, p. 12)

> Os juristas precisam, agora, reconhecer que as técnicas processuais servem a funções sociais; que as cortes não são a única forma de solução de conflitos a ser considerada e que qualquer regulamentação processual, inclusive a criação ou o encorajamento de alternativas ao sistema judiciário formal tem um efeito importante sobre a forma como opera a lei substantiva – com que frequência ela é executada, em benefício de quem e com que impacto social. (CAPPELLETTI, Mauro; GARTH, Bryant, p. 12)

Na atualidade, seja a partir da noção dos direitos fundamentais previstos na CRFB/88, já citados, seja a partir das normas fundamentais do processo trazidas pela

Lei n. 13.105/2015 (CPC/2015), necessário, portanto, que se conceba exatamente um sistema jurídico moderno e igualitário que pretenda garantir, e não apenas proclamar os direitos de todos.

2.2. A primeira onda do movimento de acesso à justiça

> Para se conceber um sistema jurídico moderno e igualitário que consiga, efetivamente, garantir, e não apenas proclamar os direitos de todos, é imprescindível que se eliminem as barreiras intransponíveis ao acesso à justiça, a começar pelos custos do processo. A solução para o obstáculo dos custos processuais é a concessão de Assistência Judiciária Gratuita aos necessitados – A "primeira onda" do movimento de acesso efetivo à justiça (CAPPELLETTI, Mauro; GARTH, Bryant, p. 31).

Não se está falando de algo novo, percebe-se. Se está, aqui, apenas relembrando em que contexto surgiram os institutos da assistência judiciária gratuita e da justiça gratuita, para que não se perca, jamais, o seu sentido primordial, qual seja: materializar um sistema jurídico igualitário que consiga, efetivamente, garantir, e não apenas proclamar os direitos de todos.

3. ASSISTÊNCIA JUDICIÁRIA GRATUITA E JUSTIÇA GRATUITA

3.1. A assistência judiciária gratuita

Apesar de próximos, os institutos da assistência judiciária gratuita e da justiça gratuita se diferenciam enquanto, respectivamente, gênero e espécie.

Assim é que a assistência judiciária gratuita revela o direito da parte de ter um advogado do Estado gratuitamente, bem como estar isenta de todas as despesas e taxas processuais, consagrado no art. 5º, LXXIV, da CRFB/88: "o Estado prestará assistência jurídica integral e gratuita aos que comprovarem insuficiência de recursos".

No Brasil, em geral, a assistência judiciária gratuita é prestada pela Defensoria Pública, ou por quem exerça cargo equivalente, sendo que, se no Estado não houver serviço de assistência judiciária, por ele mantido, caberá a indicação à Ordem dos Advogados, por suas Seções Estaduais, ou Subseções Municipais (arts. 1º e 5º, § 2º e §5º, da Lei n. 1.060/50).

No âmbito da Justiça do Trabalho, por sua vez, a Assistência Judiciária Gratuita é disciplinada pela Lei n. 5.584 de 1970, que eu seu artigo 14 diz que "Na Justiça do Trabalho, a assistência judiciária a que se refere a Lei nº 1.060, de 5 de fevereiro de 1950, será prestada pelo Sindicato da categoria profissional a que pertencer o trabalhador", deixando, portanto, a responsabilidade pela concessão de defensor para representar, em Juízo, o trabalhador necessitado.

Supletivamente, a obrigatoriedade de concessão de assistência judiciária gratuita, na Justiça do Trabalho, deve ser concedida pelo Estado, através de Promotores ou Defensores Públicos, conforme art. 17 da Lei n. 5.584 de 1970: "Quando, nas respectivas comarcas, não houver Juntas de Conciliação e Julgamento ou não existir Sindicato da categoria profissional do trabalhador, é atribuído aos Promotores Públicos ou Defensores Públicos o encargo de prestar assistência judiciária prevista nesta lei".

3.2. O benefício da justiça gratuita

O instituto da justiça gratuita ou da gratuidade da justiça, por sua vez, é uma espécie do gênero assistência judiciária gratuita, garantindo ao cidadão, na forma do art. 98, §1º, do CPC/2015[2], a isenção das seguintes despesas processuais: I – as taxas ou as custas judiciais; II – os selos postais; III – as despesas com publicação na imprensa oficial, dispensando-se a publicação em outros meios; IV – a indenização devida à testemunha que, quando empregada, receberá do empregador salário integral, como se em serviço estivesse; V – as despesas com a realização de exame de código genético – DNA e de outros exames considerados essenciais; VI – os honorários do advogado e do perito e a remuneração do intérprete ou do tradutor nomeado para apresentação de versão em português de documento redigido em língua estrangeira; VII – o custo com a elaboração de memória de cálculo, quando exigida para instauração da execução; VIII – os depósitos previstos em lei para interposição de recurso, para propositura de ação e para a prática de outros atos processuais inerentes ao exercício da ampla defesa e do contraditório; IX – os emolumentos devidos a notários ou registradores em decorrência da prática de registro, averbação ou qualquer outro ato notarial necessário à efetivação de decisão judicial ou à continuidade de processo judicial no qual o benefício tenha sido concedido.".

Registre-se, entretanto, desde já, que, como será melhor analisado adiante, a concessão de gratuidade não afasta a responsabilidade do beneficiário pelas despesas processuais e pelos honorários advocatícios decorrentes de sua sucumbência (art. 98, § 2º, CPC/15).

Importante destacar, ainda, que, conforme art. 98, § 4º, do CPC/2015, "A concessão de gratuidade não afasta o dever de o beneficiário pagar, ao final, as multas processuais que lhe sejam impostas.", revelando, assim, que eventual multa por litigância de má-fé não é isentada ao beneficiário da justiça gratuita.

Por fim, vale destacar que, quanto ao inciso VIII do art. 98, §1º, do CPC/2015 (regra que, anteriormente, havia sido inserida, pela Lei Complementar n. 132/2009, no art. 3º, VII, da Lei n. 1.060/50), o entendimento até então predominante no âmbito do Tribunal Superior do Trabalho era no sentido de que a isenção dos depósitos previstos em lei para interposição de recurso, para propositura de ação e para a prática de outros atos processuais inerentes ao exercício da ampla defesa e do contraditório

---

2. Importante destacar que o art. 1.072, III, do CPC/2015 revogou os arts. 2º, 3º, 4º, 6º, 7º, 11, 12 e 17 da Lei 1.060, de 5 de fevereiro de 1950 que, até então, regulava o tema.

não abrangia o depósito recursal previsto no art. 899 da CLT e no art. 40 da Lei n. 8.177/91.

O entendimento do TST partia da natureza jurídica do depósito recursal que, conforme item I da IN 3/1993 do TST, possui natureza jurídica de garantia do juízo recursal e não de taxa de recurso.

Neste particular, contudo, a Lei n. 13.467/2017, alterando a sistemática até então vigente, incluiu o § 10 do art. 899 da CLT, passando a prever, de forma expressa, que "**São isentos do depósito recursal** os beneficiários da justiça gratuita, as entidades filantrópicas e as empresas em recuperação judicial." (grifamos).

Trata-se de alteração que, na linha substancial do acesso à justiça, visa permitir que aquele que não tenha condições de arcar com as despesas processuais, lembrando que, no caso da Pessoa Jurídica, é imprescindível que esta demonstre, de forma inequívoca, sua impossibilidade de arcar com os encargos processuais (Súmula n. 481 do STJ e item II da Súmula n. 463 do TST), possa interpor um recurso, exercendo, assim, seu direito fundamental ao acesso à justiça.

4. HIPÓTESES DE CONCESSÃO DO BENEFÍCIO DA JUSTIÇA GRATUITA

4.1. A realidade antes da Lei 13.467/2017

Até o advento da Lei n. 13.467/2017, a concessão do benefício da justiça gratuita, no processo do trabalho, estava prevista apenas no § 3º do art. 790, da CLT, que contemplava duas hipóteses de concessão, a requerimento ou de ofício, do referido benefício: a) receber salário igual ou inferior ao dobro do mínimo legal ou; b) declarar, sob as penas da lei, que não possui condições de pagar as custas do processo sem prejuízo do sustento próprio ou de sua família.

A primeira hipótese (receber salário igual ou inferior ao dobro do mínimo legal) contemplava uma presunção legal de veracidade do estado de pobreza, baseada em um critério objetivo: recebimento de salário igual ou inferior ao dobro do mínimo legal.

A segunda hipótese, por sua vez, estava relacionada àqueles que, a despeito de receberem salário superior ao dobro do mínimo legal (afinal, se recebessem salário até o dobro do mínimo legal, estariam contemplados na primeira hipótese), declarassem, sob as penas da lei, que não possuíam condições de pagar as custas do processo sem prejuízo do sustento próprio ou de sua família.

Importante destacar, neste particular, que, no âmbito da Justiça do Trabalho, sempre se entendeu, tanto por força do art. 1º da Lei n. 7.115/83, quanto por força, depois, do art. 99, § 3º, do CPC/2015, que, quando firmada por pessoa natural, a declaração de pobreza era presumidamente verdadeira, de modo que bastava que a parte juntasse declaração de pobreza, cabendo à parte contrária, se fosse o caso, produzir provas capazes de infirmar a referida declaração.

A declaração de pobreza, para produzir seus efeitos, precisa ser, necessariamente, assinada pela própria parte ou por advogado com poderes específicos para tanto, nos termos do art. 105 do CPC/2015.[3]

4.2. A realidade após a Lei 13.467/2017

A Lei 13.467/2017 (Reforma Trabalhista), alterando a sistemática para a concessão do benefício da justiça gratuita até então existente na CLT, conferiu nova redação ao § 3º do art. 790 e incluiu, neste mesmo artigo, o § 4º.

No que tange ao § 3º, passou a prever "É facultado aos juízes, órgãos julgadores e presidentes dos tribunais do trabalho de qualquer instância conceder, a requerimento ou de ofício, o benefício da justiça gratuita, inclusive quanto a traslados e instrumentos, àqueles que perceberem salário igual ou inferior a 40% (quarenta por cento) do limite máximo dos benefícios do Regime Geral de Previdência Social.".

Neste particular, a alteração promovida pela Reforma Trabalhista ampliou o acesso à justiça, na medida em que, alterando a hipótese que contempla uma presunção legal de veracidade do estado de pobreza, substituiu o critério até então vigente (recebimento de salário igual ou inferior ao dobro do mínimo legal, o que, considerando os valores atuais, significaria receber salário igual ou inferior a R$ 1.908,00) pelo critério de recebimento de salário igual ou inferior a 40% (quarenta por cento) do limite máximo dos benefícios do Regime Geral de Previdência Social[4], o que, considerando os valores atuais, significa receber salário igual ou inferior a R$ 2.258,32).

Assim, como dito, ampliou-se o acesso à justiça, na medida em que passou a permitir ao Juiz, a requerimento ou de ofício, a concessão do benefício da justiça gratuita a quem receba salário entre R$ 1.908,01 a 2.258,32, o que não seria possível caso mantido o critério do recebimento de salário igual ou inferior ao dobro do salário mínimo.

Já com relação ao § 4º do art. 790, a Reforma Trabalhista, diante da redação deste novo dispositivo, vem despertando diversas reflexões.

Isto porque, pela redação anterior (do § 3º do art. 790), a segunda hipótese de concessão do benefício da justiça gratuita estava relacionada ao fato da parte, a despeito de receber salário superior ao dobro do mínimo legal, declarasse, sob as penas

---

3. Não por outra razão, o TST, após a entrada em vigor do CPC/2015, cancelou a OJ n. 331 da SDI-1, que dizia que "Desnecessária a outorga de poderes especiais ao patrono da causa para firmar declaração de insuficiência econômica, destinada à concessão dos benefícios da justiça gratuita." e, em seguida, editou a Súmula n. 463, dizendo que: " I – A partir de 26.06.2017, para a concessão da assistência judiciária gratuita à pessoa natural, basta a declaração de hipossuficiência econômica firmada pela parte ou por seu advogado, desde que munido de procuração com poderes específicos para esse fim (art. 105 do CPC de 2015); II – No caso de pessoa jurídica, não basta a mera declaração: é necessária a demonstração cabal de impossibilidade de a parte arcar com as despesas do processo.".
4. Para o ano de 2018, o valor máximo dos benefícios do Regime Geral de Previdência Social é de R$ 5.645,80.

da lei, que não possuía condições de pagar as custas do processo sem prejuízo do sustento próprio ou de sua família.

Pois bem. Com a redação do § 4º do art. 790 da CLT, possível identificar, na prática, uma ou duas mudanças substanciais. A primeira está relacionada, agora, à impossibilidade de concessão, de ofício, do benefício da justiça gratuita àqueles que recebam salário superior a 40% do teto do INSS, já que a possibilidade de concessão, de ofício, da justiça gratuita, está prevista apenas no § 3º do art. 790 da CLT, que, após a Reforma Trabalhista, passou a contemplar apenas uma hipótese de concessão do benefício: receber salário igual ou inferior a 40% (quarenta por cento) do limite máximo dos benefícios do Regime Geral de Previdência Social.

Assim, diante do novo artigo 790 da CLT, na hipótese de a parte receber salário superior a 40% (quarenta por cento) do limite máximo dos benefícios do Regime Geral de Previdência Social, a concessão do benefício da justiça gratuita está condicionado ao seu requerimento, sendo vedada, portanto, a sua concessão de ofício pelo Magistrado.

A outra conclusão que se pode extrair da alteração promovida pela Reforma Trabalhista está diretamente relacionada à substituição da expressão "declarar" pela expressão "comprovar", de modo que é possível entender que, a partir da Reforma Trabalhista, não basta que a parte que receba salário superior a 40% (quarenta por cento) do limite máximo dos benefícios do Regime Geral de Previdência Social declare, sob as penas da lei, que não possui condições de pagar as custas do processo sem prejuízo do sustento próprio ou de sua família, sendo imprescindível, portanto, que a parte requerente comprove, mediante documentos que comprovem seus gastos mensais (comprometimento dos seus rendimentos), que, mesmo recebendo salário superior a 40% (quarenta por cento) do limite máximo dos benefícios do Regime Geral de Previdência Social, não possui condições de pagar as custas do processo sem prejuízo do sustento próprio ou de sua família.

Tratar-se-ia, contudo, de interpretação distante da CRFB/88 (art. 5º, XXXV) e isolada, na medida em que o regramento da concessão do benefício da justiça gratuita encontra-se previsto em outras normas do sistema jurídico, o que impõe, assim, uma interpretação sistemática do novo dispositivo da CLT.

Desta maneira, ao interpretar o § 4º do art. 790 da CLT (O benefício da justiça gratuita será concedido à parte que comprovar insuficiência de recursos para o pagamento das custas do processo) é possível, sem maiores esforços interpretativos, concluir que, em verdade, exceto quanto à impossibilidade de, neste caso, o Magistrado conceder, de ofício, o benefício, nada mudou!

Isto porque, na hipótese da parte receber salário superior ao equivalente a 40% do limite máximo dos benefícios do Regime Geral de Previdência Social, caso a parte junte aos autos declaração pessoal de pobreza (assinada pela própria parte ou assinada por advogado com poderes específicos para esse fim — art. 105 do CPC/2015 e Súmula n. 463 do TST), esta declaração não dependerá de qualquer outra prova.

A conclusão acima decorre do fato de que, nos termos do art. 99, §3º, do CPC/2015 e do art. 1º da Lei n. 7.115/83 (aplicáveis ao processo do trabalho por força do art. 769 da CLT e do art. 15 do CPC/2015), a declaração pessoal de pobreza goza de presunção legal de veracidade, presunção esta que, diante da ausência de provas em sentido contrário, prevalece, afinal, nos termos do art. 374, IV, do CPC/2015, não dependem de prova os fatos em cujo favor milita presunção legal de existência ou de veracidade, o que é o caso, como visto, da declaração de pobreza.

Assim, se a parte, a despeito de receber salário superior ao equivalente a 40% do limite máximo dos benefícios do Regime Geral de Previdência Social, juntar aos autos declaração de pobreza (assinada pela própria parte ou assinada por advogado com poderes específicos para esse fim — art. 105 do CPC/2015 e Súmula n. 463 do TST), caberá (continuará cabendo, na verdade, já que, antes da Reforma Trabalhista, era exatamente isto o que ocorria) à parte contrária produzir provas capazes de infirmar a referida declaração de pobreza.

Foi justamente nesse sentido o entendimento consagrado pelo Desembargador Edilton Meireles, quando da decisão monocrática proferida nos autos do AIRO 0000242-76.2017.5.05.0493:

> Diga-se, ainda, que o § 4º do art. 790 da CLT, com a redação dada pela Lei nº 13.467/17, não alterou esse panorama ao exigir que a parte comprove a insuficiência de recursos.

Isso porque, no caso, em aplicação supletiva do CPC/15, tem-se como prova da insuficiência do recurso a mera declaração da pessoa natural.

Não fosse isso, esse dispositivo do CPC segue a linha do disposto na Lei nº 7.115/83, que, em seu art. 1º, estabelece que a própria declaração do interessado é suficiente para "fazer prova de vida, residência, pobreza, dependência econômica, homonímia ou bons antecedentes".

Assim, ainda que por aplicação do disposto na Lei nº 7.115/83, mais especial que a CLT em relação ao tema, deve-se ter como comprovado o estado de pobreza do Autor.

Tal entendimento é corroborado pela norma presente no art. 99, § 2º, da CLT, segundo a qual, "o juiz somente poderá indeferir o pedido se houver nos autos elementos que evidenciem a falta dos pressupostos legais para a concessão de gratuidade" e, ainda assim, deverá, antes do indeferimento, "determinar à parte a comprovação do preenchimento dos referidos pressupostos".

Nada impede, por exemplo, que a parte contrária, com base nos próprios recibos de pagamento da parte autora, alegue (e eleja os referidos documentos como prova para tanto) que a renda mensal da parte autora (já comprovada nos autos e, neste caso, necessariamente superior a 40% do teto do INSS) comprova sua possibilidade de arcar com as custas do processo e elide a presunção de veracidade da declaração de pobreza juntada aos autos.

Neste caso, caberá ao Magistrado, antes de indeferir o benefício da justiça gratuita, determinar à parte a comprovação (agora sim é necessário falar em comprovação, já que o Magistrado, diante da alegação da parte contrária, concluiu haver, nos autos, elementos que evidenciem a falta dos pressupostos legais para a concessão de gratuidade) do preenchimento do referido pressuposto, qual seja: não possuir condições de pagar as custas do processo sem prejuízo do sustento próprio ou de sua família.

Esta sistemática, contudo, já existia na redação anterior à Reforma Trabalhista, na medida em que, por mais que o § 3º do art. 790 utilizasse a expressão declaração, a declaração gozava apenas de presunção relativa de veracidade, nada impedindo que, no caso concreto, o Magistrado entendesse que havia, nos autos, elementos que evidenciassem a falta dos pressupostos legais para a concessão de gratuidade, hipótese na qual, antes de indeferir o benefício, teria que intimar a parte para que esta comprovasse o preenchimento do referido pressuposto.

Como se vê, nada mudou no particular. A sistemática continua a mesma, qual seja:

a) se a parte recebe salário superior a 40% do teto do INSS, junta declaração de pobreza (assinada pela própria parte ou assinada por advogado com poderes específicos para esse fim — art. 105 do CPC/2015 e Súmula n. 463 do TST) e não há, nos autos, elementos que evidenciem a falta dos pressupostos legais para a concessão de gratuidade, o Magistrado deve conceder o benefício da justiça gratuita, já que, neste caso, a declaração de pobreza, em face da presunção legal de veracidade que ostenta (art. 99, § 3º, do CPC/2015) não exige prova do estado de insuficiência econômica (art. 374, IV, do CPC/2015);

b) se a parte recebe salário superior a 40% do teto do INSS, junta declaração de pobreza (assinada pela própria parte ou assinada por advogado com poderes específicos para esse fim — art. 105 do CPC/2015 e Súmula n. 463 do TST), mas há (provas preexistentes ou produzidas pela parte contrária), nos autos, elementos que evidenciem a falta dos pressupostos legais para a concessão de gratuidade (impossibilidade de arcar com as custas do processo), restará elidida a presunção de pobreza resultante da declaração juntada, cabendo ao Magistrado, neste caso, antes de indeferir o benefício da justiça gratuita, determinar à parte a comprovação do preenchimento do referido pressuposto, qual seja: não possuir condições de pagar as custas do processo sem prejuízo do sustento próprio ou de sua família, o que poderá ser feito mediante documentos que comprovem seus gastos mensais (comprometimento dos seus rendimentos), comprovando, assim, que, mesmo recebendo salário superior a 40% (quarenta por cento) do limite máximo dos benefícios do Regime Geral de Previdência Social, não possui condições de pagar as custas do processo sem prejuízo do sustento próprio ou de sua família.

Neste sentido, inclusive, importante destacar os enunciados 197 e 198 do Fórum Permanente de Processualistas do Trabalho – FPPT, aprovados no V FPPT, em Salvador:

197. (art. 790, §§ 3º e 4º da CLT; arts. 99, §3º e 374, IV, do CPC; art. 1º da Lei n. 7.115/83) Na hipótese de a parte receber salário superior a 40% do limite máximo dos benefícios do Regime Geral de Previdência Social, o benefício da justiça gratuita deve ser concedido se, juntada declaração de pobreza, assinada pela parte ou por advogado com poderes específicos para tanto, não existirem, nos autos, nem forem produzidas pela parte contrária, provas capazes de elidir a presunção de veracidade da referida declaração.

198. (art. 790, §§ 3º e 4º da CLT; art. 99, §2º do CPC) Diante da declaração de pobreza juntada pela parte, assinada por ela própria ou por advogado com poderes específicos para tanto, ainda que haja, nos autos, elementos que evidenciem a falta dos pressupostos legais para a concessão de gratuidade, não pode o Juiz ou o Tribunal, sem antes determinar à parte a comprovação do preenchimento dos pressupostos do benefício da justiça gratuita, indeferir o pedido.

5. OS EFEITOS DA CONCESSÃO DA JUSTIÇA GRATUITA

Para correta interpretação dos efeitos da concessão da Justiça Gratuita no Processo do Trabalho, necessário retornar no tempo, a fim de analisar como o tema era tratado e disciplinado antes das alterações promovidas pela Lei n. 13.467/2017 – Reforma Trabalhista.

Nesse ponto, cumpre lembrar que a CLT, há muito, ao tratar do tema, se limitava a indicar os requisitos para a sua concessão, deixando claro que o benefício era devido "(...) àqueles que perceberem salário igual ou inferior ao dobro do mínimo legal, ou declararem, sob as penas da lei, que não estão em condições de pagar as custas do processo sem prejuízo do sustento próprio ou de sua família" (art. 790, § 3º). Além das custas, o mesmo dispositivo fazia referência aos "traslados" e "instrumentos".

Além da norma celetista, a Lei n. 5.584/70 fazia (e faz) algumas referências ao instituto, na perspectiva do seu gênero assistência judiciária gratuita, arts. 14 a 18, destacando-se a norma segundo a qual "Na Justiça do Trabalho, a assistência judiciária a que se refere a Lei nº 1.060, de 5 de fevereiro de 1950, será prestada pelo Sindicato da categoria profissional a que pertencer o trabalhador" (art. 14 da citada Lei).

Ocorre que a doutrina e a jurisprudência trabalhista, talvez influenciadas pela ausência de aplicação do princípio da sucumbência recíproca no Processo do Trabalho, nas lides decorrentes da relação de emprego (art. 3º, § 3º e art. 5º da Instrução Normativa n. 27/05, TST; Súmulas n. 219 e 329, TST), nunca se preocuparam, efetivamente, com os reais efeitos da concessão da Justiça Gratuita.

Nesse ponto, cabe discutir se a concessão da Justiça Gratuita implica reconhecimento do direito da parte beneficiária de ser dispensada (definitivamente) do pagamento das despesas processuais ou implica inexigibilidade (mera isenção, temporária, de tais despesas), refletindo, assim, se, uma vez concedida a Justiça Gratuita, a parte poderá ser cobrada quanto às despesas processuais.

Nesse ponto, muito importante analisar como o tema era tratado no Processo Civil, antes mesmo do CPC/2015. A matéria era disciplinada pelo art. 12 da Lei n. 1.060/50, segundo o qual: "Art. 12. A parte beneficiada pela isenção do pagamento das custas ficará obrigada a pagá-las, desde que possa fazê-lo, sem prejuízo do sustento próprio ou da família, se dentro de cinco anos, a contar da sentença final, o assistido não puder satisfazer tal pagamento, a obrigação ficará prescrita."

Da leitura do dispositivo em questão, concluiu-se que a Justiça Gratuita não consiste em uma dispensa (definitiva) do pagamento das despesas processuais, mas mera inexigibilidade (temporária) quanto a tais despesas, enquanto mantida a condição de insuficiência de recursos que justificou a concessão da medida. Vale dizer, uma vez alteradas as condições econômicas da parte, de modo a permitir concluir não ser mais insuficiente para arcar com despesas processuais, sem prejuízo do sustento próprio e/ou e sua família, tais despesas podem ser integralmente exigidas, desde que isso ocorra no prazo de cinco anos, a contar do trânsito em julgado da decisão.

Desde logo, importante destacar que essa norma sempre foi aplicável ao Processo do Trabalho, ante a expressão determinação constante, até o advento do CPC/2015, do art. 2º da mencionada Lei: "Art. 2º. Gozarão dos benefícios desta Lei os nacionais ou estrangeiros residentes no país, que necessitarem recorrer à Justiça penal, civil, militar ou do trabalho.".

Atualmente, com a parcial revogação da lei n. 1.060/50, trata do tema or␣t. 98, §§ 2º e 3º, do CPC/2015, nos seguintes termos:

> Art. 98. A pessoa natural ou jurídica, brasileira ou estrangeira, com insuficiência de recursos para pagar as custas, as despesas processuais e os honorários advocatícios tem direito à gratuidade da justiça, na forma da lei.
>
> (...)
>
> § 2º A concessão de gratuidade não afasta a responsabilidade do beneficiário pelas despesas processuais e pelos honorários advocatícios decorrentes de sua sucumbência.
>
> § 3º Vencido o beneficiário, as obrigações decorrentes de sua sucumbência ficarão sob condição suspensiva de exigibilidade e somente poderão ser executadas se, nos 5 (cinco) anos subsequentes ao trânsito em julgado da decisão que as certificou, o credor demonstrar que deixou de existir a situação de insuficiência de recursos que justificou a concessão de gratuidade, extinguindo-se, passado esse prazo, tais obrigações do beneficiário.
>
> (...)

Como se vê, o CPC/2015, no particular, repete a disciplina da Lei n. 1.060/50, no sentido de prever a inexigibilidade das despesas processuais enquanto a parte gozar da gratuidade. A diferença consiste no fato que ele inova ao assentar que, passado os cinco (5) anos da sentença, não mais ocorre a prescrição, mas, sim, extinção da obrigação.

Nesse sentido, ainda sob a vigência do CPC/73, a seguinte decisão:

> (...) concedido o benefício, fica suspensa a exigibilidade de pagamento das despesas enquanto perdurar a situação econômica que justifique o benefício legal, prescrevendo a obrigação em cinco anos (...) (STJ, REsp 977.444/RS, 2.ª T., j 19.05.2009, rel. Min. Herman Benjamin)

A doutrina especializada do Processo Civil é nesse mesmo sentido:

> "(...) Mesmo tendo sido concedido o benefício da assistência judiciária, a parte continua a ser condenada a pagar as verbas de sucumbência, sendo nesse sentido o art. 98, § 2º, do Novo CPC, ao prever que a concessão de gratuidade não afasta a responsabilidade do beneficiário pelas despesas decorrentes de sua sucumbência. No § 3º do artigo comentado continua a regra de suspensão da exigibilidade pelo prazo de cinco anos contados do trânsito em julgado, período em que a cobrança se legitimara se o exequente demonstrar que a situação se insuficiência de recursos deixou de existir. Ao final desse prazo, a obrigação será extinta, não havendo previsão da prescrição como estava consagrada no revogado art. 12 da Lei 1.060/50." (NEVES, 2016).

Em conclusão, percebe-se, pois, que a gratuidade da justiça não dispensa o pagamento dos honorários, mas apenas o adiantamento da despesa, e, se sucumbente, suspende a exigibilidade das despesas processuais e honorários advocatícios.

6. A POSSIBILIDADE DE EXECUÇÃO (COBRANÇA) DO BENEFICIÁRIO DA JUSTIÇA GRATUITA DAS DESPESAS PROCESSUAIS

Com efeito, conforme visto anteriormente, a Justiça Gratuita, uma vez deferida, não permite concluir que a parte jamais será cobrada das despesas processuais. Apenas há uma suspensão de sua exigibilidade.

Destarte, é possível que a Justiça Gratuita deferida em determinado momento pelo Juízo não se justifique mais, tendo em vista o desaparecimento da condição de insuficiência de recurso que justificou a medida.

Assim, a principal consequência da revogação da Justiça Gratuita é a exigibilidade das despesas que a parte deixou de efetuar.

Tratam do tema, além do já mencionado art. 98, §§ 2º e 3º, os arts. 100 e 102, CPC/15:

> Art. 100. Deferido o pedido, a parte contrária poderá oferecer impugnação na contestação, na réplica, nas contrarrazões de recurso ou, nos casos de pedido superveniente ou formulado por terceiro, por meio de petição simples, a ser apresentada no prazo de 15 (quinze) dias, nos autos do próprio processo, sem suspensão de seu curso.
>
> Parágrafo único. Revogado o benefício, a parte arcará com as despesas processuais que tiver deixado de adiantar e pagará, em caso de má-fé, até o décuplo de seu valor a título de multa, que será revertida em benefício da Fazenda Pública estadual ou federal e poderá ser inscrita em dívida ativa.
>
> Art. 102. Sobrevindo o trânsito em julgado de decisão que revoga a gratuidade, a parte deverá efetuar o recolhimento de todas as despesas de cujo adiantamento foi dispensada, inclusive as relativas ao recurso interposto, se houver, no prazo fixado pelo juiz, sem prejuízo de aplicação das sanções previstas em lei. (...)

No Processo do Trabalho, nunca se cobrou do beneficiário da Justiça Gratuita em momento posterior a sentença, mesmo se desaparecida a condição de insuficiência de recurso que justificou a medida. Nunca se aplicou o art. 12 da Lei n. 1.060/50, a despeito de, como visto, o seu art. 2º ser expresso quanto tal aplicabilidade.

Entretanto, com o novo regime de custas, honorários periciais e honorários advocatícios, com a previsão de sucumbência recíproca, deve a doutrina revisitar o tema, a fim de fixar a correta interpretação dos dispositivos inseridos na CLT pela Lei n. 13.467/2017 – Reforma Trabalhista.

7. A RESPONSABILIDADE PELO PAGAMENTO DOS HONORÁRIOS PERICIAIS E A DISCIPLINA DA LEI 13.347/2017 – REFORMA TRABALHISTA

Conforme destacado, no Processo do Trabalho, a doutrina processual trabalhista nunca se atentou para os reais efeitos da concessão da gratuidade. Sempre se confundiu a completa inexistência de responsabilidade pelas despesas processuais com a sua mera isenção/inexigibilidade temporária.

Desse modo, especificamente quanto aos honorários periciais, e por conta do disposto no art. 790-B, CLT, sempre se entendeu que, em caso de sucumbência na pretensão objeto do pedido pela parte beneficiária da Justiça Gratuita, a União era a responsável pelo pagamento (Resolução n. 66/2010, do CSJT; Súmula n. 457, TST). No Processo do Trabalho, nunca se cobrou do beneficiário da Justiça Gratuita em momento posterior a sentença, ou seja, nunca se aplicou o art. 12 da Lei n. 1.060/50.

Entretanto, consoante a disciplina do instituto da gratuidade, tanto na Lei n. 1.060/50, quanto no CPC/2015, o mais coerente seria entender que a parte permanece responsável pelo pagamento dos honorários periciais, sendo a responsabilidade da União temporária, de modo que seria possível executar o beneficiário, inclusive reclamante, caso desaparecida a situação de insuficiência de recursos que justificou a medida.

Na mesma linha do revogado art. 12 da Lei n. 1060/50 (matéria disciplinada no atual art. 98, § 2º, e art. 95, CPC/15), a nova redação do art. 790-B, CLT, inserida pela Lei n. 13.467/2017, deixa claro que a responsabilidade pelas despesas decorrentes da sucumbência, inclusive honorários periciais, é da parte sucumbente, ainda que beneficiária da Justiça Gratuita: "Art. 790-B. A responsabilidade pelo pagamento dos honorários periciais é da parte sucumbente na pretensão objeto da perícia, ainda que beneficiária da justiça gratuita. (...)".

Ou seja, não há falar em substancial alteração quanto a responsabilidade pelo pagamento dos honorários periciais, no processo do trabalho, a partir da Reforma Trabalhista.

Na verdade, pela aplicação da Lei n. 1.060/50 e do CPC/15, ante o disposto no art. 769, CLT, com a regulamentação apenas parcial do instituto da Justiça Gratuita pelas normas processuais trabalhistas, o correto sempre foi a condenação da parte sucumbente na pretensão objeto da perícia no pagamento de honorários periciais, ainda que beneficiária da justiça gratuita, ficando suspensa, entretanto, a exigibilidade, enquanto mantida a condição de insuficiência de recursos. A União responderia, assim, num primeiro momento, sendo possível a cobrança dos valores adiantados pela União se, em até 5 anos, a contar da decisão, a parte (normalmente o reclamante) deixasse a condição de insuficiência de recursos.

Desse modo, percebe-se que a norma inserida no § 4º do art. 790-B, segundo a qual "Somente no caso em que o beneficiário da justiça gratuita não tenha obtido em juízo créditos capazes de suportar a despesa referida no caput, ainda que em outro processo, União responderá pelo encargo.", a depender da interpretação que se faça da expressão "créditos capazes de suportar a despesa", não conflita com o princípio constitucional de acesso à justiça e garantia da gratuidade.

É que a expressão "créditos capazes de suportar a despesa, ainda que em outro processo" deve, sob pena, aí sim, de violação do direito fundamental de acesso à justiça (art. 5º, XXXV, da CRFB/88), ser entendida como a obtenção de um crédito que permita a revogação da Justiça Gratuita, ante o desaparecimento da situação de insuficiência de recursos que, anteriormente, justificara a concessão do benefício. Não significa, portanto, uma possibilidade "meramente matemática", ou seja, um mero acerto de contas: se o reclamante tem R$ 5.000,00 (cinco mil reais) de créditos a receber, mas deve R$ 2.500,00 (dois mil e quinhentos reais) de honorários periciais, seria possível reter, dos créditos do reclamante, o valor relativo aos honorários periciais, já que R$ 5.000,00 é maior do que R$ 2.500,00.

A impossibilidade do mero acerto de contas decorre do fato de que a concessão e a manutenção da Justiça Gratuita não estão ligadas ao resultado do processo, mas sim à situação da parte de "insuficiência" de recursos.

Desse modo, ao fazer alusão a "créditos capazes de suportar a despesa, ainda que em outro processo", deve-se compreender que se trata, apenas, de uma das hipóteses que pode provocar a revogação da Justiça Gratuita, ante o desaparecimento da situação de insuficiência de recursos, o que poderá ocorrer também, por exemplo, se a parte for sorteada na loteria ou receber valores consideráveis provenientes de uma herança. Todas as hipóteses, contudo, estão vinculadas a um eixo central, qual seja: desaparecimento da situação de insuficiência de recursos da pessoa que foi beneficiária dos benefícios da justiça gratuita.

Vale registrar, por fim, que, talvez para evitar que interpretações literais da norma (como aquela que permite o mero acerto de contas acima referido) provoquem a denegação de direitos fundamentais, o Procurador Geral da República – PGR ajuizou ADIN, tombada sob o número 5766, em face de algumas alterações introduzidas pela Reforma Trabalhista (arts. 790-B, caput e § 4º; 791-A, § 4º, e 844, § 2º).

Segundo o PGR, a "alteração promoveu **restrições inconstitucionais à garantia de gratuidade judiciária** aos que comprovem insuficiência de recursos, na Justiça do Trabalho, **violando as garantias constitucionais de amplo acesso à jurisdição e a assistência judiciária integral aos necessitados**", além de gerar "**ônus desproporcionais** para que cidadãos vulneráveis e desassistidos busquem o Judiciário. Impõem a utilização de recursos obtidos em processos trabalhistas para custeio de honorários, sem considerar o possível caráter alimentar de tais valores ou a possibilidade de comprometimento de necessidades essenciais do trabalhador". (destaques nossos)

Pretende o PGR, em sede de cautelar, a suspensão da eficácia da expressão "**desde que não tenha obtido em juízo, ainda que em outro processo, créditos capazes de suportar a despesa**". (destaques nossos)

A referida inconstitucionalidade, conforme já dito, não existirá caso a expressão "créditos capazes de suportar a despesa referida no caput, ainda que em outro processo" seja entendida como a obtenção de um crédito que permita a revogação da Justiça Gratuita, ante o desaparecimento da situação de insuficiência de recursos que, anteriormente, justificara a concessão do benefício, e não um mero "acerto de contas".

Neste sentido, inclusive, importante destacar o enunciado 200 do Fórum Permanente de Processualistas do Trabalho – FPPT, aprovados no V FPPT, em Salvador:

> 200. (art. 5º, inciso XXXV da CF/88 e art. 790-B, caput e § 4º da CLT) É inconstitucional, por violação ao princípio do acesso à justiça, impor que a parte, beneficiária da justiça gratuita, que tenha obtido créditos em qualquer processo judicial, arque com honorários periciais, exceto se finda, comprovadamente, a condição de insuficiência econômica que justificou a concessão do benefício da justiça gratuita.

8. A RESPONSABILIDADE PELO PAGAMENTO DOS HONORÁRIOS ADVOCATÍCIOS NA DISCIPLINA DA LEI 13.347/2017 – REFORMA TRABALHISTA

Sem dúvidas, o art. 791-A, é uma das maiores novidades da Reforma Trabalhista, no que toca ao Direito Processual.

Na disciplina anterior à Reforma Trabalhista, sob influência na Lei n. 5.584/70, pacificou-se o entendimento no sentido de que a condenação em honorários advocatícios, em regra, no processo do trabalho, não decorria da mera sucumbência. Conforme Súmulas n. 219 e 329, TST, na Justiça do Trabalho, em regra, a condenação ao pagamento de honorários advocatícios não decorria pura e simplesmente da sucumbência, devendo a parte, concomitantemente: a) estar assistida por sindicato da categoria profissional; b) comprovar a percepção de salário inferior ao dobro do salário-mínimo ou encontrar-se em situação econômica que não lhe permita demandar sem prejuízo do próprio sustento ou da respectiva família (art.14, § 1º, da Lei nº 5.584/1970).

Na sistemática da Reforma Trabalhista, contudo, os honorários advocatícios, mesmo nas lides decorrentes das relações de emprego, passam a decorrer da mera sucumbência, inclusive recíproca, prevendo o art. 791-A, caput, da CLT, que "Ao advogado, ainda que atue em causa própria, serão devidos honorários de sucumbência, fixados entre o mínimo de 5% (cinco por cento) e o máximo de 15% (quinze por cento) sobre o valor que resultar da liquidação da sentença, do proveito econômico obtido ou, não sendo possível mensurá-lo, sobre o valor atualizado da causa.", bem como o seu § 3º que "Na hipótese de procedência parcial, o juízo arbitrará honorários de sucumbência recíproca, vedada a compensação entre os honorários.".

Registre-se que, no particular, a Reforma Trabalhista ratificou o entendimento no sentido de que os honorários constituem direito do advogado, não sendo admissível a compensação pelas partes dos respectivos valores, sendo, inclusive, de natureza alimentar (art. 85, § 14, CPC/15 e Súmula Vinculante n. 47, STF):

> Art. 85. A sentença condenará o vencido a pagar honorários ao advogado do vencedor.
>
> (...)
>
> § 14. Os honorários constituem direito do advogado e têm natureza alimentar, com os mesmos privilégios dos créditos oriundos da legislação do trabalho, sendo vedada a compensação em caso de sucumbência parcial.
>
> (...)
>
> Súmula Vinculante 47
>
> Os honorários advocatícios incluídos na condenação ou destacados do montante principal devido ao credor consubstanciam verba de natureza alimentar cuja satisfação ocorrerá com a expedição de precatório ou requisição de pequeno valor, observada ordem especial restrita aos créditos dessa natureza.

No que tange à responsabilidade do beneficiário da justiça gratuita ao pagamento dos honorários advocatícios, como visto anteriormente, a concessão de gratuidade **não afasta a responsabilidade** do beneficiário pelas despesas processuais e pelos honorários advocatícios decorrentes de sua sucumbência (art. 98, § 2º, CPC/15), apenas suspende sua exigibilidade. Consoante a § 3º do art. 98, CPC/15:

> Vencido o beneficiário, as obrigações decorrentes de sua sucumbência ficarão sob condição suspensiva de exigibilidade e somente poderão ser executadas se, nos **5 (cinco) anos** subsequentes ao trânsito em julgado da decisão que as certificou, **o credor demonstrar que deixou de existir a situação de insuficiência de recursos que justificou a concessão de gratuidade**, extinguindo-se, passado esse prazo, tais obrigações do beneficiário. (destaques nossos)

Em sentido semelhante, a nova disciplina do tema pela CLT, consoante alteração promovida pela Lei n. 13.467/2017 – Reforma Trabalhista (art. 791-A, § –4º, da CLT):

> Vencido o beneficiário da justiça gratuita, desde que não tenha obtido em juízo, ainda que em outro processo, **créditos capazes** de suportar a despesa, as obrigações decorrentes de sua sucumbência ficarão sob condição suspensiva de exigibilidade e somente poderão ser executadas se, nos **dois anos** subsequentes ao trânsito em julgado da decisão que as certificou, **o credor demonstrar que deixou de existir a situação de insuficiência de recursos que justificou a concessão de gratuidade**, extinguindo-se, passado esse prazo, tais obrigações do beneficiário. (destaques nossos)

Assim como foi destacado quando da análise dos efeitos da concessão da Justiça Gratuita quanto ao pagamento dos honorários periciais, quanto aos honorários advocatícios, necessário que se compreenda a referida norma pela adequada interpretação da expressão "créditos capazes de suportar a despesa", devendo esta expressão ser entendida como crédito capaz de retirar a parte (beneficiária da Justiça gratuita) da condição de insuficiência de recursos.

Não se trata, pois, de uma capacidade apenas "matemática" de suportar a despesa, ou seja, não se trata de dizer que o mero fato da parte, beneficiária da justiça gratuita, ter recebido, no processo trabalhista ou em qualquer outro processo judicial, um crédito superior ao valor do seu débito de honorários, permite, por si só, que se cobre dela o valor relativo aos honorários advocatícios, mediante retenção deste valor devido a título de honorários do valor do seu crédito obtido no processo.

Assim, tal qual deve ocorrer com relação aos honorários periciais, para que se torne exigível a cobrança dos honorários advocatícios da parte beneficiária da justiça gratuita, não basta que seja faça um mero acerto de contas, não basta que seja tenha uma mera capacidade matemática.

Fundamental, pois, para tanto, que o recebimento do crédito, pela parte beneficiária do benefício da justiça gratuita, seja suficiente para retirar a parte (beneficiária da Justiça gratuita) da condição de insuficiência de recursos, ou seja, um crédito capaz de retirar-lhe da condição de insuficiência econômica que justificou a concessão do benefício: capacidade efetiva, portanto, de suportar a despesa.

Neste sentido, inclusive, importante destacar o enunciado 201 do Fórum Permanente de Processualistas do Trabalho – FPPT, aprovados no V FPPT, em Salvador:

201. (art. 5º, inciso XXXV da CF/88 e art. 791-A, § 4º da CLT) É inconstitucional, por violação ao princípio do acesso à justiça, impor que a parte, beneficiária da justiça gratuita, que tenha obtido créditos em qualquer processo judicial, arque com honorários advocatícios, exceto se finda, comprovadamente, a condição de insuficiência econômica que justificou a concessão do benefício da justiça gratuita.

A diferença da disciplina da CLT em relação ao CPC/2015, neste particular, pois, se refere apenas ao prazo que antecede a extinção da obrigação, já que a CLT prevê que ele será de dois anos, ao passo que o CPC/2015, como visto, fala em cinco anos.

Afastada, portanto, a ideia de que seja possível promover um "encontro de contas" de modo a retirar do crédito devido ao reclamante (se beneficiário da gratuidade) os valores devidos a títulos de honorários ao advogado da parte contrária. A interpretação da possibilidade do mero acerto de contas, conforme também ocorre com os honorários periciais, viola o direito fundamental de acesso à justiça (art. 5º, XXXV, da CRFB/88), bem como esvazia, por completo, o direito à gratuidade de justiça (art. 5º, LXXIV, da CRFB/88), sendo, pois, inconstitucional.

Ademais, importante que se diga que a retenção decorrente da interpretação do mero acerto de contas (capacidade matemática) também violaria um dispositivo trazido pela própria Reforma Trabalhista, qual seja: o art. 878 da CLT, que passou a vedar, salvo na hipótese de *jus postulandi* da parte, o início, de ofício pelo Magistrado, da execução.

Isso porque, se o Magistrado entender ser possível reter, do crédito que o reclamante tem a receber, o valor dos honorários advocatícios devidos ao advogado da parte contrária, estará o Magistrado, de ofício, executando o referido crédito do advogado da parte contrária, violando, assim, o art. 878 da CLT.

Neste sentido, inclusive, importante destacar o enunciado 202 do Fórum Permanente de Processualistas do Trabalho – FPPT, aprovados no V FPPT, em Salvador:

> 202. (arts. 791-A, §4º e 878, da CLT) O § 4º do art. 791-A da CLT, não permite a retenção, pelo Juiz, do valor devido ao advogado da parte contrária, já que se trataria, neste caso, de execução de ofício, vedada pelo art. 878 da CLT.

Portanto, a sistemática da exigibilidade da cobrança de honorários advocatícios exige uma execução autônoma (leia-se, nos mesmos autos do processo, porém iniciada pelo próprio advogado), com respeito ao contraditório da parte que fora beneficiada com a gratuidade de justiça (arts. 10 e 99, § 2º, do CPC/2015), de modo que reste comprovado que o crédito (seja ele decorrente de processo judicial, de loteria, de herança ou de qualquer outra via lícita) recebido (efetivamente recebido) pela parte foi suficiente para retirar-lhe da condição de insuficiência econômica que justificou a concessão do benefício da justiça gratuita.

Assim, para que a parte, beneficiária da justiça gratuita, venha a responsabilizada pelo pagamento dos honorários advocatícios, necessário será: primeiro, que o credor (advogado da parte contrária) demonstre que deixou de existir a situação de insuficiência de recursos que justificou a concessão de gratuidade, seja pela obtenção, em juízo, ainda que em outro processo, de créditos capazes de suportar a despesa, seja pelo recebimento de herança, prêmio de loteria ou qualquer outro fato suficiente, em qualquer caso, para retirar a parte beneficiária da Justiça gratuita da condição de insuficiência de recursos e; segundo, que, diante desta demonstração, o Juiz, respeitado o contraditório (arts. 10 e 99, § 2º, do CPC/2015), revogue a decisão que concedeu à parte os benefícios da justiça gratuita, para, somente a partir daí, se dentro dos dois anos subsequentes ao trânsito em julgado da decisão que as certificou, ser possível, efetivamente, cobrar da parte, antes beneficiária da justiça gratuita, os valores relativos às obrigações decorrentes de sua sucumbência.

Neste sentido, inclusive, importante destacar o enunciado 205 do Fórum Permanente de Processualistas do Trabalho – FPPT, aprovados no V FPPT, em Salvador:

> 205. (arts. 790-B, caput, e 791-A, § 4º, da CLT) A revogação do benefício da justiça gratuita, necessária para viabilizar a execução dos honorários periciais ou advocatícios em face do beneficiário da justiça gratuita, somente pode ocorrer na fase de execução, quando do efetivo pagamento do crédito, que retire a sua condição de insuficiência econômica.

Também nesse ponto, e certamente com o mesmo propósito, o PGR ajuizou ADIN, já citada, pretendendo a declaração de inconstitucionalidade do art. 791-A, § 4º, com a suspensão da expressão "desde que não tenha obtido em juízo, ainda que em outro processo, créditos capazes de suportar a despesa".

A referida inconstitucionalidade, conforme já dito, não existirá caso a expressão "créditos capazes de suportar a despesa referida no caput, ainda que em outro processo" seja entendida como a obtenção de um crédito que permita a revogação da Justiça Gratuita, ante o desaparecimento da situação de insuficiência de recursos que, anteriormente, justificara a concessão do benefício, e não um mero "acerto de contas".

9. CONCLUSÕES

Na linha do quanto exposto, possível concluir que:

a) ao alterar a redação do § 3º do art. 790 da CLT, substituindo o critério do recebimento de salário igual ou inferior ao dobro do salário mínimo pelo critério de recebimento de salário igual ou inferior a 40% do teto do INSS, ampliou o acesso à justiça, na medida em que passou a permitir ao Juiz, a requerimento ou de ofício, a concessão do benefício da justiça gratuita a quem receba salário, considerando os valores do ano de 2018, entre R$ 1.909,00 a 2.258,32, o que não seria possível caso mantido o critério do recebimento de salário igual ou inferior ao dobro do salário mínimo;

b) ao alterar a redação do § 3º do art. 790 da CLT e incluir, neste artigo, o § 4º, consagrou a impossibilidade de concessão, de ofício, do benefício da justiça gratuita àqueles que recebam salário superior a 40% do teto do INSS, já que a possibilidade de concessão, de ofício, da justiça gratuita, está prevista apenas no § 3º do art. 790 da CLT, que, após a Reforma Trabalhista, passou a contemplar apenas uma hipótese de concessão do benefício: receber salário igual ou inferior a 40% (quarenta por cento) do limite máximo dos benefícios do Regime Geral de Previdência Social.

c) a substituição da expressão "declarar" pela expressão "comprovar", para fins de concessão do benefício da justiça gratuita, não teve o condão de promover qualquer alteração na sistemática processual até então vigente, de modo que a sistemática continua a mesma, qual seja: c.1) se a parte recebe salário superior a 40% do teto do INSS, junta declaração de pobreza (assinada pela própria parte ou assinada por advogado com poderes específicos para esse fim — art. 105 do CPC/2015 e Súmula n. 463 do TST) e não há, nos autos, elementos que evidenciem a falta dos pressupostos legais para a concessão de gratuidade, o Magistrado deve conceder o benefício da justiça gratuita, já que, neste caso, a declaração de pobreza, em face da presunção legal de veracidade que ostenta (art. 99, § 3º, do CPC/2015) não exige prova do estado de insuficiência econômica (art. 374, IV, do CPC/2015); c.2) se a parte recebe salário superior a 40% do teto do INSS, junta declaração de pobreza (assinada pela própria parte ou assinada por advogado com poderes específicos para esse fim — art. 105 do CPC/2015 e Súmula n. 463 do TST), mas há (provas preexistentes ou produzidas pela parte contrária), nos autos, elementos que evidenciem a falta dos pressupostos legais para a concessão de gratuidade (impossibilidade de arcar com as custas do processo), restará elidida a presunção de pobreza resultante da declaração juntada, cabendo ao Magistrado, neste caso, antes de indeferir o benefício da justiça gratuita, determinar à parte a comprovação do preenchimento do referido pressuposto, qual seja: não possuir condições de pagar as custas do processo sem prejuízo do sustento próprio ou de sua família, o que poderá ser feito mediante documentos que comprovem seus gastos mensais (comprometimento dos seus rendimentos), comprovando, assim, que, mesmo recebendo salário superior a 40% (quarenta por cento) do limite máximo dos benefícios do Regime Geral de Previdência Social, não possui condições de pagar as custas do processo sem prejuízo do sustento próprio ou de sua família.

d) a Justiça Gratuita não consiste em uma dispensa (definitiva) do pagamento das despesas processuais, mas mera inexigibilidade (temporária) quanto a tais despesas, enquanto mantida a condição de insuficiência de recursos que justificou a concessão da medida. Vale dizer, uma vez alteradas as condições econômicas da parte, de modo a permitir concluir não ser mais insuficiente para arcar com despesas processuais, sem prejuízo do sustento próprio e/ou e sua família, tais despesas podem ser integralmente exigidas, desde que isso ocorra no prazo de cinco anos (no caso do processo comum, sendo o prazo de dois anos, no caso do processo do trabalho), a contar do trânsito em julgado da decisão, respeitado o contraditório;

e) a gratuidade de justiça não dispensa o pagamento, mas apenas o adiantamento da despesa, e, se sucumbente, suspende a exigibilidade das despesas processuais e honorários advocatícios;

f) o mero fato da parte, beneficiária da justiça gratuita, ter recebido, no processo trabalhista ou em qualquer outro processo judicial, um crédito superior ao valor do seu débito de honorários, não permite, por si só, que se cobre dela o valor relativo aos honorários advocatícios, mediante retenção deste valor devido a título de honorários do valor do seu crédito obtido no processo. Não se trata, pois, de mero acerto de contas, de mera "capacidade matemática" de suportar a despesa. Fundamental, pois, para tanto, que o recebimento do crédito, pela parte beneficiária do benefício da justiça gratuita, seja suficiente para retirar a parte (beneficiária da Justiça gratuita) da condição de insuficiência de recursos;

g) para que a parte, beneficiária da justiça gratuita, venha a responsabilizada pelo pagamento dos honorários advocatícios, necessário será: primeiro, que o credor (advogado da parte contrária) demonstre que deixou de existir a situação de insuficiência de recursos que justificou a concessão de gratuidade, seja pela obtenção, em juízo, ainda que em outro processo, de créditos capazes de suportar a despesa, seja pelo recebimento de herança, prêmio de loteria ou qualquer outro fato suficiente, em qualquer caso, para retirar a parte beneficiária da Justiça gratuita da condição de insuficiência de recursos e; segundo, que, diante desta demonstração, o Juiz, respeitado o contraditório (arts. 10 e 99, § 2º, do CPC/2015), revogue a decisão que concedeu à parte os benefícios da justiça gratuita, para, somente a partir daí, se dentro dos dois anos subsequentes ao trânsito em julgado da decisão que as certificou, ser possível, efetivamente, cobrar da parte, antes beneficiária da justiça gratuita, os valores relativos às obrigações decorrentes de sua sucumbência.

10. REFERÊNCIAS

CAPPELLETTI, Mauro; GARTH, Bryant. Acesso à Justiça. Trad. Ellen Gracie Northfleet. Porto Alegre: Sergio Antonio Fabris Editor, 1998.

Leite, Carlos Henrique Bezerra, Curso de direito processual do trabalho / Carlos Henrique Bezerra Leite. – 14. ed. de acordo com o novo CPC – Lei 13.105, de 16-3-2015. – São Paulo: Saraiva, 2016.

MEDINA, José Miguel Garcia. Novo Código de Processo Civil comentado. 2. ed. Revista dos Tribunais, São Paulo, 2016.

NEVES, Daniel Amorim Assumpção. Manual e direito processual civil. Volume único. 8. ed – Salvador, JusPodivm, 2016.

Schiavi, Mauro, Manual de direito processual do trabalho / Mauro Schiavi. — 10. ed. de acordo com Novo CPC. — São Paulo: LTr, 2016.

OS HONORÁRIOS ADVOCATÍCIOS SUCUMBENCIAIS NA FASE RECURSAL NAS AÇÕES PROPOSTAS ANTES DE 11.11.2017: REFLEXÕES INICIAIS

Gilberto Carlos Maistro Junior

Doutorando (FADISP/SP) e Mestre (UNIMES/SP) em Direito. Especialista em Direito e Relações do Trabalho (Faculdade de Direito de São Bernardo do Campo/SP). Professor Titular de Direito do Trabalho II e de Prática Jurídica Trabalhista na Faculdade de Direito de São Bernardo do Campo/SP. Professor Titular de Direito Civil na FADI – Faculdade de Direito de Sorocaba/SP. Professor convidado em diversos programas de Pós-Graduação *lato sensu*. Coordenador-Pedagógico do Curso de Especialização em Direito do Trabalho e Processual do Trabalho da FADI – Faculdade de Direito de Sorocaba/SP. Coordenador-Pedagógico de Cursos de Especialização nos Núcleos Santo André, Mauá e Guarulhos da ESA – Escola Superior de Advocacia (OAB/SP). Membro do CEAPRO – Centro de Estudos Avançados em Processo e da ABPT – Associação Brasileira de Processualistas do Trabalho, da qual é Diretor de Ensino. Advogado. E-mail: maistro.junior@gmail.com.

Sumário: 1. Introdução – 2. Os honorários advocatícios decorrentes da mera sucumbência no Processo do Trabalho frente à Reforma Trabalhista: aspectos gerais – 3. Os honorários de sucumbência recursal no CPC de 2015 – 4. A questão dos honorários de sucumbência recursal no Processo do Trabalho – 5. Os honorários de sucumbência recursal e as ações ajuizadas *antes* de 11.11.2017 – 6. Conclusões – 7. Referências.

1. INTRODUÇÃO

A introdução de dispositivo expresso no texto da CLT, no sentido de trazer para a realidade do Processo do Trabalho a previsão de honorários advocatícios decorrentes da sucumbência, tem sido, sem dúvida, uma das *novidades* que mais têm atraído a atenção dos profissionais atuantes nas questões jurídico-trabalhistas, principalmente aqueles que se dedicam às lides levadas à Justiça do Trabalho para fim de serem dirimidas. O impacto prático da incerteza originada das alterações trazidas pela Lei 13.467/2017, no tocante a tal matéria e ao novo regime da gratuidade de Justiça, por certo, responde, em grande parte, pela abrupta e inicial diminuição do número de ações trabalhistas ajuizadas e por um vasto debate quanto à eventual inconstitucionalidade de tais dispositivos, para muitos, ofensivos ao *direito, garantia e princípio* fundamental de acesso à justiça (CF, artigo 5º, XXXV)[1].

---

1. Nesse sentido, vale consultar: Maurício Godinho Delgado; Gabriela Neves Delgado. **A Reforma Trabalhista no Brasil:** com os comentários à Lei 13.467/2017. São Paulo: LTr, 2017. p.329. Vale a leitura, também, do artigo de Jorge Luiz Souto Maior, publicado com o título **A negação do acesso à justiça pelas condenações dos trabalhadores ao pagamento de honorários advocatícios sucumbenciais.** Disponível em: https://www.

Todavia, pretende-se, no presente artigo, enfrentar um *recorte* dessa novidade. Trata-se, no presente estudo, de reflexão inicial acerca de questão prática, pertinente a lacuna encontrada no texto da CLT pós-Reforma frente à existência de disposição expressa no CPC/2015: a possibilidade (ou não) de aplicação das regras do artigo 85, § 11 do CPC nos domínios do Processo do Trabalho, ou seja, da fixação de honorários sucumbenciais em majoração na fase recursal.

Como salientado, pretende-se apresentar abordagem prática e direta no enfrentamento do tema, a título de colaboração para uma possível solução da questão posta, de modo fundamentado, porém, singelo, em humilde contribuição para o debate acerca do tema.

Para sua melhor compreensão, contudo, algumas informações prévias se mostram indispensáveis. Passa-se a elas.

2. OS HONORÁRIOS ADVOCATÍCIOS DECORRENTES DA MERA SUCUMBÊNCIA NO PROCESSO DO TRABALHO FRENTE À REFORMA TRABALHISTA: ASPECTOS GERAIS

Como sabido, a Lei 13.467/2017 – a Lei da Reforma Trabalhista – entrou em vigor em 11 de novembro de 2017 e, com ela, uma série de dúvidas práticas têm insistido em povoar os debates dos operadores do Direito.

Diversas delas, por certo, consistem nos limites da aplicação do disposto na CLT, artigo 791-A e, consequentemente, do regime dos *honorários advocatícios sucumbenciais,* aos processos em curso por ocasião da entrada em vigor das ditas alterações, trazidas pela *Reforma.*

Vale pontuar que a análise carregada neste texto circunscreve-se às reclamações trabalhistas, pois, entende-se, às ações decorrentes da ampliação da competência material da Justiça do Trabalho, havida com a Emenda Constitucional 45, de dezembro de 2004, ou seja, nas demais ações que tramitam perante esta Justiça Especializada que não se pautem em lides decorrentes da relação de emprego, já antes da Lei da Reforma Trabalhista, eram aplicadas as regras do Código de Processo Civil pertinentes aos honorários advocatícios sucumbenciais[2]. Não é outra a conclusão que se extrai do entendimento fixado pelo Tribunal Superior do Trabalho no artigo 5º da Instrução Normativa 27, de 2005, *verbis: "Exceto nas lides decorrentes da relação de emprego,*

---

jorgesoutomaior.com/blog/a-negacao-do-acesso-a-justica-pelas-condenacoes-de-trabalhadores-ao-pagamento-de-honorarios-advocaticios-sucumbenciais. Acesso em: 10.06.2018.

2. Como salientava Mauro Schiavi, em obra publicada antes da publicação da Lei 13.467/2017: *"Sendo assim, os honorários advocatícios que decorrem da sucumbência restam aplicáveis para todas as ações propostas na Justiça do Trabalho, que não sejam as referentes às controvérsias diretas entre empregados e empregadores. Nas reclamações trabalhistas regidas pela CLT (relação de emprego), somente são cabíveis os honorários advocatícios nas hipóteses do art. 14 da Lei 5.584/70"* (**Manual de Direito Processual do Trabalho: de acordo com o novo CPC.** 12.ed. São Paulo: LTr, 2017. p. 386).

os honorários advocatícios são devidos pela mera sucumbência"[3]. No mesmo sentido, o entendimento fixado na Súmula do mesmo TST, verbete 219, III, parte final: *"São devidos os honorários advocatícios nas causas em que o ente sindical figure como substituto processual e nas lides que não derivem da relação de emprego"*. (negrito meu).

Pois bem. Traz a CLT, no artigo 791-A, em seu *caput*, que, ao advogado, *ainda quando atue em causa própria*, são devidos honorários de *sucumbência* (portanto, pela parte vencida).

Aqui, já se faz necessário enfrentar questão tormentosa: qual o sentido e o alcance de *sucumbência* para os fins do artigo 791-A da CLT?

A questão surge, em especial, frente ao entendimento de respeitáveis juslaboralistas no sentido de que o Processo do Trabalho apenas admitiria a interpretação do referido dispositivo à luz do que Ivani Contini Bramante, por exemplo, chama de *princípio da sucumbência mitigada ou creditícia*. Sustenta que os honorários, no âmbito do Processo do Trabalho, *"não decorrem do princípio da causalidade*[4] *e tampouco da mera sucumbência"* restando limitados às *"sentenças condenatórias que resultem a existência de crédito em favor da parte vencedora ou, obrigação de outra natureza de que resulte um proveito econômico mensurável ou estimado pelo valor da causa"*. Por isso, haveria de se reconhecer que há um distanciamento entre a disciplina dada à matéria no texto inserido na CLT e o que se encontra na *"sucumbência típica do processo*

---

3. "[...] O passo mais significativo veio como desdobramento da Emenda Constitucional 45. A redação dada ao art. 114 fez com que passasse à competência da Justiça do Trabalho o julgamento de outras causas não decorrentes da relação de emprego, especialmente ações relacionadas com anulação de certos atos administrativos e com litígios decorrentes de relação de trabalho, sem a existência de relação de emprego26. Em pouco tempo o Tribunal Superior do Trabalho afirmou a exigibilidade dos honorários advocatícios em lides não decorrentes da relação de emprego. E assim concretizou-se o primeiro paradoxo. O empregador vencido em ação trabalhista paga apenas o crédito devido, sem acréscimo de honorários advocatícios. Já quem contrata o serviço de pequeno empreiteiro, sendo condenado em ação trabalhista (CLT, art. 652, a, inciso III), tem de liquidar o crédito acrescido de honorários advocatícios. Em tese, também na ação do trabalhador portuário deveria ocorrer o mesmo, dado não haver relação de emprego, mas sim mera relação de trabalho. Dificilmente se compreende e se justifica a solução díspar. Outro passo significativo foi a afirmação da exigibilidade dos honorários advocatícios em ação rescisória, nos termos da Súmula 219, inciso II. Não é sem importância notar que essa parte do verbete decorre de precedentes em que se nega a aplicabilidade do jus postulandi às ações rescisórias. Mas a previsão induziu grave paradoxo. Ação de empregado cujo pedido é julgado procedente desde logo não gera condenação em honorários. Se, porém, o pedido é julgado improcedente, transita em julgado, e sobrevém ajuizamento de ação rescisória, cujo pedido de rescisão e rejulgamento é acolhido, deve haver condenação em honorários advocatícios. Como explicar tão inusitada realidade? O último problema surgiu com a aprovação da Súmula 425 do Tribunal Superior do Trabalho: 'O jus postulandi das partes, estabelecido no art. 791 da CLT, limita-se às Varas do Trabalho e aos Tribunais Regionais do Trabalho, não alcançando a ação rescisória, a ação cautelar, o mandado de segurança e os recursos de competência do Tribunal Superior do Trabalho'. Se a ausência de honorários advocatícios decorria da possibilidade de exercício do jus postulandi, haveria de reconhecer-se a necessidade de condenação no pagamento da parcela sempre que a tramitação do processo envolvesse o Tribunal Superior Trabalho, onde somente se passou a admitir a representação por advogado. Mas a esse resultado a jurisprudência nunca chegou. Tem-se, então, obrigação de contratação de advogado, sem possibilidade de recebimento de honorários de sucumbência" (Estevão Mallet; Flávio da Costa Higa. Os honorários advocatícios após a Reforma Trabalhista. **Revista do TST**. v. 83. n. 4. São Paulo: Magister, 2017. p.69-94).

4. Rafael E. Pugliesi Ribeiro afirma que o princípio da causalidade é gênero do qual o princípio da sucumbência consiste em espécie e, nesse diapasão, segue a mesma trilha de Ivani Bramante ao afirmar que aquele *não foi acolhido* pela CLT, fruto da Reforma Trabalhista (**Reforma Trabalhista Comentada**. Curitiba: Juruá, 2018).

civil": no Processo do Trabalho, a imposição dos honorários advocatícios decorre de sucumbência *creditícia*, a permitir a sua definição como *"sucumbência atípica"*, afirma a autora.

Conclui Ivani Bramante que:

> *pelo princípio da sucumbência estrita, atípica, mitigada, ou creditícia, adotado pela Lei 13.467/17, e incidência apenas sobre o valor que resultar da liquidação da sentença, do proveito econômico obtido ou, não sendo possível mensurá-lo, sobre o valor atualizado da causa. Conclui-se que: não são devidos os honorários advocatícios, na Justiça do Trabalho, nas hipóteses de improcedência, desistência, renúncia, extinção sem mérito e arquivamento da ação. Inteligência literal do artigo 791-A, CLT, combinado com a interpretação histórica e sistemática com os artigos 14 e 16 da Lei 5584/70 e 11 da Lei 1060/50. Isto porque, que não se aplicam de forma subsidiária ou supletiva, as regras sobre honorários advocatícios do CPC, diante da regulamentação própria e da incompatibilidade normativa e principiológica com o processo do trabalho.*[5]

Por isso, sustenta que a alteração promovida pela Lei 13467/17 foi *meramente subjetiva*, de modo que consistiu *"apenas na colmatação do sistema, diante da revogação da Lei 1.060/50 e na ampliação do beneficiário dos honorários"*, que, assim, deixou de ser apenas o sindicato da categoria profissional para, potencialmente, alcançar *"o advogado particular do autor da ação (seja ele empregado ou empregador) ou do reconvinte"*. Por isso, conclui que a pretensão do legislador reformista não foi afastar o princípio da sucumbência mitigada, que distancia a realidade do Processo do Trabalho daquilo que se observa no Processo Civil, mas, ao contrário, manter o *"tradicional modelo que condiciona sua incidência ao fato de ser a parte credora de determinado valor reconhecido judicialmente"*[6].

Com posição próxima, porém, claramente refratária à possibilidade de condenação do *reclamante* ao pagamento de honorários sucumbenciais, Jorge Luiz Souto Maior afirma que *"não há qualquer suporte jurídico para que se negue o acesso à justiça por intermédio da imposição aos trabalhadores do pagamento de honorários advocatícios sucumbenciais"*. Antes, afirma, quanto à base de cálculo para fixação do valor pertinente aos ditos honorários, que serão *"unicamente"*, o resultado da liquidação de sentença e o proveito econômico, *"substituído pelo valor da causa quando este proveito não puder ser mensurado, como nas hipóteses de obrigação de fazer ou de ações meramente declaratórias"*. Por isso, conclui que, considerado que tais bases somente se produzem frente à procedência de um pedido formulado pelo reclamante, *"quando se estiver diante da improcedência total dos pedidos, não se tem fundamento legal para impor uma condenação de honorários advocatícios ao reclamante"*[7].

---

5. Princípio da sucumbência mitigada ou creditícia no Processo do Trabalho. Jota. Disponível em: https://www.jota.info/opiniao-e-analise/artigos/principio-da-sucumbencia-mitigada-ou-crediticia-no-processo-do-trabalho-09062018. Acesso em: 15.06.2018.
6. Princípio da sucumbência mitigada ou creditícia no Processo do Trabalho. Jota. Disponível em: https://www.jota.info/opiniao-e-analise/artigos/principio-da-sucumbencia-mitigada-ou-crediticia-no-processo-do-trabalho-09062018. Acesso em: 15.06.2018.
7. A negação do acesso à justiça pelas condenações dos trabalhadores ao pagamento de honorários advocatícios sucumbenciais. Disponível em: https://www.jorgesoutomaior.com/blog/a-negacao-do-acesso-a-

Por fidelidade ao leitor, destaca-se que a consequência prática do defendido acima é bastante simpática ao autor deste estudo[8], todavia, *s.m.j*, parece subverter o que traz a lei em vigor. Não há dúvidas que o regime trazido pela *Reforma* cria distorções e é absolutamente injusto. Porém, trata-se de *lei em vigor* e, salvo o reconhecimento de sua inconstitucionalidade, não pode ser ignorado.

No mais, a análise desta corrente foge ao objeto do presente estudo, haja vista que, se aqui abraçada, poderia repercutir no fulminamento, *de plano*, da utilidade prática da questão proposta. Assim, considerar-se-á, para fim de exame, de modo a permitir a análise mais ampla da questão, em suas possíveis vertentes, o posicionamento, ao que parece, ainda dominante, no sentido de que as regras pertinentes à fixação dos honorários sucumbenciais no Processo do Trabalho aplicam-se a ambas as partes e a noção de sucumbência a ser considerada é a mesma prevista no CPC, tratada como *típica* – pautada, pois, na condição de vencedor e vencido diante da pretensão posta sob o crivo da Justiça do Trabalho.

Não se pode ignorar, inclusive, que a regra carregada na CLT, artigo 791-A, é bastante similar à trazida no artigo 85 do CPC, com uma primeira diferença extremamente clara, e, ao mesmo tempo, inexplicável: os honorários devidos pelo vencido no Processo Civil montam de 10% a 20% sobre o valor da condenação, do proveito econômico obtido ou, não sendo possível mensurá-lo, sobre o valor atualizado da causa, atendidos: I – o grau de zelo do profissional; II – o lugar de prestação do serviço; III – a natureza e a importância da causa; e IV – o trabalho realizado pelo advogado e o tempo exigido para o seu serviço (CPC, artigo 85, § 2º).

Já no Processo do Trabalho, os honorários de sucumbência devem ser fixados entre o mínimo de 5% e o máximo de 15% sobre o valor que resultar da liquidação da sentença, do proveito econômico obtido ou, não sendo possível mensurá-lo, sobre o valor atualizado da causa (CLT, artigo 791-A, *caput*, parte final), observados os mesmos critérios acima apontados (CLT, artigo 791-A, § 2º).

Trata-se de verdadeiro retrocesso, já que, nas hipóteses em que admitida a fixação de honorários advocatícios decorrentes da sucumbência, a jurisprudência do Tribunal Superior do Trabalho, consolidada no verbete 219, V[9], de sua Súmula, já apontava para a aplicação das mesmas regras – e, portanto, percentuais – trazidas no Código de Processo Civil. Mesmo assim, respeitáveis vozes sustentam a constitucionalidade da nova disposição legal[10].

---

justica-pelas-condenacoes-de-trabalhadores-ao-pagamento-de-honorarios-advocaticios-sucumbenciais. Acesso em: 10.06.2018.

8. Concorda-se, inclusive, com a necessidade de trato diferenciado até no que tange ao percentual a ser fixado para fim de honorários advocatícios devidos aos patronos de reclamante e reclamada nos casos de sucumbência parcial, por fundamentos parcialmente distintos dos apresentados por Jorge Luiz Souto Maior, mas que conduzem ao mesmo resultado prático.
9. Superado pela Reforma Trabalhista, segundo afirmam Thereza Nahas e Raphael Miziara (**Impactos da Reforma Trabalhista na jurisprudência do TST**. São Paulo: Revista dos Tribunais, 2017. p.173).
10. Estevão Mallet; Flávio da Costa Higa. Os honorários advocatícios após a Reforma Trabalhista. **Revista do TST**. v. 83. n. 4. São Paulo: Magister, 2017. p.79.

O fato é que remanescem sem resposta aceitável os motivos ensejadores da diferença de critérios para a fixação da verba honorária devida ao advogado que exerce as suas relevantes atividades na área cível e nas questões que tramitam perante a Justiça do Trabalho, para o que nenhuma das possíveis explicações pode ser aceita sem que também se dirija à realidade dos honorários decorrentes da sucumbência nas causas cíveis[11]. Todavia, não é esse o objeto central desse breve momento de reflexão. Vale prosseguir.

Pontua a CLT, no artigo 791-A, § 3º, que, na hipótese de procedência parcial, o juiz do trabalho deverá fixar honorários advocatícios de sucumbência recíproca, vedada a compensação, regra que espelha o disposto no CPC, artigo 85, § 14, parte final.

A Reforma Trabalhista ainda introduziu o artigo 791-A, § 4º, ao texto da Consolidação das Leis do Trabalho, carregando, talvez, uma das mais polêmicas (e de duvidosa constitucionalidade, como destacado no Enunciado 201 do FPPT – Fórum Permanente de Processualistas do Trabalho[12]) inovações processuais experimentadas com a fatídica Lei 13.467/2017. Encontra-se, no referido parágrafo:

> Vencido o beneficiário da justiça gratuita, desde que não tenha obtido em juízo, ainda que em outro processo, créditos capazes de suportar a despesa, as obrigações decorrentes de sua sucumbência ficarão sob condição suspensiva de exigibilidade e somente poderão ser executadas se, nos dois anos subsequentes ao trânsito em julgado da decisão que as certificou, o credor demonstrar que deixou de existir a situação de insuficiência de recursos que justificou a concessão de gratuidade, extinguindo-se, passado esse prazo, tais obrigações do beneficiário.

Quanto a esse dispositivo, vale ressaltar que integra o objeto da ADI 5766, em trâmite no Supremo Tribunal Federal[13].

---

11. Diversas são as vozes que já demonstraram estranheza quanto à diferenciação de critérios frente ao previsto para o Processo Civil. Antero Arantes Martins, v.g., afirma: *"Por primeiro, é de se estranhar que os limites, mínimo e máximo, são diferentes daqueles fixados no processo civil (CLT: 5% a 15% x CPC: 10% a 20% no art.85), como se o trabalho do advogado trabalhista tivesse menor valor"* (In: Antero Arantes Martins; Christina de Almeida Pedreira. **Reflexões sobre a Reforma Trabalhista**. São Paulo: Scortecci, 2017. p.125).
12. FPPT, Enunciado 201. (art.5º, inciso XXXV da CF/88 e art. 791-A, § 4º da CLT) É inconstitucional, por violação ao princípio do acesso à justiça, impor que a parte, beneficiária da justiça gratuita, que tenha obtido créditos em qualquer processo judicial, arque com honorários advocatícios, exceto se finda, comprovadamente, a condição de insuficiência econômica que justificou a concessão do benefícios da justiça gratuita.
13. Este artigo foi redigido em junho de 2018. Nessa ocasião, o julgamento da ADI 5766 está em curso, com votos do Relator, Min. Luis Roberto Barroso, pela procedência parcial dos pedidos, para assentar interpretação conforme a Constituição, consubstanciada nas seguintes teses: "1. O direito à gratuidade de justiça pode ser regulado de forma a desincentivar a litigância abusiva, inclusive por meio da cobrança de custas e de honorários a seus beneficiários. 2. A cobrança de honorários sucumbenciais do hipossuficiente poderá incidir: (i) sobre verbas não alimentares, a exemplo de indenizações por danos morais, em sua integralidade; e (ii) sobre o percentual de até 30% do valor que exceder ao teto do Regime Geral de Previdência Social, mesmo quando pertinente a verbas remuneratórias. 3. É legítima a cobrança de custas judiciais, em razão da ausência do reclamante à audiência, mediante prévia intimação pessoal para que tenha a oportunidade de justificar o não comparecimento". Após, votou o Ministro Edson Fachin, pela procedência dos pedidos e, assim, reconhecer a inconstitucionalidade da expressão *"desde que não tenha obtido em juízo, ainda que em outro processo, créditos capazes de suportar a despesa,"* do § 4º do art. 791-A da CLT, ao que se seguiu o pedido de vistas antecipada dos autos do Min. Luiz Fux, em 10.05.2018. Consulta ao andamento disponível

Todavia, parte justamente dos parágrafos remanescentes, também do artigo 791-A do texto consolidado, o objeto da questão encontrada por detrás do título deste artigo.

Encontra-se nos §§ 1º e 5º do dito artigo que também haverá a condenação do vencido ao pagamento de honorários de sucumbência nas ações contra a Fazenda Pública e nas ações em que a parte estiver assistida ou substituída pelo sindicato de sua categoria, bem como na reconvenção.

Percebe-se que os referidos dispositivos repetem, apenas em parte, o fixado no CPC, artigo 85, § 1º, que traz: "*São devidos honorários advocatícios na reconvenção, no cumprimento de sentença, provisório ou definitivo, na execução, resistida ou não, e nos recursos interpostos, cumulativamente*". Vale destacar que os §§ 3º a 7º do mencionado artigo do Código de Processo Civil trazem as regras pertinentes aos honorários de sucumbência devidos nos processos em que a Fazenda Pública seja parte.

Assim, nota-se que o CPC prevê os honorários em questão nas hipóteses consagradas na CLT, artigo 791-A e parágrafos (ressalvadas algumas diferenças pertinentes à quantificação destes), mas, também aponta que serão devidos *no cumprimento de sentença, provisório ou definitivo, na execução, resistida ou não, e nos recursos interpostos, cumulativamente*, regras que não encontram repetição ou similitude no texto consolidado reformado.

3. OS HONORÁRIOS DE SUCUMBÊNCIA RECURSAL NO CPC DE 2015

Como salientado, o CPC de 2015 inovou[14] ao dispor, de modo expresso, no texto do artigo 85, § 11, acerca dos honorários em sede recursal, para fim de majoração, frente à manutenção da decisão recorrida. Traz o referido dispositivo:

> *O tribunal, ao julgar o recurso, majorará os honorários fixados anteriormente levando em conta o trabalho adicional realizado em grau recursal, observando, conforme o caso, o disposto nos §§ 2º a 6º, sendo vedado ao tribunal, no cômputo geral da fixação de honorários devidos ao advogado do vencedor, ultrapassar os respectivos limites estabelecidos nos §§ 2º e 3º para a fase de conhecimento.*

Perceba-se que se trata de uma *nova* verba honorária advocatícia (honorários da fase recursal) a ser somada à originariamente fixada e, assim, com ela passando a formar uma realidade unitária, observado o limite (para a somatória das *duas* verbas) estabelecido nos §§ 2º a 6º do mesmo artigo 85, qual seja, para o Processo Civil, 20% (para a fase de conhecimento[15]).

---

em: http://www.stf.jus.br/portal/processo/verProcessoAndamento.asp?numero=5766&classe=ADI&origem=AP&recurso=0&tipoJulgamento=M. Acesso em: 11.06.2018.
14. Para Luiz Dellore, trata-se de uma das principais inovações do CPC/15 (**Teoria Geral do Processo**: Comentários ao CPC de 2015 – Parte Geral. São Paulo: Forense, 2015. p.298).
15. Como salientam Teresa Arruda Alvim, Maria Lúcia Lins Conceição, Leonardo Ferres da Silva Ribeiro e Rogério Licastro Torres de Mello, há clareza, no texto legal, "*no sentido de que o limite de 20% é para a fase*

Justifica-se a majoração fixada na regra em destaque, como o próprio texto legal esclarece, no fato de que, nesse caso, restará indiscutível a existência de trabalho adicional ao realizado até a prolação da sentença, na qual se considerou o desempenho e o labor dos advogados atuantes no feito *até então*. Ora, partindo-se para a fase recursal, haverá novo trabalho executado pelos advogados que, à luz dos mesmos critérios estabelecidos para a fixação da verba honorária na decisão de 1º grau, deve ser considerado, então para a *majoração* do percentual originariamente fixado.

Nesse mesmo sentido, afirmam Nelson Nery Junior e Rosa Maria Andrade Nery:

> *O juiz de primeira instância, ao estipular o percentual dos honorários, não tem como saber se haverá recursos que demandarão mais trabalho do advogado. Porém, não se pode deixar de remunerar esse trabalho, sob pena de violação do princípio constitucional da justa remuneração*[16].

Todavia, como esclarecem Teresa Arruda Alvim, Maria Lúcia Lins Conceição, Leonardo Ferres da Silva Ribeiro e Rogério Licastro Torres de Mello, em que pese predomine o caráter e a finalidade remuneratória dos honorários advocatícios, há outro propósito por detrás desta regra inovadora, qual seja, inibir a conduta daqueles que buscam se valer dos recursos como expedientes protelatórios[17], pelo que concluem:

> *A regra, portanto, apresenta dúplice caráter, tanto punitivo como remuneratório. Digno de nota é que esse caráter punitivo aparecia de forma mais enfática na Redação do Senado Federal (PLS 166/2010), ao expressamente considerar aplicável a sucumbência recursal "quando o acórdão proferido pelo tribunal não admitir ou negar, por unanimidade, provimento a recurso interposto contra sentença ou acórdão"*[18].

Alexandre Freitas Câmara, de outro lado, nega que os honorários de sucumbência recursal tenham natureza de sanção, visando somente remunerar adequadamente o trabalho realizado pelo advogado da parte vencedora, tanto que não inibem a imposição de multas e outras sanções processuais, na forma fixada no artigo 85, § 12, do CPC[19].

Vale observar que, no caso de reforma da decisão atacada, no todo ou em parte, em que pese o referido dispositivo não trate expressamente da questão, é evidente que haverá de se dar, também, a *inversão* do ônus da sucumbência ou, no segundo caso, a sua redistribuição proporcional ao êxito de cada um dos litigantes, conclusão última esta que (quanto aos reflexos da reforma parcial sobre os honorários aqui tratados)

---

de conhecimento e, portanto, não guarda qualquer relação aos eventuais honorários advocatícios fixados no cumprimento de sentença" (Primeiros Comentários ao Novo Código de Processo Civil. 2ª ed. São Paulo: Revista dos Tribunais, 2016. p.191).

16. Comentários ao Código de Processo Civil. São Paulo: Revista dos Tribunais, 2015. p.437.
17. "Esse dispositivo busca atingir duas finalidades: (i) a primeira delas consiste na tentativa de impedir recursos infundados e meramente protelatórios, *pois a parte que desta forma agir sofrerá imposições pecuniárias adicionais*; (ii) de outro lado, quer-se que haja a remuneração gradativa do trabalho do advogado" (Primeiros Comentários ao Novo Código de Processo Civil. 2ª ed. São Paulo: Revista dos Tribunais, 2016. p.191).
18. Primeiros Comentários ao Novo Código de Processo Civil. 2ª ed. São Paulo: Revista dos Tribunais, 2016. p.191.
19. O novo Processo Civil brasileiro. São Paulo: Atlas, 2015. p.72. Essa, também, a nossa posição.

decorre do disposto no artigo 86, *caput*, do mesmo Código: *"Se cada litigante for, em parte, vencedor e vencido, serão proporcionalmente distribuídas entre eles as despesas"*.

Complementa, o mesmo artigo, em seu parágrafo único, que, nos casos de sucumbência *em parte mínima do pedido*, por um dos litigantes, ao outro caberá o ônus integral no que toca ao pagamento das despesas e dos honorários advocatícios aqui tratados[20].

Portanto, se ambas as partes sucumbirem – o que se tem no êxito parcial de uma e de outra (procedência parcial do pedido) –, exceto na hipótese em que tal se dá quanto a parte mínima das pretensões deduzidas em Juízo e analisadas naquele processo específico, ambas sofrerão condenação no que toca ao pagamento de honorários ao advogado da outra, pertencentes aos próprios advogados (Lei 8906/1994, artigo 23 c.c. CPC/15, artigo 85, § 14, primeira parte), com caráter alimentar e afastada qualquer possibilidade de imposição judicial de compensação (CPC, artigo 85, § 14).

Quanto à inversão do ônus sucumbencial, como bem salientado por José Miguel Garcia Medina, baseado em decisão do Superior Tribunal de Justiça, apresenta-se como inerente à própria sucumbência[21], invertida pela decisão havida em sede recursal.

Deste modo, passa a ser evidente que, com a Reforma Trabalhista e a introdução do artigo 791-A na CLT, a inversão do ônus sucumbencial e a sua redistribuição também deverão marcar a realidade dos casos nos quais se verifique a reforma total ou parcial da decisão recorrida, exceto, é claro, nas situações em que isso conduzir a alteração de pouca relevância, com sucumbência em parte mínima advinda do reexame da decisão atacada, hipótese na qual, *ex vi* do artigo 86, parágrafo único, do CPC, não haverá de se ter qualquer alteração no que se refere à condenação originariamente imposta a título de honorários advocatícios.

A situação aqui tratada não se confunde, vale anotar, com o reexame da própria decisão pertinente ao percentual fixado na sentença, na condenação ao pagamento dos honorários sucumbenciais, provocada pela parte recorrente: nesse caso, poderá haver alteração do percentual, porém, não em decorrência da noção genérica de sucumbência recursal, mas, sim, por se tratar de objeto específico do próprio recurso, integrante da pretensão de reforma levada ao Tribunal. De todo modo, vale anotar que, se não houver pleito recursal específico nesse sentido, a matéria não terá sido devolvida ao conhecimento do Tribunal e, assim, não poderá ser objeto de enfren-

---

20. Art.86. [...]. Parágrafo único. Se um litigante sucumbir em parte mínima do pedido, o outro responderá, por inteiro, pelas despesas e pelos honorários.
21. Medina menciona as decisões proferidas no Recurso Especial 146422/RS, 4ª Turma, rel. Min. Sálvio de Figueiredo Teixeira; nos EREsp 53.191/SP, havido pela Corte Especial sob a relatoria do Min. Humberto Gomes de Barros e nos Embargos de Declaração em Recurso Especial 1073595/MG, rel. Min. Nancy Andrighi, 2ª S., j. 25.05.2011 (**Novo Código de Processo Civil Comentado**. São Paulo: Revista dos Tribunais, 2015. p.175).

tamento em caso de manutenção integral da decisão, sendo o caso de *majoração* (e não de redimensionamento do percentual originariamente fixado).

Outra questão de inegável relevância prática é a seguinte: caso reste provido o recurso, haverá a aplicação do disposto no artigo 85, § 11, do CPC?

Como visto, caso reste mantida a decisão atacada, haverá de se ter a majoração dos honorários decorrentes da sucumbência. De outro lado, também se destacou, caso haja a reforma da decisão, haverá a inversão do ônus sucumbencial, a alcançar a verba honorária. Assim, suponha-se que, em primeiro grau, verificou-se o julgamento de procedência dos pedidos deduzidos, com fixação de honorários advocatícios em 10% do valor da condenação. Frente à interposição do recurso e o provimento da pretensão nele externada, haverá a inversão da obrigação no que toca ao pagamento dos honorários advocatícios, ou seja, estes passarão a ser devidos *pelo autor* ao advogado do réu.

Deste último quadro, emerge a pergunta: além disso, haverá a majoração da quantia, em favor do advogado do recorrente, fruto do seu exitoso trabalho, desenvolvido em acréscimo à labuta já reconhecida na decisão acerca dos honorários, proferida por ocasião da sentença (já que interposto, depois, o recurso), com a fixação de nova verba adicional (limitada, no caso, a mais 10%, na forma do artigo 85, § 11, do CPC)?

Entende-se que sim, sob a justificativa de que a finalidade expressamente declarada no texto do referido parágrafo do artigo 85 do Código de 2015 é justamente considerar o trabalho adicional realizado pelo advogado em grau recursal, o que se verificou na situação do provimento *da mesma forma* que teria se verificado caso o resultado tivesse sido totalmente antagônico, com a integral manutenção da decisão de origem, invertida, apenas, a parte sucumbente.

Portanto, há de se ter a remuneração do trabalho adicional do advogado do recorrente, que, para além de sustentar a manutenção da decisão de origem, alcançou o convencimento do colegiado julgador e obteve a reforma da referida decisão.

Nesse mesmo sentido, posicionam-se Teresa Arruda Alvim, Maria Lúcia Lins Conceição, Leonardo Ferres da Silva Ribeiro e Rogério Licastro Torres de Mello, com base no prevalecimento da natureza remuneratória da referida verba, pertencente ao advogado[22]. No mesmo diapasão, o entendimento consagrado no Enunciado 243 do FPPC – Fórum Permanente de Processualistas Civis, *verbis*: *"No caso de provimento do recurso de apelação, o tribunal redistribuirá os honorários fixados em primeiro grau e arbitrará os honorários de sucumbência recursal"*.

---

22. *"Prevaleceu, como se vê, a natureza remuneratória, especialmente porque se acrescentou a possibilidade de fixação de honorários advocatícios para as hipóteses em que, além de improvido, o recurso seja provido. Se o autor, por exemplo, tiver sua ação julgada improcedente pelo juízo de 1º grau e for condenado no pagamento de honorários advocatícios no percentual de 10%, sendo provido o seu recurso de apelação, além da inversão do ônus de sucumbência, o tribunal fixará honorários recursais, no limite de até 10% adicionais (considerado que o percentual máximo para a fase de conhecimento é de 20%)"* (**Primeiros Comentários ao Novo Código de Processo Civil.** 2ª ed. São Paulo: Revista dos Tribunais, 2016. p.191).

Não se pode ignorar, outrossim, respeitáveis entendimentos em sentido contrário. Destaca-se, dentre outras, a posição de Luiz Dellore, para quem, frente ao provimento da pretensão recursal, há de se verificar a inversão da sucumbência mas não a fixação de honorários recursais, salvo, destaca, *"se posteriormente houver recurso especial não provido, hipótese em que cabível a condenação"*[23]. Dellore sustenta que o Tribunal não pode deixar de fixar honorários recursais diante de assunto ainda não pacificado na jurisprudência, haja vista que o artigo 85, § 11 do CPC carrega regra de aplicação cogente. Contudo, antes, pontua que, embora positiva, a inovação, no que tange às causas que debatem teses já decididas na jurisprudência, de modo a punir adequadamente o litigante que busca protelar, é injusta com relação àqueles que estão frente a situação ainda não pacificada, tolhendo o seu acesso à justiça na medida em que *pune* quem está debatendo uma tese (ao que se soma: sobre tema acerca do qual o debate jurídico ainda se mostra aberto). Justamente com base nisso conclui que, nos casos em que há provimento do recurso, não haveria que se ter a fixação de honorários recursais[24].

De fato, se houve uma decisão em dado sentido e, depois, uma alteração do entendimento, sobre o mesmo caso, pelo Tribunal, há de se admitir que, no mais das vezes, estar-se-á diante de questão controvertida e que admite debates de teses pertinentes ao deslinde da controvérsia.

Todavia, considerado o texto do § 11 e a finalidade de remuneração do trabalho adicional do advogado, também verificada (talvez com mais intensidade) nos casos de provimento do recurso, parece-nos que razão assiste aos que se curvam ao entendimento fixado no Enunciado 243 do FPPC, na forma acima salientada, em que pese se reconheça, aqui, de modo expresso, todo o merecimento e a respeitabilidade que caracterizam a construção do referido posicionamento em contrário.

Não se pode deixar de concordar com Dellore, contudo, no que tange à inaplicabilidade da regra do § 11 nos julgamentos de Embargos de Declaração, bem como na técnica de julgamento de voto vencido fixada no artigo 942 do CPC (por inexistente vontade da parte nessa hipótese e, por isso, *"não se está tecnicamente diante de recurso"*). Também inaplicável no mandado de segurança e no respectivo recurso ordinário, por força do que traz o artigo 25 da Lei 12016/2009[25].

---

23. *In:* GAJARDONI, Fernando da Fonseca; DELLORE, Luiz; ROQUE, André Vasconcelos; OLIVEIRA JUNIOR, Zulmar Duarte. **Teoria Geral do Processo:** Comentários ao CPC de 2015 – Parte Geral. São Paulo: Forense, 2015. p.299.
24. *In:* GAJARDONI, Fernando da Fonseca; DELLORE, Luiz; ROQUE, André Vasconcelos; OLIVEIRA JUNIOR, Zulmar Duarte. **Teoria Geral do Processo:** Comentários ao CPC de 2015 – Parte Geral. São Paulo: Forense, 2015. p.299.
25. *In:* GAJARDONI, Fernando da Fonseca; DELLORE, Luiz; ROQUE, André Vasconcelos; OLIVEIRA JUNIOR, Zulmar Duarte. **Teoria Geral do Processo:** Comentários ao CPC de 2015 – Parte Geral. São Paulo: Forense, 2015, mesma página. Quanto ao artigo 25 da Lei do Mandado de Segurança, traz: *"Não cabem, no processo de mandado de segurança, a interposição de embargos infringentes e a condenação ao pagamento dos honorários advocatícios, sem prejuízo da aplicação de sanções no caso de litigância de má-fé"*.

Outra questão relevante: a majoração se dá em razão do julgamento de *que* recurso? Somente o recurso de natureza ordinária interposto contra a sentença *ou* a regra do § 11 deve ser observada em toda a cadeia recursal?

Analisado o texto do dispositivo mencionado, resta claro que a majoração há de se concretizar, pelo Tribunal, *ao julgar recurso*, sem qualquer delimitação à instância ordinária ou restrição de outra ordem.

Portanto, a interposição de qualquer dos recursos previstos no artigo 994, com exceção dos Embargos de Declaração e do mais acima pontuado, nos quais pode se ter sucumbência recursal, sujeita o litigante sucumbente aos honorários desta fase, em majoração, observados os critérios legais, em especial de limitação. Assim, se já fixada na origem a verba honorária em 20%, mesmo se improvido o recurso de apelação não restará espaço para a majoração prevista no CPC. De outro lado, se, na sentença, os honorários advocatícios sucumbenciais foram fixados em 10%, nada impede que, improvido o recurso de apelação, por exemplo, reste majorada a condenação em mais 5% e, depois, no Recurso Especial, também improvido, some-se mais 5%, alcançando o dito limite de 20% para a fase de conhecimento[26].

De outro lado, interessante a observação levantada por Clito Fornaciari Junior ao destacar a hipótese de interposição de recurso sem a apresentação de contrarrazões pelo recorrido ou mesmo sustentação oral por parte de seu advogado. Nesse caso, mesmo que verificada a manutenção da decisão, não houve qualquer trabalho adicional do advogado da parte exitosa que exija ou mereça nova remuneração. Se esta

---

26. Nesse sentido, afirma Alexandre Freitas Câmara: *"Pode, então, acontecer de o juízo de primeiro grau ter fixado honorários no importe mínimo (10%) e, em grau de recurso este percentual ser aumentado para até 20%. Nada impede, porém, que em grau de apelação os honorários sejam fixados, por exemplo, em 15%, permitindo que em grau de recurso especial haja nova majoração (para 17%, por exemplo) e em sede de recurso extraordinário mais uma majoração (chegando-se, por exemplo, ao limite máximo de 20%)"* (O novo Processo Civil brasileiro. São Paulo: Atlas, 2015. p.72). Clito Fornaciari Junior também segue nesta trilha ao afirmar: *"É certo que se raciocina sobre decisão mantida pelas instâncias superiores quanto à questão principal. Se o acórdão ou mesmo decisão monocrática, quando possível, reformar o julgado de primeiro grau, total ou parcialmente, isso importará em fixação de honorários em favor do advogado do outrora vencido, levando-se em consideração o trabalho desenvolvido no processo todo, até então, e não apenas no órgão de segunda instância. Por coerência, ocorrendo essa hipótese, há de se estipular ao patrono do novo vencedor um valor superior àquele que fora dado à parte contrária nas instâncias anteriores, pois, do contrário, não estaria sendo mensurado e remunerado o trabalho em segundo grau, a cuja remuneração agora esse profissional terá direito. Para a atuação da regra, nos casos de manutenção da decisão anterior, quem julga o recurso deverá levar 'em conta o trabalho adicional realizado em grau recursal', estando, porém, adstrito aos limites máximos ditados pelos §§ 2º a 5º. Até que se atinja o percentual máximo de remuneração, pode o tribunal de segundo grau fazer a majoração e também, na sequência, se for o caso, o Superior e o Supremo, não importando a majoração feita por um em óbice para igual conduta dos demais. Incide também a regra em caso de fixação de honorários em segundo grau, mercê da reforma da decisão de primeira instância. Nesse caso, havendo recurso para os tribunais superiores, o valor estabelecido em segundo grau poderá ser majorado, independentemente do recurso do vencedor"*
(Honorários recursais. In: LUCON, Paulo Henrique dos Santos; APRIGLIANO, Ricardo de Carvalho; SILVA, João Paulo Hecker da; VASCONCELOS, Ronaldo; ORTHMANN, André. **Processo em Jornadas**. Salvador: Jus Podivm, 2016. p.157-158). Vide, também, a lição de Luiz Dellore (*In*: GAJARDONI, Fernando da Fonseca; DELLORE, Luiz; ROQUE, André Vasconcelos; OLIVEIRA JUNIOR, Zulmar Duarte. **Teoria Geral do Processo: Comentários ao CPC de 2015 – Parte Geral**. São Paulo: Forense, 2015. p.298-299).

é a finalidade primeira da previsão, qual seja, a remuneração pelo trabalho adicional na fase recursal, não tendo se verificado qualquer labor a mais, nada há a ser fixado. E complementa: "*A simples demora do processo, fazendo supor o acompanhamento do andamento do recurso, não dá para ser avaliado pelo juízo de segundo grau e, portanto, também não servirá em tese para autorizar o aumento*"[27].

Importante destacar, contudo, que essa não foi a conclusão a que se chegou na I Jornada de Direito Processual Civil realizada pelo Centro de Estudos Judiciários do Conselho da Justiça Federal, em Brasília, nos dias 24 e 25.08.2017, fixada no Enunciado 7, *verbis*: "*A ausência de resposta ao recurso pela parte contrária, por si só, não tem o condão de afastar a aplicação do disposto no art.85, § 11, do CPC*".

Por fim, como já salientado, vale reiterar que a majoração dos honorários advocatícios, na fase recursal, não impede a aplicação de multas ou outras sanções processuais, notadamente as penalidades decorrentes da prática de ato atentatório à dignidade da justiça bem como da litigância de má-fé, inclusive pela constatação de caráter protelatório do recurso. É o que dispõe o CPC, artigo 85, § 12.

4. A QUESTÃO DOS HONORÁRIOS DE SUCUMBÊNCIA RECURSAL NO PROCESSO DO TRABALHO

Do exposto acima, emerge uma primeira questão: há lacuna que permite a aplicação subsidiária ou até supletiva do CPC (*ex vi* do disposto no mesmo Código, artigo 15, bem como da CLT, artigos 769 e 889), de modo a exigir que o juiz do trabalho fixe honorários de sucumbência na fase recursal, ou, ao não repetir as ditas disposições do Código de Processo Civil, como que em silêncio eloquente, o texto consolidado não abre espaço à dita aplicação – entenda-se: ao pontuar *as hipóteses em que há de se fixar honorários de sucumbência*, a CLT afastaria as demais não previstas (não havendo que se falar, portanto, em qualquer omissão ou lacuna, quer normativa, quer ontológica ou mesmo teleológica)?

Há posições respeitáveis e defensáveis em ambos os sentidos. Ivani Contini Bramante, por exemplo, em elogiável e bem fundamentado estudo, embora sem tratar especificamente da questão da sucumbência recursal, afirma que "*não se aplicam de forma subsidiária ou supletiva, as regras sobre honorários advocatícios do CPC, diante da regulamentação própria e da incompatibilidade normativa e principiológica com o processo do trabalho*"[28]. De outro turno, Antero Arantes Martins expõe:

---

[27]. Honorários recursais. *In:* LUCON, Paulo Henrique dos Santos; APRIGLIANO, Ricardo de Carvalho; SILVA, João Paulo Hecker da; VASCONCELOS, Ronaldo; ORTHMANN, André. **Processo em Jornadas**. Salvador: Jus Podivm, 2016. p.158.

[28]. Princípio da sucumbência mitigada ou creditícia no Processo do Trabalho. Jota. Disponível em: https://www.jota.info/opiniao-e-analise/artigos/principio-da-sucumbencia-mitigada-ou-crediticia-no-processo-do-trabalho-09062018. Acesso em: 15.06.2018.

> *Também será interessante verificar a hipótese de condenação em honorários advocatícios nos casos de sucumbência recursal e na fase de execução (cumprimento de sentença ou título extrajudicial). Como já se pode mencionar neste trabalho, o art. 15 do CPC estabelece que a Lei Adjetiva será fonte supletiva do processo do trabalho, permitindo, assim, sua aplicação para aquela situação em que a legislação processual trabalhista regulamenta a matéria de forma insuficiente e insatisfatória, como parece ser a hipótese em exame.[29]*(negrito meu)

Porém, é imprescindível que reste apresentada a posição do autor deste estudo, fundamentada, por consistir justamente no propósito do trabalho: é o que se passa a fazer e, por isso, pede-se licença para passar à redação, por vezes, na primeira pessoa.

Entendo que a melhor interpretação a ser dada ao sistema normativo aponta para a aplicação subsidiária ou supletiva do CPC, a depender da hipótese, e, consequentemente, do disposto no artigo 85, § 1º, parte final, e no § 11, que traz a regra dos honorários advocatícios de sucumbência recursal devidos em majoração.

Logo, entendo que, caso a parte sucumbente venha a interpor Recurso Ordinário e a decisão objurgada restar integralmente mantida pelo Tribunal Regional do Trabalho (portanto, houver integral sucumbência recursal), haverá de se verificar a majoração da verba fixada na sentença atacada e preservada, observado sempre o limite de 15%, em necessária adaptação às regras pertinentes à matéria, trazidas na CLT. Da mesma forma, se houver a reforma integral da decisão, há de se ter, além da inversão dos ônus sucumbenciais, a majoração da verba, pelos mesmos fundamentos apresentados anteriormente, neste texto.

Sustento este posicionamento no fato de que não há qualquer incompatibilidade entre as regras bem como na constatação de que o disposto no *caput* do artigo 791-A da CLT continua incólume (absolutamente respeitado) pela aplicação das regras pertinentes aos honorários de sucumbência recursal já que, ao fim e ao cabo, a verba em questão sempre respeitará o limite de 15% sobre a base de cálculo prevista no texto consolidado.

Esta, s.m.j., a melhor interpretação, atenta, destaque-se, ao disposto na CLT, artigo 769 e ao previsto no artigo 8º do CPC c/c artigo 5º da Lei de Introdução às Normas do Direito Brasileiro. Ambos os últimos referidos dispositivos apontam para a necessidade de aplicação da lei (inclusive a processual) de modo que se alcance o seu *fim social* – logo, o sistema exige a interpretação teleológica.

Considerado que os honorários pertencem ao advogado e são mensurados à luz do resultado obtido na sua atuação bem como em critérios como *o trabalho realizado por esse e o tempo exigido para o seu serviço* (CLT, artigo 791-A, § 2º, IV), o acréscimo de trabalho natural da atuação vitoriosa também no recurso (Recurso Ordinário, no

---

29. *In*: Antero Arantes Martins; Christina de Almeida Pedreira. **Reflexões sobre a Reforma Trabalhista**. São Paulo: Scortecci, 2017. p.127.

caso) exige o reconhecimento de que houve mudança com relação ao labor desempenhado em primeiro grau, a maximizar o quadro favorável à fixação de percentual mais elevado em benefício do profissional atuante.

Levada em conta a inexistência de vedação expressa no texto consolidado e a harmonia da regra em questão com o sistema processual trabalhista, em especial pelo respeito que o disposto no CPC, artigo 85, § 11 deveria ao teto do percentual trazido no *caput* do artigo 791-A da Consolidação das Leis do Trabalho, nada impede – ao contrário, tudo exige – a majoração dos honorários de sucumbência na seara recursal, na forma do previsto para o Processo Civil – repita-se, com fulcro também no disposto no CPC, artigo 15, verdadeira norma de integração e consagradora do reconhecimento do necessário diálogo entre as fontes, exigência da unicidade principiológica do sistema processual decorrente da existência de matrizes oriundas da mesma Teoria Geral de sustentação.

5. OS HONORÁRIOS DE SUCUMBÊNCIA RECURSAL E AS AÇÕES AJUIZADAS ANTES DE 11.11.2017

Superada esta questão, outra, tão desafiadora quanto a primeira, salta aos olhos dos operadores do Direito. Consiste na seguinte: considerada a aplicação do artigo 85, § 11 do CPC no Processo do Trabalho, serão devidos honorários de sucumbência recursal nos processos iniciados antes de 11.11.2017 (antes do início da vigência das alterações trazidas à CLT pela Lei 13.467/2017), mas, cujas sentenças foram proferidas (logo, com início de prazo de recurso e consequente interposição de Recurso Ordinário) na vigência destas?

Sabe-se da polêmica ainda existente quanto a serem ou não devidos os honorários de sucumbência nas ações propostas antes da entrada em vigor das alterações trazidas pela *Reforma*, mas, cujas sentenças foram proferidas já na sua vigência.

Muitos, pautados na jurisprudência emanada do Superior Tribunal de Justiça, bem como na dita natureza híbrida de tais regras (direito material e processual), sustentam que a previsão do artigo 791-A da CLT aplica-se aos processos em curso por ocasião da entrada em vigor do dito dispositivo.

O referido posicionamento do STJ pode ser bem compreendido, por exemplo, a partir do seguinte trecho da ementa da decisão proferida em sede de julgamento do Recurso Especial 1.644.846/RS, 1ª Turma, d.j.27.06.2017, havida sob a relatoria do Ministro Gurgel de Faria, levando-se em conta a discussão pertinente à aplicação das normas do CPC/2015 em questão também relativa a direito intertemporal. Encontra-se na dita ementa:

> *2. Apesar de a propositura da ação demarcar os limites da causalidade e os riscos de eventual sucumbência, o Superior Tribunal de Justiça elegeu a sentença – ato processual que qualifica o nascedouro do direito à percepção dos honorários advocatícios – como marco para a incidência*

das regras do novo estatuto processual, notadamente em face da natureza híbrida do referido instituto (processual-material)[30].

Por isso, no que se refere aos honorários advocatícios, o marco temporal a ser utilizado, sustenta essa corrente, é a *sentença*.

Observe-se que essa posição encontra respaldo na doutrina de Araken de Assis, *verbis*:

> (...) A sentença definitiva, prolatada na forma do art. 487, I e II, é o campo de incidência usual do art. 85, caput: o juiz, ao acolher ou rejeitar o pedido, condenará o vencido – réu ou autor, conforme haja procedência ou improcedência do pedido – nos honorários advocatícios. O princípio da sucumbência fundamenta o provimento desse teor na sentença definitiva. Forma-se na sentença lato sensu, destarte, o capítulo acessório da sucumbência.[31]

Na mesma trilha, Homero Batista Mateus da Silva sustenta que:

> [...] embora o trabalhador possa argumentar que não teria ajuizado a ação se soubesse que a lei aumentaria o rigor das despesas processuais e se soubesse do abalo sofrido pelo princípio da gratuidade do processo do trabalho, estes

> argumentos não são jurídicos; a parte não dá início ao processo para ser sucumbente, de modo que o vasto campo das despesas processuais somente tangencia o direito adquirido no momento da derrota; se o empregado faltar à audiência em 11.11.2017 terá, sim, de dar as explicações exigidas pelo art. 844, § 2º, sob pena de ter de pagar as custas e não ter acesso aos benefícios da justiça gratuita, por ser norma processual autoaplicável, com ou sem isolamento de atos processuais, sendo imprestável o argumento de que, meses antes, no ajuizamento da ação, o arquivamento da audiência tinha outra disciplina; por muito mais motivo, a sentença de improcedência ou de procedência parcial disparará as custas e os honorários proporcionais, à luz da legislação vigente à data da prolação do julgado(...).[32]

Relevante ao aprofundamento do estudo do tema, ainda, a decisão do Tribunal Regional do Trabalho da 5ª Região, proferida sob a relatoria do Des. Edilton Meireles de Oliveira Santos, 1ª Turma, no julgamento do Recurso Ordinário, Processo 0000301-54.2017.5.05.0464, d.j.05.03.2018, cuja ementa traz:

> *HONORÁRIOS ADVOCATÍCIOS. DIREITO INTERTEMPORAL. AÇÕES TIPICAMENTE TRABALHISTAS. REFORMA TRABALHISTA. O honorário advocatício é direito do advogado (§ 14 do art. 85 do CPC). Nas ações tipicamente trabalhistas, mesmo na vigência da lei nova, a participação do advogado é facultativa. O direito ao honorário advocatício pode ser devido a partir do momento no qual o advogado passa a participar do processo. "O direito aos honorários exsurge no momento em que a sentença é proferida" (STJ, REsp 1.465.535, p. 30/54). "Os honorários advocatícios são instituto de direito processual material, pois, apesar da previsão em diploma processual, confere direito subjetivo de crédito ao advogado em face da parte que deu causa à instauração do pro-*

---

30. Disponível em: http://www.stj.jus.br/SCON/jurisprudencia/doc.jsp?livre=honor%E1rios+e+advocat%EDcios+e+natureza+e+h%EDbrida&b=ACOR&p=true&t=JURIDICO&l=10&i=4. Acesso em: 08.06.2018.
31. **Processo Civil brasileiro. Parte Geral**: institutos fundamentais. v. II. t. I. São Paulo: Revista dos Tribunais, 2015. p.451.
32. **Comentários à Reforma Trabalhista**. São Paulo: Revista dos Tribunais, 2017. p.201-202.

cesso" (STJ, REsp 1.465.535, p. 23/54). A partir dessas premissas se tem que: 1 – nos processos sentenciados anteriormente a 11/11/2017 são aplicáveis as regras anteriores quanto aos honorários advocatícios (quando devidos e quando não cabíveis), respeitando-se em grau recursal o regramento respectivo (regramento anterior); 2 – para os processos ajuizados antes de 11/11/2017, mas sentenciados a partir de então, cabe adotar a lei nova quanto ao cabimento dos honorários advocatícios, aplicando-se o novo regramento, inclusive em grau recursal; 3 – em relação aos processos ajuizados anteriormente à vigência da lei nova, mas sentenciados na vigência desta, cabe ao juiz fixar os honorários advocatícios tendo em vista o trabalho realizado pelo advogado a partir de 11/11/2017[33]. (negrito meu)

Em sentido próximo, a bastante divulgada decisão do Tribunal Regional do Trabalho da 2ª Região, proferida em 07.12.2017, pela 17ª Turma, Processo 0000128-93.2015.5.02.0331, sob a relatoria da Desembargadora Thais Verrastro de Almeida. No caso referido, a Corte Regional Paulista, de modo similar ao encontrado no arresto do Tribunal Regional do Trabalho da 5ª Região (BA), acima destacado, solucionou outra importante questão: ao mesmo tempo em que se curvou ao posicionamento de que é a sentença que estabelece o marco temporal para verificação da lei em vigor quanto às regras pertinentes aos honorários de sucumbência, estabeleceu que, se a sentença foi proferida *antes* da entrada em vigor das alterações promovidas pela Lei 13.467/2017, mesmo que o recurso venha a ser julgado posteriormente, não se aplicam as regras pertinentes à verba honorária sucumbencial.

A conclusão exposta decorre logicamente da premissa da lei aplicável, em matéria de honorários de sucumbência, ser a vigente por ocasião da sentença. Nesse diapasão, o próprio STJ, enfrentando a questão de direito intertemporal da aplicação do artigo 85, § 11 do CPC/2015 por ocasião da entrada em vigor deste, fixou o seguinte entendimento no Enunciado Administrativo 7: "*Somente nos recursos interpostos contra decisão publicada a partir de 18 de março de 2016, será possível o arbitramento de honorários sucumbenciais recursais, na forma do art. 85, § 11, do novo CPC*"[34].

Ora, se não são devidos honorários de sucumbência por ocasião da sentença, uma vez que ainda pendia de vigência o disposto no atual artigo 791-A da CLT, por certo não há de se cogitar a aplicação de uma regra que conduz à *majoração* na fase recursal: não havendo honorários fixados na origem, não há o que se majorar e nem o que se reverter.

Porém, não se pode olvidar que até a questão do marco temporal para aplicação das ditas regras, do artigo 791-A da CLT, é polêmica. Se alguns sustentam, nos domínios da Justiça do Trabalho, a aplicação da mesma linha de interpretação consagrada na jurisprudência do Superior Tribunal de Justiça (aplicação das regras legais pertinentes à matéria, vigentes por ocasião da sentença), outros tantos negam essa solução, sob o fundamento da inadmissibilidade de "decisões-surpresa", quer sob o ponto de vista do justo e do princípio da causalidade (os riscos do processo

---
33. Disponível em: http://www.trt5.jus.br/jurisprudencia. Acesso em: 07.06.2018.
34. Disponível em: http://www.stj.jus.br/sites/STJ/default/pt_BR/Institucional/Enunciados-administrativos. Acesso em: 09.06.2018.

devem ser medidos e previsíveis por ocasião da propositura da ação, ato este que deu causa ao julgamento e, consequentemente, à possível sucumbência), quer sob a luz do disposto no CPC, artigo 10.

Não foi outro o entendimento vencedor na 2ª Jornada de Direito Material e Processual do Trabalho, da ANAMATRA, de 09 e 10 de outubro de 2017, fixado no Enunciado 98, *verbis*:

> *Honorários de sucumbência. Inaplicabilidade aos processos em curso. Em razão da natureza híbrida das normas que regem honorários advocatícios (material e processual), a condenação à verba sucumbencial só poderá ser imposta nos processos iniciados após a entrada em vigor da Lei 13.467/2017, haja vista a garantia de não surpresa, bem como em razão do princípio da causalidade, uma vez que a expectativa de custos e riscos é aferida no momento da propositura da ação*[35].

No âmbito do TRT-2ª Região, também há decisões neste sentido. Um bom exemplo se encontra no julgamento do Recurso Ordinário, Processo 0001919-06.2013.5.02.0481, havido pela 12ª Turma, sob a relatoria da Desembargadora Maria Elisabeth Mostardo Nunes que, ao tratar de honorários de sucumbência, assim afirmou: "*No tocante a essa matéria, a regra aplicável é aquela vigente ao tempo do ajuizamento da ação. Com efeito, a presente ação foi ajuizada antes da entrada em vigor da Lei 13.467, que se deu em 11/11/2017, a qual não se aplica ao caso dos autos*" (d.j.17.05.2018, d.p.25.05.2018)[36].

Esta posição foi recentemente reforçada pelo Tribunal Superior do Trabalho no artigo 6º da Instrução Normativa 41, editada por força da Resolução 221, do Tribunal Pleno, de 21 de junho de 2018, *verbis*:

> *Na Justiça do Trabalho, a condenação em honorários advocatícios sucumbenciais, prevista no art. 791-A, e parágrafos, da CLT, será aplicável apenas às ações propostas após 11 de novembro de 2017 (Lei 13.467/2017). Nas ações propostas anteriormente, subsistem as diretrizes do art. 14 da Lei 5.584/1970 e das Súmulas 219 e 329 do TST*[37].

Na doutrina também se encontra vozes em sentido similar. Ivani Contini Bramante, dentre outros, ao analisar a questão do direito intertemporal, afirma que o conjunto de regras pertinentes à "*aplicação dos honorários advocatícios no processo do trabalho*", fruto da Lei 13.467/17, "*só pode incidir nas demandas ajuizadas após o advento da citada lei*". Justifica:

---

35. Disponível em: http://www.jornadanacional.com.br/listagem-enunciados-aprovados.asp. Acesso em: 10.06.2017.
36. Disponível em: http://search.trtsp.jus.br/easysearch/cachedownloader?collection=coleta013&docId=-fe0946949cce6ebd937d6e0031fcd9146bb995aa&fieldName=Documento&extension=pdf#q=. Acesso em: 07.06.2018.
37. Disponível em: http://www.tst.jus.br/documents/10157/2374827/RESOLUCAO+221+-+21-06-2018.pdf/4750fdfb-8c09-e017-9890-96181164c950. Acesso em: 09.06.2018.

> *Isto porque [...] ninguém pode perder seus bens e sua liberdade sem o devido processo legal, contraditório e ampla defesa (art. 5º, LIV e LV da CF/88), sendo necessária a observância dos princípios constitucionais da irretroatividade da lei e do direito adquirido, bem como do princípio processual da vedação da decisão surpresa, [...].*
>
> *Ademais, pelo princípio da adstrição do pedido, não há como condenar a parte em honorários advocatícios se não houver pedido na inicial, até porque essa verba não era prevista no ordenamento jurídico. [...].*[38]

Considerada esta corrente[39], não há que se cogitar a aplicação do artigo 85, § 11, do CPC, nos recursos interpostos frente a sentenças proferidas em reclamações trabalhistas propostas antes de 11.11.2017, pela mesma razão acima exposta: trata-se de honorários *em majoração*, somente cogitáveis nos casos em que se mostrasse legal a fixação de verba honorária sucumbencial na sentença atacada. Se indevidos honorários advocatícios decorrentes da mera sucumbência nas reclamações propostas antes de 11.11.2017, indevidos, também, em razão do resultado do julgamento do recurso (mesmo que haja sucumbência nesta fase).

De toda sorte, entendo que, nos casos em que aplicável o artigo 85, § 11, do CPC, no Processo do Trabalho, restarão atraídos, por também compatíveis, os entendimentos fixados no âmbito do Fórum Permanente de Processualistas Civis, nos enunciados 241 a 243, com as devidas adaptações, a saber:

> *FPPC. Enunciado 241. Os honorários de sucumbência recursal serão somados aos honorários pela sucumbência em primeiro grau, observados os limites legais.*
>
> *FPPC. Enunciado 242. Os honorários de sucumbência recursal são devidos em decisão unipessoal ou colegiada.*
>
> *FPPC. Enunciado 243. No caso de provimento do recurso de apelação* [leia-se: *recurso ordinário*], *o Tribunal redistribuirá os honorários fixados em primeiro grau e arbitrará os honorários de sucumbência recursal.*

Em suma, estas são as reflexões iniciais cuja apresentação buscou-se neste artigo, de forma direta e prática. Quanto ao tema, é certo, muito oferta para fim de aprofundamento e convida os operadores do Direito para tanto.

6. CONCLUSÕES

Portanto, considerada a primeira corrente aqui destacada (marco temporal para a condenação no pagamento de honorários de sucumbência, na forma da CLT, artigo 791-A = sentença), nas ações propostas antes do início da vigência da Lei 13.467/2017,

---

38. Princípio da sucumbência mitigada ou creditícia no Processo do Trabalho. **Jota**. Disponível em: https://www.jota.info/opiniao-e-analise/artigos/principio-da-sucumbencia-mitigada-ou-crediticia-no-processo-do-trabalho-09062018. Acesso em: 15.06.2018.
39. No tocante à aplicação das regras já por ocasião da sentença, a se estender à fase recursal, valendo destacar que, para alguns, como já salientado neste trabalho, sequer haveria de se cogitar a aplicação do § 11 do artigo 85 do CPC no Processo do Trabalho por inexistência de lacuna.

desde que proferida a sentença partir de 11.11.2017, aplica-se o disposto no CPC, artigo 85, § 11, e, assim, há de se ter a majoração da verba honorária sucumbencial caso a decisão atacada reste mantida ou reformada integralmente ou, ainda, reformada em parte com impacto praticamente insignificante frente ao remanescente da decisão, respeitado o limite de 15%.

De outro lado, caso se abrace a segunda corrente, estampada no artigo 6º da IN41, de 2018, do TST, e no Enunciado 98 da 2ª Jornada de Direito Material e Processual do Trabalho, da ANAMATRA, de outubro de 2017 (à qual me filio), não há de se cogitar a aplicação das regras pertinentes à majoração dos honorários advocatícios frente à sucumbência recursal nas ações ajuizadas *antes* de 11.11.2017 (às quais sequer em sede da sentença deverá ser observado o disposto no artigo 791-A da CLT), sendo de rigor a aplicação da referida regra do artigo 85, § 11, do CPC, nas ações ajuizadas a partir de então.

7. REFERÊNCIAS

ANAMATRA. Enunciados da 2ª Jornada de Direito Material e Processual do Trabalho. Brasília: out./2017. Disponível em: http://www.jornadanacional.com.br/listagem-enunciados-aprovados.asp. Acesso em: 10.06.2017.

ASSIS, Araken de. **Processo Civil brasileiro. Parte Geral:** institutos fundamentais. v. II. t. I. São Paulo: Revista dos Tribunais, 2015.

BRAMANTE, Ivani Contini. Princípio da sucumbência mitigada ou creditícia no Processo do Trabalho. **Jota.** Disponível em: https://www.jota.info/opiniao-e-analise/artigos/principio-da-sucumbencia-mitigada-ou-crediticia-no-processo-do-trabalho-09062018. Acesso em: 15.06.2018.

CAMARA, Alexandre Freitas. **O novo Processo Civil brasileiro.** São Paulo: Atlas, 2015.

DELGADO, Maurício Godinho; DELGADO, Gabriela Neves. **A Reforma Trabalhista no Brasil:** com os comentários à Lei 13.467/2017. São Paulo: LTr, 2017.

FORNACIARI JUNIOR, Clito. Honorários recursais. *In:* LUCON, Paulo Henrique dos Santos; APRIGLIANO, Ricardo de Carvalho; SILVA, João Paulo Hecker da; VASCONCELOS, Ronaldo; ORTHMANN, André. **Processo em Jornadas.** Salvador: Jus Podivm, 2016. p.158.

GAJARDONI, Fernando da Fonseca; DELLORE, Luiz; ROQUE, André Roque; OLIVEIRA JUNIOR, Zulmar Duarte. **Teoria Geral do Processo:** Comentários ao CPC de 2015 – Parte Geral. São Paulo: Forense, 2015.

MAIOR, Jorge Luiz Souto. **A negação do acesso à justiça pelas condenações dos trabalhadores ao pagamento de honorários advocatícios sucumbenciais.** Disponível em: https://www.jorgesoutomaior.com/blog/a-negacao-do-acesso-a-justica-pelas-condenacoes-de-trabalhadores-ao-pagamento-de-honorarios-advocaticios-sucumbenciais. Acesso em: 10.06.2018.

MALLET, Estevão; HIGA, Flávio da Costa. Os honorários advocatícios após a Reforma Trabalhista. **Revista do TST.** v. 83. n. 4. São Paulo: Magister, 2017.

MARTINS, Antero Arantes; PEDREIRA, Christina de Almeida. **Reflexões sobre a Reforma Trabalhista.** São Paulo: Scortecci, 2017.

MEDINA, José Miguel Garcia. **Novo Código de Processo Civil Comentado.** São Paulo: Revista dos Tribunais, 2015.

NAHAS, Thereza; MIZIARA, Raphael. **Impactos da Reforma Trabalhista na jurisprudência do TST.** Revista dos Tribunais: São Paulo: 2017.

NERY JUNIOR, Nelson; NERY, Rosa Maria Andrade. **Comentários ao Código de Processo Civil.** São Paulo: Revista dos Tribunais, 2015.

SCHIAVI, Mauro. **Manual de Direito Processual do Trabalho**: de acordo com o novo CPC. 12.ed. São Paulo: LTr, 2017.

SILVA, Homero Batista Mateus da. **Comentários à Reforma Trabalhista.** São Paulo: Revista dos Tribunais, 2017.

SUPERIOR TRIBUNAL DE JUSTIÇA. Recurso Especial 1.644.846/RS, 1ª Turma, rel. Min. Gurgel de Faria. d.j.27.06.2017. Disponível em: http://www.stj.jus.br/SCON/jurisprudencia/doc.jsp?livre=honor%E1rios+e+advocat%EDcios+e+natureza+e+h%EDbrida&b=ACOR&p=true&t=JURIDICO&l=10&i=4. Acesso em: 08.06.2018.

_____. Enunciados Administrativos. Disponível em: http://www.stj.jus.br/sites/STJ/default/pt_BR/Institucional/Enunciados-administrativos. Acesso em: 09.06.2018.

SUPREMO TRIBUNAL FEDERAL. AÇÃO DIRETA DE INCONSTITUCIONALIDADE 5766/DF. Rel. Min. Roberto Barroso. Consulta ao andamento disponível em: http://www.stf.jus.br/portal/processo/verProcessoAndamento.asp?numero=5766&classe=ADI&origem=AP&recurso=0&tipoJulgamento=M. Acesso em: 11.06.2018.

TRIBUNAL REGIONAL DO TRABALHO DA 2ª REGIÃO. Recurso Ordinário. Rel. Des. Thais Verrastro de Almeida, 17ª Turma. Processo 0000128-93.2015.5.02.0331. d.j.07.12.2017. Disponível em: http://search.trtsp.jus.br/easysearch/cachedownloader?collection=coleta013&docId=c56390b5ea0662abc0f13e0e9668ab707264d94&fieldName=Documento&extension=pdf. Acesso em: 10.06.2018.

_____. Recurso Ordinário. Rel. Des. Maria Elisabeth Mostardo Nunes. 12ª Turma. Processo 0001919-06.2013.5.02.0481. d.j.17.05.2018. Disponível em: http://search.trtsp.jus.br/easysearch/cachedownloader?collection=coleta013&docId=fe0946949cce6ebd937d6e0031fcd9146bb995aa&fieldName=Documento&extension=pdf#q=. Acesso em: 07.06.2018.

TRIBUNAL REGIONAL DO TRABALHO DA 5ª REGIÃO. Recurso Ordinário. Rel. Des. Edilton Meireles de Oliveira Santos, 1ª Turma. Processo 0000301-54.2017.5.05.0464, d.j.05.03.2018. Disponível em: http://www.trt5.jus.br/jurisprudencia. Acesso em: 07.06.2018.

TRIBUNAL SUPERIOR DO TRABALHO. Resolução 221, de 21.06.2018. Disponível em: Disponível em: http://www.tst.jus.br/documents/10157/2374827/RESOLUCAO+221+-+21-06-2018.pdf/4750fdfb-8c09-e017-9890-96181164c950. Acesso em: 09.06.2018.

WAMBIER, Teresa Arruda Alvim; CONCEIÇÃO, Maria Lúcia Lins; RIBEIRO, Leonardo Ferres da Silva; MELLO, Rogério Licastro Torres de. **Primeiros Comentários ao Novo Código de Processo Civil.** 2ª ed. São Paulo: Revista dos Tribunais, 2016.

Procedimento para Apuração dos Ilícitos e Aplicação das Penalidades Processuais Trabalhistas

Edilton Meireles

Pós-doutor em Direito pela Faculdade de Direito da Universidade de Lisboa. Doutor em Direito pela Pontifícia Universidade Católica de São Paulo (PUC/SP). Professor de Direito Processual Civil na Universidade Federal da Bahia (UFBa). Professor de Direito na Universidade Católica do Salvador (UCSal). Desembargador do Trabalho na Bahia (TRT 5ª Região).

Sumário: 1. Introdução – 2. Dos ilícitos processuais e sua classificação quanto ao infrator – 3. Ilícitos processuais praticados pelas partes no processo – 4. Ilícitos processuais praticados pelos auxiliares da justiça não serventuários – 5. Ilícitos praticados por terceiros em relação à demanda judicial – 6. Procedimento sancionatório: 6.1. Procedimento sancionatório em relação às partes; 6.2. Procedimento sancionatório em face dos auxiliares da justiça não serventuários e em face de terceiros em relação ao processo judicial; 6.3. Sanção aplicada à testemunha – 7. Conclusão.

1. INTRODUÇÃO

É sabido que a ação judicial visa a pôr fim a um conflito de interesses. Neste escopo o Poder Judiciário é dotado de meios e poderes coercitivos em face da própria natureza de sua finalidade – administrar Justiça. Esses poderes se impõem sobre as partes litigantes e se estende sobre terceiros, mesmo que não atuem no processo ou que não tenham qualquer interesse neste.

Por outro lado, é dever de todos colaborar com a Justiça para que esta possa bem exercer a sua função jurisdicional, em benefício da própria coletividade; é um dever cívico, de relevante interesse público, que se impõe a todos os indivíduos.

Descumprindo o indivíduo, seja parte ou não no processo, com este dever, impõe-se ao Estado a aplicação de penalidades, quando previstas na legislação, sem prejuízo de eventuais direitos subjetivos gerados em favor da parte prejudicada.

A nossa legislação, por sua vez, prevê diversas situações nas quais o Judiciário é chamado a impor sanções diante de condutas ilícitas praticadas ao longo do processo. Algumas questões, porém, suscitam dúvidas, especialmente quanto ao procedimento a ser adotada para aplicação das sanções.

Neste trabalho, então, procura-se apontar quais são essas condutas ilícitas e, em especial, qual o procedimento a ser adotado para aplicação da sanção ao infrator.

Este estudo, por sua vez, justifica-se em face das alterações ocorridas no processo civil com o advento no novo CPC e em face da Reforma Trabalhista, que criaram novos tipos ilícitos, ao mesmo tempo em que não regulou de forma precisa o procedimento a ser adotado para adoção das penalidades quando diante da infração processual.

2. DOS ILÍCITOS PROCESSUAIS E SUA CLASSIFICAÇÃO QUANTO AO INFRATOR

De logo, vale ressaltar, que não devemos confundir os atos ilícitos praticados pelas partes ou por terceiros com as condutas irregulares praticadas por serventuários ou pelos magistrados, já que estas são afetas aos próprios deveres funcionais destes, puníveis administrativa e/ou penalmente. Os serventuários da justiça, por sua vez, não podem ser confundidos com os auxiliares da justiça não serventuários.

Outrossim, também não se pode confundir as condutas antijurídicas que violam normas de direito material dos ilícitos processuais. E por ilícitos processuais devemos ter as condutas que violam normas de natureza processuais que impõem uma conduta no processo judicial ou em face dele, seja pela parte, seja por terceiros que atuam na demanda. Assim, por exemplo, quando o empregador não efetua o pagamento das prestações rescisórias no prazo legal, incide na multa de direito material prevista no § 8º do art. 477 da CLT, diante de sua conduta extrajudicial. Já quando deixa de efetuar o pagamento, em audiência, das verbas rescisórias incontroversas, age em conduta ilícita processual, ficando sujeita à sanção de direito processual estabelecida no art. 467 da CLT. Ali uma multa de direito material dada a mora; aqui uma sanção dada a violação do dever processual de efetuar o pagamento em audiência.

As condutas ilícitas processuais, praticadas no curso de uma ação ou em decorrência desta, podem, porém, ser divididas pelo sujeito infrator. Daí porque podemos separar o estudo desses ilícitos de acordo com a posição do sujeito na relação processual. Assim, tem-se os ilícitos praticados pelas i) partes litigantes, ii) pelos auxiliares da justiça não serventuário e iii) por terceiros em relação ao processo.

Entre os primeiros se enquadram as próprias partes litigantes, o opositor (art. 682/CPC), o denunciado à lide (art. 125/CPC), o chamado à lide (art. 130/CPC), o assistente (art. 119/CPC) e o *amicus curiae* (art. 138/CPC). Os auxiliares da justiça não serventuários são o depositário privado (art. 159/CPC), o perito judicial (art. 156/CPC), o assistente técnico (art. 465, III, CPC), o administrador (art. 159/CPC), o intérprete (art. 162/CPC), e o conciliador ou mediador (art. 167/CPC). Já entre os terceiros em relação ao processo encontramos a testemunha, advogados e os terceiros aos quais se impõem uma conduta comissiva ou de abstenção por força de uma decisão judicial (art. 77/CPC).

Vale frisar que enquadramos o *amicus curiae* na categoria de parte por este assumir, no processo, direitos que somente são assegurados aos litigantes, ainda que de forma atenuada, como, por exemplo, o de recorrer em incidente de resolução de demandas repetitivas (§ 3º do art. 138/CPC) e outros a critérios do juiz (§ 2º do art. 138/CPC).

Cabe, assim, apontar os tipos ilícitos e as respectivas penalidades prevista na legislação, aplicáveis ao processo do trabalho tendo em conta o sujeito infrator.

3. ILÍCITOS PROCESSUAIS PRATICADOS PELAS PARTES NO PROCESSO

Neste trabalho a maior preocupação é abordar o procedimento a ser adotado para aplicação da sanção processual. Importante, porém, apontar quais são os ilícitos processuais. Daí porque, de forma objetiva e sem maior análise do tipo ilícito em si, são apontadas as condutas puníveis processualmente.

Assim, em relação às partes, os ilícitos processuais podem ser:

1) Tipo: oposição de embargos de declaração meramente protelatórios.

Pena: multa não excedente a 2% (dois por cento) sobre o valor atualizado da causa e até 10% em caso de reiteração.

Fundamento: §§ 2º e 3º do art. 1.026 do CPC.

2) Tipo: atos atentatórios à dignidade da Justiça na fase de conhecimento.

Pena: multa de até 20% do valor da causa, devido em favor da Fazenda Pública (§ 3º do art. 77, CPC).

Fundamento: art. 77, § 2º, CPC.

3) Tipo: deixar de reintegrar empregado no serviço.

Pena: multa de 7,56 a 37,80 UFIR's ou outra multa cominatória.

Fundamento: art. 729, CLT c/c art. 139, inciso IV, do CPC

4) Tipo: deixar de reduzir a termo a reclamação.

Pena: seis meses sem poder reclamar.

Fundamento: art. 731, CLT.

5) Tipo: duplo arquivamento da reclamação.

Pena: seis meses sem poder reclamar contra o mesmo empregador.

Fundamento: art. 732, CLT.

6) Tipo: deixar de cumprir obrigação de fazer, não fazer ou entregar coisa diversa de dinheiro.

Pena: multa fixada por decisão judicial.

Fundamento: arts. 139, IV, 536, § 1º, 537, 621 e 814 do CPC.

7) Tipo: deixar de efetuar pagamento em dinheiro, salvo em relação à Fazenda Pública.

Pena: multa de 10% do valor cobrado.

Fundamento: art. 523, § 1º, c/c § 2º do art. 534 do CPC.

8) Tipo: litigância de má-fé.

Pena: multa superior a 1% e inferior a 10% do valor corrigido da causa ou "quando o valor da causa for irrisório ou inestimável", multa em até duas vezes o limite máximo dos benefícios do Regime Geral de Previdência Social.

Fundamento: art. 793-C, CLT.

9) Tipo: lançar cotas.

Pena: multa equivalente à metade do salário mínimo.

Fundamento: art. 202, CPC.

10) Tipo: requerer dolosamente a citação por edital.

Pena: multa equivalente a 5 (cinco) vezes o valor do salário mínimo.

Fundamento: art. 258, CPC.

11) Tipo: ação rescisória inadmissível ou improcedente, à unanimidade.

Pena: multa de 20% (vinte por cento) do valor da causa.

Fundamento: art. 968, II, CPC, c/c art. 836 da CLT.

12) Tipo: agravo interno manifestamente inadmissível ou improcedente.

Pena: multa entre 1 e 5% do valor atualizado da causa.

Fundamento: art. 1.021, § 3º, CPC.

13) Tipo: Não pagamento da parte incontroversa das verbas rescisórias em audiência.

Pena: multa correspondente a 50% do valor incontroverso.

Fundamento: art. 467 da CLT.

14) Tipo: ato atentatório à dignidade da justiça na fase de cumprimento da decisão ou da execução praticado pelo devedor.

Pena: multa de até 20% do valor atualizado do débito, sem prejuízo de outras sanções.

Fundamento: parágrafo único do art. 774 do CPC.

15) Tipo: não comparecimento injustificado da parte à audiência de conciliação.

Pena: multa de até 2% da vantagem econômica ou do valor da causa, revertida em favor da União ou do Estado.

Fundamento: § 8º do art. 334 do CPC.

16) Tipo: propor ação monitória indevidamente e de má-fé.

Pena: multa de 10% (dez por cento) dobre o valor da causa.

Fundamento: § 10 do art. 702 do CPC.

16) Tipo: opor embargos à ação monitória de má-fé.

Pena: multa de 10% (dez por cento) dobre o valor da causa.

Fundamento: § 11 do art. 702 do CPC.

17) Tipo: suscitação infundada de vício com o objetivo de ensejar a desistência do arrematante.

Pena: multa não superior a vinte por cento do valor atualizado do bem.

Fundamento: § 6º do art. 903 do CPC.

18) Tipo: não pagamento das prestações do débito parcelado.

Pena: multa de 10% (dez por cento) sobre o valor da prestação não paga.

Fundamento: inciso II do § 5º do art. 916 do CPC.

19) Tipo: "demandar o devedor antes de vencida a dívida, fora dos casos em que a lei o permita".

Pena: desconto dos juros correspondentes ao período até vencimento, e custas em dobro.

Fundamento: art. 939 do Código Civil.

20) Tipo: "demandar por dívida já paga, no todo ou em parte, sem ressalvar as quantias recebidas ou pedir mais do que for devido".

Pena: no primeiro caso, pagar o dobro do que houver cobrado e, no segundo, pagar o equivalente do que exigir.

Fundamento: art. 940 do Código Civil.

21) Tipo: empregar expressões ofensivas nos escritos apresentados.

Pena: as expressões ofensivas sejam riscadas.

Fundamento: art. 78, § 2º, do CPC.

22) Tipo: usar de expressões ou manter condutas ofensivas manifestadas oral ou presencialmente.

Pena: advertência de que não as deve usar ou repetir, sob pena de lhe ser cassada a palavra.

Fundamento: § 1º do art. 78 do CPC.

4. ILÍCITOS PROCESSUAIS PRATICADOS PELOS AUXILIARES DA JUSTIÇA NÃO SERVENTUÁRIOS

Os ilícitos praticados pelos auxiliares da justiça não serventuário, são os seguintes:

1) Tipo: deixar de colaborar com a Justiça do Trabalho.

Pena: multa de 37,80 a 3.780,00 UFIR's. Em caso de reincidência: em dobro.

Fundamento: arts. 645, 733 e 735, CLT.

2) Tipo: deixar de apresentar laudo pericial no prazo.

Agente: perito judicial.

Pena: multa "fixada tendo em vista o valor da causa e o possível prejuízo decorrente do atraso no processo".

Fundamento: § 1º do art. 468 do CPC.

3) Tipo: prestar informações inverídicas.

Agente: perito judicial ou intérprete.

Pena: inabilitação de 2 (dois) a 5 (cinco) anos para funcionar em outras perícias (sujeito, ainda, às sanções criminais e a responsabilidade civil).

Fundamento: arts. 158 e 164 do CPC.

4) Tipo: lançar cotas.

Pena: multa equivalente à metade do salário mínimo.

Fundamento: art. 202, CPC.

5) Tipo: agir com dolo ou culpa na condução da conciliação ou mediação ou atuar nestes procedimentos quando impedido ou suspeito.

Agente: conciliador ou mediador.

Pena: exclusão do cadastro de conciliadores e mediadores.

Fundamento: art. 173, inciso, I e II, do CPC.

6) Tipo: atuação inadequada.

Agente: conciliador ou mediador.

Pena: suspensão temporária das atividades por até 180 (cento e oitenta) dias.

Fundamento: art. 173, § 2º, do CPC.

7) Tipo: empregar expressões ofensivas nos escritos apresentados.

Pena: as expressões ofensivas sejam riscadas.

Fundamento: art. 78, § 2º, do CPC.

8) Tipo: usar de expressões ou manter condutas ofensivas manifestadas oral ou presencialmente.

Pena: advertência de que não as deve usar ou repetir, sob pena de lhe ser cassada a palavra.

Fundamento: § 1º do art. 78 do CPC.

5. ILÍCITOS PRATICADOS POR TERCEIROS EM RELAÇÃO À DEMANDA JUDICIAL

Por fim, temos os ilícitos praticados por terceiros em relação à demanda judicial, que seriam:

1) Tipo: recusar-se a depor como testemunha.

Pena: multa de 37,80 a 378,00 UFIR's.

Fundamento: arts. 730, CLT, c/c arts. 378 e 463 do CPC.

2) Tipo: não comparecer à audiência.

Agente: testemunha.

Pena: multa de 37,80 a 378,00 UFIR's

Fundamento: arts. 730 e 825, parágrafo único, da CLT.

3) Tipo: deixar de colaborar com a Justiça do Trabalho (sem deixar de caracterizar o crime de desobediência, se for o caso).

Pena: multa de 37,80 a 3.780,00 UFIR's.

Fundamento: arts. 645, 733 e 735, CLT c/c art. 378 e 380 do CPC.

4) Tipo: lançar cotas.

Pena: multa equivalente à metade do salário mínimo.

Fundamento: art. 202, CPC.

5) Tipo: retenção indevida de autos.

Agente: advogado, inclusive membro Defensoria Pública ou da Advocacia Pública, e membro do Ministério Público.

Pena: perda do direito de vista fora de cartório (aplicada pelo juiz) e multa correspondente à metade do salário mínimo (aplicada pelo órgão profissional ao qual está vinculado o infrator).

Fundamento: art. 7º, incisos XV e XVI, § 1º, nº 3, da Lei 8.906/94 c/c § 2º do art. 234 do CPC.

6) Tipo: não pagar lanço oferecido em hasta pública.

Agente: arrematante ou seu fiador.

Pena: multa equivalente a 20% do valor do lanço (sinal) e impedimento de lançar em nova hasta pública

Fundamento: art. 897 do CPC c/c § 2º do art. 888 da CLT.

7) Tipo: desistência da arrematação de bem imóvel de incapaz

Pena: multa correspondente a 20% do valor da avaliação

Fundamento: art. 896, § 2º, CPC.

8) Tipo: pagamento em atraso da prestação oferecida em arrematação.

Pena: multa de 10% (dez por cento) sobre a soma da parcela inadimplida com as parcelas vincendas.

Fundamento: § 4º do art. 895 do CPC.

9) Tipo: ato atentatório à dignidade da Justiça.

Pena: multa de até 20% do valor da causa, devido em favor da Fazenda Pública (§ 3º do art. 77, CPC).

Fundamento: art. 77, § 2º, CPC.

10) Tipo: intencionalmente alterar a verdade dos fatos ou omitir fatos essenciais ao julgamento da causa.

Agente: testemunha.

Pena: multa superior a 1% e inferior a 10% do valor corrigido da causa ou "quando o valor da causa for irrisório ou inestimável", multa em até duas vezes o limite máximo dos benefícios do Regime Geral de Previdência Social.

Fundamento: art. 793-D, CLT.

11) Tipo: empregar expressões ofensivas nos escritos apresentados.

Pena: as expressões ofensivas sejam riscadas.

Fundamento: art. 78, § 2º, do CPC.

12) Tipo: usar de expressões ou manter condutas ofensivas manifestadas oral ou presencialmente.

Pena: advertência de que não as deve usar ou repetir, sob pena de lhe ser cassada a palavra.

Fundamento: § 1º do art. 78 do CPC.

Vale acrescentar as multas administrativas-processuais estabelecidas originariamente na CLT foram elevadas em dez vezes (Lei 6.986/82, art. 7º), posteriormente triplicadas e convertidas para BTN (Lei 7.855/89, art. 2º) e, por fim, transformadas em UFIR's pela Lei 8.383/91 (arts. 1º e 2º).

6. PROCEDIMENTO SANCIONATÓRIO

Apontadas as condutas ilícitas, cabe definir os procedimentos a serem adotados para aplicação da eventual sanção. E, de logo, cabe lembrar que ninguém pode ser punido ou sancionado sem que lhe seja dada oportunidade de exercer o direito de defesa.

Em relação aos conciliadores ou mediadores o CPC chega a ser explícito que as sanções que podem lhes ser imputadas devem ser aplicadas em processo administrativo (§§ 1º e 2º do art. 173). Já nas demais situações a lei não é clara, mas, por óbvio, cabe a aplicação da regra geral de observância do direito de defesa, além da incidência de regras analógicas ou subsidiárias.

Cabe, porém, também analisar esses procedimentos em face do agente infrator.

6.1. Procedimento sancionatório em relação às partes

De início, em relação a todas as condutas ilícitas praticadas pelas partes, à exceção do "duplo arquivamento" da reclamação trabalhista e da "não redução da reclamação a termo", elas são passíveis de punição no próprio corpo da ação judicial na qual se praticou o ato ilícito, sem necessidade de se proceder na abertura de procedimento autônomo em face da própria natureza desses atos.

Contudo, é preciso lembrar que o juiz não pode impor a sanção sem previamente permitir a parte apresentar sua defesa. Essa regra não só se extrai da Constituição quando esta assegura o direito de defesa, como do disposto no art. 10 do CPC quando este estabelece que "O juiz não pode decidir, em grau algum de jurisdição, com base em fundamento a respeito do qual não se tenha dado às partes oportunidade de se manifestar, ainda que se trate de matéria sobre a qual deva decidir de ofício".

Assim, seja a pedido, seja quando de ofício se busque aplicar qualquer sanção à parte, esta dele ser previamente ouvida, concedendo-lhe, no mínimo, prazo de 5 (cinco) dias para apresentar sua defesa, por aplicação do disposto no art. 218, § 3º, do CPC.

Óbvio, ainda, que à parte deve ser assegurado o direito à produção de prova em relação aos fatos alegados como justificadores de sua conduta eventualmente ilícita. Por exemplo, antes de aplicar multa pelo não pagamento das prestações do débito parcelado reconhecido em execução o devedor pode alegar um fato de força maior ou caso fortuito, devendo-lhe ser assegurado o direito à prova do mesmo.

O procedimento, por sua vez, deve seguir a lógica do processo, quando dos próprios atos praticados já não se concede o direito de defesa. Assim é que, uma vez pedida pela parte a aplicação da sanção ao ex-adverso ou quando o juiz intenta aplicá-la de ofício, cabe conceder a oportunidade de defesa, seguindo-se uma fase de instrução até se chegar à decisão.

Esses atos, porém, podem ser realizados quando da prática dos atos ordinários do processo. Assim, por exemplo, alegada a litigância de má-fé em contestação, em havendo a réplica, cabe ao autor se manifestar sobre a arguido pelo réu nesta mesma oportunidade (da réplica) e a respectiva instrução pode se confundir com a do próprio objeto da demanda judicial. Se alega em recurso, a defesa se faz em contrarrazões; se alegada em contrarrazões, cabe ouvir o recorrente sobre a acusação em nova oportunidade processual.

Vale observar, ainda, que a prova pode ser produzida em grau de recurso.

6.2. Procedimento sancionatório em face dos auxiliares da justiça não serventuários e em face de terceiros em relação ao processo judicial

Em relação aos atos ilícitos praticados pelos auxiliares da justiça não serventuários e os atos ilícitos praticados por terceiros em relação à demanda judicial mister se faz, no entanto, a instalação de autônomo e devido procedimento legal para, assegurada a ampla defesa, a apuração dos fatos e, se for o caso, a aplicação das penalidades devidas. O mesmo se diga em relação à infração praticada pela parte quando do "duplo arquivamento" da reclamação trabalhista ou quando da "não redução da reclamação a termo". Em todos esses casos, impõe-se a abertura de um procedimento administrativo autônomo, já que envolve pessoa que não litiga no feito ou quando a pena a ser aplicada decorre da extinção do feito (arquivamento ou não redução a termo).

Esse procedimento autônomo, por sua vez, está regulado nos arts. 903 a 905 da CLT, aplicáveis ainda que por analogia ou interpretação extensiva a todas as hipóteses acima mencionadas.

O Procedimento para Apuração de Infração Processual (PAIP), de caráter administrativo, pode ser, na Justiça do Trabalho, iniciado *ex-officio* ou mediante representação de qualquer interessado, ou do Ministério Público do Trabalho, perante o Juízo que tiver de conhecer a desobediência, escusa, falta ou violação (art. 903, CLT).

O indiciado terá 15 (quinze) dias para apresentar sua defesa por escrito (art. 905, CLT), podendo requerer a produção de prova, inclusive testemunhal, tendo direito de ouvir até, no máximo, cinco testigos (parágrafo primeiro, art. 905, CLT).

Da decisão que impor qualquer penalidade, seja ao terceiro, ao auxiliar da justiça ou ao reclamante que deixa arquivar sua demanda, cuja competência é do Tribunal ou da Vara do Trabalho (arts. 903 e 652, IV, d, CLT), caberá recurso ordinário para o órgão superior (art. 906, CLT). Ressalte-se, porém, que a CLT não prevê hipótese de recurso em caso de improcedência do procedimento para Apuração de Infração Processual.

As eventuais multas devidas em favor da Fazenda Pública deverão ser cobradas mediante execução fiscal, perante o Juiz Federal competente, após devida inscrição na dívida ativa (art. 908 da CLT). Esta ação, portanto, somente poderá ser promovida pela Fazenda Pública Federal, após a devida inscrição na dívida pública do seu valor, caso não satisfeita a obrigação voluntariamente.

Já as eventuais multas devidas em favor da parte devem ser cobradas no bojo da própria ação na qual se praticou o ilícito. É o caso, por exemplo, da multa devida pelo arrematante quando do atraso no pagamento das prestações para pagamento da compra judicial (§ 4º do art. 895 do CPC).

6.3. Sanção aplicada à testemunha

A Reforma Trabalhista trouxe em seu bojo interessante caso de aplicação de multa à testemunha quando esta "intencionalmente alterar a verdade dos fatos ou omitir fatos essenciais ao julgamento da causa".

A multa que pode ser aplicada deve ser "superior a 1% e inferior a 10% do valor corrigido da causa ou "quando o valor da causa for irrisório ou inestimável", em quantia de até duas vezes o limite máximo dos benefícios do Regime Geral de Previdência Social.

A CLT não dispõe quanto ao procedimento a ser adotado neste caso, o que atrai a aplicação das regras dos arts. 903 a 905 da CLT. O art. 793-D, parágrafo único, porém, dispõe que a execução da multa aplicada "dar-se-á nos mesmos autos" (art. 793-D, parágrafo único) no qual o testigo prestou depoimento. O procedimento de apuração da infração, no entanto, será autônomo, desvinculado do feito judicial, ainda que a cobrança da multa se faça nos autos da respectiva demanda.

Dessa última regra se extrai, ainda, o entendimento de que a eventual multa deve ser revertida em favor da parte que seria prejudicada pelo depoimento da testemunha.

A abertura do procedimento não tem um momento certo. Pode ser logo após a colheita do depoimento, como o juiz pode assim proceder após prolatar a sentença na demanda judicial. Pode ocorrer, ainda, que este procedimento seja iniciado por determinação do Tribunal. Contudo, nos feitos nos quais a ação judicial é de competência do Juízo de Primeiro Grau, caberá a este processar o devido procedimento para apuração da infração processual pela testemunha ainda que determinado pelo Tribunal. Nos feitos de competência originária do Tribunal, no entanto, a exemplo da ação rescisória, o procedimento respectivo deve ser processado perante o próprio órgão colegiado.

Vale destacar que, na linha do acima sustentado, conforme entendimento extraído da IV edição do Fórum Permanente de Processualistas do Trabalho "a aplicação da multa de litigância de má-fé à testemunha pressupõe que, antes do compromisso, o Juiz a advirta expressamente nesse sentido", além de lhe ser assegurado "o exercício do contraditório e da ampla defesa antes da aplicação da multa" (Enunciado n. 199).

A advertência da testemunha é razoável por aplicação analógica à regra do parágrafo único do art. 458 do CPC, que determina que o juiz deva alertar "que incorre em sanção penal quem faz afirmação falsa, cala ou oculta a verdade".

A pena pecuniária, por sua vez, deve ser revertida em favor da parte que seria prejudicada pelo depoimento da testemunha. Pode ocorrer, no entanto, da própria parte que arrolou a testemunha ser a pessoa que seria prejudicada com o depoimento falso ou mesmo todos os litigantes. Se várias partes poderiam ser prejudicadas, logo, neste caso, a multa aplicada deve ser dividida entre as partes respectivas.

7. CONCLUSÃO

Em síntese apertada podemos concluir que diante do ilícito processual praticado pela parte o juiz ou tribunal, antes de aplicar a sanção, deve oferecer oportunidade, nos próprios autos judiciais, para o acusado oferecer defesa, podendo este produzir prova.

Já quando se trata de aplicar sanção a pessoa que não seja parte no processo ou nos casos em que o reclamante deixa arquivar pela segunda vez a reclamação trabalhista ou não a reduz a termo quando apresentada oralmente, impõe-se a abertura de procedimento autônomo, de natureza administrativa para que se imponha a penalidade com respeito do devido processo legal, com observância do direito de defesa.

Na hipótese de imposição de multa à parte, a execução se deve fazer nos próprios autos judicias, assim como quando se aplica sanção à testemunha, revertendo-se em favor do prejudicado essa prestação pecuniária.

Já nas hipóteses em que a multa é devida em favor da Fazenda Pública, cabe a sua inscrição na dívida ativa para posterior execução fiscal respectiva.

BASES CONSTITUCIONAIS DA SUBSTITUIÇÃO PROCESSUAL E O PODER DE TRANSAÇÃO DOS SINDICATOS

Marcelo José Ladeira Mauad

Mestre e Doutor em Direito das Relações Sociais, Professor Titular de Direito do Trabalho da Faculdade de Direito de São Bernardo do Campo.

A Constituição brasileira completará trinta anos em 05 de outubro deste ano. Ulisses Guimarães, então Presidente da Assembleia Nacional Constituinte entre 1987 e 1988, apelidou-a de *Estatuto do Homem da Liberdade e da Democracia*[1], pela sua essência democrática e pela ênfase nos direitos e garantias fundamentais.

Aliás, ele mesmo advertiu em tom bastante grave:

A Nação nos mandou executar um serviço. Nós o fizemos com amor, aplicação e sem medo.

A Constituição certamente não é perfeita. Ela própria o confessa ao admitir a reforma. Quanto a ela, discordar, sim. Divergir, sim. Descumprir, jamais. Afrontá-la, nunca.

Traidor da Constituição é traidor da Pátria. Conhecemos o caminho maldito. Rasgar a Constituição, trancar as portas do Parlamento, garrotear a liberdade, mandar os patriotas para a cadeia, o exílio e o cemitério.

Quando após tantos anos de lutas e sacrifícios promulgamos o Estatuto do Homem da Liberdade e da Democracia bradamos por imposição de sua honra.

Portanto, o alerta é enfático. Pode-se até mesmo discordar ou divergir dela, mas descumpri-la ou afrontá-la, *nunca*.

O legislador constituinte fez as suas opções em nome do povo brasileiro, as quais apontam para um viés nitidamente de proteção e de justiça social.

Com efeito, o texto, em seu Título I, nominado "*Princípios Fundamentais*", apresenta preceitos de elevado valor normativo e de grande importância para a sociedade brasileira, a começar pelo caput do Artigo 1º, ao assegurar o *Estado Democrático de Direito*, daí resultando o dever de se perseguir sempre o ideal democrático em toda sua plenitude, que envolve também a *democracia econômica, social, política, cultural* etc. O mesmo artigo dispõe, ainda, sobre a *"dignidade da pessoa humana"*, os *"valores sociais do trabalho e da livre iniciativa"* (Incisos III e IV). O Artigo 3º, por sua vez, fixa os *"Objetivos Fundamentais da República Federativa do Brasil"*, dos quais se destacam: *"construir uma sociedade livre, justa e solidária"* (Inciso I) e *"garantir o desenvolvimento*

---

1. Expressão usada em 05 de outubro de 1988, no discurso de promulgação da Constituição da República: *http://www2.camara.leg.br/camaranoticias/radio/materias/CAMARA-E-HISTORIA/339277--INTEGRA-DO-DISCURSO-PRESIDENTE-DA-ASSEMBLEIA-NACIONAL-CONSTITUINTE,--DR.-ULISSES- GUIMARA-ES-%2810-23%29.html*

nacional" (Inciso II). O Artigo 170, de seu turno, ao dispor sobre os "*Princípios Gerais da Atividade Econômica*", estabelece que "*a ordem econômica, fundada na valorização do trabalho humano e na livre iniciativa, tem por fim assegurar a todos existência digna, conforme os ditames da justiça social*".

Acresce, ainda, que a Constituição da República atribui, em dois momentos (Artigos 5º, XXIII e 170, III), qualidade especial à figura jurídica da *propriedade*, qual seja a de que esta deve atender a sua *função social*. Trata-se de *princípio* de grande relevo no ordenamento jurídico, pois retira o caráter absoluto do referido direito, impondo ao seu titular o dever de observar também os interesses maiores da sociedade.

Já o Artigo 193 prevê que a ordem social tem, como base, o primado do trabalho e, como objetivo, o bem-estar e a justiça sociais.

Percebe-se, destarte, que a Lei Fundamental está impregnada de uma carga axiológica considerável, que acaba por espraiar-se por todo o ordenamento jurídico, cuja aplicação torna-se imperativa a fim de assegurar a fiel observância do aludido *Estado Democrático de Direito*.

Pois, o mesmo texto constitucional reconheceu aos sindicatos um papel essencial no Estado Democrático de Direito, mediante o exercício das prerrogativas conferidas pela lei, a fim de bem defender os bens jurídicos e econômicos correspondentes aos trabalhadores integrantes de sua categoria profissional.

Observando-se o disposto no Artigo 8º, III, da Constituição da República, tem-se: "*ao sindicato cabe a defesa dos direitos e interesses coletivos ou individuais da categoria, inclusive em questões judiciais ou administrativas*".

O legislador constituinte foi, propositalmente, genérico, ao criar a norma citada, afim de ensejar as condições mínimas para que, em qualquer circunstância ou fato que dissesse respeito aos bens, direitos e interesses dos integrantes da categoria profissional, o sindicato pudesse exercer ativa atuação.

É neste ponto que emerge a importância da análise do instituto da *substituição processual* dos integrantes da categoria pelo sindicato profissional. Para os propósitos do presente estudo, pode ser ela definida, no âmbito trabalhista, como instituto de direito jurídico-processual, pelo qual o sindicato tem legitimidade, conferida pela Constituição ou pela lei, para, em seu próprio nome, atuar na defesa de direito material alheio – isto é, dependendo do caso, dos trabalhadores associados[2] ou integrantes da categoria[3].

De outro lado, a natureza social do Direito do Trabalho faz necessária tal prerrogativa, em face da qualidade dos interesses envolvidos, viabilizando inclusive a

---

2. Cumpre lembrar que a própria Constituição prevê, no caso de mandado de segurança coletivo, a defesa pelo sindicato dos interesses de seus membros ou associados (Artigo 5º, LXX, "b").
3. O Artigo 8º, III, da Lei Magna, tem como alvo os integrantes da categoria. Isto, porém, deve ser interpretado à luz do princípio da Autonomia Privada Coletiva, assegurado pelo Art. 7º, XXVI, da mesma Constituição.

reunião de pretensões individuais em um único processo, de forma a favorecer o acesso ao Judiciário e a economia e celeridade processuais[4].

Neste sentido, as finalidades mais comumente lembradas para a substituição processual, no âmbito trabalhista, destacam-se: (a) proporcionar maior efetividade às normas e benefícios devidos aos trabalhadores, permitindo que um maior número deles possa exigir a sua concessão por meio judicial; (b) outorgar proteção aos trabalhadores, já que é o sindicato profissional que ingressa com a ação, em nome próprio, para a defesa dos interesses dos substituídos; (c) assegurar economia e celeridade processuais, na medida que uma única causa pode atingir a inúmeros trabalhadores; e (d) reduzir a insegurança jurídica.

Como salientado anteriormente, a substituição processual é figura jurídica que tem supedâneo em diversos preceitos da Constituição da República. Genericamente, vincula-se ao *Estado Democrático de Direito* (Artigo 1º, *caput*), eis que propicia maiores garantias para que trabalhadores, por intermédio de seu sindicato, tenham acesso ao Poder Judiciário – sem os riscos de represálias por parte do empregador – e, desta forma, possam efetivar o recebimento de seus legítimos direitos. Nesta esteira, está presente a *dignidade da pessoa humana* (Artigo 1º, III), pela maior efetividade dos direitos trabalhistas e, igualmente, pelo acesso mais democrático à justiça. Evidencia-se, ainda, o *due process of law* (Artigo 5º, LIV), material e processual, eis que cria condições para os trabalhadores terem acesso aos bens que lhes cabem, de maneira justa, e respeitando-se um rito processual ditado, democraticamente, pelo poder público. Prossegue-se com o princípio da *inafastabilidade da prestação jurisdicional* (Artigo 5º, XXXV) que abarca, de igual, a tutela coletiva, ou seja, apreciação pelo Poder Judiciário de ações coletivas, como mecanismo mais amplo e eficiente para proteger a sociedade – ou amplos setores seus – contra a lesão ou ameaça de direito.

Dentre as bases jurídicas, a Lei Fundamental assenta o já mencionado Artigo 8º, III. Mas há, também, o Artigo 5º, LXX, "b", que atinge inclusive matéria trabalhista.

Em sede subconstitucional, insta salientar os seguintes dispositivos gerais, relacionados ao assunto: Lei 8.073/90 (estabelece que as entidades sindicais poderão atuar como substitutos processuais dos integrantes da categoria); Lei 7.347/85 (disciplina a ação civil pública, para a qual os sindicatos também estão legitimados); Artigo 872, CLT (ação de cumprimento de norma coletiva).

A matéria – substituição processual trabalhista – sempre foi alvo de vigorosa discussão jurisprudencial, notadamente nos tribunais superiores.

Assim é que o Plenário da Suprema Corte, ao julgar o RE 210.029/RS, firmou entendimento no sentido de que o art. 8º, inciso III, da Constituição Federal outorgou legitimação extraordinária aos sindicatos, atribuindo-lhes a condição de substitutos processuais, em ordem a permitir-lhes "a defesa dos direitos e interesses coletivos ou individuais da categoria, inclusive em questões judiciais ou administrativas".

---

4. Processo 0010593-70.2013.5.03.0084 – julg. 3ª Turma do TST.

Portanto, o Supremo Tribunal Federal confirmou, em 2006, o entendimento pelo qual reconheceu a norma constitucional do Artigo 8º, III, como sendo autorização para o sindicato atuar como substituto processual. Veja-se:

> **EMENTA:** *PROCESSO CIVIL. SINDICATO. ART. 8º, III DA CONSTITUIÇÃO FEDERAL. LEGITIMIDADE. SUBSTITUIÇÃO PROCESSUAL. DEFESA DE DIREITOS E INTERESSES COLETIVOS OU INDIVIDUAIS. RECURSO CONHECIDO E PROVIDO.*
>
> *O artigo 8º, III da Constituição Federal estabelece a legitimidade extraordinária dos sindicatos para defender em juízo os direitos e interesses coletivos ou individuais dos integrantes da categoria que representam.*
>
> *Essa legitimidade extraordinária é ampla, abrangendo a liquidação e a execução dos créditos reconhecidos aos trabalhadores.*
>
> *Por se tratar de típica hipótese de substituição processual, é desnecessária qualquer autorização dos substituídos.*
>
> *Recurso conhecido e provido.*[5]

Tal posicionamento foi reforçado, posteriormente, pela mesma Suprema Corte, a saber:

> *"Esta Corte firmou o entendimento segundo o qual o sindicato tem legitimidade para atuar como substituto processual na defesa de direitos e interesses coletivos ou individuais homogêneos da categoria que representa. (...) Quanto à violação ao art. 5º, LXX e XXI, da Carta Magna, esta Corte firmou entendimento de que é desnecessária a expressa autorização dos sindicalizados para a substituição processual." (RE 555.720-AgR, voto do Rel. Min. Gilmar Mendes, julgamento em 30-9-2008, Segunda Turma, DJE de 21-11-2008.) No mesmo sentido: RE 217.566- AgR, Rel. Min. Marco Aurélio, julgamento em 8-2-2011, Primeira Turma, DJE de 3- 3-2011.*

Mais recentemente, o Ministro Celso de Mello, como relator, assim se posicionou sobre o tema, *verbis*:

> *DECISÃO: O Plenário do Supremo Tribunal Federal, ao julgar o RE 210.029/RS, Rel. p/ o acórdão Min. JOAQUIM BARBOSA, firmou entendimento no sentido de que o art. 8º, inciso III, da Constituição outorgou legitimação extraordinária aos sindicatos, atribuindo-lhes a condição de substitutos processuais, em ordem a permitir-lhes "a defesa dos direitos e interesses coletivos ou individuais da categoria, inclusive em questões judiciais ou administrativas". Cumpre ressaltar, por necessário, que esse entendimento vem sendo observado em sucessivos julgamentos – monocráticos e colegiados – proferidos no âmbito desta Corte (AI 280.655/PA, Rel. Min. GILMAR MENDES – AI 490.959/PB, Rel. Min. MARCO AURÉLIO – RE 231.785/DF, Rel. Min. CELSO DE MELLO – RE 236.972/MG, Rel. Min. CEZAR PELUSO – RE 252.679/RS, Rel. Min. EROS GRAU – RE 261.158/SP, Rel. Min. RICARDO LEWANDOWSKI – RE 403.814/PR, Rel. Min. SEPÚLVEDA PERTENCE – RE 417.425/CE, Rel. Min. AYRES BRITTO – RE 865.517/DF, Rel. Min. CÁRMEN LÚCIA, v.g.):*

---

5. O Plenário do Supremo Tribunal Federal decidiu, em 12 de junho de 2006, por seis votos a cinco, firmar entendimento sobre a matéria (Recursos Extraordinários: 210.029; 213.211; 193.503; 193.579; 208.983;211.303; 211.152; 214.830; 211.874 e 214.668).

> "*Sindicato: substituição processual: o art. 8º, III, da Constituição Federal concede aos sindicatos ampla legitimidade ativa 'ad causam' como substitutos processuais dos integrantes das categorias que representam (RREE 193.503, 193.579, 208.983, 210.029, 211.874, 213.111, 214.668, Pl., 12.06.2006, red. p/ o acórdão Ministro Joaquim Barbosa)." (RE 196.518-AgR/RS, Rel. Min. SEPÚLVEDA PERTENCE).*[6]

A Ministra CÁRMEN LÚCIA, por sua vez, aduziu, em outra decisão (RE 849.171/PE), de que foi Relatora: "*Este Supremo Tribunal afirmou ser prescindível, nas ações em que os sindicatos agem como substituto processual, a comprovação da situação funcional de cada substituído na fase de conhecimento.*"

E note-se que, mesmo antes de proferir aludidos julgamentos, já havia o STF se posicionado favoravelmente à amplitude do instituto[7].

Dessa forma, segundo o Excelso STF, em sua composição plena, o sindicato poderá atuar como substituto processual, nas ações coletivas e individuais, para defender qualquer direito relacionado ao vínculo de emprego, tanto nas ações de conhecimento, como na liquidação de sentença e na execução de sentença relativa a direitos individuais homogêneos.

Quanto ao Tribunal Superior do Trabalho, vale dizer que, durante alguns anos, manteve a Súmula 310, que criava severas limitações ao aludido instrumento processual, no entanto já está cancelada[8] há um bom tempo.

Atualmente, o entendimento predominante daquele tribunal é pela utilização, de maneira ampla, de tal instituto processual, como se constata pelo seguinte julgado:

> *A C Ó R D Ã O (1ª Turma) GDCMP/bfb/ AGRAVO DE INSTRUMENTO SINDICATO. LEGITIMIDADE PARA ATUAR COMO SUBSTITUTO PROCESSUAL. ARTIGO 8º, III, DA CONSTITUIÇÃO DA REPÚBLICA.*
>
> *Demonstrada a afronta ao artigo 8º, III, da Constituição da República, dá-se provimento ao Agravo de Instrumento a fim de determinar o processamento do Recurso de Revista. RECURSO DE REVISTA SINDICATO. LEGITIMIDADE PARA ATUAR COMO SUBSTITUTO PROCESSUAL. ARTIGO 8º, III, DA CONSTITUIÇÃO DA REPÚBLICA. A controvérsia quanto à amplitude do instituto da*

---

6. Recurso Extraordinário 893.640 Rio de Janeiro. Julgado em 18.06.2015.
7. Julgamento do STF quanto ao Artigo 8º, III, CF. Autoriza a atuação dos sindicatos como substitutos processuais: "*Tenho pois por iniludível, assim que, no art. 8º, III, efetivamente não se tem representação nem substituição processual voluntária, como no âmbito do art. 5º, XX, mas sim autêntica substituição processual 'ex lege', por força direta e incondicionada da própria CF*". (publicado no DOU, em 11-09- 92, reproduzido na Revista Síntese Trabalhista, n. 42, dezembro de 1992, pag. 29/55)".Ainda, outra decisão da lavra do Min. Neri da Silveira: "*O Supremo Tribunal Federal já decidiu que estipulando o art. 8º, III, da Constituição, que ao Sindicato cabe a defesa dos direitos e interesses coletivos e individuais da categoria, inclusive em questões judiciais ou administrativas, não parece, efetivamente, possível, na espécie, deixar de reconhecer-lhe legitimidade para pleitear, como o faz, na defesa do direito da categoria de servidores a que se refere a inicial, em ordem a lograrem condições de auferir vantagens funcionais decorrentes de isonomia de vencimento sindicada na peça introdutória. Distinta é a situação das entidades associativas, cuja legitimidade para representar seus filiados, judicial ou extrajudicialmente, depende de expressa autorização*". (STF, Proc. Min. 3.475/400-SC, rel. Min. Nerida Silveira, publicado no DJU de 08.04.94).
8. Cancelada pela Resolução n. 119/2003 – DJ 1-10-2003. Tribunal Pleno (IUJ-TST-E-RR-175.894/95.9), Relator Ministro Ronaldo Leal.

substituição processual quedou superada pela interpretação conferida pela Suprema Corte ao artigo 8º, III, da Constituição da República de 1988, no sentido de que expressamente autorizada a atuação ampla dos entes sindicais na defesa dos direitos e interesses individuais e coletivos dos integrantes da categoria respectiva, de maneira ampla e irrestrita. Daí o cancelamento da Súmula 310 do Tribunal Superior do Trabalho, cuja orientação impunha restrições ao instituto que a nova ordem constitucional não mais comporta. Recurso de Revista conhecido e provido.

O TST, portanto, reconhece a legitimidade do sindicato para defender direitos individuais da categoria, como forma de universalizar o acesso dos trabalhadores à Justiça, considerando que muitos empregados deixam de ingressar na Justiça do Trabalho com receio de perder o emprego ou mesmo de não conseguir novo emprego. É fato público e notório, tanto assim que a maioria das ações propostas nos tribunais trabalhistas é de cidadãos desempregados.

A substituição processual conferida aos sindicatos, porém, não é irrestrita eis que se limita às ações que tratem da proteção de direitos e interesses coletivos ou individuais homogêneos da categoria[9].

No que concerne à possibilidade de o sindicato, na qualidade de substituto processual, transacionar com os interesses dos substituídos, o debate prossegue. A transação *"tem um conceito gramatical, o sentido de pacto, convenção, ajuste em virtude do qual as pessoas realizam um contrato, ou promovem uma negociação"*[10]. Para se realizar, depende de duas condições essenciais, quais sejam a reciprocidade de concessões e a existência de *res dubia*[11]. Significa, portanto, concessões de parte a parte, para se chegar a uma composição que possa interessar a todos os acordantes.

Sobre o instituto da transação perante o Direito do Trabalho, ver Francisco Antônio de Oliveira, **Revista LTr** 64-11/1362.

Entre as principais funções do sindicato profissional está exatamente a negocial, ou seja, compete a ele procurar ajustar com o empregador normas que atendam aos interesses dos trabalhadores. Isto gera reflexos também para a substituição processual, isto é, cumpre ao sindicato buscar, pelos meios legítimos, a conciliação que possa atender aos interesses dos trabalhado ressubstituídos.

Evidentemente, não se trata de um poder absoluto. O sindicato substituto deve cercar-se das cautelas necessárias, de maneira que sua atuação possa bem representar os legítimos interesses de todos os envolvidos. Disto resulta o dever de realizar consultas aos substituídos sobre as melhores propostas que possam atender aos seus interesses, além da identificação dos limites para a negociação/transação. Atendidas estas cautelas, entende-se como plenamente legítimo ao sindicato, na condição de substituto processual, realizar negociações com vistas à obtenção de acordos que atendam aos interesses dos trabalhadores substituídos.

---

9. PROCESSO Nº TST-RR-245700-55.2009.5.02.0022. Julgado em 31.08.2016.
10. PROCESSO Nº TST RR-1581/2000-012-15.00.3. Julgado em 08.06.2009
11. De Plácido e Silva, **Vocabulário Jurídico**, vol. IV, p. 403.

Por conseguinte, há previsão constitucional para o sindicato atuar, de maneira ampla, como substituto processual dos integrantes da categoria, inclusive no que concerne à execução de sentença, em vista dos indigitados julgamentos do STF e do TST.

Em conclusão, o sindicato profissional está autorizado constitucionalmente a atuar, como substituto processual, na defesa dos interesses coletivos e individuais homogêneos[12] dos integrantes da categoria profissional e isto também se aplica, de maneira ampla, no caso de transação entre a entidade sindical e a empresa, com as cautelas mencionadas.

---

12. Envolve os interesses ou direitos difusos, coletivos e individuais homogêneos, consoante dispõe o Artigo 81, da Lei n. 8.078/90 (Código Brasileiro de Defesa do Consumidor).

TUTELA COLETIVA DOS DIREITOS TRABALHISTAS

Raimundo Simão de Melo

Consultor Jurídico e Advogado. Procurador Regional do Trabalho aposentado. Doutor e Mestre em Direito das Relações Sociais pela PUC/SP. Professor Titular do Centro Universitário UDF/Mestrado em Direito e Relações Sociais e Trabalhistas e na Faculdade de Direito de são Bernardo do Campo no Curso de Especialização em Direito e Relações do Trabalho. Membro da Academia Brasileira de Direito do Trabalho. Autor de livros jurídicos, entre outros, "Direito ambiental do trabalho e a saúde do trabalhador" e "Ações acidentárias na Justiça do Trabalho".

Sumário: 1. Introdução – 2. A função promocional do direito – 3. Os direitos metaindividuais (difusos, coletivos e individuais homogêneos) – 4. Evolução da tutela coletiva no Brasil – 5. Características da tutela coletiva – 6. Finalidade da tutela coletiva – 7. Objeto, pedidos e destinação das multas e condenações genéricos na tutela coletiva: 7.1. Tutela inibitória – 8. Legitimidade ativa para ajuizamento da Ação Civil Pública – 9. Legitimação passiva – 10. Competência material para julgamento – 11. Competência funcional-territorial – 12. Litispendência – 13. Efeito *erga omnes* da coisa julgada – 14. Efeitos territoriais da coisa julgada – 15. Ônus da prova – 16. Conclusões – 17. Bibliografia.

1. INTRODUÇÃO

Objetiva-se com este trabalho tratar da tutela coletiva trabalhista, cujos instrumentos utilizados vêm-se mostrando importantes para a defesa dos direitos difusos, coletivos e individuais homogêneos. A Ação Civil Pública na Justiça do Trabalho vem provocando grande evolução sobre a tutela coletiva trabalhista nos últimos anos, com benefícios para a sociedade e para os trabalhadores no que diz respeito à prevenção de ilícitos laborais.

Devido à proliferação dos conflitos na complexa relação entre capital e trabalho, bem como à criação de novos direitos sociais para os trabalhadores (CF, arts. 7º a 11), avulta a necessidade de instituição de novos mecanismos de tutela desses direitos. O inquérito civil, em nível administrativo, e a Ação Civil Pública, no âmbito processual, surgem, nos dias atuais, como instrumentos efetivos de defesa dos direitos metaindividuais no campo das relações de trabalho.

Cabe lembrar que a concepção individualista liberal marcou a atuação da Justiça do Trabalho, a qual lidava basicamente com a tradicional reclamação trabalhista, por meio da qual os trabalhadores buscavam, como regra geral, o pagamento de verbas trabalhistas individuais, mesmo assim, na maioria dos casos, depois de rescindido o contrato de trabalho, daí ser a Justiça do Trabalho apelidada de "Justiça dos desempregados".

Mas a Constituição Federal de 1988 alterou esse panorama, elegendo as ações coletivas como importantes instrumentos para defesa dos direitos e interesses difusos, coletivos e individuais homogêneos. Assim, no artigo 129 e inc. III, diz que:

"São funções institucionais do Ministério Público: ... III - promover o inquérito civil e a ação civil pública, para a proteção do patrimônio público e social, do meio ambiente e de outros interesses difusos e coletivos".

No § 1º desse mesmo artigo, assegurou a legitimidade ativa concorrente a outros órgãos públicos e entidades civis para a promoção dessas ações, estabelecendo que:

"A legitimação do Ministério Público para as ações civis previstas neste artigo não impede a de terceiros, nas mesmas hipóteses, segundo o disposto nesta Constituição e na lei".

No âmbito da Justiça do Trabalho afirma-se de forma destacada o uso das ações coletivas nos últimos anos.

A Ação Civil Pública, por se tratar de instrumento de defesa dos direitos e interesses de massa, tem caráter ideológico, pelo que, ainda tem sido encarada por muitos com visão preconceituosa. Isso se explica, talvez, porque toda alteração substancial causa rejeição para aqueles que querem que as coisas continuem inalteradas. Nas relações de trabalho, diante da grande desigualdade entre capital e trabalho, essa rejeição tem sido mais acentuada, uma vez que o destinatário da tutela coletiva é o Poder econômico e os beneficiários são os trabalhadores.

2. A FUNÇÃO PROMOCIONAL DO DIREITO

Quanto à criação de direitos na sociedade moderna Norberto Bobbio preconizou que "Não se trata de saber quais e quantos são esses direitos, qual é a sua natureza e o seu fundamento, se são direitos naturais ou históricos, absolutos ou relativos, mas sim qual é o modo mais seguro para garanti-los, para impedir que, apesar das solenes declarações, eles sejam continuamente violados" (A era dos direitos, p. 67/73).

E no tocante à efetivação desses direitos, completou o festejado autor que "Esses direitos, contudo, destacam-se como imprescindíveis à condição humana e merecem proteção do Estado e da própria sociedade". "Uma coisa é falar dos direitos do homem, direitos sempre novos e cada vez mais extensos, e justificá-los com argumentos convincentes; outra coisa é garantir-lhes uma proteção efetiva" (idem, p. 67).

A Declaração Universal do Direitos Humanos (art. XXIII) diz que:

1. "Toda pessoa tem direito ao trabalho, à livre escolha de emprego, a condições justas e favoráveis de trabalho e à proteção contra o desemprego".

2. Toda pessoa, sem qualquer distinção, tem direito a igual remuneração por igual trabalho".

No final do Séc. XX surgiram os direitos que não são só de uma pessoa, mas, das massas. São exemplos o meio ambiente, os direitos do consumidor e os direitos difusos e coletivos.

Pela sua importância e necessidade para as massas, anseia-se socialmente pela sua máxima efetividade, porque muitos desses direitos são direitos fundamentais, necessários para uma existência humana digna.

E se esses direitos não são cumpridos espontaneamente, como ocorre em boa parte das situações, necessária se torna a sua busca coercitiva, pela chamada prestação jurisdicional estatal, cuja demora varia de país para a país, levando-se em conta a quantidade de ações judiciais ajuizadas.

Em balanço apresentado na sessão plenária que encerrou o Ano Judiciário 2017, a presidente do Supremo Tribunal Federal (STF), ministra Cármen Lúcia, informou que foram julgados em 2017 pelo STF 123.008 processos, destes, 12.503 em sessões colegiadas e mais de 100 mil em decisões monocráticas dos ministros (http://www.stf.jus.br/portal/cms/verNoticiaDetalhe.asp?idConteudo=365261 – acesso em 19/04/2018), enquanto isso o Tribunal Superior do Trabalho julgou 281 mil processos em 2017 (https://www.conjur.com.br/2017-dez-30/tst-julgou-casos-2017-acervo-aumentou), o que demonstra que ainda se vive no Brasil a era do individualismo processual.

A Conclusão a que se chega é que existe algo errado, não nas estatísticas, mas, na grande quantidade de demandas que bate as portas dos órgãos do Poder Judiciário brasileiro, inviabilizando a prestação jurisdicional, que pode não servir para nada em determinados casos.

Entre os possíveis erros que provocam essa grande demanda judicial, além do descumprimento dos direitos básicos dos cidadãos, está a forma tradicional de prestação jurisdicional individual, porque a regra individual afunila a estrada e dificulta a participação e acesso do cidadão ao Poder Judiciário.

Como soluções (uma delas) aventa-se a democratização do acesso do cidadão ao Poder Judiciário, o que, aliás, está consagrado pela Constituição Federal brasileira, pelo chamado princípio do direito de ação, insculpido no art. 5º, inciso XXXV, que assim expressa:

"a lei não excluirá da apreciação do Poder Judiciário lesão ou ameaça a direito".

Diferentemente dizia a Constituição autoritária de 1969 (art. 153, § 4º):

"a lei não poderá excluir da apreciação do Poder Judiciário qualquer lesão a direito individual").

Nota-se no atual comando constitucional que a proteção dos direitos do cidadão encontra guarida, pelo menos em tese, no livre acesso ao Judiciário, não somente para se buscar uma reparação, mas agora, também, para se pedir uma tutela preventiva, para, com isso, evitar-se o dano, uma vez que as reparações, regra geral, não são capazes de permitir o retorno das partes ao estado anterior, ou seja, não são efetivas e integrais.

De outro lado, não se fala mais nem se restringe o acesso ao Judiciário apenas para a tutela de direitos individuais, como antes. Preconiza-se e prioriza-se a prestação jurisdicional coletiva, a única forma de o Estado dar uma resposta substancial às pretensões decorrentes das ofensas em massa, como é uma característica das sociedades modernas.

O conteúdo do preceito constitucional em vigor no Brasil dirige-se à proteção do direito de ação e de reposta de forma substancial e não meramente formal.

Agora se busca a efetividade do direito violado ou ameaçado de violação, cujo comando consagra um princípio que tem como destinatários todos: quem cria a norma e quem a aplica, sendo vinculante a sua força, porque os princípios são normas supralegais que consagram os valores fundamentais de uma sociedade e orientam a formulação e aplicação das demais normas jurídicas. Por isso, agredir um princípio é pior do que transgredir uma norma legal positivada.

3. OS DIREITOS METAINDIVIDUAIS (DIFUSOS, COLETIVOS E INDIVIDUAIS HOMOGÊNEOS)

O Código de Proteção e Defesa do Consumidor, para evitar celeumas intermináveis, em boa hora definiu tais direitos no seu art. 81, dizendo que:

> "A defesa dos interesses e direitos dos consumidores e das vítimas poderá ser exercida em juízo individualmente, ou a título coletivo.
>
> Parágrafo único. A defesa coletiva será exercida quando se tratar de:
>
> I – interesses ou direitos difusos, assim entendidos, para efeitos deste código, os transindividuais, de natureza indivisível, de que sejam titulares pessoas indeterminadas e ligadas por circunstâncias de fato;
>
> II – interesses ou direitos coletivos, assim entendidos, para efeitos deste código, os transindividuais, de natureza indivisível de que seja titular grupo, categoria ou classe de pessoas ligadas entre si ou com a parte contrária por uma relação jurídica base;
>
> III – interesses ou direitos individuais homogêneos, assim entendidos os decorrentes de origem comum".

4. EVOLUÇÃO DA TUTELA COLETIVA NO BRASIL

A evolução da tutela coletiva no Brasil somente passou a existir quando se resolveu romper com o sistema individualista que marcou épocas no nosso ordenamento jurídico, especialmente com as regras processuais civis.

A primeira manifestação nesse sentido ocorreu com a Ação Popular, hoje consagrada na Constituição de 1988 (art. 5º, LXXIII). A segunda manifestação se deu com o Dissídio Coletivo de Trabalho, como forma peculiar de resolver conflitos trabalhistas criando direitos e condições de trabalho.

A terceira e mais recente manifestação vem a se dar com a Ação Civil Pública, pela Lei Complementar 40/81, como função institucional do Ministério Público, com a Lei 6.938/81 (Lei de Política Nacional de Meio Ambiente, que atribuiu legitimidade ativa somente ao Ministério Público e com a Lei 7.347/85 (Lei da Ação Civil Pública), que, pelas experiências anteriores positivas decorrentes do uso desse instrumento em prol da sociedade, entendeu-se que o órgão ministerial sozinho não tinha condições de dar vasão às demandas coletivas, ampliando-se, assim, a legitimação ativa para se enfrentar poderosos com esse novel instrumento processual.

A Constituição Federal de 1988 constitucionalizou essa ação como espécie das ações coletivas (art. 129, inc. III) e reconheceu a necessidade de outros legitimados para a defesa dos direitos e interesses metaindividuais (§ 1º), destacando-se a atuação do Ministério Público do Trabalho (LC 75/93, art. 83, inc. III, pelo seu cabimento na Justiça do Trabalho) e dos Sindicatos (CF, art. 8º, inc. III).

5. CARACTERÍSTICAS DA TUTELA COLETIVA

São características da tutela coletiva a judicialização dos novos conflitos de massa, a indeterminação dos sujeitos beneficiados, a indivisibilidade do objeto litigioso, a relevância social do objeto litigioso, a representação por entidades autônomas em face do réu, o efeito *erga omnes* e *ultra partes* da coisa julgada coletiva, a eficácia expansiva da coisa julgada para além da jurisdição do juiz prolator da sentença, a não pulverização de processos e decisões contraditórias sobre um mesmo tema de direito, a diminuição da sobrecarga insuportável do serviço judiciário com grande quantidade de ações individuais, a não lentidão e o alto custo do processo, a não irritação social sobre o Poder Judiciário demorado e abarrotado de demandas, o resgate do prestígio da função jurisdicional do Estado como uma das mais importantes para o cidadão e a igualdade substancial das partes na busca de uma ordem jurídica justa e efetiva.

Na tutela coletiva, pela sua alta carga de interesse público que carrega, o juiz tem maiores poderes, especialmente com ampliação do princípio inquisitivo, pelo qual pode conceder tutelas de urgência de ofício e aplicar cominações suficientes para pressionar o réu a cumprir a decisão, mesmo sem pedido do autor. O juiz, na jurisdição coletiva, é um agente de transformação, atuando de forma proativa na defesa dos direitos da sociedade, à qual ele também pertence.

Mas para a sua efetividade e do direito que visa proteger, é necessária uma mudança de mentalidade dos operadores do direito, em especial dos juízes, isto porque para que o Poder Judiciário se justifique, diante da necessidade social de justiça célere e eficaz, é imprescindível que os próprios juízes sejam capazes de crescer, erguendo-se à altura dessas novas e prementes aspirações; que saibam, portanto, tornar-se eles mesmos protetores dos novos direitos difusos, coletivos e fragmentados, tão característicos e importantes da nossa civilização de massa, além dos tradicionais direitos individuais (Mauro Capelletti).

6. FINALIDADE DA TUTELA COLETIVA

A finalidade da tutela coletiva é a prevenção e proteção dos direitos metaindividuais (difusos, coletivos e individuais homogêneos) da sociedade, marcados como interesses públicos primários e indisponíveis. São interesses que não podem ser tutelados individualmente pelos membros da coletividade ou, quando possível a busca de reparação individual, não compensa economicamente, diante do alto custo e dos demais inconvenientes para quem vai a juízo, mesmo que para defender um direito legítimo. Regra geral são direitos fundamentais, muitos até na categoria de direitos humanos, o que não raro acontece na seara trabalhista, cujo direito do trabalho não mais se resume, como antigamente, ao aspecto meramente patrimonialista.

O direito do trabalho é marcado pela característica da hipossuficiência e do desemprego, sendo que a Constituição Federal de 1988 elevou a dignidade humana e o valor social do trabalho como fundamentos da República Federativa e da ordem econômica (arts. 1º e 170). Nesse ramo especial do direito, sem dúvida a tutela coletiva encontra campo fértil, como se tem visto nos últimos anos, dano à Ação Civil Pública caráter ideológico, uma vez que serve para a defesa da sociedade trabalhadora contra os poderes econômicos e políticos.

A tutela coletiva tem por objeto, regra geral, a pretensão de obrigações de fazer e/ou não fazer, cominações e condenações coletivas por danos genéricos. Mas também são cabíveis tutelas coletivas de direitos individuais homogêneos, cujo objeto é a reparação dos danos individualmente sofridos.

A tutela coletiva na Justiça do Trabalho, porque ainda é muito recente, tem passado por muitas dificuldades, principalmente no início, quando até se aventava com o seu não cabimento nessa Especializada. Acredita-se, que por conta da tradição individualista que sempre marcou as lides trabalhistas, salvo os Dissídio Coletivos. Por isso mesmo vem representando verdadeira revolução processual. Hoje já se pode falar em avanços na doutrina e na jurisprudência trabalhistas (STF, RE 214668 – 12/6/2006), por que a tutela coletiva se presta para a defesa da vida, da dignidade humana, da cidadania, da liberdade, do trabalho, do salário, da saúde e do meio ambiente do trabalho, na busca da liberdade, da igualdade, da solidariedade e da integridade psicofísica do trabalhador.

O seu maior uso na Justiça do Trabalho vem se dando para a tutela do meio ambiente do trabalho, para o combate ao trabalho infantil e regularização do trabalho do adolescente, nas greves em atividades essenciais, no combate às cooperativas e terceirizações fraudulentas e ilegais, contra as discriminações no trabalho, as revistas íntimas vexatórias, a falta de concurso público, o combate ao trabalho degradante/escravo e a regularização do contrato de trabalho.

7. OBJETO, PEDIDOS E DESTINAÇÃO DAS MULTAS E CONDENAÇÕES GENÉRICOS NA TUTELA COLETIVA

A Ação Civil Pública é, talvez, o principal instrumento de implementação da tutela coletiva em juízo. É um instrumento moderno e eficaz de atuação jurisdicional na proteção dos interesses e direitos metaindividuais. Tal se comprova pelos eficientes resultados já apresentados, buscando-se, por meio dela, normalmente, o cumprimento de obrigação de fazer ou não fazer com relação à observância das normas trabalhistas, mediante cominações em dinheiro, chamadas de *astreintes* (art. 11 da Lei n. 7.347/85), pelo descumprimento do comando judicial. Cabe, igualmente, na Ação Civil Pública pedido de obrigação de suportar alguma coisa, por exemplo, que o empregador permita o acompanhamento da fiscalização pelo representante dos trabalhadores[1].

As cominações, para o caso de descumprimento das normas trabalhistas, são fixadas em valores elevados e cumulativos, com o objetivo de desestimular o descumprimento da ordem emanada do Poder Judiciário. Por isso, os resultados são efetivos, ao contrário das penalidades aplicadas administrativamente, pela inspeção do trabalho, cujos montantes, em certas situações, são irrisórios a ponto de incentivar mesmo o descumprimento das normas legais. A sua natureza é de sanção econômica desencorajadora do descumprimento ordem jurídica.

Assim, na Ação Civil Pública podem ser feitos os seguintes pedidos:

a) de obrigações de fazer ou não fazer;

b) de obrigação de suportar;

c) de cominação (multa/*astreintes*);

d) de condenação por danos genéricos causados aos trabalhadores;

e) de tutelas de urgência;

f) de tutelas de execução.

A decisão seguinte é ilustrativa:

EMENTA: "PROCESSO CIVIL. DIREITO AMBIENTAL. AÇÃO CIVIL PÚBLICA PARA TUTELA DO MEIO AMBIENTE. OBRIGAÇÕES DE FAZER, DE NÃO FAZER E DE PAGAR QUANTIA. POSSIBILIDADE DE CUMULAÇÃO DE PEDIDOS. ART. 3º DA LEI N. 7.347/85. INTERPRETAÇÃO SISTEMÁTICA. ART. 225, § 3º, DA CF/88, ARTS. 2º E 4º DA LEI 6.938/81, ART. 25, IV, DA LEI N. 8.625/93 E ART. 83 DO CDC. PRINCÍPIOS DA PREVENÇÃO, DO POLUIDOR-PAGADOR E DA REPARAÇÃO INTEGRAL. 1. O sistema jurídico de proteção ao meio ambiente, disciplinado em normas constitucionais (CF, art. 225, § 3º) e infraconstitucionais (Lei n. 6.938/81, arts. 2º e 4º), está fundado, entre outros, nos *princípios* da prevenção, do poluidor-pagador e da reparação integral. Deles decorrem para os destinatários (Estado e comunidade), deveres e obrigações de variada natureza, comportando prestações pessoais, positivas e negativas (fazer e

---

1. Cf. nosso "Direito ambiental do trabalho e a saúde do trabalhador – responsabilidades...", 3ª Edição, p. 63, LTR Editora, São Paulo, 2008.

não fazer), bem como de pagar quantia (indenização dos danos insuscetíveis de recomposição *in natura*), prestações essas que não se excluem, mas, pelo contrário, se cumulam, se for o caso. 2. A ação civil pública é o instrumento processual destinado a propiciar a tutela ao meio ambiente (CF, art. 129, III). Como todo instrumento, submete-se ao princípio da adequação, a significar que deve ter aptidão suficiente para operacionalizar, no plano jurisdicional, a devida e integral proteção do direito material. Somente assim será instrumento adequado e útil. 3. É por isso que, na interpretação do art. 3º da Lei n. 7.347/85 ("A ação civil poderá ter por objeto a condenação em dinheiro ou o cumprimento de obrigação de fazer ou não fazer"), a conjunção "ou" deve ser considerada com o sentido de adição (permitindo, com a cumulação dos pedidos, a tutela integral do meio ambiente) e não o de alternativa excludente (o que tornaria a ação civil pública instrumento inadequado a seus fins). É conclusão imposta, outrossim, por interpretação sistemática do art. 21 da mesma lei, combinado com o art. 83 do Código de Defesa do. Consumidor ("Art. 83. Para a defesa dos direitos e interesses protegidos por este código são admissíveis todas as espécies de ações capazes de propiciar sua adequada e efetiva tutela.") e, ainda, pelo art. 25 da Lei n. 8.625/93, segundo o qual incumbe ao Ministério Público "IV — promover o inquérito civil e a ação civil pública, na forma da lei: a) para a proteção, prevenção e reparação dos danos causados ao meio ambiente (...)". 4. Exigir, para cada espécie de prestação, uma ação civil pública autônoma, além de atentar contra os princípios da instrumentalidade e da economia processual, ensejaria a possibilidade de sentenças contraditórias para demandas semelhantes, entre as mesmas partes, com a mesma causa de pedir e com finalidade comum (medidas de tutela ambiental), cuja única variante seriam os pedidos mediatos, consistentes em prestações de natureza diversa. A proibição de cumular pedidos dessa natureza não existe no procedimento comum, e não teria sentido negar à ação civil pública, criada especialmente como alternativa para melhor viabilizar a tutela dos direitos difusos, o que se permite, pela via ordinária, para a tutela de todo e qualquer outro direito. 5. Recurso especial parcialmente conhecido e, nessa parte, desprovido" (STJ, 1ª Turma, REsp. 605.323-MG, Rel. Min. José Delgado, DJ 17.10.2005, p. 179).

Com relação aos danos genéricos e pretéritos tem sido comum na área trabalhista a condenação do réu por dano moral coletivo, que é definido como a injusta lesão a direitos e interesses metaindividuais socialmente relevantes para a coletividade (grupos, classes, categorias ou a coletividade difusamente considerada).

Essa condenação tem base na CF (art. 5º, inca. V e X), na Lei 7.347/85 (art. 1º) e no CDC (art. 6º, inc. VI).

Por outro lado, as reparações genéricas devem ser fixadas sempre que houver dano passado e servem como punição pedagógica pelo dano causado ao bem ambiental ou a outro interesse coletivo, para evitar a sua repetição no futuro. Têm caráter punitivo e pedagógico. Os valores devem levar em conta a capacidade econômica do réu, de maneira que ele sinta a redução do seu patrimônio.

O grande problema que se enfrenta na Justiça do Trabalho é sobre a destinação desses valores, uma vez que não há um fundo próprio na área trabalhista, como noutros ramos do Judiciário. Inicialmente eram destinados quase que exclusivamente ao Fundo de Amparo ao Trabalhador (FAT), que não é um fundo adequado na forma do art. 13 da Lei n. 7.347/85, não havendo obrigação legal de a ele serem remetidos os valores das reparações e das multas.

O objetivo da Lei 7.347/85 (art. 13[2]), é a reconstituição do dano, podendo tais valores ser alternativamente destinados a órgãos e entidades públicos e privados, que atuem na proteção dos interesses metaindividuais violados, no todo ou em parte. Assim, pode-se mandar "x" para o FAT (ou não mandar nada) e "y" ou a totalidade para uma entidade de proteção a determinado interesse coletivo e/ou difuso na sociedade. Também podem ser destinados especificamente para a construção de um hospital, de uma creche, para pagar cursos de formação etc., desde que com destinação para a coletividade atingida, dando-se aplicação ao art. 13 mencionado.

Assim, se se tratar de um dano causado aos direitos das crianças e adolescentes, pode-se destinar os valores para os conselhos respectivos, conforme o caso. Também se pode converter determinado valor para a empresa fazer propaganda contrária aos danos que causou, orientando os trabalhadores e a sociedade.

Mas em qualquer hipótese é preciso que fiquem claras a destinação e a forma de fiscalização da sua aplicação, inclusive indicando quem fará o acompanhamento.

Situação interesse ocorreu no caso da Shell, que causou grande contaminação química em Paulínia/SP e foi condenada em Ação Civil Pública a pagar indenização por danos morais coletivos no valor de R$ 200 milhões, a serem destinados pelo Ministério Público do Trabalho a instituições por ele indicadas (Processo TST-RR 22200-28.2007.5.15.0126), para fins assistenciais.

Desse valor, considerado o maior da história da Justiça do Trabalho em termos de indenização por danos morais, o Ministério Público do Trabalho doou R$ 120 milhões para instituições da área da saúde, como o Centro Infantil Boldrini e a Fundacentro, em Campinas. Já o Hospital do Câncer de Barretos recebeu R$ 70 milhões, sendo que parte dessa doação viabilizou o Centro de Pesquisa Molecular em Prevenção de Câncer, em Barretos, inaugurado em março. Outros R$ 30 milhões foram investidos no Centro de Diagnóstico de Câncer de Campinas.

Com essa doação, o Hospital de Câncer de Barretos (SP) construiu uma unidade em Campinas (SP), o Hospital de Amor (inaugurado em 18/7/2017), em terreno doado pela prefeitura local, destinada à prevenção e tratamento da doença, e para manter centros móveis na cidade, pesquisa, prevenção, tratamento e educação em oncologia. São cinco unidades móveis (carretas), quatro adaptadas e equipadas para o diagnóstico e realização de exames de colo do útero, pele e pulmão, e uma para a educação, direcionada para as escolas, no intuito de despertar nos jovens o interesse por hábitos saudáveis, qualidade de vida e para o diagnóstico precoce e os cuidados na prevenção ao câncer.

---

2. Art. 13. Havendo condenação em dinheiro, a indenização pelo dano causado reverterá a um fundo gerido por um Conselho Federal ou por Conselhos Estaduais de que participarão necessariamente o Ministério Público e representantes da comunidade, sendo seus recursos destinados à reconstituição dos bens lesados (grifados).

No acórdão foi chamada a atenção da reclamada, grande e poderosa empresa do ramo econômico que explora, para que tenha uma postura social e legal adequada para com o meio ambiente do trabalho e a saúde dos trabalhadores, pois a valorização do trabalho humano deve se sobrepor aos aspectos econômicos do capital, como estabelece a Constituição Federal (art. 170).

7.1. Tutela inibitória

Importante pedido nas Ações Civis Públicas diz respeito à tutela inibitória, a qual não se liga nem é dependente de nenhuma outra ação dita principal. A sua natureza é preventiva nas chamadas obrigações continuativas, porque visa a impedir a prática, a repetição ou a continuação de um ilícito. Não se busca com ela a reparação do dano, nem é pressuposto para o seu deferimento a existência de qualquer dano, bastando a existência de ameaça de futuro dano para os interesses metaindividuais. O seu objetivo primordial é a prevenção da prática, da continuação ou da repetição do ato ilícito.

Pede-se a tutela inibitória na ação de conhecimento, podendo ser somente este o pleito, mas também pode ser cumulada com outras pretensões. Normalmente é concedida antes do julgamento final, porque em determinadas situações apenas a inibitória antecipada poderá corresponder ao que se espera da tutela preventiva, cabendo ao juiz, ao concedê-la, impor um fazer ou um não fazer nas condutas omissivas ou comissivas, respectivamente, sob pena de multa, na forma dos arts. 12 da Lei 7.347/85, 84 do CDC e 294 e seguintes do CPC.

A tutela inibitória deve ser mantida pelo juiz mesmo na hipótese de o réu demonstrar, antes do julgamento final da lide, o cumprimento da obrigação de fazer ou não fazer buscada pelo autor. É dizer: a adequação da conduta do réu não pode levar à extinção do processo sem julgamento do mérito, uma vez que a obrigação é continuada e o seu cumprimento hoje não garante que amanhã não volte a ser descumprida, necessitando do ajuizamento de novas medidas judiciais, com perda de tempo, de dinheiro e de atos processuais desnecessários.

O objetivo da tutela inibitória, repita-se, é inibir preventivamente a ocorrência de lesões potenciais e iminentes, pelo que, prescinde da demonstração de dano.

Veja-se, nesse sentido, a decisão seguinte, do C. TST:

> **EMENTA: Recurso de Revista – Ação Civil Pública – Condenação da ré em obrigação de não fazer – Conduta regularizada no curso do processo – Multa cominatória – Cabimento.** A priorização da tutela específica na ação civil pública, que é consectário das previsões contidas nos artigos 3º e 11 da Lei 7.437/85, mais do que assegurar às partes o acesso ao bem da vida efetivamente perseguido através do processo, traz consigo valiosa possibilidade por buscar-se tanto a tutela reparatória – aquela que se volta à remoção do ilícito já efetivado – quanto à tutela inibitória, consistente na qualidade da prestação jurisdicional que busca evitar a consumação do ilícito e que, portanto, prescinde do dano. Independentemente da modalidade de tutela específica perseguida, tem-se que a efetividade, e mesmo a autoridade da decisão jurisdicional que a determina,

fica condicionada à utilização de meios de coerção que efetivamente constranjam o demandado a cumprir a prestação específica que lhe foi imposta. A multa cominatória já prevista no artigo 11 da Lei 7.437/85, e que também encontrava respaldo no § 4º do artigo 84 do CDC, foi generalizada no processo civil pelo § 4º do art. 461 do CPC e revela-se como instrumento pilar da ação civil pública, que hoje se constitui num dos mais efetivos meios de judicialização das valores consagrados pela ordem constitucional. No caso, a pretensão deduzida pelo Ministério Público do Trabalho compõe-se de pedidos com naturezas jurídicas distintas: foi postulada condenação da ré ao pagamento de indenização por dano moral coletivo, como forma de reparar a coletividade pela violação da ordem jurídica já consumada, como também foi postulada a imposição, à ré, de obrigação de não fazer consistente na abstenção da exigência de horas extraordinárias de seus empregados fora dos limites legais, mediante tutela específica. Como forma de assegurar a efetividade do comando jurisdicional, constou do pedido da presente ação civil pública a imposição de multa diária no valor de R$ 10.000,00 por trabalhador envolvido. Nesse contexto, a constatação de que a reclamada efetivamente violava as regras atinentes à jornada dos trabalhadores foi suficiente à imposição da obrigação, condenação esta que o juízo de primeiro grau acertadamente subsidiou com a imposição de multa pelo eventual descumprimento. Assim é que a superveniente adequação da ré à conduta imposta na sentença, a uma, não a isenta de responder pelo descumprimento de decisão judicial já verificado, porque aqui já se perfez a inadequação processual da conduta da empresa, que em nada se confunde com o acerto ou desacerto de suas práticas econômicas; a duas, não afasta a penalidade abstratamente imposta, uma vez que a adequação atual da conduta da empresa ao comando legal – que, aliás, não foi espontânea, mas resultado da coerção promovida pelo Poder Judiciário, após atuação incisiva do Estado por meio do Ministério do Trabalho e Emprego e do Ministério Público do Trabalho – não pode representar a isenção dos mecanismos de coação estatal a que esta situação regular perdure. Em última análise, a tutela que, num primeiro momento, caracterizava-se como reparatória, a partir da adequação da conduta empresarial converte-se em inibitória, ou seja, preventiva da lesão, que, por isso mesmo, prescinde da demonstração do dano. Impor à ré obrigação de não fazer sem imputar-lhe a multa cabível por eventual descumprimento desse mandamento significa subtrair força à autoridade das decisões dessa Justiça Especializada e, por consequência, também à atuação do Ministério Público do Trabalho no cumprimento de seu *mister* constitucional. Recurso de Revista conhecido e provido (TST-RR-107500-26.2007.5.09.0513; Rel. Ministro Vieira de Mello Filho).

8. LEGITIMIDADE ATIVA PARA AJUIZAMENTO DA AÇÃO CIVIL PÚBLICA

A Ação Civil Pública não é instrumento exclusivo do Ministério Público, havendo outros legitimados, com destaque, na área trabalhista, para os sindicatos. É o que assegura o art. 129, § 1º, *verbis*:

> "A legitimação do Ministério Público para as ações civis previstas neste artigo não impede a de terceiros, nas mesmas hipóteses, segundo o disposto nesta Constituição e na lei".

De acordo com o art. 5º da Lei 7.347/85, têm legitimidade para propor a ação principal e a ação cautelar:

I – o Ministério Público;

II – a Defensoria Pública;

III – a União, os Estados, o Distrito Federal e os Municípios;

IV – a autarquia, empresa pública, fundação ou sociedade de economia mista;

V – a associação que, concomitantemente:

a) esteja constituída há pelo menos 1 (um) ano nos termos da lei civil;

b) inclua, entre suas finalidades institucionais, a proteção ao meio ambiente, ao consumidor, à ordem econômica, à livre concorrência ou ao patrimônio artístico, estético, histórico, turístico e paisagístico.

Na forma do § 1º, o Ministério Público, se não intervier no processo como parte, atuará obrigatoriamente como fiscal da lei. Quer dizer, o Ministério público sempre atuará na Ação civil pública, quer como parte (órgão agente), quer como fiscal da lei (órgão interveniente), pena de nulidade da decisão a ser proferida.

Também na forma da lei (§ 2º) fica facultado ao Poder Público e a outras associações legitimadas habilitar-se como litisconsortes de qualquer das partes.

Assim, pode haver litisconsorte entre os diversos colegitimados ativos para ajuizamento da ação civil pública.

Igualmente pode ocorrer o litisconsórcio facultativo entre os Ministérios Públicos da União, do Distrito Federal e dos Estados na defesa do meio ambiente (§ 5º).

Em caso de desistência infundada ou abandono da ação por associação legitimada, o Ministério Público ou outro legitimado assumirá a titularidade ativa (§ 3º).

Desse modo, o Ministério Público, que age por dever e não por mera faculdade, como os outros legitimados ativos, deve assumir a titularidade da Ação Civil Pública no caso de desistência de outro legitimado ativo, como também, ao ingressar numa demanda coletiva como *custos legis*, pode aditar os pedidos, complementá-los e, se for o caso, passar de órgão interveniente para órgão agente.

O requisito da pré-constituição das associações poderá ser dispensado pelo juiz, quando houver manifesto interesse social evidenciado pela dimensão ou característica do dano, ou pela relevância do bem jurídico a ser protegido (§ 4º). Neste caso, cabe ao juiz, usando do seu poder de direção do processo, dispensar tais requisitos, quando entender adequado. Entendo que não se aplica exigibilidade desses requisitos aos sindicatos, que, diferentemente das outras associações, carregam a característica da perenidade.

Embora ordinariamente as Ações Civis Públicas venham sendo ajuizadas pelo Ministério Público, pela possibilidade, no inquérito civil (este sim, de competência exclusiva do órgão ministerial), de colher provas necessárias ao convencimento do Judiciário, existem casos em que os sindicatos têm em mãos os elementos necessários e embasadores sobre o descumprimento das normas ambientais, muitas vezes consubstanciados em inspeções e laudos do Ministério do Trabalho e Emprego, devendo, desde logo, ajuizar diretamente a respectiva ação.

Nesse sentido é a decisão seguinte:

EMENTA: "AÇÃO CIVIL PÚBLICA. LEGITIMIDADE. A defesa dos interesses coletivos em juízo, através da Ação civil Pública, pode ser feita tanto pelo Ministério Público do Trabalho como pelos sindicatos, de vez que o ordenamento processual assegura a legitimidade concorrente de ambos (CF, art. 129, III, e § 1º, Lei n. 7.347/85, art. 5º, I e II)" (Processo TST-RR n. 316001/96.4, Ac. da 4ª Turma, de 22.02.2000, LTr 64-03/361/365, Relator: Min. Ives Gandra Martins Filho).

Esse entendimento consagra a vontade do legislador no sentido de alargar o leque de legitimados para a defesa dos interesses metaindividuais.

9. LEGITIMAÇÃO PASSIVA

Legitimados passivos na Ação Civil Pública são os supostos causadores de lesões aos interesses difusos, coletivos e individuais homogêneos ou que ameacem de lesão tais direitos ou interesses (CF, art. 5º, inciso XXXV), pessoas física ou jurídica, de direito público ou privado.

10. COMPETÊNCIA MATERIAL PARA JULGAMENTO

Sempre que se tratar de conflito decorrente das relações de trabalho em face do empregador ou tomador de serviços, a competência para apreciar a Ação Civil Pública correspondente é da Justiça do Trabalho, por força do que dispõe a Constituição Federal (art. 114, *caput*) e reconhece a jurisprudência dos Tribunais trabalhistas e do STF.

Com a Emenda Constitucional n. 45 de 2004, que alterou o art. 114 da Constituição (*caput* e inc. I), ampliando a competência da Justiça do Trabalho para apreciar as demandas decorrentes das relações de trabalho *lato sensu*, consequentemente, a legitimação ativa do MPT e dos sindicatos aumentou.

11. COMPETÊNCIA FUNCIONAL-TERRITORIAL

Diz o artigo 2º da Lei 7.347/85 (Lei da ação civil pública), que:

"As ações previstas nesta Lei serão propostas no foro do local onde ocorrer o dano, cujo juízo terá competência funcional para processar e julgar a causa".

A propositura da ação prevenirá a jurisdição do juízo para todas as ações posteriormente intentadas que possuam a mesma causa de pedir ou o mesmo objeto, o que está de conformidade com a técnica da prevenção, o que constitui regra geral do processo civil (CPC, arts. 106[3] e 107[4]).

---

3. Art. 106. Correndo em separado ações conexas perante juízes que têm a mesma competência territorial, considera-se prevento aquele que despachou em primeiro lugar.
4. Art. 107. Se o imóvel se achar situado em mais de um Estado ou comarca, determinar-se-á o foro pela prevenção, estendendo-se a competência sobre a totalidade do imóvel.

Assim, de acordo o referido art. 2º, competente funcionalmente para apreciar e julgar os pedidos na Ação Civil Pública é o juiz de primeira instância do local do dano. Esse entendimento, da competência dos órgãos de primeira instância, parece-me ser o correto, como, aliás, está prevalecendo na doutrina e na jurisprudência. Desse modo, a competência originária para julgamento das ações coletivas, salvo a de Dissídio Coletivo de Trabalho, perante a Justiça do Trabalho, é das Varas do Trabalho, como juízos de primeira instância, nos termos da Lei n. 7.347/85 (art. 2º), mesmo que o dano aos interesses metaindividuais ultrapasse a jurisdição do juízo prolator da sentença. Assim, havendo dano em mais de um local, competente será o juiz que primeiro receber a ação, que se torna prevento.

Contudo, mitigando essa posição, vislumbram alguns a aplicação na Justiça do Trabalho, de forma genérica, do art. 93 e incisos I e II do CDC, que estabelecem a competência do juízo do lugar onde ocorreu ou deva ocorrer o dano, quando de âmbito local ou de um dos juízos do *foro da Capital do Estado ou do Distrito Federal*, para os *danos de âmbito nacional ou regional*, respectivamente.

Não obstante o louvável propósito inicial de se evitar o julgamento das ações coletivas pelos Tribunais, não concordo com essa posição.

O C. TST emitiu a OJ n. 130 (SDI-II), alterada uma vez, com o seguinte teor:

AÇÃO CIVIL PÚBLICA. COMPETÊNCIA. LOCAL DO DANO. LEI 7.347/1985, ART. 2º. CÓDIGO DE DEFESA DO CONSUMIDOR, ART. 93 (redação alterada na sessão do Tribunal Pleno realizada em 14.09.2012) – Res. 186/2012, DEJT divulgado em 25, 26 e 27.09.2012

I – A competência para a Ação Civil Pública fixa-se pela extensão do dano.

II – Em caso de dano de abrangência regional, que atinja cidades sujeitas à jurisdição de mais de uma Vara do Trabalho, a competência será de qualquer das varas das localidades atingidas, ainda que vinculadas a Tribunais Regionais do Trabalho distintos.

III – Em caso de dano de abrangência suprarregional ou nacional, há competência concorrente para a Ação Civil Pública das varas do trabalho das sedes dos Tribunais Regionais do Trabalho.

IV – Estará prevento o juízo a que a primeira ação houver sido distribuída.

No item III da referida OJ, entendo que o TST poderia ter avançado para assegurar no caso de dano de abrangência suprarregional ou nacional a competência concorrente das Varas do Trabalho das localidades do dano e não das sedes dos Tribunais Regionais do Trabalho.

Entendo que a melhor solução para a fixação da competência funcional-territorial nas ações coletivas de prevenção e reparação de danos em comarcas simultâneas, mesmo que em Estados diferentes, é do juiz que primeiro receber a ação, como estabelece o art. 2º da Lei 7.347/85. É o juiz do local do dano.

Finalmente, no caso da Lei da Ação civil pública, consta do art. 2º que as ações serão propostas no foro do local onde ocorreu o dano, cujo juízo terá competência funcional para processar e julgar a causa. Logo se vê que se trata de competência absoluta, prevalecendo sobre o foro comum sem admitir estipulação contrária das partes. É o que *Liebman* classificou como "competência territorial funcional". A razão é que essa competência é instituída em razão da função do juiz no processo, o qual, na intenção do legislador, é mais bem habilitado para decidir os conflitos no local da sua atuação, por conhecer melhor as questões que envolvem o litígio. À primeira vista, poder-se-ia pensar tratar-se de competência territorial. Mas não é o caso, porque, embora exista algum traço de territorialidade (a competência é territorial-funcional), o que prevalece é a funcionalidade do juiz do local do dano, que melhores condições tem para exercer a sua função jurisdicional, por estar mais próximo fisicamente do fato, além do melhor e mais fácil acesso à prova sobre os fatos controvertidos.

12. LITISPENDÊNCIA

De acordo com Código de Processo Civil (art. 301, §§ 1º, 2º, 3º e 4º)[5], ocorre litispendência quando se reproduz ação idêntica anteriormente ajuizada, ainda em curso, configurando-se essa identidade quando se tem as mesmas partes, a mesma causa de pedir e o mesmo pedido. A litispendência pode ser conhecida mediante alegação da parte interessada ou, de ofício, pelo juiz.

É tríplice a finalidade da litispendência:

a) evitar a duplicidade de processos sobre o mesmo litígio;

b) evitar a existência de pronunciamentos judiciais conflitantes sobre um mesmo conflito de interesses; e c) evitar o desperdício de atividade jurisdicional no tratamento das mesmas causas por vários juízes.

Se tal se aplica aos processos individuais, como solucionar a questão no âmbito da jurisdição coletiva, entre as ações coletivas em defesa dos direitos e interesses metaindividuais (difusos, coletivos e individuais homogêneos) e as demandas propostas individualmente pelos titulares dos direitos violados, na busca das reparações a título pessoal? Como resolver o problema, por exemplo, quando o trabalhador que ajuíza uma ação individual pleiteando o pagamento de dano moral depara-se com a alegação de que o Ministério Público do Trabalho ou o sindicato da sua categoria profissional já intentou ação coletiva de reconhecimento do mesmo direito?

A Lei n. 7.347/85 não trata do tema, devendo-se, por autorização do seu art. 21, aplicar subsidiariamente o Código de Defesa do Consumidor, cujo art. 104 diz que:

"As ações coletivas previstas nos incisos I e II do parágrafo único do art. 81 não induzem litispendência para as ações individuais, mas os efeitos da coisa julgada *erga omnes* ou *ultra partes*, a

---

5. § 1º Verifica-se a litispendência ou a coisa julgada, quando se reproduz ação anteriormente ajuizada. § 2º Uma ação é idêntica à outra quando tem as mesmas partes, a mesma causa de pedir e o mesmo pedido. § 3º Há litispendência, quando se repete ação, que está em curso; há coisa julgada, quando se repete ação que já foi decidida por sentença, de que não caiba recurso. § 4º Com exceção do compromisso arbitral, o juiz conhecerá de ofício da matéria enumerada neste artigo.

que aludem os incisos II e III do artigo anterior (art. 103), não beneficiarão os autores das ações individuais, se não for requerida sua suspensão no prazo de 30 (trinta) dias, a contar da ciência nos autos, do ajuizamento da ação coletiva".

Para melhor compreensão da complexa questão deve-se examinar separadamente as hipóteses envolvendo interesses difusos e coletivos e interesses individuais homogêneos.

Para que ocorra litispendência ou coisa julgada, é necessário que haja a tríplice identidade de partes, pedido e causa de pedir, o que desde logo se afasta nas ações que tratam da tutela dos interesses ou direitos difusos e coletivos, perante as ações individuais que buscam uma condenação concreta pelos danos pessoais sofridos pelos lesados individualmente, porque, em ambas, as partes processuais são diferentes. Nas ações coletivas, parte processual é o autor coletivo e, nas individuais, os próprios interessados, titulares do direito material violado.

Nas ações coletivas para **tutela de direitos e interesses difusos e coletivos**, o objeto, em regra, é uma obrigação de fazer ou não fazer ou de suportar alguma atividade, além da cominação, e, conforme a situação, de reparação genérica pelos danos causados aos interesses metaindividuais. Por outro lado, nas ações individuais, o pedido ou pedidos dizem respeito à reparação pelos danos pessoal e individualmente sofridos pelas pessoas lesadas, no caso, os trabalhadores. Desse modo, apenas com as disposições do CPC (art. 301 e parágrafos) resolve-se a questão, afastando a litispendência, porque partes e pedidos não são idênticos.

Já com relação às ações coletivas para **defesa de interesses individuais homogêneos** e aquelas a título individual, ajuizadas pelos titulares dos direitos lesados, o tema ganha maior relevância, destinando-se o comando do art. 104 do CDC exatamente a esses tipos de demandas.

Sobre o assunto, diz Ada Pellegrini Grinover[6] que a questão da relação entre a ação coletiva de responsabilidade civil e as ações reparatórias individuais se resolve pelo regime da reunião obrigatória dos processos ou, quando esta for impossível, pela suspensão prejudicial, tudo em virtude da continência, uma vez que o pedido da ação coletiva – condenação genérica a indenizar as vítimas – contém os pedidos individuais, formulados nas distintas ações reparatórias, tudo a atribuir ao mesmo juiz a competência para julgar ambas as ações e, com isso, evitar-se julgados contraditórios.

Data venia, vislumbro outra solução para o problema, pelas seguintes razões.

Primeiro, porque, tratando-se de interesses individuais homogêneos, a prioridade é dada aos prejuízos individualmente resultantes do dano (CDC, art. 99). Dessa maneira, cabe ao trabalhador optar pelo prosseguimento da sua ação individual, de natureza indenizatória, ignorando a ação coletiva. Essa opção é pertinente no nosso sistema, que não tem controle de representação adequada, como

---

6. Código Brasileiro de Defesa do Consumidor comentado pelos autores do anteprojeto, p. 597-600. 4. ed. Rio de Janeiro: Forense, 1995.

no americano, em que o juiz faz a verificação do processo e do desenvolvimento da defesa da categoria, para ver se o autor coletivo agiu com os necessários cuidados, possibilitando até a exclusão do processo de quem não deseje submeter-se à coisa julgada, como assevera a autora[7]. Assim, pode ocorrer de o trabalhador, que não confia ou não quer ser tutelado por seu sindicato ou outro legitimado que ajuizou a ação coletiva, preferir continuar com a sua ação individual, assumindo o risco do resultado desfavorável.

Segundo, porque não se trata de continência nem de litispendência a relação entre uma ação individual, de reparação pessoal de danos, e uma demanda coletiva, proposta por legitimado coletivo, na busca do reconhecimento da responsabilidade genérica de indenizar. A continência de ações ocorre quando há identidade entre as partes e a causa de pedir, mas o objeto de uma, por ser mais amplo, abrange o da outra (CPC, art. 104), o que não parece ser a hipótese vertente, porque na ação coletiva o pedido de reparação genérica dos danos causados é mais amplo apenas no sentido de abranger de forma geral (*erga omnes*) todas as vítimas do dano. Porém, no tocante ao autor individual, em nada amplia em relação ao seu pleito.

Quanto à litispendência, também entendo descartada, porque as partes processuais não são as mesmas. Numa, é o autor coletivo; noutra, é o interessado individual na reparação do dano pessoalmente sofrido. Além disso, os pedidos não são idênticos. Na ação coletiva, busca-se uma condenação genérica, mediante a fixação da responsabilidade do réu de indenizar os danos causados aos direitos individuais homogêneos, necessitando-se, portanto, de uma liquidação futura, num verdadeiro processo de conhecimento, em que o interessado terá ainda de provar o dano sofrido e o nexo causal, para posterior execução (CDC, arts. 95 e 96). Já na ação individual, o pedido é uma condenação específica, em que, desde já se apura o nexo e a existência do dano individualizado de forma concreta, partindo-se diretamente para a quantificação e execução do comando judicial.

Desse modo, não se pode obrigar o autor da ação individual a aceitar a suspensão do seu processo ou a reunião deste com a ação coletiva, em função de continência, muito menos reconhecer-se a litispendência, que no caso inexiste.

Isto porque entre as ações coletivas para defesa de interesses individuais homogêneos, na busca do reconhecimento da responsabilidade genérica de indenizar, e as ações individuais, para reparação concreta e pessoal dos danos sofridos pelos trabalhadores, não ocorre litispendência. Quanto à reunião das ações num mesmo processo ou suspensão da demanda individual, por continência, tal solução somente será possível se com isso concordar o trabalhador, autor da ação individual e titular do direito material violado, aplicando-se o art. 104 do CDC. Aliás, como já manifestei é nesta situação que incide o aludido comando legal.

---

7. *Op. cit.*, p. 579.

Assim, havendo em andamento ação coletiva para defesa de direitos individuais homogêneos e ação a título individual, de acordo com o art. 104 do CDC, não há litispendência. As soluções legais para o caso são as seguintes:

> a) É facultado ao trabalhador, autor individual, no prazo de trinta dias da ciência do ajuizamento da ação coletiva, pedir a suspensão do seu processo e aguardar o resultado da coisa julgada coletiva. Se esta lhe for favorável, arquiva-se o processo individual. Porém, julgado improcedente o pedido na ação coletiva, dará o juiz prosseguimento à demanda do trabalhador, de reparação pessoal e individual do dano sofrido, salvo se o autor houver intervindo no processo da ação coletiva, como lhe é facultado, situação em que terá de conformar-se unicamente com o resultado da coisa julgada coletiva, favorável ou não (CDC, art. 103, § 2º);
>
> b) Como a suspensão do processo é uma faculdade do autor da ação individual, pode este ignorar a ação coletiva e prosseguir com a sua ação individual, em respeito ao direito de ação, constitucionalmente assegurado. Mas neste caso não será atingido pelos efeitos da coisa julgada coletiva que venha a acolher a pretensão genérica. No caso, o trabalhador assumirá os riscos da demanda individual.

13. EFEITO *ERGA OMNES* DA COISA JULGADA

No processo civil tradicional, destinado à solução dos conflitos interindividuais, a sentença faz coisa julgada às partes entre as quais é dada, não beneficiando nem prejudicando terceiros (CPC, art. 472). Essa regra, com efeito, não se adapta por completo às necessidades e peculiaridades inerentes à solução dos conflitos de interesses metaindividuais. Assim, as decisões proferidas nas ações coletivas projetam seus efeitos em relação a todos (Lei n. 4.717/65, art. 18; Lei n. 7.347/85, art. 16 e Lei 8.078/90, art. 103, incisos e parágrafos), o que significa uma ruptura com o entendimento tradicional sedimentado pelo CPC.

De acordo com esses comandos legais, não haverá formação da coisa julgada quando a sentença coletiva declarar a improcedência do pedido por insuficiência de provas, podendo, nesta hipótese, qualquer legitimado, inclusive o autor da ação cujo pedido tenha sido julgado improcedente, ajuizar nova demanda, com idêntico fundamento, valendo-se, porém, de nova prova. Isto decorre do fato de que os colegitimados ativos coletivos não são titulares dos direitos metaindividuais, agindo por autorização da lei. Daí a flexibilidade legal no trato da ação correspondente, para evitar prejuízos irreparáveis aos verdadeiros detentores dos direitos violados.

Trata-se da coisa julgada *secundum eventum litis*, conforme o resultado, que, antes do CDC, se aplicava apenas no caso de improcedência do pedido por falta de provas. Mas, a partir do CDC, a principal característica da sentença coletiva é de que somente poderá beneficiar os interessados individuais, nunca prejudicá-los. Portanto, somente se julgado procedente o pedido, a sentença coletiva fará coisa julgada *erga omnes* ou *ultra partes*, inclusive para beneficiar os interessados individuais (aplicação *in utilibus*), os quais não precisam ajuizar ações individuais para buscar as respectivas indenizações, podendo promover a liquidação e execução dos seus créditos com base em certidão da sentença coletiva (CDC, art. 103, § 3º).

Somente quando a ação for julgada improcedente por outros motivos, ou procedente, é que haverá a formação da coisa julgada *erga omnes* para atingir todos os colegitimados coletivos. Mas, se improcedente o pedido, por exemplo, de reparação de danos coletivos ambientais, os trabalhadores atingidos pelo ato lesivo ao meio ambiente poderão propor ações individuais para ressarcimento de seus prejuízos, salvo quando o interessado individual houver intervindo no processo (CDC, arts. 81, III, 103, incisos I e II e § 2º), situação em que será atingido normalmente pelos efeitos negativos da sentença.

Essa situação pode ocorrer no caso da tutela de interesses individuais homogêneos, porque o art. 94 do CDC diz que "proposta a ação, será publicado edital no órgão oficial, a fim de que os interessados possam intervir no processo como litisconsortes, sem prejuízo de ampla divulgação pelos meios de comunicação social por parte dos órgãos de defesa do consumidor".

Assim, cabe ao interessado individual, facultativamente, optar ou não pelo ingresso na ação coletiva como litisconsorte. No caso positivo, vincula-se obrigatoriamente ao resultado da coisa julgada coletiva, qualquer que seja o seu resultado. Mas é necessário lembrar que esse tipo de litisconsórcio não cabe nas ações de tutela de interesses difusos e coletivos, ante a indivisibilidade do objeto e indeterminabilidade das pessoas atingidas pela ofensa.

Desse modo, quanto aos efeitos *in utilibus* da coisa julgada em relação às pessoas individualmente lesadas, tanto a Lei 7.347/85 como o CDC adotaram o sistema da representatividade adequada na defesa dos interesses difusos e coletivos. Assim, a coisa julgada transcende, em seus limites subjetivos, as partes do processo, porque o autor da ação coletiva não é o titular dos interesses defendidos em juízo. Ele atua por autorização legal, como representante das vítimas.

Em resumo e de acordo com a Lei 7.347/85 e o CDC, os efeitos da coisa julgada coletiva são os seguintes:

a) extinto o processo sem julgamento do mérito, a decisão não fará coisa julgada material, mas apenas formal, a exemplo do que ocorre nas demais ações;

b) julgado improcedente o pedido coletivo por insuficiência de provas, a sentença não fará coisa julgada material, podendo o autor ou qualquer outro colegitimado propor ação idêntica;

c) julgado improcedente o pedido por outro motivo que não a insuficiência de provas, a decisão fará coisa julgada material *erga omnes* ou *ultra partes* apenas em relação aos colegitimados ativos para as ações coletivas. Os trabalhadores individualmente considerados não serão atingidos pela autoridade da coisa julgada coletiva, podendo, assim, ajuizar suas ações individuais ou dar prosseguimento aos processos eventualmente sobrestados;

d) julgado procedente o pedido coletivo, a sentença fará coisa julgada *erga omnes* ou *ultra partes*, *conforme* se trate de interesses difusos ou coletivos, respectivamente, inclusive para beneficiar os interessados individuais, que poderão promover a liquidação e execução de seus créditos, mediante apresentação de certidão de trânsito em julgado da ação coletiva (CDC, art. 103, § 3º, *in fine*).

14. EFEITOS TERRITORIAIS DA COISA JULGADA

Em relação aos efeitos territoriais da coisa julgada nas sentenças proferidas na ação civil pública para prevenção e reparação de danos aos direitos metaindividuais, ainda existe certa divergência a partir da inclusão, no art. 16 da Lei 7.347/85, da expressão "nos limites da competência territorial do órgão julgador", levando a crer, *prima facie*, que a partir dessa alteração os efeitos da prevenção e reparação dos danos provocados aos interesses difusos e coletivos ficariam limitados ao âmbito de atuação do juízo prolator da respectiva sentença.

Mas esse entendimento não pode prevalecer, porquanto, como estabelece o CDC (art. 81 e incisos I e II), os interesses difusos e coletivos são caracterizados pela indivisibilidade quanto à sua existência e, consequentemente, no tocante à reparação das ofensas que lhes venham a ser provocadas.

É que não se pode transpor regras ortodoxas do processo individual para a resolução de lides de natureza coletiva, diante da impossibilidade de se "dividir" tais interesses.

Ora, e os direitos e interesses difusos e coletivos são indivisíveis, à evidência, a sentença coletiva proferida pelo juiz da base territorial em que se originou o dano lançará seus efeitos por todas as localidades onde os seus reflexos se fizerem sentir, numa espécie de ampliação da jurisdição. É o que determinam o art. 103 e incisos I, II e III do CDC[8].

Nesse sentido é a decisão a seguir ementada:

EMENTA: "AÇÃO CIVIL PÚBLICA. COMPETÊNCIA FUNCIONAL. EFEITOS DA COISA JULGADA. A sentença proferida em ação civil pública faz coisa julgada *erga omnes* e *ultra partes* limitadamente ao grupo, categoria ou classe atingida, independentemente de esta localizar-se fora da competência territorial do órgão prolator, nos termos do art. 103, I e II, do CDC, aplicável à espécie por força do que dispõe o art. 21 da Lei de Ação civil pública" (TRT da 14ª Região, Processo n. 1.314/02, 1ª Turma, Relator Juiz Marcus Moura Ferreira, DJRO de 5.4.02).

Com isso, evita-se que outras ações coletivas sejam ajuizadas com o mesmo objeto, com a mesma causa de pedir e contra o mesmo réu, eliminando-se ainda o risco de decisões contraditórias sobre a mesma questão. A decisão proferida, dessa forma, poderá ser executada em qualquer comarca onde ocorreu ou esteja na iminência de ocorrer o dano, sem a necessidade de serem propostas outras ações.

---

8. Art. 103. Nas ações coletivas de que trata este código, a sentença fará coisa julgada: I – *erga omnes*, exceto se o pedido for julgado improcedente por insuficiência de provas, hipótese em que qualquer legitimado poderá intentar outra ação, com idêntico fundamento valendo-se de nova prova, na hipótese do inciso I do parágrafo único do art. 81; II – *ultra partes*, mas limitadamente ao grupo, categoria ou classe, salvo improcedência por insuficiência de provas, nos termos do inciso anterior, quando se tratar da hipótese prevista no inciso II do parágrafo único do art. 81; III – erga omnes, apenas no caso de procedência do pedido, para beneficiar todas as vítimas e seus sucessores, na hipótese do inciso III do parágrafo único do art. 81.

Além do mais, com apoio na melhor doutrina, a abrangência da coisa julgada coletiva é determinada pelo pedido e não pela competência e âmbito de jurisdição do juiz prolator da sentença. Desse modo, se o pedido é amplo (de âmbito regional ou nacional), não será por intermédio de tentativas de restrições da competência que ele poderá ficar limitado.

Dizer que a coisa julgada vale somente no âmbito de jurisdição do juiz prolator da sentença, seja individual ou coletiva, é, *data venia*, um inescusável equívoco processual, cuja assertiva se comprova com o exemplo de uma sentença de divórcio, proferida por um dos juízes da Comarca da capital de São Paulo. Pergunta-se, essa sentença vale somente na capital de São Paulo, onde o juiz prolator tem jurisdição, ou em todo o território nacional? A resposta é basilar: a sentença vale em todo o território nacional (CPC, art. 472).

Com maior razão deve ocorrer nas ações para defesa dos interesses metaindividuais, em que os efeitos da coisa julgada são sempre *erga omnes* ou *ultra partes*. Nesse sentido, assevera Hugo Nigro Mazzilli que "não há como confundir a *competência* do juiz que julga a causa com os *efeitos* que uma sentença pode produzir fora da comarca em que foi proferida, e que poderão tornar-se imutáveis com seu trânsito em julgado (imutabilidade do *decisum* entre as partes). Assim, p. ex., uma sentença que proíba a fabricação de um produto nocivo que vinha sendo produzido e vendido em todo o país, ou uma sentença que proíba o lançamento de dejetos tóxicos num rio que banhe vários Estados — essas sentenças produzem efeitos em todo o país ou em mais de uma região do país, mas isso não se confunde com a competência para proferi-las, que deverá ser de um único juiz, e não de cada um dos milhares de juízes brasileiros, cada qual 'dentro dos limites de sua competência territorial'. Admitir solução diversa levaria a milhares de sentenças contraditórias, exatamente contra os fundamentos e finalidades da defesa coletiva de interesses [....]"[9].

Isso é consequência natural do caráter de indivisibilidade dos interesses difusos e coletivos, do que resta evidente que qualquer norma legal restritiva desses efeitos, como a aludida alteração do art. 16 da LACP, para limitar os efeitos da coisa julgada na Ação civil pública ao âmbito de jurisdição do juízo prolator da sentença, é inconstitucional porque atrita frontalmente com disposições constitucionais, à medida que cria dificuldades intransponíveis para a proteção dos interesses difusos, coletivos e individuais homogêneos. É o caso, por exemplo, do inciso XXXV do art. 5º da CF, que assegura o livre acesso à Justiça contra ameaça ou lesão a direitos, inclusive coletivos, e do inciso III do art. 129 da CF, que estabelece como função institucional do Ministério Público a promoção da ação civil pública para a proteção de qualquer interesse difuso ou coletivo *lato sensu*, sem prejuízo da atuação concorrente de outros legitimados coletivos (§ 1º). Além disso, afronta o poder jurisdicional do juiz, que vale em todo o território nacional com relação aos efeitos da sua decisão; o que é limitada é a competência, para facilitação da prestação jurisdicional. Também é

---

9. A defesa dos interesses difusos em juízo, 4ª ed., p. 140-141, São Paulo, RT, 1992.

elementar que o que determina o efeito da coisa julgada *erga omnes*, *ultra partes* e *inter partes* é o pedido e não o âmbito de jurisdição do órgão julgador.

15. ÔNUS DA PROVA

Na Ação Civil Pública, regra geral, o ônus da prova pertence a quem faz as alegações. Mas em certas situações pode-se inverter esse ônus para o réu, principalmente quando ele tem mais facilidade para apresentar as provas sobre os fatos discutidos nos autos.

Em matéria de Direito Ambiental, por exemplo, essa inversão ganha maior importância, pois o objeto dessa nova disciplina é a tutela da vida em todas as suas formas. Ademais, o interesse não é meramente individual, mas da sociedade. Trata-se de interesse público indisponível, que reclama tutela mediante responsabilidade compartilhada do Estado e da sociedade, na forma do art. 225 da Constituição Federal.

Na jurisdição coletiva, o juiz condutor do processo tem atuação proativa, a quem cabe determinar todas as diligências que entender adequadas e necessárias na busca da verdade real e da preservação da vida humana. No Processo do Trabalho existe o comando do art. 765 da CLT, que atribui ampla liberdade ao Juiz em matéria de diligência probatória.

Nesse sentido, o TJRS proveu pleito do Ministério Público Estadual, no sentido de determinar a inversão do ônus da prova em ação civil pública ajuizada em razão de suposto impacto ambiental.

Após dar tratamento especial aos princípios específicos do Direito Ambiental, especialmente o princípio da precaução, o relator, Desembargador Rogério Gesta Leal constatou que, no caso concreto, há dúvidas sobre situações ventiladas nos autos, asseverou que é do interesse público indisponível e indivisível que questões sejam elucidadas no feito, o que só será possível com a produção de provas durante a instrução da ação civil pública. Ele deu relevo ao conteúdo do princípio do poluidor-pagador, gizando que "os custos de controle da poluição que surgem devido à regulamentação ambiental devem ser suportados pelo poluidor e também pelo público, pois a sociedade não deve arcar diretamente e sozinha com as obrigações decorrentes da proteção do ambiente" (Processo: 70015155823).

Essa conclusão tem embasamento no sistema jurídico brasileiro (CDC, art. 6º, inciso VIII), o qual reconhece a vulnerabilidade do consumidor em certas situações, nas quais é difícil ou até mesmo impossível a prova do fato constitutivo do seu direito pelo autor da demanda, possibilitando a inversão do ônus da prova, notadamente quando presente a verossimilhança das alegações *sub judice*, deixando a critério do Juiz exigir que o fornecedor prove o fato extintivo, modificativo ou impeditivo do direito que lhe é oposto.

Não há dúvida de que esse mandamento, por compatível (CLT, art. 769), aplica-se também nas ações coletivas trabalhistas, especialmente para tutela do meio ambiente do trabalho.

Nesse sentido, tratando da interdição e do embargo, foi aprovado na I Jornada de Direito e Processo do Trabalho, promovida pela ANAMATRA e TST, em novembro de 2007, o Enunciado n. 60, com a seguinte redação:

> "INTERDIÇÃO DE ESTABELECIMENTO E AFINS. AÇÃO DIRETA NA JUSTIÇA DO TRABALHO. REPARTIÇÃO DINÂMICA DO ÔNUS DA PROVA. I — A interdição de estabelecimento, setor de serviço, máquina ou equipamento, assim como o embargo de obra (art. 161 da CLT), podem ser requeridos na Justiça do Trabalho (art. 114, I e VII, da CRFB), em sede principal ou cautelar, pelo Ministério Público do Trabalho, pelo sindicato profissional (art. 8°, III, da CRFB) ou por qualquer legitimado específico para a tutela judicial coletiva em matéria labor-ambiental (arts. 1°, I, 5°, e 21 da Lei n. 7.347/85), independentemente da instância administrativa.
>
> II — Em tais hipóteses, a medida poderá ser deferida [a] 'inaudita altera parte', em havendo laudo técnico preliminar ou prova prévia igualmente convincente; [b] após audiência de justificação prévia (art. 12, *caput*, da Lei n. 7.347/85), caso não haja laudo técnico preliminar, mas seja verossímil a alegação, **invertendo-se o ônus da prova**, à luz da teoria da repartição dinâmica, para incumbir à empresa a demonstração das boas condições de segurança e do controle de riscos" (grifados).

16. CONCLUSÕES

A tutela coletiva é um portentoso instrumento de cidadania e de acesso democrático à função jurisdicional do Estado. Seu objetivo é combater as causas e não os efeitos decorrentes dos danos já perpetrados. A tutela individual usa toda a máquina estatal pelos efeitos e não serve para muita coisa, a não ser para tumultuar os órgãos do Poder Judiciário. A tutela coletiva é um extraordinário remédio para prevenir conflitos e propiciar o acesso democrático, igualitário e substancial do cidadão à função jurisdicional, como direito fundamental. Mas, para a sua efetividade são necessárias mudanças de comportamento dos operadores do direito, especialmente dos juízes, compreensão, razoabilidade e boa vontade para com o instituto.

17. BIBLIOGRAFIA

ARAÚJO, João Carlos. *Ação coletiva do trabalho*. São Paulo: LTr, 1993.

CALAMANDREI, Piero. *Direito processual civil*. Tradução de Luiz Abezia e Sandra Drina Fernandez Barbery. V.3. Campinas: Bookseller, 1999.

CINTRA, Antonio Carlos de Araújo *et al*. *Teoria geral do processo*. 7. ed. São Paulo: Revista dos Tribunais, 1990.

DAWALIBI, Marcelo. Limites subjetivos da coisa julgada em Ação Civil Pública. In: MILARÉ, Édis (Coord.). *Ação Civil Pública — Lei n. 7.347/85 — 15 anos*. São Paulo: Revista dos Tribunais, 2001.

FIORILLO, Celso Antonio Pacheco. *Os sindicatos e a defesa dos interesses difusos no direito processual civil brasileiro*. São Paulo: Revista dos Tribunais, 1995.

GRINOVER, Ada Pellegrini. A tutela jurisdicional dos interesses difusos. In: *Revista da Procuradoria Geral do Estado de São Paulo*, São Paulo, p. 113, jun./1978.

_____. Da coisa julgada no Código de Defesa do Consumidor. In: *Revista da Associação dos advogados*. São Paulo, p. 33/35, dez. 1990.

_____. A Ação Civil Pública e a defesa de interesses individuais e homogêneos. In: *Revista Direito do Consumidor*. São Paulo: Saraiva, n. 5, out./dez. 1992.

LEITE, Carlos Henrique Bezerra. *O Ministério Público do Trabalho — doutrina, jurisprudência e prática*. São Paulo: LTr, 1998.

_____. *Ação Civil Pública: nova jurisdição trabalhista metaindividual — legitimação do Ministério Público*. São Paulo: LTr, 2001.

MANCUSO, Rodolfo de Camargo. Ação Civil Pública trabalhista: análise de alguns pontos controvertidos. In: *Revista do Ministério Público do Trabalho*. São Paulo: LTr, n. 12, p. 47/78, 1997.

_____. *Ação Civil Pública*. 6. ed. São Paulo: Revista dos Tribunais, 1999.

MAZZILLI, Hugo Nigro. *A defesa dos interesses difusos em juízo*. 4. ed. São Paulo: Revista dos Tribunais, 1992.

MEDEIROS NETO, Xisto Tiago. *Dano moral coletivo: fundamentos, características e sistema processual de reparação*. Dissertação de mestrado. Natal: Universidade Federal do Rio Grande do Norte, 2002, 234 p.

MELO, Raimundo Simão de. *Ação civil pública na Justiça do Trabalho*. 4 ed. São Paulo: LTr, 2012.

_____. *Processo coletivo do trabalho*. 2 ed. São Paulo: LTr, 2011.

MILARÉ, Édis. Ação Civil Pública por dano ambiental. In: *Ação Civil Pública – Lei n. 7.347/85 – 15 anos*, São Paulo: Revista dos Tribunais, p. 140/220, 2001.

_____. *Ação Civil Pública: Lei n. 7.347/85, reminiscências e reflexões após dez anos de aplicação*. São Paulo: Revista dos Tribunais, 1995.

NERY JUNIOR, Nelson & NERY, Rosa Maria Andrade. *Código de processo civil comentado*. São Paulo: Revista dos Tribunais, 1994.

_____. O processo do trabalho e os direitos individuais homogêneos — um estudo sobre a Ação Civil Pública trabalhista. In: *Revista LTr*. São Paulo, ano 64, n. 2, p. 151/160, fev. 2000.

OLIVEIRA, Francisco Antonio de. *Ação Civil Pública: enfoques trabalhistas*. São Paulo: Revista dos Tribunais, 1998.

ROCHA, Ibraim. *Ação Civil Pública e o processo do trabalho*. São Paulo: LTr, 1996.

SILVA, Marcelo Ribeiro. *A Ação Civil Pública e o processo do trabalho*. Ribeirão Preto: Nacional de Direito, 2001.

TUCCI, José Rogério Cruz e. *"Classaction" e mandado de segurança coletivo*. São Paulo: Saraiva, 1990.

O Incidente de Desconsideração da Personalidade Jurídica a partir da Reforma Trabalhista

Adalberto Martins

Desembargador do Tribunal Regional do Trabalho da 2ª Região, Diretor da Escola Judicial do Tribunal Regional do Trabalho da 2ª Região (EJUD-2) no biênio 2016-2018, professor doutor da Faculdade de Direito da Pontifícia Universidade Católica de São Paulo (cursos de graduação e programa de mestrado e doutorado, membro da Asociación Iberoamericana de Derecho del trabajo y de la Seguridad Social, membro do Instituto Brasileiro de Direito Social Cesarino Júnior.

Sumário: 1. Introdução – 2. A teoria da desconsideração da personalidade jurídica – 3. Referência expressa à aplicação subsidiária dos arts. 133 a 137 do CPC – 4. O incidente de desconsideração da personalidade jurídica – 5. A efetividade da jurisdição trabalhista a partir da instauração do incidente – 6. Considerações finais – 7. Referências bibliográficas.

1. INTRODUÇÃO

A preocupação com a efetividade da tutela jurisdicional trabalhista é comum a todos aqueles que militam no âmbito da Justiça do Trabalho, sendo de conhecimento notório a taxa de congestionamento de processos na fase de execução. O cumprimento da sentença depende, muitas vezes da abnegação e perspicácia de magistrados e servidores comprometidos com a causa da justiça, para fazerem bom uso dos instrumentos que são colocados à disposição.

A desconsideração da personalidade jurídica é um dos instrumentos a serviço da efetividade da jurisdição, desenvolvida inicialmente para coibir situações de confusão patrimonial e fraudes que provocavam a dilapidação de bens da pessoa jurídica, e consequente frustração do cumprimento de obrigações, enquanto os sócios continuavam sustentando uma vida próspera e confortável.

Consiste, basicamente, na possibilidade de responsabilização dos sócios pelas obrigações contraídas pela pessoa jurídica e que teve as primeiras manifestações há mais de sessenta anos na Justiça do Trabalho[1].

O presente trabalho não objetiva traçar, de forma exaustiva, a evolução histórica da teoria da desconsideração da personalidade jurídica, pois muitos autores já o fizeram com maestria. Assim, revisitaremos o tema, com algumas considerações sobre

---

1. Bianca Bastos noticia um julgado publicado em 16.08.1948, oriundo da 5ª Junta de Conciliação e Julgamento do Rio de Janeiro e que chegou ao Tribunal Superior do Trabalho, em que se reconheceu a confusão patrimonial entre os bens da pessoa jurídica e do sócio que manejara os embargos de terceiro. Cf. Limites da responsabilidade trabalhista na sociedade empresária, São Paulo: LTr, 2011, p. 156.

a pertinência das denominadas teorias objetiva e subjetiva, visando a estabelecer o contexto para lançar luzes sobre o incidente de desconsideração da personalidade jurídica, à luz das inovações trazidas pela Lei 13.467/2017.

Finalmente, lançamos os fundamentos pelos quais o incidente de desconsideração da personalidade jurídica não se harmoniza com os princípios que regem o processo do trabalho, notadamente a simplicidade e a celeridade.

2. A TEORIA DA DESCONSIDERAÇÃO DA PERSONALIDADE JURÍDICA

A teoria da desconsideração da pessoa jurídica remete ao tema da responsabilização dos sócios da pessoa jurídica na fase de execução do julgado, não obstante possa ocorrer já na fase de conhecimento.

Sob a égide do art. 20 do Código Civil de 1916 ("As pessoas jurídicas têm existência distinta da dos seus membros") muitas críticas foram endereçadas aos julgados da Justiça do trabalho que, inspirados na despersonalização do empregador, concebida pelo art. 2º da Consolidação das Leis do Trabalho ("Considera-se empregador a empresa, individual ou coletiva, que, assumindo os riscos da atividade econômica, admite, assalaria e dirige a prestação pessoal de serviços"), no art. 596, § 1º, do CPC/1973 ("Cumpre ao sócio, que alegar o benefício deste artigo, nomear bens da sociedade, sitos na mesma comarca, livres e desembargados, quantos bastem para pagar o débito") e art. 135 do Código Tributário Nacional ("São Pessoalmente responsáveis pelos créditos correspondentes a obrigações tributárias resultantes de atos praticados com excesso de poderes ou infração da lei, contrato social ou estatutos: I – as pessoas referidas no artigo anterior[2]; II – os mandatários, prepostos e empregados; III – os diretores, gerentes ou representantes de pessoas jurídicas de direito privado") procuravam vincular o patrimônio dos sócios ao crédito trabalhista, situação que acabou consolidada a partir da década de 1990 em face da teoria da desconsideração da personalidade jurídica positivada na Lei 8.078/90[3], cujas primeiras manifestações ocorreram no sistema anglo-saxão, em meados do século XIX[4], sob a denominação de *disregard of legal entity* ou *disregard doctrine* e que, no Brasil, contou

---

2. O art. 134 do Código Tributário Nacional alude a responsabilidade solidária quanto à obrigação tributária, nos atos em que intervierem ou pelas omissões de que forem responsáveis, dos administradores de bens de terceiros e dos sócios (no caso de liquidação de sociedade de pessoas), entre outros.
3. Sabemos que a teoria da desconsideração da personalidade jurídica não se confunde com a responsabilidade patrimonial dos sócios por obrigações contraídas pela pessoa jurídica em algumas situações legalmente previstas, mas, para os objetivos deste trabalho, não vislumbramos a necessidade de discorrer sobre a distinção.
4. A doutrina costuma mencionar o caso entre Bank of United States *versus* Deveaux, relatado pelo Juiz Marshall na Suprema Corte norte-americana, por volta de 1809 (cf. MUNIZ, Lívia Gomes. A desconsideração da personalidade jurídica no Brasil. Teorias e jurisprudência, p. 9, disponível em https://jus.com.br/artigos/20395/a-desconsideracao-da-personalidade-juridica-no-brasil, acessado em 07.01.2016 às 15h40), e o caso Solomon *versus* Solomon & Co. ocorrido na Inglaterra, em 1897 (Cf. FERREIRA, Daniel Franco. Aspectos processuais da desconsideração da personalidade jurídica, p. 10, disponível em http://repositorio.uniceub.br/bitstream/123456789/3/20505337.pdf, acessado em 07.01.2016 às 16h00).

com a manifestação pioneira de Rubens Requião, em 1969, ao traduzir o trabalho de Rolf Serick, professor da Universidade de Heidelberg (Alemanha) e publicar o artigo "Abuso de Direito e Fraude através da personalidade jurídica"[5].

Enfim, a prática trabalhista foi plenamente consagrada no art. 28 da Lei 8.078/90 (Código de Defesa do Consumidor), comportando aplicação subsidiária ao processo do trabalho as disposições de seu § 5º: "Também poderá ser desconsiderada a pessoa jurídica sempre que sua personalidade for, de alguma forma, obstáculo ao ressarcimento de prejuízos causados aos consumidores"). Isto porque, a exemplo das relações de consumo, as relações de trabalho costumam envolver uma relação desigual, nas quais a proteção ao trabalhador é imperativo de ordem social.

Na sequência, o atual Código Civil (Lei 10.406/02), promulgado em 10.01.2002, consagrou a possibilidade de desconsideração da personalidade jurídica em caso de abuso ou desvio de finalidade, em seu art. 50: "Em caso de abuso da personalidade jurídica, caracterizado pelo desvio de finalidade, ou pela confusão patrimonial, pode o juiz decidir, a requerimento da parte, ou do Ministério Público quando lhe couber intervir no processo, que os efeitos de certas e determinadas relações de obrigações sejam estendidos aos bens particulares dos administradores ou sócios da pessoa jurídica".

A doutrina costuma identificar a hipótese de desconsideração da personalidade jurídica estampada no art. 50 do Código Civil como teoria subjetiva (ou teoria maior); enquanto a situação do art. 28, § 5º do Código de Defesa do Consumidor (Lei 8.078/90) consagra a teoria objetiva (teoria menor).

Assim, na hipótese do art. 50 do Código Civil, a desconsideração da personalidade jurídica pressupõe o elemento subjetivo que consiste na prática de atos que configuram abuso ou desvio de finalidade, muitas vezes com o intuito de fraudar ou lesar credores, a exemplo da confusão patrimonial; enquanto na situação do art. 28, § 5º, da Lei 8.078/90 o pressuposto básico da desconsideração é a própria dificuldade de ressarcimento do credor (elemento objetivo). Na Justiça do Trabalho é recorrente a afirmação de que se aplica a teoria menor (teoria objetiva) da desconsideração da personalidade jurídica, a exemplo da seguinte ementa de julgado:

> "Na Justiça do Trabalho, a desconsideração da personalidade jurídica da ré não exige a comprovação de má administração, abuso ou desvio de finalidade, bastando a constatação de insuficiência do patrimônio empresarial e inadimplência do crédito trabalhista. Aplica-se a previsão do art. 28, § 5º do CDC". (TRT/SP – 00024046420115020064 – 17ª Turma, Acórdão 20140835126 – Rel. Juíza convocada Thaís Verrastro de Almeida, publicado em 26/09/2014);

> "... O direito do trabalho adota a teoria menor da desconsideração da personalidade jurídica da empresa, sendo certo que a mera demonstração de inaptidão financeira é suficiente para atingir o patrimônio do sócio. Inteligência do artigo 28, do Código de Defesa do Consumidor (Lei 8.078, de 11 de setembro de 1990)...". (Proc. TRT/SP 0019600-21.1992.5.02.0482 – 8ª Turma, Acórdão 20150481556, Rel. Des. Rovirso Aparecido Boldo, publicado em 10/06/2015.

---

5. Cf. MUNIZ, Lívia Gomes, ob. cit., p. 11.

No entanto, sem retirar o brilho e o mérito das ementas de julgado transcritas anteriormente, impõe-se observar que a aplicação da teoria objetiva se inspira, antes de mais nada, no próprio art. 2º da Consolidação das Leis do Trabalho, que parte da premissa de que o empregador é a empresa. Neste sentido, para algumas situações de empregadores enquadrados no art. 2º, § 1º, da CLT ("Equiparam-se ao empregador, para os efeitos exclusivos da relação de emprego, os profissionais liberais, as instituições de beneficência, as associações recreativas ou outras instituições sem fins lucrativos, que admitirem trabalhadores como empregados") não parece justo nem razoável invocar-se a teoria objetiva da desconsideração da personalidade jurídica para assegurar o crédito trabalhista. Vários exemplos de empregadores nesta situação podem ser destacados: Centros Acadêmicos, Grêmios Recreativos, Instituições Religiosas, Orfanatos, Casas de Repouso e várias entidades que integram o terceiro setor.

Nas situações mencionadas no parágrafo anterior, imperativos de justiça recomendam a aplicação da teoria subjetiva da desconsideração da personalidade jurídica. Vale dizer, os dirigentes de referidas pessoas jurídicas só devem ser responsabilizados nas hipóteses de abuso ou desvio de finalidade, inclusive para fins trabalhistas, não se podendo argumentar, de forma generalizada, que os "sócios" se locupletaram com o trabalho do empregado ou que assumiram o risco de uma atividade econômica[6].

Neste mesmo sentido, entendemos que não se deve invocar a teoria objetiva da desconsideração da personalidade jurídica e, por óbvio, nem o fato da despersonalização do empregador, quando o objetivo é promover a execução de alguns julgados que decorrem da ampliação da competência da Justiça do Trabalho, trazida pela Emenda Constitucional 45/2004.

3. REFERÊNCIA EXPRESSA À APLICAÇÃO SUBSIDIÁRIA DOS ARTS. 133 A 137 DO CPC

O art. 769 da Consolidação das Leis do Trabalho consagra a aplicação subsidiária do direito processual comum ao processo do trabalho, nos seguintes termos: "Nos casos omissos, o direito processual comum será fonte subsidiária do direito processual do trabalho, exceto naquilo em que for incompatível com as normas deste Título".

O dispositivo consolidado sempre amparou as teses contrárias à afirmação de que o Direito Processual do Trabalho goza de autonomia científica, na medida em que

---

6. "Associação. Desconsideração da personalidade jurídica. Prova de abuso. Necessidade. Conforme o art. 50, do CC, a desconsideração da personalidade jurídica é possível quando evidenciado o desvio de finalidade ou a confusão patrimonial, o que não foi sequer alegado pelo exequente. Em se tratando de pessoa jurídica sem fins lucrativos, é de se notar a ausência de repartição de eventuais excedentes operacionais (art. 3º, do estatuto), conjuntura que deixa indene de dúvida a necessidade da comprovação de má gestão pelo corpo diretivo da entidade. Ausente ao menos indício de abuso da personalidade jurídica, impõe-se a exclusão do agravante do polo passivo da reclamação trabalhista. Agravo de petição ao qual se dá provimento (TRT/SP – 01501006820095020034 – AP – AC. 11ª T 20130407970 – Rel. Sergi Roberto Rodrigues – DOE 29/09/2013)".

depende do processo comum para resolver várias situações. No entanto, é preciso lembrar que a autorização contida no art. 769 da Consolidação das Leis do Trabalho pressupõe a omissão da legislação processual trabalhista e a compatibilidade da disposição do processo comum às regras e aos princípios que norteiam o processo do trabalho, notadamente a celeridade processual e a simplicidade nos procedimentos[7], os quais se apresentam com maior densidade do que no processo comum. Além disso, referida autorização mais acentua o fato de que o direito processual do trabalho está perfeitamente integrado ao ordenamento jurídico e reclama análise sistemática de seus institutos.

Torna-se oportuno mencionar, neste tópico, que ainda não fomos seduzidos pela tese de que o art. 769 da Consolidação das Leis do Trabalho autoriza a aplicação subsidiária do direito processual comum, também, nas situações de lacunas axiológicas e ontológicas, e não apenas nas situações de lacunas normativas[8]. Não desconhecemos que a partir do tridimensionalismo jurídico de Miguel Reale[9], e da concepção de que, ao contrário dos estudos de Hans Kelsen, o Direito não é apenas norma, foi possível a intensificação de estudos em torno das lacunas, e que, no Brasil, foram capitaneados por Maria Helena Diniz, que se dedicou às diversas classificações de autores europeus e sintetizou seu estudo da seguinte forma:

> *No nosso entender, ante a consideração dinâmica do direito e a concepção multifária do sistema jurídico, que abrange um subsistema de normas, de fatos e de valores, havendo quebra da isomorfia, três são as principais espécies de lacunas: 1ª) normativa, quando se tiver ausência de norma sobre determinado caso; 2ª) ontológica, se houver norma, mas ela não corresponder aos fatos sociais, quando, p. ex., o grande desenvolvimento das relações sociais, o progresso técnico acarretarem o ancilosamento da norma positiva; e 3ª) axiológica, no caso de ausência de norma justa, ou seja, quando existe um preceito normativo, mas, se for, aplicado, sua solução será insatisfatória ou injusta.*[10]

---

7. João Humberto Cesário identifica sete colunas de sustentação do processo do trabalho, e que denomina núcleo duro da disciplina: protecionismo, inquisitividade, concentração dos atos processuais, imediação, oralidade, simplicidade procedimental e celeridade processual. Cf. O processo do trabalho e o novo Código de Processo Civil: critérios para uma leitura dialogada dos arts. 769 da CLT e 15 do CPC/2015, Revista Trabalhista: direito e processo – ano 14, n. 53 (jan./mar.2015), p. 144.
8. Em sentido contrário: João Humberto Cesário (ob. cit., p.144-146); Carlos Eduardo Oliveira Dias in O novo CPC e a preservação ontológica do processo do trabalho, Revista Síntese Trabalhista e Previdenciária, v. 27, n. 315, outubro/2015, p. 84, e muitos autores que costumam invocar a existência de lacuna axiológica no direito processual do trabalho para permitir a aplicação de disposições inovadores do processo comum, a exemplo do art. 475-J do CPC revogado pela Lei 13.105/15 (atual Código de Processo Civil).
9. "Desse modo, pela primeira vez, em meu livro Fundamentos do Direito eu comecei a elaborar a tridimensionalidade. Direito não é só norma, como quer Kelsen, Direito não é só fato como rezam os marxistas ou os economistas do Direito, porque Direito não é economia. Direito não é produção econômica, mas envolve a produção econômica e nela interfere; o Direito não é principalmente valor, como pensam os adeptos do Direito Natural tomista, por exemplo, porque o Direito ao mesmo tempo é norma, é fato e é valor". Cf. Teoria tridimensional do direito, 5ª edição revista e reestruturada, São Paulo: Saraiva, 1994, p. 119
10. Cf. As lacunas no direito, 2ª edição aumentada e atualizada, São Paulo: Saraiva, 1989, p. 97.

O fato é que o art. 769 da Consolidação das Leis do Trabalho autoriza a aplicação subsidiária do direito processual comum "nos casos omissos", expressão que remete apenas às lacunas normativas[11]. Não vemos razão lógica para se desprezar a norma processual trabalhista sob o fundamento de que se tornou obsoleta em face das modernidades do processo comum. Trata-se de questão que foi objeto de reflexão em trabalho publicado anteriormente[12], em que fizemos análise detalhada sobre o alcance da aplicação subsidiária do Código de Processo Civil ao processo do trabalho, à luz dos arts. 769 da CLT e art. 15 do CPC, e já defendíamos a incompatibilidade do incidente de desconsideração da personalidade jurídica com a dinâmica e princípios do processo do trabalho.

No entanto, restou superada a discussão acerca da aplicação subsidiária do Código de Processo Civil, na medida em que a Lei 13.467/2017 acrescentou a seção IV ao capítulo III (Dos dissídios individuais) e o respectivo art. 855-A ao bojo da Consolidação das Leis do Trabalho, com a referência expressa de que se aplica ao processo do trabalho os arts. 133 a 137 da Lei 13.105, de 16/03/2015 (atual Código de Processo Civil), tratando-se de opção legislativa que remete, expressamente, à aplicação subsidiária do instituto ao processo do trabalho.

---

11. Neste sentido, manifesta-se a jurisprudência do C. Tribunal Superior do Trabalho: "INAPLICABILIDADE DO ARTIGO 475-J DO CPC AO PROCESSO DO TRABALHO – EXISTÊNCIA DE REGRA PRÓPRIA NO PROCESSO TRABALHISTA. 1. O art. 475-J do CPC dispõe que o não pagamento pelo devedor em 15 dias de quantia certa ou já fixada em liquidação a que tenha sido condenado gera a aplicação de multa de 10% sobre o valor da condenação e, a pedido do credor, posterior execução forçada com penhora. 2. A referida inovação do Processo Civil, introduzida pela Lei 11.232/05, não se aplica ao Processo do Trabalho, já que tem regramento próprio (arts. 880 e seguintes da CLT) e a nova sistemática do Processo Comum não é compatível com aquela existente no Processo do Trabalho, onde o prazo de pagamento ou penhora é apenas 48 horas. Assim, inexiste omissão justificadora da aplicação subsidiária do Processo Civil, nos termos do art. 769 da CLT, não havendo como pinçar do dispositivo apenas a multa, aplicando, no mais, a sistemática processual trabalhista. 3. Cumpre destacar que, nos termos do art. 889 da CLT, a norma subsidiária para a execução trabalhista é a Lei 6.830/80 (Lei da Execução Fiscal), pois os créditos trabalhistas e fiscais têm a mesma natureza de créditos privilegiados em relação aos demais créditos. Somente na ausência de norma específica nos dois diplomas anteriores, o Processo Civil passa a ser fonte informadora da execução trabalhista, naqueles procedimentos compatíveis com o Processo do Trabalho (art. 769 da CLT). 4. Nesse contexto, merece reforma o acórdão recorrido, para que seja excluída da condenação a aplicação do disposto no art. 475-J do CPC. Recurso de revista parcialmente conhecido e provido". Brasília, 14 de maio de 2008, Proc. TST-RR-2/2007-038-03-00.0 – 7ª Turma, Ives Gandra Martins Filho – Ministro Relator, publicado EM 23/05/2008; RECURSO DE REVISTA DO BANCO RECLAMADO. MULTA DO ART. 475-J DO CPC. INAPLICABILIDADE NO PROCESSO DO TRABALHO. A aplicação subsidiária do Código de Processo Civil ao Direito Processual do Trabalho, de acordo com a doutrina e com a jurisprudência unânimes, exige dois requisitos para permitir a aplicação da norma processual comum ao Processo do Trabalho: a ausência de disposição na CLT e a compatibilidade da norma supletiva com os princípios do Processo do Trabalho. Observa-se que o fato preconizado pelo art. 475-J do CPC possui disciplina própria no Processo do Trabalho, pelos arts. 880, 882 e 883 da CLT, que preveem o prazo e a garantia da dívida por depósito ou a penhora de bens quantos bastem ao pagamento da importância da condenação, acrescido das despesas processuais, custas e juros de mora..." Recurso de Revista parcialmente conhecido e provido. Proc. TST-RR 1411.85.2010.5.15.0131, Acórdão da 4ª Turma, Brasília, 30 de Abril de 2014. Maria de Assis Calsing – Ministra Relatora, publicado em 09/05/2014.

12. O direito do trabalho e o novo Código de Processo Civil in Revista Trabalhista: direito e processo – Ano 14, v. 1, n. 55 (julho/2015), p. 31-43.

4. O INCIDENTE DE DESCONSIDERAÇÃO DA PERSONALIDADE JURÍDICA

Trata-se de instituto trazido ao ordenamento jurídico pátrio no Livro III (Dos sujeitos do processo), Título III (Da intervenção de terceiros), Capítulo IV (Do incidente de desconsideração da personalidade jurídica), arts. 133 a 137 do CPC/2015. Neste sentido, a desconsideração da personalidade jurídica foi alçada a uma hipótese de intervenção terceiros, que passou a depender da instauração de incidente específico, a pedido da parte ou do Ministério Público (art. 133, CPC), com vistas a sistematizar os procedimentos que tornam viável a responsabilização dos sócios de pessoa jurídica na fase de execução do julgado, podendo ser promovido na fase de conhecimento e também quando a execução é fundada em título executivo extrajudicial (art. 134, CPC).

No âmbito da Justiça comum, referido incidente não causou estranhamento, mormente porque sistematiza a prática que já dependia, na maioria das situações, de requerimento da parte ou do Ministério Público, por aplicação da teoria subjetiva da desconsideração da personalidade jurídica (art. 50 do Código Civil). Contudo, em relação à Justiça do Trabalho, notadamente quando se objetiva a satisfação do crédito tipicamente trabalhista, a novidade jurídica suscitou controvérsias, que só foram dissipadas com a Lei 13.467/2017, ao acrescentar o art. 855-A ao bojo da Consolidação das Leis do Trabalho, sobre o qual não houve aprovação de enunciado no âmbito do V Fórum Permanente de Processualistas do Trabalho, realizado em Salvador, nos dias 23 e 24 de março/2018.

Curiosamente, neste aspecto, a reforma trabalhista parece ter se inspirado nos enunciados 124 e 126, aprovados pelo Fórum Permanente de Processualistas Civis, com a seguinte redação[13]:

> *Enunciado 124: A desconsideração da personalidade jurídica no processo do trabalho deve ser processada na forma dos arts. 133 a 137, podendo o incidente ser resolvido em decisão interlocutória ou na sentença;*
>
> *Enunciado 126: No processo do trabalho, da decisão que resolve o incidente de desconsideração da personalidade jurídica na fase de execução cabe agravo de petição, dispensado o preparo.*

No trabalho anteriormente publicado, reconhecemos a boa intenção do Fórum Permanente de Processualistas Civis, mas discordamos da pertinência dos enunciados transcritos, notadamente porque não resistiam a uma análise mais cuidadosa das normas que regem o processo no âmbito da Justiça do Trabalho e do próprio alcance do art. 769 da Consolidação das Leis do Trabalho, que não foi revogado pelo art. 15 do CPC/2015. Isto porque o art. 769 da CLT pressupõe a aplicação do direito processual comum nas hipóteses de omissão e compatibilidade com as regras e os princípios que norteiam o processo no âmbito da Justiça especializada, realidade não modificada

---
13. Cf. BUENO, Cassio Scarpinella. Novo código de processo civil anotado, São Paulo: Saraiva, 2015, p. 132-133.

pelo art. 15 do CPC/2015, cuja dicção apenas reforça a possibilidade de aplicação subsidiária e supletiva que jamais foi ignorada pelos magistrados do trabalho.

A omissão da legislação processual trabalhista era manifesta, restando a discussão sobre a compatibilidade com o processo do trabalho, que deveria ser feita à luz dos princípios que mais se acentuam nesta seara processual.

Com efeito, o processo do trabalho é regido basicamente pelas disposições da Consolidação das Leis do Trabalho (art. 763, CLT), seguido pela legislação processual trabalhista extravagante (Lei 5.584/70 e D.L. 779/69, por exemplo), não se devendo invocar a aplicação subsidiária do Código de Processo Civil se referida providência subverter a aplicação de outros dispositivos consolidados ou de peculiaridades que decorrem da necessidade de proteção do crédito trabalhista.

Inicialmente, não víamos como prestigiar o Enunciado 124 do Fórum Permanente de Processualistas Civis em detrimento do então vigente art. 68 da Consolidação dos Provimentos da Corregedoria-Geral da Justiça do Trabalho, editado em 2012, e que já disciplinava a matéria no âmbito da Justiça do Trabalho:

> *Ao aplicar a teoria da desconsideração da personalidade jurídica, por meio de decisão fundamentada, cumpre ao juiz que preside a execução trabalhista adotar as seguintes providências: I – determinar a reautuação do processo, a fim de fazer constar dos registros informatizados e da capa dos autos o nome da pessoa física que responderá pelo débito trabalhista; II – comunicar imediatamente ao setor responsável pela expedição de certidões do Judiciário do Trabalho a inclusão do sócio no polo passivo da execução, para inscrição no cadastro das pessoas com reclamações ou execuções trabalhistas em curso; III – determinar a citação do sócio para que, no prazo de 48 (quarenta e oito) horas, indique bens da sociedade (art. 596 do CPC), ou, não os havendo, garanta a execução, sob pena de penhora, com o fim de habilitá-lo à via dos embargos à execução para imprimir, inclusive, discussão sobre a existência ou não da sua responsabilidade executiva secundária.*

É certo que a Instrução Normativa 39/2016 do Tribunal Superior do Trabalho estabeleceu, por meio de seu artigo 6º, o cabimento do incidente de desconsideração da personalidade jurídica ao Processo do Trabalho, inclusive por iniciativa do juiz do trabalho, desde que na fase de execução, em face do art. 878 da CLT, com redação anterior à reforma trabalhista. Mas nem por isso alteramos nosso posicionamento.

Igualmente destoado da realidade processual trabalhista se encontrava o Enunciado 126 do Fórum Permanente de Processualistas Civis ao estabelecer o cabimento do agravo de petição contra a decisão que resolve o incidente de desconsideração da personalidade jurídica na fase de execução, entendendo que se trata de uma conclusão açodada, certamente inspirada no art. 1015, IV, do CPC/2015, que consagra a possibilidade do agravo de instrumento contra as decisões que versarem sobre o incidente de desconsideração da personalidade jurídica, e no art. 897, "a", da CLT, que prevê o agravo de petição contra as decisões do juiz na execução.

Na verdade, o agravo de petição no processo do trabalho guarda correspondência com o recurso de apelação do processo comum, com a diferença de que é manejado na fase de execução ou nos processos de execução de títulos executivos extrajudiciais, não tendo relação com o agravo de instrumento mencionado no art. 1.015, IV, do CPC/2015. Além disso, o Enunciado mencionado parecia ignorar o disposto no art. 893, § 1º, da CLT, que consagra a irrecorribilidade das decisões interlocutórias no processo do trabalho, e não se ocupou de esclarecer qual seria o "recurso cabível" na hipótese de decisão interlocutória sobre o incidente de desconsideração da personalidade jurídica na fase de conhecimento, já que inviabilizado o agravo de instrumento (art. 897, "b", CLT).

Infelizmente, o legislador que se ocupou da reforma trabalhista parece que não atentou para as inconsistências relatadas nos dois parágrafos anteriores, e acatou exatamente os entendimentos dos enunciados já mencionados, inclusive a possibilidade do agravo de petição contra a decisão interlocutória que acolhe ou rejeita o incidente na fase de execução, consoante se infere do art. 855-A, § 1º, II, CLT (acrescentado pela Lei 13.467/2017), olvidando que estava estabelecendo uma exceção à regra insculpida no art. 893, § 1º, CLT, que não foi sequer alterado.

A decisão que acolhe o incidente de desconsideração da personalidade jurídica na fase de execução é interlocutória e, portanto, deveria ser irrecorrível de imediato no processo do trabalho, cabendo ao sócio responsabilizado a faculdade de opôs os embargos à execução (art. 884, CLT), no prazo de 5 dias após a garantia do juízo e, eventualmente, interpor o agravo de petição contra a decisão da ação incidental mencionada, o que é de conhecimento geral daqueles que militam na Justiça do Trabalho; vale dizer, a inovação legislativa supramencionada (art. 855-A, § 1º, II, CLT) só deveria ser aplicada na hipótese de rejeição do incidente de desconsideração da personalidade jurídica na execução, pois seria uma decisão definitiva e não interlocutória, a exemplo do que ocorre com a exceção de pré-executividade, em que se mostra cabível o agravo de petição para as hipóteses de acolhimento (decisão definitiva) e não cabimento de recurso imediato quando é rejeitada[14].

Feitas as críticas aos Enunciados 124 e 126 do Fórum Permanente dos Processualistas Civis, que acabaram acolhidos na reforma trabalhista, resta-nos

---

14. Agravo de instrumento em agravo de petição., Agravo de petição contra decisão que negou processamento à exceção de pré-executividade. Decisão Interlocutória. Irrecorrível, consoante o art. 893, § 1º da CLT, porque a matéria pode ser reiterada posteriormente. Agravo de Instrumento que se nega provimento. Agravo de instrumento em agravo de petição, rel. Margoth Giacomazzi Martins (Proc. n. 00013643520135020013 – 3ª Turma, AC. 20131181089, publicado em 30.10.2013); AGRAVO DE PETIÇÃO DO EXECUTADO. EXECUÇÃO FISCAL. EXCEÇÃO DE PRÉ-EXECUTIVIDADE. NATUREZA INTERLOCUTÓRIA. NÃO CONHECIMENTO. O agravo de petição do executado não enseja conhecimento porque ataca decisão que rejeitou exceção de pré-executividade, cuja natureza é interlocutória e sem caráter terminativo. Agravo não conhecido. (AP 08002-2007-019-10-00-1, 2ª Turma, Rel. Des. Maria Piedade Bueno Teixeira, Pub. em 10/6/2011 no DEJT); AGRAVO DE PETIÇÃO. EXCEÇÃO DE PRÉ-EXECUTIVIDADE. DECISÃO MERAMENTE INTERLOCUTÓRIA. Evidenciado o caráter meramente interlocutório da decisão atacada, porquanto apenas resolveu incidente ocorrido no curso da execução, nos termos do § 2.º do artigo 162 do CPC, não enseja conhecimento o agravo de petição contra ela interposto porque incabível na espécie. 2. Agravo não conhecido. (AP 01307-2007-003-10-00-7, 2ª Turma, Rel. Juiz Grijalbo Fernandes Coutinho, Pub. Em 18/2/2011 no DEJT).

discutir o tema à luz dos princípios que norteiam o processo no âmbito da Justiça do Trabalho, notadamente quando se pretende a execução de crédito tipicamente trabalhista.

Com efeito, salta aos olhos o comprometimento do princípio da celeridade, cujos contornos mais se acentuam no processo do trabalho, e até mesmo da concentração dos atos em audiência quando se está na fase de conhecimento de uma reclamação trabalhista.

A instauração do incidente de desconsideração da personalidade jurídica pressupõe a suspensão do andamento da reclamação ou da execução para que o sócio ou pessoa jurídica[15] atingida pelo incidente se manifeste no prazo de quinze dias (art. 135, CPC), o que se revela mais dilatado que o prazo do art. 841 da CLT, que consagra o prazo mínimo de cinco dias entre a citação e a realização da audiência em que o reclamado poderá apresentar a defesa, dispositivo que não sofreu qualquer modificação. Conspira, portanto, contra a celeridade e concentração dos atos em audiência, comprometendo a duração razoável do processo (art. 5º, LXXVIII, CR). Em verdade, a pertinência ou não da responsabilização do sócio pode ser dirimida na própria instrução processual da reclamação, o que sempre foi feito com muito êxito, não se justificando a suspensão do processo, consagrada no art. 134, § 3º, CPC/2015[16], infelizmente também acolhida no art. 855-A, § 2º, da Consolidação das Leis do Trabalho.

Igualmente tormentosa e incompatível com o processo do trabalho se mostra a instauração do incidente de desconsideração da personalidade jurídica na fase de execução do julgado, em que será franqueado o prazo de quinze dias para defesa do sócio (art. 135, CPC) em detrimento do prazo de cinco dias, previsto no art. 884 da CLT para embargos à execução, após a efetiva garantia do juízo, que se harmoniza com a dinâmica do processo do trabalho.

---

15. A expressão "pessoa jurídica" se refere à situação de pessoa jurídica chamada à responsabilidade patrimonial, em face da desconsideração inversa da personalidade jurídica, expressamente reconhecida pelo art. 133, § 2º, CPC/2015, amplamente reconhecida na jurisprudência, a exemplo das seguintes ementas de julgados: Desconsideração inversa da personalidade jurídica. Cabimento. Verificado que o devedor esvaziou o seu patrimônio pessoal, transferindo os seus bens para a titularidade da pessoa jurídica da qual é sócio, com objetivo de fraudar terceiros, é possível a declaração de desconsideração inversa da personalidade jurídica, com a consequente integração da pessoa jurídica ao polo passivo da execução". (TRT/SP – 00603000820095020041 – AP – Ac. 5ªT 20141042367 – Rel. Sônia Maria Lacerda – DOE 25/11/2014); "Execução. Desconsideração inversa da personalidade jurídica. Inexistência de bens do devedor principal ou de seus sócios. Existência de empresa de propriedade do sócio. Grupo econômico. A pessoa jurídica não pode servir de anteparo para o inadimplemento do crédito exequendo, sendo a desconsideração da personalidade jurídica salutar solução para assegurar a satisfação final do crédito. Caso a pessoa física não apresente bens, mas seja proprietária de outras empresas, estas são passíveis de constrição de seus bens. O fato de serem controladas pela mesma pessoa configura grupo econômico, que autoriza a penhora pela ocorrência da solidariedade. Agravo de petição do exequente provido (TRT/SP – 00235006919985020007 – AP – AC. 14ª T. 20111476296 – Rel. Davi Furtado Meirelles – DOE 16/11/2011.
16. Não se ignora que o incidente de desconsideração da personalidade jurídica será dispensado na hipótese do requerimento ser formulado na própria petição inicial (art. 134, § 2º, CPC/2015), mas o fato é que o requerimento pode ser superveniente, até mesmo em audiência, após a apresentação da defesa.

Em síntese, o incidente de desconsideração da personalidade jurídica inibe a celeridade processual e não se coaduna com a simplicidade do processo do trabalho, sendo certo que a prática adotada pelos juízes do trabalho, anteriormente à edição da Instrução Normativa 39/2016 e da própria inovação legislativa era capaz de preservar o devido processo legal (art. 5º, LV, CR), pois assegurava a ampla defesa daquele que considerava indevida a responsabilização imputada pelo ato de desconsideração da personalidade jurídica, com a apresentação de embargos à execução, após a garantia do juízo, embargos de terceiro ou exceção de pré-executividade, conforme o caso e, eventualmente, do agravo de petição.

5. A EFETIVIDADE DA JURISDIÇÃO TRABALHISTA A PARTIR DA INSTAURAÇÃO DO INCIDENTE

O receio de que o sócio da pessoa jurídica pudesse dilapidar o patrimônio durante a suspensão do processo, após a instauração do incidente de desconsideração da personalidade jurídica, não passou despercebido do legislador ordinário, ao consagrar o § 2º no art. 855-A da CLT, que permite expressamente a concessão das tutelas de urgência de natureza cautelar, que estão mencionadas no art. 301 do CPC, quais sejam, o arresto, o sequestro, o arrolamento de bens, o registro de protesto contra a alienação de bem e qualquer outra medida idônea para assegurar o direito.

Trata-se de possibilidade amplamente acolhida mesmo entre aqueles que já defendiam a aplicação do incidente de desconsideração da personalidade jurídica ao processo do trabalho anteriormente à promulgação da Lei 13.467/17, não obstante a ausência de referência expressa no bojo dos arts. 133 a 137 do Código de Processo Civil.

Finalmente, não se pode olvidar que os arts. 794 a 798 da CLT não sofreram qualquer modificação a partir da reforma trabalhista, motivo pelo qual somos levados a concluir que a ausência de instauração do incidente, com não observância do art. 855-A da CLT, não implica necessariamente a nulidade processual. Isto porque continua íntegra a regra que inviabiliza a decretação da nulidade quando não houver manifesto prejuízo às partes litigantes (art. 794 da CLT). Além disso, não caberá o reconhecimento da nulidade se não houver provocação oportuna da parte interessada (art. 795 da CLT).

Conclui-se, pois, que a desconsideração da personalidade jurídica sem observância da instauração do incidente respectivo não deverá acarretar a nulidade no processo do trabalho se o magistrado assegurar o amplo direito de defesa do sócio (ou ex-sócio) que teve o patrimônio constrito ou ameaçado de constrição, por meio da exceção de pré-executividade, dos embargos de terceiro ou dos embargos à execução, conforme o caso, notadamente se não ficar caracterizado qualquer óbice ao agravo de petição correspondente. A nulidade existirá, certamente, se a desconsideração da personalidade jurídica ocorrer na fase de conhecimento sem que seja dado ao sócio a oportunidade de produzir provas para inviabilizá-la, hipótese em que a nulidade deverá ser arguida em preliminar do recurso ordinário interposto contra a sentença, por exemplo, pois neste caso não há recurso imediato (art. 855-A, § 1º, I, CLT).

6. CONSIDERAÇÕES FINAIS

A partir das reflexões que empreendemos nas linhas pretéritas, jogamos luzes sobre o tema, introduzido pelo vigente Código de Processo Civil, e posteriormente encampado pela lei que trouxe a reforma trabalhista (Lei 13.467/2017), e acrescentou o art. 855-A ao bojo da Consolidação das Leis do Trabalho.

Os inconvenientes do incidente de desconsideração da personalidade jurídica são os mesmos apresentados pela maioria dos incidentes processuais, em que ocorre a suspensão do processo e o comprometimento da celeridade processual sem qualquer contrapartida favorável ao autor da ação ou titular do crédito exequendo.

Contudo, o argumento supra não foi capaz de sensibilizar o legislador ordinário que, para não permitir o debate em relação ao cabimento do instituto na seara do processo do trabalho, trilhou o caminho de encampá-lo à reforma trabalhista. Militaria em desfavor da aplicação de referido incidente a simplicidade do processo do trabalho e o fato de que a prática que sempre foi adotada pela Justiça do Trabalho, com observância do antigo art. 68 da Consolidação dos Provimentos da Corregedoria-Geral da Justiça do Trabalho, não subvertia o devido processo legal e era capaz de assegurar o amplo direito de defesa do interessado, com a oposição dos embargos à execução, após a garantia do juízo (art. 884, CLT) e eventual interposição do agravo de petição (art. 897, "a", CLT), ou assegurar a ampla dilação probatória na fase de conhecimento, na hipótese em que se pretendia o reconhecimento da responsabilidade do sócio da pessoa jurídica já na sentença.

Finalmente, conforme já observado no tópico correspondente, a ausência de instauração do incidente, por si só, não deverá acarretar a nulidade processual, havendo sempre a necessidade de perquirir acerca da efetiva ocorrência de prejuízo à parte interessada, pois os arts. 794 a 798 da Consolidação das Leis do Trabalho não sofreram modificação a partir da reforma trabalhista.

7. REFERÊNCIAS BIBLIOGRÁFICAS

BASTOS, Bianca. Limites da responsabilidade trabalhista da sociedade empresária – a despersonalização do empregador como instrumento para vinculação do patrimônio do sócio, São Paulo: LTr, 2011.

BUENO, Cassio Scarpinella. Novo código de processo civil anotado, São Paulo: Saraiva, 2015.

CARNEVALLE, Américo. Desconsideração da personalidade jurídica da sociedade limitada no direito material e processual do trabalho. Revista Jurídica da Escola da Associação dos Magistrados da Justiça do Trabalho da 2ª Região, Ano 3, n. 6 (2º sem.2015), São Paulo, 2015, p. 41-46.

CESÁRIO, João Humberto. O processo do trabalho e o novo Código de Processo Civil: critérios para uma leitura dialogada dos arts. 769 da CLT e 15 do CPC/2015, Revista Trabalhista: direito e processo – ano 14, n. 53 (jan./mar.2015), São Paulo: LTr, 2015, p. 134-151.

DIAS, Carlos Eduardo Oliveira. O novo CPC e a preservação ontológica do processo do trabalho, Revista Síntese Trabalhista e Previdenciária, v. 27, n. 315, outubro/2015, São Paulo: IOB, 2015, p. 84-100.

DINIZ, Maria Helena. As lacunas no direito, 2ª edição aumentada e atualizada, São Paulo: Saraiva, 1989.

_____. Compêndio de introdução à ciência do direito, 6ª edição atualizada, São Paulo: Saraiva, 1994.

FERREIRA, Daniel Franco. Aspectos processuais da desconsideração da personalidade jurídica, monografia apresentada como requisito para conclusão do curso de bacharelado em Direito da Faculdade de Ciências Jurídicas e Sociais do Centro de Ensino Unificado de Brasília, sob orientação de Marlon Tomazette, Brasília, 2009, disponível em HTTP://repositorio.uniceub.br/bitstream/123456789/98/3/20505337.pdf, acessado em 07.01.2016 às 16h00.

KREEFT, Peter. Três filosofias de vida, tradução de Magno de Siqueira, São Paulo: Quadrante, 2015.

MARTINS, Adalberto. Manual didático de direito processual do trabalho, 6ª edição, São Paulo: Malheiros, 2014.

_____. O direito do trabalho e o novo Código de Processo Civil. Revista Trabalhista: direito e processo. São Paulo: LTr, Ano 14, v. 1, n. 55 (julho/2015), p. 31-43.

MUNIZ, Lívia Gomes. A desconsideração da personalidade jurídica no Brasil. Teorias e jurisprudência. Disponível em HTTPS://jus.com.br/artigos/20395/a-desconsideracao-da-personalidade-juridica-no-brasil, acessado 07.01.2016 às 15h40.

NAHAS, Thereza Christina. Desconsideração da pessoa jurídica: reflexos civis e empresariais no direito do trabalho, 2ª edição revista e atualizada, Rio de Janeiro: Elsevier, 2007.

REALE, Miguel. Teoria tridimensional do direito, 5ª edição, revista e reestruturada, São Paulo: Saraiva, 1994.

REVISTA DO TRIBUNAL DO TRABALHO DA 2ª REGIÃO – n. 16. São Paulo: Tribunal Regional do Trabalho da 2ª Região, 2014.

_____ n. 14. São Paulo: Tribunal Regional do Trabalho da 2ª Região, 2013.

_____ n. 10. São Paulo: Tribunal Regional do Trabalho da 2ª Região, 2012.

SCHIAVI, Mauro. A reforma trabalhista e o processo do trabalho, São Paulo: LTr, 2017

SILVA, Homero Batista Mateus da. Curso de direito do trabalho aplicado: volume 10 – Execução trabalhista, 2ª edição revisada, atualizada e ampliada – São Paulo: Revista dos Tribunais, 2015.

_____. Responsabilidade patrimonial no processo do trabalho, Rio de Janeiro: Elsevier, 2008.

_____. Comentários à reforma trabalhista – análise da Lei 13.467/2017 – artigo por artigo, 2ª edição revista e atualizada, São Paulo: Revista dos Tribunais, 2017.

TEIXEIRA FILHO, Manoel Antonio. O processo do trabalho e a reforma trabalhista – As alterações introduzidas no processo do trabalho pela Lei n. 13.467/2017, São Paulo: LTr, 2017.

A APLICAÇÃO DA TR* E DO IPCA-E**
A PARTIR DA ANÁLISE FEITA PELO STF E TST[1]

Alan Coelho Furtado Gonçalves

Advogado, Especialista em Direito Material e Processual do Trabalho, MBA pela FGV; Professor, Palestrante e Coautor em Livros de Direito e Processo do Trabalho.

Sumário: 1. Introdução – 2. A Taxa Referencial de Juros (TR) e o Índice de Preços ao Consumidor Amplo Especial (IPCA-E): 2.1. Juros moratórios e correção monetária; 2.2. IPCA-E x TR – 3. Leis vigentes e o controle de constitucionalidade: 3.1. Constituição Federal de 1988: art. 100, § 12; 3.2. Lei 11.960/2009; 3.3. Lei 8.177/1991: art. 39 – 4. A declaração de inconstitucionalidade pelo TST e seus reflexos – 5. A reforma trabalhista e a atualização dos créditos trabalhistas – 6. O controle de constitucionalidade e sua aplicação prática: 6.1. O controle de constitucionalidade: concentrado e difuso; 6.2. Do controle de constitucionalidade difuso e sua aplicação prática – 7. O controle de constitucionalidade difuso no processo do trabalho: 7.1. A Arguição de Inconstitucionalidade do § 7º do art. 879 da CLT: 7.1.1. Processos de competência do juízo de primeiro grau; 7.1.2. O reconhecimento incidental de inconstitucionalidade nos tribunais – 8. Conclusão – 9. Referências.

1. INTRODUÇÃO

Desde o dia 11 de novembro, a partir da Lei 13.467/17, está em vigor a Reforma Trabalhista, onde, dentre outras alterações, passou a determinar que a atualização dos créditos trabalhistas seja feita pela Taxa Referencial de Juros – TR, observando o *caput* do art. 39 da Lei 8.177/91.

Não obstante ao exposto no novel § 7º do art. 879 da CLT[2], fruto a citada reforma, a partir do entendimento abaixo, será possível concluir que a TR poderá não ser aplicada pela Justiça do Trabalho, devendo prevalecer a aplicação do Índice de Preços ao Consumidor Amplo Especial – IPCA-E.

No entanto, antes de entrar no tópico da Reforma, faz-se necessário destacar as diferenças entre os citados índices de correção, a fim de esclarecer os impactos nas demandas trabalhistas e no orçamento das empresas.

---

* Taxa Referencial de Juros
** Índice de Preços ao Consumidor Amplo Especial
1. Este capítulo resulta do desenvolvimento de trabalho anterior, publicado por mim em www.megajuridico.com.
2. § 7º A atualização dos créditos decorrentes de condenação judicial será feita pela Taxa Referencial (TR), divulgada pelo Banco Central do Brasil, conforme a Lei 8.177, de 1o de março de 1991.

2. A TAXA REFERENCIAL DE JUROS (TR) E O ÍNDICE DE PREÇOS AO CONSUMIDOR AMPLO ESPECIAL (IPCA-E)

2.1. Juros moratórios e correção monetária

Antes de entrarmos nas diferenças propriamente ditas entre a Taxa Referencial de Juros – TR e o Índice de Preços ao Consumidor Amplo Especial – IPCA-E, é importante diferenciar juros de atualização monetária.

Os juros têm natureza indenizatória e existem para compensar as perdas e danos ocasionados pelo atraso no cumprimento da obrigação.

Já a correção monetária, conforme destacado por Élisson Miessa[3], "tem como foco recompor o valor do capital devassado pela inflação". Tratando-se, portanto, de uma forma de assegurar o integral valor da moeda no tempo.

Em termos práticos, os juros são devidos a partir do ajuizamento da ação judicial até o pagamento, e incidirão sobre o valor da condenação já devidamente corrigida monetariamente[4]. Já a "correção monetária incide desde a data do vencimento da obrigação até o efetivo pagamento"[5].

2.2. IPCA-E x TR

O IPCA-E é considerado o índice oficial de inflação do país e foi criado visando oferecer a variação dos preços no comércio para o público final.

Conforme esclarecido pelo IBGE[6], este índice é utilizado pelo Banco Central como medidor oficial da inflação do país. O governo usa o IPCA-E como referência para verificar se a meta estabelecida para a inflação está sendo cumprida.

Ainda, segundo o IBGE, aquele índice é medido mensalmente, identificando-se a variação dos preços do comércio. Por isso, repita-se, é utilizado como termômetro da inflação pelo Banco Central.

Já a **Taxa Referencial (TR)** é uma taxa de juros divulgada nos principais portais econômicos em valores diários, mensais e histórico anual, e tem como Legislação básica a Lei 8.177/91; a Resoluções do CMN – Conselho Monetário Nacional – n. 2.437/97 que sucedeu a Resolução 2.097, de 22.07.1994; e n. 2.604, de 23.04.1999 – circular do Banco Central do Brasil 3.056, de 20.08.2001.[7]

---

3. CORREIA, Henrique; MIESSA, Elisson. Manual da Reforma Trabalhista. 1 ed. Salvador: Juspodivm. 2018, p. 983.
4. Neste sentido a súmula 200 do TST: JUROS DE MORA. INCIDÊNCIA. Os juros de mora incidem sobre a importância da condenação já corrigida monetariamente.
5. CORREIA, Henrique; MIESSA, Elisson. Manual da Reforma Trabalhista. 1 ed. Salvador: Juspodivm. 2018, p. 983.
6. Instituto Brasileiro de Geografia e Estatística. Fonte: www.ibge.gov.br.
7. http://www.portalbrasil.net/tr_mensal.htm.

Destacando que a Lei 8.660/93 estabeleceu os novos critérios para a fixação da TR – Taxa Referencial e extinguiu a TRD – Taxa Referencia Diária em maio de 1993. Assim, a partir desta Lei, o art. 11 da Lei 8.177/91 passou a permitir a TR com a seguinte redação: "É admitida a utilização da Taxa Referencial – TR como base de remuneração de contratos somente quando tenham prazo ou período de repactuação igual ou superior a três meses".

Ainda objetivando expor um breve histórico, vale destacar que TR foi criada no Plano Collor II, tendo como objetivo "ser o principal índice brasileiro – uma taxa básica referencial dos juros a serem praticados no mês vigente e que não refletissem a inflação do mês anterior". Não obstante ser definida pelo Governo Federal como indexadora dos contratos com prazo superior a 90 (noventa) dias, a TR também corrige os saldos mensais da caderneta de poupança e FGTS.

Este índice se torna um grande vilão, pois no seu cálculo é aplicado um redutor (TBF – Taxa Básica Financeira) que, na prática, faz com que a taxa seja muito baixa e, algumas vezes, até mesmo zerada, o que prejudica muito a rentabilidade, por exemplo, da caderneta de poupança ou do FGTS.[8]

---

8. O STJ, no dia 11/04/2018, a partir de decisão tomada em recurso repetitivo, manteve a TR como índice de atualização das contas do FGTS. O Tribunal resolveu a questão submetida a julgamento do tema 731, onde fora discutido a possibilidade, ou não, de a TR ser substituída como índice de correção monetária dos saldos das contas vinculadas ao FGTS. Firmando a seguinte tese: A remuneração das contas vinculadas ao FGTS tem disciplina própria, ditada por lei, que estabelece a TR como forma de atualização monetária, sendo vedado, portanto, ao Poder Judiciário substituir o mencionado índice. REsp 1614874/SC (2016/0189302-7). PROCESSUAL CIVIL E ADMINISTRATIVO. RECURSO ESPECIAL REPRESENTATIVO DE CONTROVÉRSIA. TEMA 731. ARTIGO 1.036 DO CPC/2015. FUNDO DE GARANTIA DO TEMPO DE SERVIÇO – FGTS. SUBSTITUIÇÃO DA TAXA REFERENCIAL (TR) COMO FATOR DE CORREÇÃO MONETÁRIA DOS VALORES DEPOSITADOS POR ÍNDICE QUE MELHOR REPONHA AS PERDAS DECORRENTES DO PROCESSO INFLACIONÁRIO. IMPOSSIBILIDADE. FGTS QUE NÃO OSTENTA NATUREZA CONTRATUAL. REGRAMENTO ESTABELECIDO PELO ART. 17 DA LEI 8.177/1991 COMBINADO COM OS ARTS. 2º E 7º DA LEI 8.660/1993. 1. Para os fins de aplicação do artigo 1.036 do CPC/2015, é mister delimitar o âmbito da tese a ser sufragada neste recurso especial representativo de controvérsia: discute-se a possibilidade, ou não, de a TR ser substituída como índice de correção monetária dos saldos das contas vinculadas ao Fundo de Garantia do Tempo de Serviço – FGTS. 2. O recorrente assevera que "[...] a TR deixou de refletir, a partir de 1999, as taxas de inflação do mercado financeiro, e, por conseguinte, o FGTS também deixou de remunerar corretamente os depósitos vinculados a cada trabalhador" (fl. 507). Defende a aplicação do INPC ou IPCA ou, ainda, de outro índice que melhor reponha as perdas decorrentes da inflação. 3. Por seu turno, o recorrido alega que a lei obriga a aplicação da TR como fator de correção de monetária, na medida em que o FGTS não tem natureza contratual, tendo em vista que decorre de lei todo o seu disciplinamento, inclusive a correção monetária que lhe remunera. 4. A evolução legislativa respeitante às regras de correção monetária dos depósitos vinculados ao FGTS está delineada da seguinte forma: (i) o art. 3º da Lei 5.107/1966 previra que a correção monetária das contas fundiárias respeitaria a legislação específica; (ii) posteriormente, a Lei 5.107/1966 foi alterada pelo Decreto-Lei 20/1966, e o art. 3º supra passou a prever que os depósitos estariam sujeitos à correção monetária na forma e pelos critérios adotados pelo Sistema Financeiro da Habitação e capitalizariam juros segundo o disposto no artigo 4º; (iii) em 1989, foi editada a Lei 7.839, que passou a disciplinar o FGTS e previu, em seu art. 11, que a correção monetária observaria os parâmetros fixados para atualização dos saldos de depósitos de poupança; (iv) a Lei 8.036/1990, ainda em vigor, dispõe, em seu art. 13, a correção monetária dos depósitos vinculados ao FGTS com parâmetro nos índices de atualização da caderneta de poupança; (v) a Lei 8.177/1991 estabeleceu regras de desindexação da economia, vindo a estipular, em seu art. 17, que os saldos das contas do FGTS deveriam ser remunerados, e não mais corrigidos, pela taxa aplicável à remuneração básica da poupança; e

A fim de demonstrar na prática a diferença da TR em relação ao IPCA, observa-se que em 2017 a TR anual fechou em 0,60% e o IPCA em 2,94%, em 2016 a TR anual fechou em 2,01% e o IPCA em 6,29%, já em 2015 a TR anual fechou em 1,80%, enquanto o IPCA finalizou o ano com acumulado de 10,67%.[9]

A comparação acima demonstra que quanto mais a inflação do período é alta, mais se perde dinheiro quando o rendimento está atrelado à TR. Por isso, muito embora o Legislador caminhe no sentido de fortalecer a TR como correção dos débitos trabalhistas, o TST vem caminhando em sentido contrário, conforme será demonstrado posteriormente.

3. LEIS VIGENTES E O CONTROLE DE CONSTITUCIONALIDADE

Atualmente temos algumas normas que tratam da atualização monetária vigentes no País, inclusive os débitos trabalhistas.

Não obstante a permanência das referidas normas no mundo jurídico, faz-se imperioso destacar que tanto o STF[10], quando o TST[11], vêm reconhecendo a inconstitucionalidade de alguns artigos e parágrafos daquelas normas.

Entretanto, a fim de possibilitar melhor compreensão da evolução jurisprudencial no tocante à interpretação das referidas normas, detalharemos cada uma delas, demonstrando em seguida o entendimento firmado por aqueles Tribunais.

3.1. Constituição Federal de 1988: art. 100, § 12

O presente dispositivo fora incluído pela Emenda Constitucional 62, de 09.12.2009, e regulamenta a forma de atualização dos valores constantes nos precatórios e a incidência de juros de mora[12].

Artigo 100, CF/88

§ 12. A partir da promulgação desta Emenda Constitucional, a atualização de valores de requisitórios, após sua expedição, até o efetivo pagamento, independentemente de sua natureza, será feita

---

(vi) a partir da edição da Lei 8.660/1993, precisamente em seus arts. 2° e 7°, a Taxa Referencial. 5. O FGTS não tem natureza contratual, na medida em que decorre de lei todo o seu disciplinamento. Precedentes RE 248.188, Relator Ministro Ilmar Galvão, Tribunal Pleno, DJ 1/6/2001; e RE 226.855/RS, Relator Ministro Moreira Alves, Tribunal Pleno, DJ 13/10/2000. 6. É vedado ao Poder Judiciário substituir índice de correção monetária estabelecido em lei. Precedentes: RE 442634 AgR, Relator Ministro Gilmar Mendes, Segunda Turma, DJ 30/11/2007; e RE 200.844 AgR, Relator: Ministro Celso de Mello, Segunda Turma, DJ 16/08/2002. 7. O FGTS é fundo de natureza financeira e que ostenta característica de multiplicidade, pois, além de servir de indenização aos trabalhadores, possui a finalidade de fomentar políticas públicas, conforme dispõe o art. 6° da Lei 8.036/1990.

9. Site do Banco Central do Brasil.
10. Ação Direta de Inconstitucionalidade 4.357 DF.
11. Processo 479-60.2011.5.04.0231 TST – Arguição de Inconstitucionalidade.
12. VAZ, Anderson Rosa. Constituição Federal Interpretada: artigo por artigo, parágrafo por parágrafo/Costa Machado, organizador; Anna Candida da Cunha Ferraz, coordenadora. – 6. Ed – Barueri, SP: Manole, 2015. p. 589.

pelo índice oficial de remuneração básica da caderneta de poupança, e, para fins de compensação da mora, incidirão juros simples no mesmo percentual de juros incidentes sobre a caderneta de poupança, ficando excluída a incidência de juros compensatórios[13]. (Grifamos).

Anderson Rosa Vaz[14] destaca que até a edição da EC n. 62, não havia regra expressa no tocante aos critérios da correção monetária e da incidência de juros, quando, então eram fixados de forma divergentes nas decisões judiciais.

Porém, após aquela Emenda, conforme destacado por Pedro Lenza[15], houve significativa mudança, pois a nova regra constitucional retirou do judiciário a possibilidade de determinar a efetiva recomposição do valor da moeda, objetivando-se a preservação do seu poder aquisitivo original.

Observa ainda aquele Autor, que tal mudança ocorreu porque aquela recomposição "atrela, independentemente do valor da inflação, o pagamento à correção da caderneta de poupança"[16].

Assim, como os créditos da Fazenda são atualizados, em regra, pela taxa SELIC[17], há nítida violação ao princípio da isonomia, (art. 5º, caput, CF/88[18]) vez que os créditos do particular, ou seja, débitos da Fazenda, são corrigidos pela poupança, com correções muito inferiores à taxa SELIC[19].

Devemos observar, ademais, que a correção pelos índices aplicados à poupança viola também o princípio da segurança jurídica, pois a Emenda n. 62 ao delimitar a forma de correção, sem dúvida, viola critérios de atualização porventura já fixados em decisões sob a proteção do trânsito em julgado, atacando, portanto, diretamente a Constituição Federal no que diz respeito à coisa julgada. (CF, art. 5º, XXXVI)[20].

---

13. Site planalto.
14. VAZ, Anderson Rosa. Constituição Federal Interpretada: artigo por artigo, parágrafo por parágrafo/Costa Machado, organizador; Anna Candida da Cunha Ferraz, coordenadora. – 6. Ed – Barueri, SP: Manole, 2015. p. 590.
15. LENZA, Pedro. Direito Constitucional Esquematizado. 19. Ed. Ver., atual. E ampliada. – São Paulo: Saraiva, 2015. p. 922.
16. LENZA, Pedro. Direito Constitucional Esquematizado. 19. Ed. Ver., atual. E ampliada. – São Paulo: Saraiva, 2015. p. 922.
17. A taxa do Sistema Especial de Liquidação e Custódia (SELIC) foi criada pela Lei 9065/95, que teve sua origem na Medida Provisória 947, de 22.03.1995 (reeditada sob ns. 972/95, em 20.04.95, e 998, em 19.05.95), cujo artigo 13 dispõe: "Artigo 13. A partir de 1º de abril de 1995 os juros de que tratam a alínea "c" do parágrafo único do art. 14 da Lei 8847, de 28 de janeiro de 1994 com redação dada pelo artigo 6º da Lei 8850, de 28 de janeiro de 1994 e pelo artigo 90 da Lei 8981/95 o artigo 84, inciso I, e o artigo 91, § único, alínea "a.2", da Lei 8981/95, serão equivalentes à taxa referencial do Sistema Especial de Liquidação e de Custódia – SELIC – para títulos federais, acumulada mensalmente."
18. Art. 5º. Todos são iguais perante a lei, sem distinção de qualquer natureza, garantindo-se aos brasileiros e aos estrangeiros residentes no País a inviolabilidade do direito à vida, à liberdade, à igualdade, à segurança e à propriedade, nos termos seguintes.
19. Lei 9.250, art. 39, § 4º. A partir de 1º de janeiro de 1996, a compensação ou restituição será acrescida de juros equivalentes à taxa referencial do Sistema Especial de Liquidação e de Custódia – SELIC para títulos federais, acumulada mensalmente, calculados a partir da data do pagamento indevido ou a maior até o mês anterior ao da compensação ou restituição e de 1% relativamente ao mês em que estiver sendo efetuada.
20. CF/88. Art. 5º. XXXVI – a lei não prejudicará o direito adquirido, o ato jurídico perfeito e a coisa julgada.

Por fim, e não menos importante, a correção pela TR nitidamente viola o direito de propriedade, descrito no inciso XXII, do art. 5º da Constituição Federal[21], pois, conforme entendimento já consolidado pelo STF, aquele índice (TR) "é manifestamente incapaz de preservar o valor real do crédito de que é titular o cidadão. É que a inflação, fenômeno tipicamente econômico-monetário, mostra-se insuscetível de captação apriorística (*ex ante*), de modo que o meio escolhido pelo legislador constituinte (remuneração da caderneta de poupança) é inidôneo a promover o fim a que se destina (traduzir a inflação do período)"[22].

Por esta razão, o Supremo Tribunal Federal, ao julgar a ADI 4357, declarou inconstitucional a expressão "índice oficial de remuneração básica da caderneta de poupança", a qual fora incluída, como destacado anteriormente, pela Emenda Constitucional 62/2009.

3.2. Lei 11.960/2009

A Lei 11.960/2009 alterou o art. 1º-F da Lei 9.494/97[23], determinando que os juros e a correção monetária do capital devido nas condenações impostas à Fazenda Pública estão sujeitos apenas à incidência dos índices oficiais de remuneração básica e juros aplicados à caderneta de poupança, que, atualmente, não atinge 0,5% ao mês, no total[24].

No caso desta Lei, o STF, a partir da mesma *ratio decidendi* extraída da decisão que declarou a inconstitucionalidade de parte da EC 62/2009, declarou inconstitucional, por arrastamento, o art. 5º da Lei 11.960/2009, o qual alterou o art. 1º-F da Lei 9.494/97 que previa a mesma expressão do § 12, do art. 100 da Constituição Federal, qual seja, "índices oficiais de remuneração básica e juros aplicados à caderneta de poupança".

3.3. Lei 8.177/1991: art. 39

Por fim, destacamos o art. 39 da Lei 8.177/91, o qual determina que "os débitos trabalhistas de qualquer natureza, quando não satisfeitos pelo empregador nas épocas próprias assim definidas em lei, acordo ou convenção coletiva, sentença normativa ou cláusula contratual sofrerão juros de mora equivalentes à TR acumulada no período compreendido entre a data de vencimento da obrigação e o seu efetivo pagamento"[25].

---

21. CF/88. Art. 5º. XXII – é garantido o direito de propriedade.
22. ADI 4357 / DF, ementa, item 5.
23. Lei 9.494/97. Art. 1º-F. Nas condenações impostas à Fazenda Pública, independentemente de sua natureza e para fins de atualização monetária, remuneração do capital e compensação da mora, haverá a incidência uma única vez, até o efetivo pagamento, dos índices oficiais de remuneração básica e juros aplicados à caderneta de poupança. (Redação dada pela Lei 11.960, de 2009).
24. CORREIA, Henrique; MIESSA, Elisson. Manual da Reforma Trabalhista. 1 ed. Salvador: Juspodivm. 2018. p. 583.
25. Site planalto.

Com a referida Lei, os créditos oriundos da Justiça do Trabalho eram corrigidos a partir da TR. Entretanto, com uma dose de esperança aos credores trabalhistas, o Pleno do Tribunal Superior do Trabalho, por unanimidade, na Arguição de inconstitucionalidade 479-60.2011.5.04.0231, publicada em 14 de agosto de 2015, declarou a inconstitucionalidade da expressão "equivalentes à TRD", contida no caput do seu artigo 39, e deu interpretação conforme a Constituição Federal para o restante do dispositivo, a fim de preservar o direito à atualização monetária dos créditos trabalhistas.

Tal entendimento adotado pelo TST ocorreu logo após a Suprema Corte declarar a inconstitucionalidade parcial do § 12, do art. 100 da CF/88 e art. 5º da Lei 11.960/2009, conforme destacado acima. E se baseou na *ratio decidendi* daquele julgado.

Naquela ocasião, o STF conferiu eficácia prospectiva à referida declaração de inconstitucionalidade, fixando como marco inicial a data de 25/03/2015, conclusão do julgamento, destacando-se oportunamente que os precatórios expedidos ou pagos até aquela data manter-se-iam válidos.

Teor da decisão proferida pelo TST:

"DECIDIU:

I) por unanimidade:

*a) acolher o incidente de inconstitucionalidade suscitado pela eg. 7ª Turma e, em consequência, declarar a **inconstitucionalidade por arrastamento** da expressão 'equivalentes à TRD', contida no 'caput' do artigo 39 da Lei 8.177/91;*

b) adotar a técnica de interpretação conforme a Constituição para o texto remanescente do dispositivo impugnado, a preservar o direito à atualização monetária dos créditos trabalhistas;

c) definir a variação do Índice de Preços ao Consumidor Amplo Especial (IPCA-E) como fator de atualização a ser utilizado na tabela de atualização monetária dos débitos trabalhistas na Justiça do Trabalho;

*II) por maioria, atribuir efeitos modulatórios à decisão, que deverão prevalecer a partir de 30 de junho de 2009, observada, porém, a preservação das situações jurídicas consolidadas resultantes dos pagamentos efetuados nos **processos judiciais, em andamento ou extintos**, em virtude dos quais foi adimplida e extinta a obrigação, ainda que parcialmente, sobretudo em decorrência da proteção ao ato jurídico perfeito (artigos 5º, XXXVI, da Constituição e 6º da Lei de Introdução ao Direito Brasileiro – LIDB), vencida a Exma. Ministra Dora Maria da Costa, que aplicava a modulação dos efeitos da decisão a contar de 26 de março de 2015;*

III) por unanimidade, determinar:

a) o retorno dos autos à 7ª Turma desta Corte para prosseguir no julgamento do recurso de revista, observado o quanto ora decidido;

*b) a **expedição de ofício ao Exmo. Ministro Presidente do Conselho Superior da Justiça do Trabalho a fim de que determine a retificação da tabela de atualização monetária da Justiça do Trabalho (tabela única);***

c) o encaminhamento do acórdão à Comissão de Jurisprudência e de Precedentes Normativos para emissão de parecer acerca da Orientação Jurisprudencial 300 da SbDI-1"

Assim, com base, repita-se, na *ratio decidendi* da orientação jurisprudencial do STF (ADI 4.357 DF, destacando seus os itens 2.I e 2.II), fora decidido pela Corte Máxima do Trabalho que os créditos trabalhistas deveriam ser atualizados com base na variação do IPCA-E, reeditando, naquela ocasião, a tabela única de cálculo de débitos trabalhistas, para que fosse adotado aquele índice. Declarando-se, repita-se, a inconstitucionalidade da expressão "equivalentes à TRD", contida no caput do art. 39 da Lei 8.177/91.

4. A DECLARAÇÃO DE INCONSTITUCIONALIDADE PELO TST E SEUS REFLEXOS

Em resposta à manifestação do TST na Arguição de inconstitucionalidade 479-60.2011.5.04.0231, onde a expressão "equivalentes à TRD", contida no art. 39 da Lei 8.177/91, foi declarada inconstitucional, o STF, em medida cautelar na Reclamação 22.012, proposta pela Federação Nacional dos Bancos – FENABAN[26], suspendeu os efeitos da decisão do TST e da tabela única editada pelo CSJT (Conselho Superior da Justiça do Trabalho), por entender que a ordem de reedição daquela Tabela significava a concessão de efeito *erga omnes*. Havendo, portanto, usurpação de competência, por não se restringir, o Tribunal Superior do Trabalho, ao caso concreto.

Insta salientar, que o Ministro Dias Toffoli, na referida decisão cautelar, destacou que não caberia a técnica de arrastamento, pois a **eficácia normativa da Lei analisada pelo TST não depende da norma declarada inconstitucional**. Vejamos:

> "Não procede a conclusão da Corte Superior da Justiça do Trabalho de que a declaração de inconstitucionalidade da expressão "equivalentes à TRD" contida no **caput** do art. 39 da Lei 8.177/91 ocorreu "**por Arrastamento** (ou por Atração, Consequência, Decorrente, Reverberação Normativa) " da decisão desta Suprema Corte nos autos das ADIs 4.357/DF e 4.425/DF. Isso porque a declaração de inconstitucionalidade por arrastamento alcança **dispositivo cuja eficácia normativa dependa da norma objeto da declaração de inconstitucionalidade** e, portanto, se relaciona com os limites objetivos da coisa julgada (SARLET, Ingo Wolfgang; MARINONI, Luiz Guilherme; MITIDIERO, Daniel. **Curso de Direito Constitucional**. 2. ed. rev. atual e ampl. São Paulo: Editora Revista dos Tribunais, 2013. p. 1130)."

O Ministro Toffoli ainda justificou sua decisão afirmando que as ADI números 4.357/DF e 4.425/DF "tiveram como objeto a sistemática de pagamento de precatórios introduzida pela EC 62/09, a qual foi parcialmente declarada inconstitucional, não alcançando, portanto, o objeto da decisão do TST, qual seja, expressão "equivalentes à TRD" contida no caput do art. 39 da Lei 8.177/91.

Com a referida decisão do STF, lamentavelmente inúmeros juízes trabalhistas de primeira e segunda instância vinham negando os pedidos de correção do crédito pelo IPCA-E, fundamentando suas decisões apenas com base na cautelar do Supremo, sem observar que aquela Reclamação Constitucional apenas suspendeu o efeito

---

26. Medida Cautelar na Reclamação 22.012 Rio Grande do Sul.

erga omnes da decisão do Pleno do TST, sem nenhum obstáculo, no entanto, para aplicação daquele índice no caso concreto, desde que, naturalmente, reconhecida a inconstitucionalidade incidental.

Destacamos trechos da cautelar do Supremo em que não deixam dúvidas quanto ao acima exposto:

> *"Assim, a decisão objeto da presente reclamação (*decisão do TST) alcança execuções na Justiça do Trabalho independentemente de a constitucionalidade do art. 39 da Lei 8.177/91 estar sendo questionada nos autos principais.*
>
> *Em juízo preliminar, concluo que a "tabela única" editada pelo CSJT por ordem contida na decisão Ação Trabalhista 0000479-60.2011.5.04.0231* **não se limita a orientar os cálculos no caso concreto**; *antes, possui caráter normativo geral, ou seja, tem o condão de esvaziar a força normativa da expressão "equivalentes à TRD" contida no caput do art. 39 da Lei 8.177/91, orientando todas as execuções na Justiça do Trabalho, razão pela qual assento a presença do requisito do periculum in mora para o deferimento do pedido cautelar formulado.*
>
> *Ante o exposto, defiro o pedido liminar para suspender os efeitos da decisão reclamada e da "tabela única" editada pelo CSJT em atenção a ordem nela contida, sem prejuízo do regular trâmite da Ação Trabalhista 0000479-60.2011.5.04.0231, inclusive prazos recursais." (*Observação nossa. Grifamos).*

Em momento algum houve a proibição da correção pelo IPCA-E no processo trabalhista, mas tão somente a suspensão do feito *erga omnes* da decisão do Pleno do TST que determinou a aplicação da tabela do Conselho Nacional da Justiça do Trabalho a todos os processos em tramitação, independentemente de a constitucionalidade do art. 39 da Lei 8.177/91 estar sendo questionada nos autos principais. Agindo corretamente, portanto, o STF.

Observe que a decisão do Supremo, ao destacar a aplicação do IPCA-E mesmo ausente a arguição de inconstitucionalidade nos autos principais das reclamações trabalhistas, sugere que houve um equívoco somente no fato de o TST ter conferido efeito *erga omnes* à decisão, e jamais em relação aos casos onde havia o controle de constitucionalidade difuso, ou seja, a arguição incidental de inconstitucionalidade.

Todavia, a fim de fortalecer a aplicação do IPCA-E nas execuções trabalhistas, e evitar conflitos com o STF, em 20 de março de 2017 o TST julgou os embargos de declaração[27] no Incidente de Arguição de Inconstitucionalidade supracitado, onde o Pleno excluiu do acórdão originário a determinação de reedição da Tabela Única de cálculo de débitos trabalhistas, conferindo efeito modificativo e para modular os efeitos da decisão proferida em 04 de agosto de 2015, que declarou inconstitucional, por arrastamento, a expressão "equivalentes à TRD", contida no artigo 39 da Lei 8.177/91, e acolheu o IPCA-E como índice de atualização monetária dos débitos trabalhistas. Vejamos:

---

27. TST-ED-ArgInc-479-60.2011.5.04.0231.

Processo: ED-ArgInc – 479-60.2011.5.04.0231

"I) por maioria, acolher a manifestação, como "amicus curiae", do Conselho Federal da Ordem dos Advogados do Brasil, em parecer juntado aos autos e nas contrarrazões aos embargos de declaração opostos, e acolher parcialmente os embargos de declaração opostos pelo Município de Gravataí e pelo SINDIENERGIA para, dando efeito modificativo ao julgado, aplicar a modulação dos efeitos da decisão a contar de 25/03/15, que coincide com a data que o Supremo Tribunal Federal reconheceu na decisão proferida na Ação Declaratória de Inconstitucionalidade 4.357. (...)

III) por unanimidade, em cumprimento à decisão liminar proferida pelo Supremo Tribunal Federal, na Reclamação 22.012, excluir do acordão originário a determinação de reedição da Tabela Única de cálculo de débitos trabalhistas, a fim de que fosse adotado o índice questionado (IPCA-E);

IV) por unanimidade, retificar a autuação para incluir os assistentes simples admitidos na lide e excluir a 7ª Turma do TST do rol de embargados."

Desta forma, sem dar efeito *erga omnes*, até que seja uniformizada a jurisprudência de forma vinculante, com base no art. 927, III e V, do CPC/15[28], e para não conflitar com o entendimento firmado pela Suprema Corte, o TST decidiu aplicar o índice IPCA-E ao caso concreto, modulando os efeitos da decisão para que sejam produzidos a partir do dia 25 de março de 2015, data em que o STF julgou procedente a ADI 4.357.

No entanto, toda esta celeuma, no tocante à "disputa jurisprudencial" entre TST e STF, foi resolvida com a decisão do mérito da Reclamação 22.012, proposta pela Fenaban. Não obstante toda a cautela tomada pelo TST, a liminar conferida pelo STF não foi mantida, sendo a referida Reclamação julgada improcedente no dia 05/12/2017.

Cabendo observar que, muito embora o STF tenha mantido o entendimento de que não se trata de inconstitucionalidade por arrastamento por "ausência de identidade material entre os fundamentos do ato reclamado e o que foi efetivamente decidido na ação direta de inconstitucionalidade apontada como paradigma", **prevaleceu a tese de que a decisão do TST não configura desrespeito ao julgamento realizado nas ADI 4425 e 4357, vez que está em consonância com a *ratio decidendi* apresentada nas referidas ações declaratórias de inconstitucionalidade.** Vejamos:

"Ementa: RECLAMAÇÃO. APLICAÇÃO DE ÍNDICE DE CORREÇÃO DE DÉBITOS TRABALHISTAS. TR. AUSÊNCIA DE IDENTIDADE MATERIAL ENTRE OS FUNDAMENTOS DO ATO RECLAMADO E O QUE FOI EFETIVAMENTE DECIDIDO NAS ADIS 4.357/DF E 4.425/DF. NÃO CABIMENTO DA RECLAMAÇÃO. ATUAÇÃO DO TST DENTRO DO LIMITE CONSTITUCIONAL QUE LHE É ATRIBUÍDO. RECLAMAÇÃO IMPROCEDENTE.

I – A decisão reclamada afastou a aplicação da TR como índice de correção monetária nos débitos trabalhistas, determinando a utilização do IPCA em seu lugar, questão que não foi objeto de deliberação desta Suprema Corte no julgamento das Ações Diretas de Inconstitucionalidade 4.357/DF e 4.425/DF, não possuindo, portanto, a aderência estrita com os arestos tidos por desrespeitados.

---

28. CPC/15. Art. 927. Os juízes e os tribunais observarão: III – os acórdãos em incidente de assunção de competência ou de resolução de demandas repetitivas e em julgamento de recursos extraordinário e especial repetitivos.

II – Apesar da ausência de identidade material entre os fundamentos do ato reclamado e o que foi efetivamente decidido na ação direta de inconstitucionalidade apontada como paradigma, o decisum ora impugnado está em consonância com a ratio decidendi da orientação jurisprudencial desta Suprema Corte.

III – Reclamação improcedente." (grifamos).

Portanto, a partir da atual jurisprudência não há impedimento à Justiça do Trabalho em aplicar a correção dos créditos oriundos de suas decisões.

Contudo, como dito acima, em novembro de 2017 nasceu a Reforma Trabalhista, e com ela a determinação de que os créditos trabalhistas sejam corrigidos a partir da TR. O que será tratado no tópico seguinte.

5. A REFORMA TRABALHISTA E A ATUALIZAÇÃO DOS CRÉDITOS TRABALHISTAS

A Lei 13.467/17, como informado anteriormente, inseriu o § 7º no art. 879 da CLT, a fim de determinar o índice oficial para a atualização dos créditos provenientes das decisões da Justiça do Trabalho. Apresentando-se da seguinte forma:

Art. 879. (...)

§ 7º A atualização dos créditos decorrentes de condenação judicial será feita pela Taxa Referencial (TR), divulgada pelo Banco Central do Brasil, conforme a Lei 8.177, de 1º de março de 1991.

O referido parágrafo foi claro e objetivo, ratificando e vinculando-se ao entendimento já positivado no *caput* do art. 39 da Lei 8.177/91.

No entanto, cabe ressaltar que o novel dispositivo celetista ao determinar a atualização monetária pela TR, caminhou em sentido oposto a atual jurisprudência[29], inclusive do STF e TST que, como dito anteriormente, já pacificaram entendimento no sentido de aplicar o IPCA como índice de correção dos créditos de particulares.[30]

Neste sentido, Mauricio Godinho Delgado interpreta os atuais debates a respeito da aplicação da TR como fator de atualização monetária[31]:

"... o debate que há na ordem jurídica, inclusive no tocante aos créditos em favor e/ou contrários ao próprio Estado, diz respeito à inconsistência técnica, econômica e jurídica da TR como fator de atualização monetária, uma vez que se trata, manifestamente, de fórmula incapaz de espelhar ou sequer acompanhar os mais respeitados índices oficiais de preços existentes no país ao longo das últimas três décadas (IPC; IPCA; IPCA-E; INPC; IGPM, etc.)."

---

29. SCHIAVI, Mauro. A Reforma Trabalhista e o processo do trabalho: aspectos processuais da Lei 13.467/17. 1 ed. São Paulo: LTr Editora, 2017.p. 115.
30. STF – ADI 4425 e 4357; TST – Arguição de inconstitucionalidade 479-60.2011.5.04.0231.
31. DELGADO, Mauricio Godinho, DELGADO, Gabriele Neves. A reforma trabalhista no Brasil: com os comentários à Lei 13.467/2017. São Paulo: LTr, 2017. p. 357.

Desta forma, pode-se concluir que a escolha feita pelo Legislador, ao incluir o § 7º e reiterar a regra de aplicação da TR como fator de atualização monetária, evidencia total falta de comprometimento com a mão de obra e seu valor e aos créditos trabalhistas reconhecidos no âmbito da Justiça do Trabalho.

Contudo, a regra é a utilização da TR, conforme determinado pela Lei 13.467/17. Entretanto, o controle de constitucionalidade difuso poderá ser utilizado a fim de combater a aplicação da TR no caso concreto. O que será melhor abordado no tópico seguinte.

6. O CONTROLE DE CONSTITUCIONALIDADE E SUA APLICAÇÃO PRÁTICA

Antes de iniciar uma abordagem prática, necessário se faz destacar a diferença entre o controle de constitucionalidade concentrado e o difuso, a fim de demonstrar com mais exatidão a aplicação prática do controle difuso no processo do trabalho.

6.1. O controle de constitucionalidade: concentrado e difuso

O controle de constitucionalidade em nosso ordenamento é híbrido, existindo, portanto, dois métodos ou sistemas de controle repressivo de constitucionalidade.[32]

O primeiro é o controle concentrado, que visa obter a declaração de inconstitucionalidade de um ato normativo, sendo exercido diretamente no Supremo Tribunal Federal, independentemente da existência de uma lide. Nesta espécie de controle o próprio pedido da ação será a inconstitucionalidade do ato, sendo declarada pelo STF no dispositivo da decisão, em julgamento *principal iter*.[33]

Os processos de controle concentrado não têm partes e podem ser instaurados independentemente da demonstração de interesse jurídico específico, a partir de um processo objetivo como a ação declaratória de constitucionalidade; a ação direta de inconstitucionalidade por ação e omissão; e a arguição de descumprimento de preceito fundamental[34].

O outro sistema, denominado como Controle de Constitucionalidade Difuso, tem como uma das principais características a possibilidade de ser iniciado por qualquer juiz ou tribunal, diante de um caso concreto. É também conhecido como controle pela via de exceção ou defesa.

Insta salientar que o controle difuso será sempre incidental, vez que nesta modalidade a questão principal não poderá ser a questão constitucional. Tratando-se, portanto, de mera questão prejudicial de mérito.

---

32. FERREIRA, Olavo Augusto Vianna Alves. Controle de constitucionalidade e seus efeitos. 3. ed. rev. atual. Salvador: Juspodvm, 2016. p. 38.
33. FERREIRA, Olavo Augusto Vianna Alves. Controle de constitucionalidade e seus efeitos. 3. ed. rev. atual. Salvador: Juspodvm, 2016. p. 53.
34. NEVES, Daniel Amorim Assumpção. Novo código de Processual Civil, comentado artigo por artigo. Salvador: Juspodivm, 2016. p. 1542.

Contudo, muito embora o novo Código de Processo Civil, a partir do seu art. 503, § 1º[35], permita que a questão prejudicial decidida expressa e incidentalmente no processo torne-se coisa julgada material, em se tratando de análise da constitucionalidade, o Juízo do controle de constitucionalidade difuso não tem competência em razão da matéria para apreciar a referida questão incidental como principal.

Isto se dá, pois, como explicado anteriormente, compete somente ao Supremo analisar a constitucionalidade de determinada norma como questão principal.

E foi exatamente por isso que o CPC/15, criou um rol taxativo das possibilidades de julgamento da questão incidental/prejudicial como questão principal e, dentre elas, a competência do juízo em razão da matéria. (Art. 503, § 1º, III)[36].

Daniel Amorim[37], com muita propriedade, justifica a aplicação do referido inciso III da seguinte forma:

> A exigência contida no inciso III é indispensável para que a coisa julgada material não seja resultante de atividade de juízo absolutamente incompetente. Nos termos do dispositivo, o juízo deve ter competência em razão da matéria e da pessoa para resolver a questão prejudicial como questão principal.

Desta forma, a título exemplificativo, a limitação imposta pelo inciso III evitará que uma decisão incidental proferida pelo juízo trabalhista, que reconheça a inconstitucionalidade de determinada norma em um caso concreto, faça coisa julgada material, atingindo outros inúmeros processos, sem a apreciação da Corte Suprema. Oportuno destacar que fora exatamente este o entendimento na liminar proferida pelo Ministro Toffoli na Reclamação da FENABAN. (Item 4 acima).

Pedro Lenza[38], de forma clara e objetiva define o controle difuso da seguinte forma: "Pede-se algo ao juízo, fundamentando-se na inconstitucionalidade de uma lei ou ato normativo, ou seja, a alegação de inconstitucionalidade será a *causa de pedir processual*."

6.2. Do controle de constitucionalidade difuso e sua aplicação prática

O controle difuso pode ser exercido em qualquer juízo ou tribunal e também pode ser utilizado em qualquer ação, até mesmo nos instrumentos da chamada jurisdição constitucional da liberdade, que são os meios processuais constitucionais que objetivam o amparo dos direitos humanos, ou, ainda, em ação de competência

---

35. CPC/15. Art. 503. A decisão que julgar total ou parcialmente o mérito tem força de lei nos limites da questão principal expressamente decidida., § 1º O disposto no *caput* aplica-se à resolução de questão prejudicial, decidida expressa e incidentemente no processo, se:
36. CPC/15. Art. 503, § 1º, III. O juízo tiver competência em razão da matéria e da pessoa para resolvê-la como questão principal.
37. NEVES, Daniel Amorim Assumpção. Novo código de Processual Civil, comentado artigo por artigo. Salvador: Juspodivm, 2016. p. 841.
38. LENZA, Pedro. Direito Constitucional Esquematizado. 19. Ed. Ver., atual. E ampliada. – São Paulo: Saraiva, 2015. p. 318.

originária, como por exemplo, mandado de segurança, mandado de injunção, *habeas corpus* e ação originária.[39]

Cabe ressaltar que não existe previsão quanto a legitimidade ativa para suscitação do controle de constitucionalidade difuso, logo, entende-se pela legitimidade ampla.[40]

Com efeito, em processos de competência do juízo de primeiro grau, não há um procedimento especial para a declaração incidental de constitucionalidade, sendo resolvido em sentença como questão prejudicial. "Essa decisão tem efeito apenas endoprocessual, e mesmo sendo solução de questão prejudicial, como dito anteriormente, não produz coisa julgada material, em razão do previsto no art. 503, § 1ª, III, do CPC/15[41].

Contudo, nos tribunais o reconhecimento incidental de inconstitucionalidade, seja em grau recursal, seja ações de competência originária, deverá ser aplicada a cláusula de Reserva de Plenário, também conhecida como Cláusula Constitucional do *Full Bench* ou *Full Court*, prevista no art. 97 da Constituição Federal:

> Art. 97. Somente pelo voto da maioria absoluta de seus membros ou dos membros do respectivo órgão especial poderão os tribunais declarar a inconstitucionalidade de lei ou ato normativo do Poder Público.

Além da obrigatoriedade da Cláusula de Reserva de Plenário, o referido reconhecimento deve seguir o incidente processual com procedimento previsto nos arts. 948 a 950 do Novo CPC[42].

Em termos práticos, "distribuído o processo para uma turma, câmara ou seção, verificando-se que existe questionamento incidental sobre a constitucionalidade de

---

39. DA SILVA, José Afonso. Proteção constitucional dos direitos humanos no Brasil: Evolução histórica e direito atual. Revista da Procuradoria Geral do Estado de São Paulo. Edição especial em comemoração aos 10 anos da Constituição Federal, setembro de 1998. p. 175.
40. Daniel Amorim (Novo código de Processual Civil, comentado artigo por artigo p. 1542), destaca que "não poderia ser de outra forma, já que o incidente pode ser instaurado de ofício, e se pode ser instaurado de ofício, pode a instauração decorrer de provocação de qualquer sujeito processual".
41. NEVES, Daniel Amorim Assumpção. Novo código de Processual Civil, comentado artigo por artigo. Salvador: Juspodivm, 2016. p. 1542.
42. CPC/15. Art. 948. Arguida, em controle difuso, a inconstitucionalidade de lei ou de ato normativo do poder público, o relator, após ouvir o Ministério Público e as partes, submeterá a questão à turma ou à câmara à qual competir o conhecimento do processo. Art. 949. Se a arguição for: I – rejeitada, prosseguirá o julgamento; II – acolhida, a questão será submetida ao plenário do tribunal ou ao seu órgão especial, onde houver. Parágrafo único. Os órgãos fracionários dos tribunais não submeterão ao plenário ou ao órgão especial a arguição de inconstitucionalidade quando já houver pronunciamento destes ou do plenário do Supremo Tribunal Federal sobre a questão. Art. 950. Remetida cópia do acórdão a todos os juízes, o presidente do tribunal designará a sessão de julgamento. § 1º As pessoas jurídicas de direito público responsáveis pela edição do ato questionado poderão manifestar-se no incidente de inconstitucionalidade se assim o requererem, observados os prazos e as condições previstos no regimento interno do tribunal. § 2º A parte legitimada à propositura das ações previstas no art. 103 da Constituição Federal poderá manifestar-se, por escrito, sobre a questão constitucional objeto de apreciação, no prazo previsto pelo regimento interno, sendo-lhe assegurado o direito de apresentar memoriais ou de requerer a juntada de documentos. § 3º Considerando a relevância da matéria e a representatividade dos postulantes, o relator poderá admitir, por despacho irrecorrível, a manifestação de outros órgãos ou entidades.

Lei ou ato normativo, suscita-se uma questão de ordem e a análise da constitucionalidade da lei é remetida ao pleno, ou órgão especial do tribunal, para resolver aquela questão suscitada"[43].

Feito o referido procedimento, conforme estabelece o art. 97 da CF, somente pelo voto da maioria absoluta de seus membros ou dos membros do respectivo órgão especial poderá o tribunal declarar a inconstitucionalidade de lei ou ato normativo do Poder Público.[44]

A partir do exposto até aqui, podemos concluir que o controle difuso sem dúvida é um precioso instrumento de garantia dos direitos fundamentais, sendo, talvez, "o mais eficaz para a garantia da constituição"[45].

7. O CONTROLE DE CONSTITUCIONALIDADE DIFUSO NO PROCESSO DO TRABALHO

A partir da compreensão acima exposta, podemos iniciar uma abordagem prática, demonstrando como o novel § 7º, do art. 879 da CLT[46], poderá ser declarado inconstitucional, permitindo, assim, que os créditos trabalhistas sejam apurados a partir do IPCA-E e não pela TR.

7.1. A Arguição de Inconstitucionalidade do § 7º, do art. 879 da CLT

O julgador não pode negar a aplicação de uma lei, salvo se concluir que a situação fática não retrata a previsão legal ou se declarar a sua inconstitucionalidade. Se ao julgador não é permitido em sua fundamentação de sentença se limitar à indicação, à reprodução ou paráfrase de ato normativo, sem explicar sua relação com a causa ou a questão decidida[47], muito mais lhe é proibido negar vigência de lei sem justificativa legal.

Logo, caso a sentença determine de ofício, ou a pedido, a aplicação, v.g., do IPCA-E como índice de atualização dos créditos condenados, sem declarar a

---

43. LENZA, Pedro. Direito Constitucional Esquematizado. 19. Ed. Ver., atual. E ampliada. – São Paulo: Saraiva, 2015. p. 319.
44. Daniel Amorim. (Novo código de Processual Civil, comentado artigo por artigo, 2016. p. 1542), Daniel Amorim afirma que "não existe preclusão temporal para a suscitação do incidente de inconstitucionalidade, podendo as partes até mesmo em sustentação oral antes do julgamento, suscitarem o incidente, bem como os juízes integrantes do órgão colegiado, na própria sessão de julgamento. A única exigência é que o incidente seja suscitado antes do julgamento do recurso, reexame necessário ou do processo de competência originária".
45. MIRANDA, Jorge. Manual de Direito Constitucional. 2ª ed. Coimbra, 1983. p. 53.
46. CLT. Art. 879, § 7º – A atualização dos créditos decorrentes de condenação judicial será feita pela Taxa Referencial (TR), divulgada pelo Banco Central do Brasil, conforme a Lei 8.177, de 1o de março de 1991. (Parágrafo incluído pela Lei 13.467/17).
47. CPC/15. Art. 489. São elementos essenciais da sentença: § 1º Não se considera fundamentada qualquer decisão judicial, seja ela interlocutória, sentença ou acórdão, que: I – se limitar à indicação, à reprodução ou à paráfrase de ato normativo, sem explicar sua relação com a causa ou a questão decidida;

inconstitucionalidade do § 7º, do art. 879 da CLT, estará o magistrado negando a validade a uma lei válida[48], portanto violando direta e frontalmente dispositivo legal.[49]

Assim, com o objetivo de utilizar o IPCA-E como índice de correção dos créditos trabalhistas, deverá o interessado arguir o incidente de inconstitucionalidade, a fim de que o magistrado possa reconhecer e declarar como questão incidental prejudicial de mérito a inconstitucionalidade do § 7º, do art. 879 da CLT.

7.1.1. Processos de competência do juízo de primeiro grau

Não se torna excessivo mencionar que diante do Juízo de primeira instância não há um procedimento especial para a declaração incidental de constitucionalidade, sendo resolvido como questão prejudicial em sentença.

A legitimidade ativa, como dito, é ampla, logo bastando que o Advogado do interessado, ao desenvolver sua tese e pedidos na demanda trabalhista, como questão prejudicial de mérito, argua a inconstitucionalidade.

A fim de sustentar a tese de inconstitucionalidade do § 7º, art. 879 da CLT, objetivando o direito à correção dos créditos trabalhistas a partir do IPCA-E, o interessado poderá amparar-se pela *ratio decidendi* extraída da Arguição de Inconstitucionalidade 479-60.2011.5.04.0231 decidida pelo Pleno do TST, vez que, como exposto anteriormente, o STF ao julgar a Reclamação 22.012, entendeu que a decisão da Corte Trabalhista está em consonância com a ***ratio decidendi*** da orientação jurisprudencial do STF extraída das ADI 4425 e 4357.[50]

Assim, a fim de instruir a petição inicial, no tocante ao incidente de arguição de inconstitucionalidade, o advogado poderá invocar a violação de princípios e direitos constitucionais como: princípio da isonomia, (art. 5º, *caput*, CF/88); princípio da segurança jurídica; e direito de propriedade, (inciso XXII, do art.

---

48. BEBBER, Júlio César. Recursos no Processo do Trabalho. 4. ed. São Paulo: LTr, 2014. p. 333.
49. Neste tópico chamo a atenção dos advogados que atuam em favor das empresas, para que fiquem atentos à estas decisões, vez que muitos magistrados, por não concordarem com a Reforma Trabalhista, vêm negando a aplicação de seus dispositivos sem, no entanto, declarar sua inconstitucionalidade. Havendo, portanto, violação direta e frontal de dispositivo legal, o que permite, inclusive, o cabimento de Recurso de Revista (art. 896, c, da CLT).
50. Ementa: RECLAMAÇÃO. APLICAÇÃO DE ÍNDICE DE CORREÇÃO DE DÉBITOS TRABALHISTAS. TR. AUSÊNCIA DE IDENTIDADE MATERIAL ENTRE OS FUNDAMENTOS DO ATO RECLAMADO E O QUE FOI EFETIVAMENTE DECIDIDO NAS ADIS 4.357/DF E 4.425/DF. NÃO CABIMENTO DA RECLAMAÇÃO. ATUAÇÃO DO TST DENTRO DO LIMITE CONSTITUCIONAL QUE LHE É ATRIBUÍDO. RECLAMAÇÃO IMPROCEDENTE. I – A decisão reclamada afastou a aplicação da TR como índice de correção monetária nos débitos trabalhistas, determinando a utilização do IPCA em seu lugar, questão que não foi objeto de deliberação desta Suprema Corte no julgamento das Ações Diretas de Inconstitucionalidade 4.357/DF e 4.425/DF, não possuindo, portanto, a aderência estrita com os arestos tidos por desrespeitados. II – Apesar da ausência de identidade material entre os fundamentos do ato reclamado e o que foi efetivamente decidido na ação direta de inconstitucionalidade apontada como paradigma, o *decisum* ora impugnado está em consonância com a *ratio decidendida* orientação jurisprudencial desta Suprema Corte. III – Reclamação improcedente.

5°, CF/88). Ressaltando-se que todos estes princípios formam o alicerce que sustentou a *ratio* das ADI 4425 e 4357, e que, por sua vez, serviram, repise-se, de amparo para a *ratio decidendi* da arguição de inconstitucionalidade julgada pelo Pleno do TST[51].

Contudo, cabe destacar que mesmo presente no CPC[52] a exigência feita ao Autor em indicar os fundamentos jurídicos de sua pretensão, grande parte da doutrina defende a aplicação da *causa petendi* aberta[53], ou seja, o julgador não estará vinculado ao fundamento jurídico exposto na petição. Ficando livre, portanto, para motivar suas decisões em fundamentos não arguidos na petição inicial.

Ademais, conforme destacado por Daniel Amorim[54], o STF em diversas decisões aplicou o entendimento supra[55], "inclusive permitindo-se que a natureza de constitucionalidade seja diversa daquela narrada pelo autor (alegação de inconstitucionalidade formal e procedência do pedido por inconstitucionalidade material e vice-versa)".

Por fim, observa-se que a competência para fiscalizar a constitucionalidade das Leis é reconhecida a todos os Juízes. Assim, qualquer magistrado ao decidir um caso concreto, está obrigado, em virtude de sua vinculação pela Constituição Federal, a examinar se as leis aplicáveis ao caso concreto são ou não válidas.

Portanto, não obstante à vigência da Reforma Trabalhista, e com base na *ratio decidendi*[56] das referidas decisões do Pleno do TST, é perfeitamente possível e razoável, o reconhecimento da inconstitucionalidade do §7°, art. 879 da CLT, pelos magistrados de primeira instância.

7.1.2. O reconhecimento incidental de inconstitucionalidade nos tribunais

Como esclarecido acima, distribuído o processo para uma turma do Tribunal Regional do Trabalho, verificando-se que existe questionamento incidental sobre a constitucionalidade de Lei ou ato normativo, será suscitada uma questão de ordem e a análise da constitucionalidade será remetida ao órgão especial daquele Regional para resolver a referida questão suscitada.

Contudo, uma vez já declarada pelo Pleno do TST, ainda que no caso concreto, a inconstitucionalidade da TR como índice de atualização dos créditos trabalhistas,

---

51. Reclamação 22.012 RS.
52. CPC/15, art. 319, III – A petição inicial indicará: III – o fato e os fundamentos jurídicos do pedido.
53. NEVES, Daniel Amorim Assumpção. Manual de Direito Processual Civil, volume único. 8 ed. Salvador: Juspodivm, 2016. p. 95.
54. NEVES, Daniel Amorim Assumpção. Manual de Direito Processual Civil, volume único. 8 ed. Salvador: Juspodivm, 2016. p. 96.
55. STF, Tribunal Pleno, ADI 2.213 MC/DF, rel. Min. Celso de Mello, j. 04.04.2002, DJ 23.04.2004, p. 7.
56. O art. 489 do CPC/15, ao estabelecer os elementos essenciais da sentença, determina que o magistrado deverá identificar seus fundamentos determinantes (*ratio decidendi*), demonstrando que o caso sob julgamento se ajusta àqueles fundamentos.

por força do art. 949, parágrafo único do CPC/15[57], será dispensável, inclusive, a Cláusula de Reserva de Plenário para reconhecimento da inconstitucionalidade do ato normativo. Não havendo, portanto, violação do art. 97 da CF, bem como da súmula vinculante 10 do STF[58].

A dispensa da Cláusula de Reserva de Plenário ocorre toda vez que haja decisão do órgão especial ou pleno do tribunal ou ainda do STF sobre a matéria.

Logo, diante do posicionamento do Pleno do TST, existente o questionamento incidental sobre a constitucionalidade, em tese, o Regional não se obrigaria à regra do art. 97 da Constituição Federal.

No entanto, embora compartilhemos desta tese, não há unanimidade, vez que parte da doutrina entende ser correta a dispensa da Cláusula de Reserva de Plenário somente quando há decisão quanto à inconstitucionalidade no órgão especial do próprio tribunal ou em controle concentrado pelo Supremo Tribunal Federal[59].

Daniel Amorim[60] explica que para essa parcela doutrinária, tendo sido a declaração de inconstitucionalidade pelo supremo Tribunal Federal realizada de forma incidental, a eficácia dessa declaração é *inter partes*, de forma que ninguém estará vinculada a essa decisão, nem mesmo o tribunal de segundo grau ou o Superior Tribunal de Justiça".

Com imenso respeito às teses contrárias, compartilhamos do posicionamento do STF, o qual defende que havendo a declaração de inconstitucionalidade, ainda que incidentalmente, por meio de seu plenário, admite a dispensa do incidente processual.[61]

Sustentamos tal entendimento também com base no art. 927, V do CPC/15[62], o qual afirma que os juízes e tribunais deverão observar as decisões do plenário ou órgão especial dos quais estiverem vinculados. Assim, uma vez decidido pelo Pleno do TST, dispensada estraria a Cláusula de Reserva de Plenário nos Regionais Trabalhistas.

---

57. CPC/15. Art. 949. Parágrafo único. Os órgãos fracionários dos tribunais não submeterão ao plenário ou ao órgão especial a arguição de inconstitucionalidade quando já houver pronunciamento destes ou do plenário do Supremo Tribunal Federal sobre a questão.
58. STF. Súmula Vinculante 10. Viola a cláusula de reserva de plenário (CF, artigo 97) a decisão de órgão fracionário de Tribunal que embora não declare expressamente a inconstitucionalidade de lei ou ato normativo do poder público, afasta sua incidência, no todo ou em parte.
59. NEVES, Daniel Amorim Assumpção. Novo código de Processual Civil, comentado artigo por artigo. Salvador: Juspodivm, 2016. p. 1545.
60. NEVES, Daniel Amorim Assumpção. Novo código de Processual Civil, comentado artigo por artigo. Salvador: Juspodivm, 2016. p. 1545.
61. (STF, 1ª Turma, RE 370.765 AgR/RS, rel. Marco Aurélio, j. 08/02/2011, DJe 11/03/2011).
62. CPC/15. Art. 927. Os juízes e os tribunais observarão: V – a orientação do plenário ou do órgão especial aos quais estiverem vinculados.

8. CONCLUSÃO

Com amparo na decisão supracitada do Pleno do TST (Arguição de inconstitucionalidade 479-60.2011.5.04.0231, publicada em 14 de agosto de 2015),que motivada pela *ratio decidendi* das ADI 4357 e 4425 declarou a inconstitucionalidade da TR como índice de atualização dos créditos trabalhistas, o credor trabalhista poderá atualizar seus créditos a partir do IPCA-E, mesmo diante da Reforma Trabalhista[63], onde determina que a atualização dos créditos trabalhistas seja feita pela TR, observando a Lei 8.177/91.

Contudo, deverá suscitar questão prejudicial de mérito com a arguição do incidente de inconstitucionalidade.

A própria subordinação do referido §7° a um dispositivo de Lei (Lei 8.177/91, art. 39, caput) que já fora reconhecido como inconstitucional pelo Pleno do TST, não deixa dúvidas quanto à possibilidade de êxito no referido incidente.

Por fim, diante do iminente prejuízo ao credor trabalhista, que se vê obrigado por lei a corrigir seus créditos a partir de um índice que é manifestamente incapaz de preservar o valor real do crédito de que é titular, o controle de constitucionalidade pela via difusa torna-se o mais importante mecanismo a ser aplicado pela advocacia, a fim de garantir direitos fundamentais do cidadão.

9. REFERÊNCIAS

BEBBER, Júlio César. Recursos no Processo do Trabalho. 4. ed. São Paulo: LTr, 2014.

CORREIA, Henrique; MIESSA, Elisson. Manual da Reforma Trabalhista. 1 ed. Salvador: Juspodivm. 2018

DASILVA, José Afonso. Proteção constitucional dos direitos humanos no Brasil: Evolução histórica e direito atual. Revista da Procuradoria Geral do Estado de São Paulo. Edição especial em comemoração aos 10 anos da Constituição Federal, setembro de 1998.

DELGADO, Mauricio Godinho, DELGADO, Gabriele Neves. A reforma trabalhista no Brasil: com os comentários à Lei 13.467/2017. São Paulo: LTr, 2017.

FERREIRA, Olavo Augusto Vianna Alves. Controle de constitucionalidade e seus efeitos. 3. ed. rev. atual. Salvador: Juspodvm, 2016.

LENZA, Pedro. Direito Constitucional Esquematizado. 19. Ed. Ver., atual. E ampliada. – São Paulo: Saraiva, 2015.

MIRANDA, Jorge. Manual de Direito Constitucional. 2ª ed. Coimbra, 1983.

NEVES, Daniel Amorim Assumpção. Manual de Direito Processual Civil, volume único. 8 ed. Salvador: Juspodivm, 2016.

NEVES, Daniel Amorim Assumpção. Novo código de Processual Civil, comentado artigo por artigo. Salvador: Juspodivm, 2016.

---

63. Lei 13.467/17.

SCHIAVI, Mauro. A Reforma Trabalhista e o processo do trabalho: aspectos processuais da Lei 13.467/17. 1 ed. São Paulo: LTr Editora, 2017.

VAZ, Anderson Rosa. Constituição Federal Interpretada: artigo por artigo, parágrafo por parágrafo/ Costa Machado, organizador; Anna Candida da Cunha Ferraz, coordenadora. – 6. Ed – Barueri, SP: Manole, 2015.

http://www.portalbrasil.net/tr_mensal.htm

https://www.ibge.gov.br/

http://www2.planalto.gov.br/acervo/legislacao

http://www.stf.jus.br/portal/peticaoInicial/pesquisarPeticaoInicial.asp

A Iniciativa da Execução após a Reforma Trabalhista: a prescrição da execução e a prescrição intercorrente

Andréa Presas Rocha

Doutora em Direito do Trabalho – PUC/SP. Juíza do Trabalho – TRT5/BA. Professora da Faculdade de Direito da UFBA.

Sumário: 1. Introdução – 2. A iniciativa da execução e o impulso oficial após a Reforma – 3. A prescrição da pretensão executiva – 4. A prescrição intercorrente: 4.1. Descumprimento de determinação judicial; 4.2. Marco inicial para a contagem do prazo – 5. Prescrição e *jus postulandi* – 6. A decretação de ofício da prescrição – 7. Conclusão – 8. Referências.

1. INTRODUÇÃO

A Lei da Reforma Trabalhista (LRT) promoveu profundo impacto na execução trabalhista, ao modificar o art. 878 da CLT, para limitar a execução de ofício pelo magistrado apenas nos casos em que as partes não estiverem representadas por advogado.

De acordo com a redação anterior à LRT, a execução podia ser promovida por qualquer interessado ou *exofficio* pelo próprio Juiz.

Com o advento da Lei 13.467/17, a regra passou a ser a de que a execução depende de iniciativa das partes, restringindo-se a atuação do magistrado somente aos casos em que as partes estejam no exercício do *jus postulandi*.

Referida alteração teve o condão de causar profundas mudanças para a abertura e o desenvolvimento do fluxo da execução trabalhista.

Propõe-se, neste artigo, sejam analisadas algumas dessas inovações, com ênfase às questões atinente ao impulso oficial na execução, à prescrição da pretensão executiva e à prescrição intercorrente.

A busca de algumas respostas às diversas indagações já lançadas será o mote do presente trabalho.

Afinal, como fica o impulso oficial do magistrado para a deflagração e para o desenvolvimento da fase executória?

A necessidade de que a abertura da execução se dê por provocação das partes, fará com que, a partir da vigência da LRT, seja possível a decretação da prescrição da própria pretensão executória em decorrência de inércia da parte?

Também será estudada a possibilidade trazida pelo Legislador de reconhecimento da prescrição intercorrente, conforme se infere do novo art. 11-A.

2. A INICIATIVA DA EXECUÇÃO E O IMPULSO OFICIAL APÓS A REFORMA

Diz o novel art. 878 da CLT que "a execução será promovida pelas partes, permitida a execução de ofício pelo juiz ou pelo Presidente do Tribunal apenas nos casos em que as partes não estiverem representadas por advogado".

Grande dissenso se instalou na doutrina e na jurisprudência sobre os limites da atuação do magistrado, isto é, até que ponto a nova redação do dispositivo transcrito retiraria do magistrado a atuação de ofício e em que medida.

Destacam-se na doutrina ao menos três correntes interpretativas: a primeira, de que nada mudou e, portanto, continua sendo permitida a execução de ofício pelo magistrado, inclusive nos casos em que a parte esteja representada por advogado; a segunda, que o juiz não poderá promover nenhum impulso à execução; e a terceira, que propõe uma solução intermediária.

Os defensores da primeira linha de interpretação[1] asseveram que a oração "a execução promovida pelas partes" deve ocorrer de modo harmônico com o sistema jurídico processual da CLT, a qual adota, como modelo processual, o perfil inquisitivo, que dá mais poderes ao juiz na direção do processo, como ressai do seu art. 765[2].

Acrescentam que a aplicação complementar do CPC reforça tal exegese, mormente em face da incidência, na execução trabalhista, da diretriz do impulso oficial (art. 2º), inclusive na execução (artigos 773, 782, 806, 811 e 830)[3], do princípio da primazia da resolução de mérito em prazo razoável (art. 4º), do princípio da cooperação (art. 6º) e da cláusula geral de efetividade da execução (art. 139, IV).

Destacam que, como o juiz continua tendo a iniciativa de executar de ofício as contribuições previdenciárias, numa interpretação conforme a Constituição continuaria também competente para a execução do principal, pois não teria sentido que se pudesse executar o acessório sem o principal[4]. Neste último sentido é o Enunciado 113 da 2ª Jornada da Anamatra de Direito Material e Processual do Trabalho:

> 113 EXECUÇÃO DE OFÍCIO E ART. 878 DA CLT EM RAZÃO DAS GARANTIAS CONSTITUCIONAIS DA EFETIVIDADE (CF, ART. 5º, XXXV), DA RAZOÁVEL DURAÇÃO DO PROCESSO (CF, ART. 5º, LXXVIII) E EM FACE DA DETERMINAÇÃO CONSTITUCIONAL DA EXECUÇÃO DE OFÍCIO DAS CONTRIBUIÇÕES PREVIDENCIÁRIAS, PARCELAS ESTAS ACESSÓRIAS DAS OBRIGAÇÕES

---

1. OLIVEIRA, Murilo C. S. A deforma da execução trabalhista: panorama crítico da Lei 13.467/2017. In: PAMPLONA FILHO, Rodolfo; LUDWIG, Guilherme Guimarães; VALE, Silvia Teixeira do. Interpretação e aplicação da reforma trabalhista no direito brasileiro. São Paulo: LTr, 2018, p. 203; DELGADO, Mauricio Godinho; DELGADO, Gabriela Neves. A reforma trabalhista no Brasil: com os comentários à Lei 13.467/17. São Paulo: LTr, 2017, p. 354-356; SOUZA JUNIOR, Antonio Umberto de [et al]. Reforma trabalhista: análise comparativa e crítica da Lei 13.467/2017 e da Med. Prov. n. 802/2017. 2ª ed. Rideel, 2018, p. 531-534.
2. Art. 765. Os Juízos e Tribunais do Trabalho terão ampla liberdade na direção do processo e velarão pelo andamento rápido das causas, podendo determinar qualquer diligência necessária ao esclarecimento delas.
3. SCHIAVI, Mauro. A reforma trabalhista e o processo do trabalho: aspectos processuais da Lei 13.467/17. São Paulo: LTr, 2017, p. 116-118.
4. GASPAR, Danilo; PINHEIRO, Iuri. CLT comparada: o que mudou – com base na Lei 13.467 de 13 de Julho de 2017. Porto Alegre: Verbo Jurídico, 2017, p. 198.

TRABALHISTAS (CF, ART. 114, VIII), O ART. 878 DA CLT DEVE SER INTERPRETADO CONFORME A CONSTITUIÇÃO, DE MODO A PERMITIR A EXECUÇÃO DE OFÍCIO DOS CRÉDITOS TRABALHISTAS, AINDA QUE A PARTE ESTEJA ASSISTIDA POR ADVOGADO.

Ressaltam, ainda, que a atuação de ofício do magistrado não configura nulidade processual, porque inexistente prejuízo, conforme preconiza o art. 794[5] da CLT (princípio da transcendência). O Enunciado 115 aprovado na 2ª Jornada da Anamatra de Direito Material e Processual do Trabalho envereda por este caminho:

115 EXECUÇÃO DE OFÍCIO. INEXISTÊNCIA DE NULIDADE A TEOR DO ART. 794 DA CLT, NÃO HÁ NULIDADE PROCESSUAL QUANDO O JUÍZO REALIZA A EXECUÇÃO DE OFÍCIO, PORQUE INEXISTENTE MANIFESTO PREJUÍZO PROCESSUAL.

Argumentam que, mesmo se admitida a existência de nulidade, a atuação de ofício é hipótese de nulidade sanável. Assim, acaso suscitado o vício pela parte executada, basta que a parte exequente ratifique o desejo de prosseguir com a execução e os eventuais defeitos estariam sanados.

Propõem, *ultima ratio*, que o advogado do reclamante formule antecipadamente o requerimento de instauração da execução já desde a petição inicial, durante a audiência, ou em qualquer fase do processo, ou ainda que, por negociação processual, ajuste nesse sentido seja travado entre os litigantes.

Alguns mais criativos preferem uma solução de contorno, sugerindo que o juiz notifique a parte exequente para que diga se deseja iniciar a execução, advertindo-a de que o seu silencio implicará concordância.

Pela segunda corrente, todos os atos executivos dependeriam da iniciativa da parte, ficando o magistrado impedido de atuar de ofício, não podendo, portanto, determinar a penhora on-line, a penhora sem o prévio requerimento da parte, a iniciativa de desconsiderar a personalidade jurídica, enfim, a prática de atos sem que a parte tenha requerido[6].

Para o caso de prevalecer essa segunda interpretação, alguns sugerem, como solução de contorno, visando atribuiu maior agilidade ao processo, que, quando do requerimento de deflagração da execução, a parte já solicite, de forma sequenciada, a realização de todos os atos necessários à sua viabilização, tais como a utilização de convênios eletrônicos, especialmente o Bacenjud, a expedição de ofícios, a determinação para que o devedor indique bens etc.

A terceira posição, dita intermediária, harmoniza o art. 878 da CLT com o princípio inquisitório estampado no art. 2º do CPC, de aplicação supletiva e subsidiária, o qual preconiza que "o processo começa por iniciativa da parte e se desenvolve por impulso oficial, salvo as exceções previstas em lei".

---

5. Art. 794. Nos processos sujeitos à apreciação da Justiça do Trabalho só haverá nulidade quando resultar dos atos inquinados manifesto prejuízo às partes litigantes.
6. CASSAR, Vólia Bomfim; BORGER, Leonardo Dias. Comentários à reforma trabalhista. Rio de Janeiro: Forense, 2017, p. 114.

Assim, afirmam que somente haverá necessidade de requerimento da parte quando a lei expressamente o exigir.

Em se tratando de execução trabalhista, a lei somente condiciona o desenvolvimento do processo aos momentos de deflagração do procedimento executório e instauração do incidente de desconsideração da personalidade jurídica.

Nessa toada, para o início do procedimento de execução, o art. 878 da CLT é peremptório em afirmar que a execução será promovida pelas partes, permitindo a execução de ofício apenas nos casos em que as partes não estiverem representadas por advogado.

"Promover" significa requerer, propor[7]. A clareza do texto legal não comporta interpretação ampliativa quanto à iniciativa executória do magistrado, em face da restrição imposta pela utilização do termo "apenas".

Porém, uma vez iniciada a execução, por iniciativa da parte, o juiz do trabalho deve impulsioná-la de ofício[8].

Por seu turno, o art. 855-A da CLT dispõe que se aplica ao processo do trabalho o incidente de desconsideração da personalidade jurídica (IDPJ) previsto nos artigos 133 a 137 do CPC. E o art. 133 do CPC dispõe que o IDPJ será instaurado a pedido da parte ou do Ministério Público, quando lhe couber intervir no processo.

Também aqui depende de pedido da parte a instauração do incidente, não mais cabendo ao juiz realiza-lo de ofício[9].

Somente, pois, nas duas hipóteses acima mencionadas haverá a condicionante do requerimento da parte.

---

7. Cf. DICIONÁRIO PRIBERAM. Disponível em: <https://www.priberam.pt/dlpo/promover>. Acesso em: 10/05/2018.
8. FONSECA, José Geraldo da. Reforma trabalhista não é armagedom da execução judicial. Conjur, 16/05/17. Disponível em: <https://www.conjur.com.br/2017-mai-16/reforma-trabalhista-nao-armagedom-execucao-judicial>. Acesso em: 10/05/2018.
9. Em sentido contrário é o Enunciado 109 da 2ª Jornada da Anamatra de Direito Material e Processual do Trabalho: "109 PROCESSO DO TRABALHO. INCIDENTE DE DESCONSIDERAÇÃO DA PERSONALIDADE JURÍDICA: APLICAÇÃO LIMITADA I – NO PROCESSO DO TRABALHO, O REDIRECIONAMENTO DA EXECUÇÃO PARA O SÓCIO NÃO EXIGE O INCIDENTE DE DESCONSIDERAÇÃO DA PERSONALIDADE JURÍDICA (ARTS.133 A 137 DO CPC). II – A DISSOLUÇÃO IRREGULAR DA PESSOA JURÍDICA INCLUI AS HIPÓTESES DE IMPOSSIBILIDADE DE SATISFAÇÃO DA DÍVIDA PELO DEVEDOR, O QUE AUTORIZA O REDIRECIONAMENTO DA EXECUÇÃO PARA OS SÓCIOS, INDEPENDENTEMENTE DE INSTAURAÇÃO DO INCIDENTE DE DESCONSIDERAÇÃO DA PERSONALIDADE JURÍDICA (ART. 135 DO CTN). III – ADMITE-SE O INCIDENTE DE DESCONSIDERAÇÃO DA PERSONALIDADE NAS HIPÓTESES DE SÓCIO OCULTO, SÓCIO INTERPOSTO (DE FACHADA OU "LARANJA"), ASSOCIAÇÃO ILÍCITA DE PESSOAS JURÍDICAS OU FÍSICAS OU INJURIDICIDADES SEMELHANTES, COMO CONSTITUIÇÃO DE SOCIEDADE EMPRESÁRIA POR FRAUDE, ABUSO DE DIREITO OU SEU EXERCÍCIO IRREGULAR, COM O FIM DE AFASTAR O DIREITO DE CREDORES. IV – ADOTADO O INCIDENTE DE DESCONSIDERAÇÃO DA PERSONALIDADE JURÍDICA, O JUIZ, NO EXERCÍCIO DO PODER GERAL DE CAUTELA, DETERMINARÁ ÀS INSTITUIÇÕES BANCÁRIAS A INDISPONIBILIDADE DE ATIVOS FINANCEIROS E DECRETARÁ A INDISPONIBILIDADE DE OUTROS BENS PERTENCENTES AOS SÓCIOS, PESSOAS JURÍDICAS OU TERCEIROS RESPONSÁVEIS, SENDO DESNECESSÁRIA A CIÊNCIA PRÉVIA DO ATO".

Nos demais casos, permanece a possibilidade de atuação de ofício do magistrado, o que inclui a expedição de ofícios e mandados, a utilização dos convênios eletrônicos e das centrais de inteligência dos tribunais, onde existir, a determinação para que o devedor indique bens, as ordens para constrição e expropriação de bens, e todos os demais atos necessários ao desenvolvimento da execução.

Parece ser essa terceira via a adotada pela Comissão de Regulamentação da Lei 13.467/17 do TST, que encaminhou proposta de redação de instrução normativa sobre a matéria, cujo art. 13 assim dispõe:

> Art. 13 A partir da vigência da Lei 13.467/2017, a iniciativa do juiz na execução de que trata o art. 878 da CLT e no incidente de desconsideração da personalidade jurídica a que alude o art. 855-A da CLT ficará limitada aos casos em que as partes não estiverem representadas por advogado.

3. A PRESCRIÇÃO DA PRETENSÃO EXECUTIVA

Prescrição da pretensão executiva e prescrição intercorrente são figuras distintas[10].

A prescrição da pretensão executiva ocorre quando a parte não promove a deflagração do procedimento de execução, ao passo que a prescrição intercorrente acontece no curso da fase de execução, depois de já iniciada, e pode decorrer de qualquer paralisação processual por mais de dois anos[11].

À vista da redação anterior do art. 878 da CLT, que autorizava a execução de ofício pelo magistrado, doutrina[12] e jurisprudência[13] majoritárias apenas admitiam a prescrição da pretensão executiva quando a iniciativa para a abertura da execução dependia exclusivamente de ato a ser praticado pela parte e não pudesse ser realizado

---

10. Mauro Schiavi entende que são expressões sinônimas (*op. cit.*, p. 74).
11. SILVA, Homero Batista Mateus da Silva. Comentários à Reforma Trabalhista. São Paulo: Editora Revista dos Tribunais, 2017, p. 169-170
12. SCHIAVI, Mauro. Manual de direito processual do trabalho. 12ª ed. São Paulo: LTr, 2017, p. 512; GIGLIO, Wagner Drdla. Direito processual do trabalho. 12ª ed. São Paulo: Saraiva, 2002, p. 499. CAIRO JR., José. Curso de direito processual do trabalho. 10ª ed. Salvador: Editora Juspodivm, 2016, p. 835.
13. Ementa: PRESCRIÇÃO DA AÇÃO EXECUTIVA – PRESCRIÇÃO SUPERVENIENTE. 1. A interpretação conjunta dos artigos 878 da CLT e 4º da Lei 5.584/70 conduz ao entendimento de que cabe ao juiz impulsionar de ofício os processos em que o trabalhador atua no exercício do *ius postulandi*. 2. Quando assistidas por advogado, cabe às partes, inclusive em face do princípio de tratamento igualitário, impulsionar o processo de execução, dando início à liquidação. 3. A ação executiva prescreve em dois anos a contar do trânsito em julgado da decisão que se deseja executar – enunciado da Súmula 150 do Supremo Tribunal Federal. 4. Quedando-se inerte o credor em promover os atos sob sua responsabilidade por um período superior ao que é fixado para a prescrição da ação, deve ser declarada extinta a execução. (Processo 0033300-88.2008.5.05.0201 AP, Origem SAMP, ac. 265142/2016, Relatora Desembargadora LUÍZA LOMBA, 2ª TURMA, DJ 21/06/2016). Ementa: LIQUIDAÇÃO POR ARTIGOS. IMPULSO OFICIAL. PRESCRIÇÃO SUPERVENIENTE. A prescrição superveniente, também conhecida como prescrição da execução, é aquela referente ao exercício do direito de executar o título judicial e tem o prazo idêntico à ação de cognição, *ex vi* da S. 150 do STJ. O art. 878 da CLT permite ao juiz iniciar do ofício o processo executório, quando não depender de ato de iniciativa exclusiva das partes. (Processo 0091700-53.2007.5.05.0291 AP, Origem SAMP, ac. 228513/2015, Relator Desembargador PAULO SÉRGIO SÁ, 4ª. TURMA, DJ 03/02/2015).

pelo juiz. Os casos típicos consistiam na inércia da parte em promover a liquidação pelo procedimento comum (antiga liquidação por artigos), ou quando a execução dependia da satisfação de condição imposta à parte pelo magistrado em sentença, a exemplo da apresentação da CTPS para as devidas anotações[14].

A partir da nova redação do art. 878 da CLT, que mitiga o impulso oficial, a instauração da execução dependerá de iniciativa da parte, exceto naquelas situações de exercício do *jus postulandi*.

Tratando da necessária iniciativa do interessado para a deflagração da execução é o Enunciado 202 aprovado no V Fórum Permanente de Processualistas do Trabalho (FPPT):

> 202. (arts. 791-A, § 4º e 878, da CLT) O § 4º do art. 791-A da CLT, não permite a retenção, pelo Juiz, do valor devido ao advogado da parte contrária, já que se trataria, neste caso, de execução de ofício, vedada pelo art. 878 da CLT.

Portanto, uma vez transitada em julgado a sentença, a parte deverá requerer a abertura da execução no prazo de dois anos, haja vista que "prescreve a execução no mesmo prazo de prescrição da ação", consoante Súmula 150 do STF, pois, do contrário, poderá ver reconhecida a prescrição da pretensão executiva em face da sua inércia.

Somente quando a parte não estiver representada por advogado é que magistrado poderá dar o impulso inicial. Mas, mesmo nestas situações, ainda será possível ocorrer a prescrição da pretensão executiva quando a sua abertura depender exclusivamente de ato a ser praticado pela parte e não puder ser realizado pelo juiz.

Cumpre aqui ressaltar que a fluência do prazo prescricional dispensa a intimação da parte. Assim, transitada em julgado a decisão, inicia-se automaticamente o prazo prescricional.

4. A PRESCRIÇÃO INTERCORRENTE

Até o advento da LRT, havia grande celeuma sobre o cabimento da prescrição intercorrente no processo do trabalho.

O principal argumento para rechaçar a sua aplicação residia na possibilidade de a execução ser promovida, de ofício, pelo magistrado, consoante preceituava a redação anterior do art. 878.

Nessa linha caminhava a jurisprudência do TST, consolidada na Súmula 114: "É inaplicável na Justiça do Trabalho a prescrição intercorrente".

Em sentido oposto, a Súmula 327 do STF admitia a prescrição intercorrente no direito trabalhista. Os precedentes que inspiraram a edição da Súmula partiam

---

14. Um outro exemplo consistia na execução da sentença penal condenatória transitada em julgado (CPC, art. 515, VI). Nada obstante a previsão legal, há decisão do TST entendendo que a Justiça Trabalhista não tem competência para executar crédito decorrente de condenação penal (AIRR - 626-09.2012.5.02.0037).

da premissa de que a execução de ofício era uma faculdade, e não um dever, do juiz (AI 14.744 - DF[15]).

Além do supedâneo na Súmula 327 do STF, os defensores da incidência da prescrição intercorrente amparavam-se na interpretação sistemática da CLT e da Lei 6.830/80 (Lei dos Executivos Fiscais – LEF), aplicável subsidiariamente às execuções trabalhistas, por força do art. 889[16] consolidado.

No âmbito da CLT, o art. 844, § 1º[17], que trata da matéria de defesa passível de ser suscitada em sede de embargos à execução, preconiza que as alegações da parte estão restritas ao cumprimento da decisão ou do acordo, quitação ou prescrição da dívida.

Como a arguição de prescrição da pretensão, na fase de cognição, estava limitada à via ordinária (Súmula 153[18] do TST), advogava-se que a prescrição referida pelo art. 844 somente poderia se referir a causas posteriores à sentença, o que remeteria à conclusão de se tratar de prescrição intercorrente.

Ademais, considerando a subsidiariedade da LEF, conjecturava-se que, como esta contempla o instituto, a prescrição intercorrente era perfeitamente aplicável ao processo do trabalho, nos moldes do art. 40[19].

Com o advento do CPC/15, o argumento foi reforçado, diante da expressa previsão da prescrição intercorrente nos artigos 921 e 924 daquele Diploma[20], de aplicação complementar ao processo do trabalho.

---

15. EMENTA: Em matéria de prescrição, não há distinguir entre ação e execução, pois esta é uma fase daquela. Ficando o feito sem andamento pelo prazo prescricional, seja na ação, seja na execução, a prescrição se tem como consumada. Não exclui a aplicação desse princípio no pretório trabalhista o fato de se facultar ali a execução ex-officio pelo Juiz. Excluiria, se o procedimento ex-officio, ao invés de uma faculdade, fosse um dever do juiz. Exemplo do recurso ex-officio. Prescrição e fundamento filosófico. Invocação descabida do art. 172, n. V do Cod. Civil. (AI 14.744 – DF, Relator: Ministro Luiz Gallotti, 1ª Turma – STF, data do julgamento: 7.5.1951).
16. Art. 889. Aos trâmites e incidentes do processo da execução são aplicáveis, naquilo em que não contravierem ao presente Título, os preceitos que regem o processo dos executivos fiscais para a cobrança judicial da dívida ativa da Fazenda Pública Federal.
17. Art. 884. Garantida a execução ou penhorados os bens, terá o executado 5 (cinco) dias para apresentar embargos, cabendo igual prazo ao exequente para impugnação. § 1º A matéria de defesa será restrita às alegações de cumprimento da decisão ou do acordo, quitação ou prescrição da dívida.
18. SUM-153: Não se conhece de prescrição não arguida na instância ordinária.
19. Art. 40. O Juiz suspenderá o curso da execução, enquanto não for localizado o devedor ou encontrados bens sobre os quais possa recair a penhora, e, nesses casos, não correrá o prazo de prescrição. § 1º Suspenso o curso da execução, será aberta vista dos autos ao representante judicial da Fazenda Pública. § 2º Decorrido o prazo máximo de 1 (um) ano, sem que seja localizado o devedor ou encontrados bens penhoráveis, o Juiz ordenará o arquivamento dos autos. § 3º Encontrados que sejam, a qualquer tempo, o devedor ou os bens, serão desarquivados os autos para prosseguimento da execução. § 4º Se da decisão que ordenar o arquivamento tiver decorrido o prazo prescricional, o juiz, depois de ouvida a Fazenda Pública, poderá, de ofício, reconhecer a prescrição intercorrente e decretá-la de imediato. § 5º A manifestação prévia da Fazenda Pública prevista no § 4º deste artigo será dispensada no caso de cobranças judiciais cujo valor seja inferior ao mínimo fixado por ato do Ministro de Estado da Fazenda.
20. Art. 921. Suspende-se a execução: (...) III – quando o executado não possuir bens penhoráveis; (...), § 1º Na hipótese do inciso III, o juiz suspenderá a execução pelo prazo de 1 (um) ano, durante o qual se suspenderá a prescrição. § 2º Decorrido o prazo máximo de 1 (um) ano sem que seja localizado o executado ou que sejam encontrados bens penhoráveis, o juiz ordenará o arquivamento dos autos. § 3º Os autos serão

Nada obstante os sólidos arrazoados esgrimidos pelos defensores da aplicação da prescrição intercorrente no processo do trabalho, predominava na jurisprudência a resistência a tal incidência, com amparo no art. 878 da CLT e na Súmula 114 do TST, como se extrai, por exemplo, da Súmula 023 do TRT5:

EXECUÇÃO. PRESCRIÇÃO INTERCORRENTE. INAPLICABILIDADE. Iniciada a execução, não cabe a declaração de prescrição pela inércia da parte, pois é inaplicável, na Justiça do Trabalho, a prescrição intercorrente, conforme entendimento cristalizado no teor da Súmula n. 114 do TST

Todavia, mesmo os que preconizavam a inaplicabilidade da prescrição intercorrente ao processo do trabalho, admitiam a sua incidência nas raras situações em que a iniciativa de promover o ato dependia exclusivamente da parte[21], a exemplo da não apresentação dos documentos necessários ao registro da penhora, no prazo de dois anos depois da intimação judicial[22].

Esse posicionamento intermediário decorria da harmonização entre os verbetes das Súmulas 327 do STF e 114 do TST[23].

Com o advento da Lei 13.467/17 e a introdução do art. 11-A[24] na CLT, encerra-se o debate sobre o cabimento da prescrição intercorrente no processo do trabalho.

4.1. Descumprimento de determinação judicial

A nova Lei estabelece que a prescrição intercorrente no processo do trabalho ocorre no prazo de dois anos[25], contados do momento em que o exequente deixa de cumprir determinação judicial no curso da execução.

---

desarquivados para prosseguimento da execução se a qualquer tempo forem encontrados bens penhoráveis. § 4º Decorrido o prazo de que trata o § 1º sem manifestação do exequente, começa a correr o prazo de prescrição intercorrente. § 5º O juiz, depois de ouvidas as partes, no prazo de 15 (quinze) dias, poderá, de ofício, reconhecer a prescrição de que trata o § 4º e extinguir o processo. Art. 924. Extingue-se a execução quando: (...) V – ocorrer a prescrição intercorrente.

21. BARBA FILHO, Roberto Dala. Prescrição intercorrente é mudança que mais impacta ações trabalhistas. Conjur, 23/09/17. Disponível em: <https://www.conjur.com.br/2017-set-23/roberto-dala-prescricao-intercorrente-mudanca-impacta>. Acesso em 10/05/2018.
22. SCHIAVI Mauro. Manual..., p. 512.
23. SILVA, Homero Batista Mateus da. Curso de direito do trabalho aplicado: Volume 10 – Execução trabalhista. 2ª ed. São Paulo: Editora Revista dos Tribunais, 2015, p. 262. DELGADO. Mauricio Godinho. Curso de direito do trabalho. 15ª ed. São Paulo: LTr, 2016, p. 290.
24. Art. 11-A. Ocorre a prescrição intercorrente no processo do trabalho no prazo de dois anos. § 1º A fluência do prazo prescricional intercorrente inicia-se quando o exequente deixa de cumprir determinação judicial no curso da execução. § 2º A declaração da prescrição intercorrente pode ser requerida ou declarada de ofício em qualquer grau de jurisdição.
25. Antonio Umberto de Souza Junior [et al] criticam o prazo rígido de dois anos. Sustentam que, como os créditos trabalhistas se sujeitam a dois prazos (CF, art. 7º, XXIX), nos contratos já findos a prescrição intercorrente será bienal, ao passo que nos contratos em vigor o prazo bienal é incompatível, havendo de ser observado o prazo de cinco anos de paralisia processual, em reverência ao texto constitucional (op. cit., p. 38). No mesmo sentido se manifestam Danilo Gaspar e Iuri Pinheiro, op. cit., p. 12.

O grande problema está em saber quais serão as determinações judiciais hábeis a deflagrar o marco inicial da contagem do prazo.

Há quem entenda que somente aquelas situações que dependam exclusivamente de ato da parte podem ensejar a prescrição intercorrente, em face do disposto no art. 2º do CPC, segundo o qual, embora o processo comece por iniciativa da parte, ele se desenvolve por impulso oficial[26].

Outros mencionam que qualquer determinação judicial pode ter o condão de deflagrar o início do curso prescricional, tais como o fornecimento do endereço correto do devedor ou a indicação de bens livres e desembaraçados[27].

É bem verdade que a expressão "deixa de cumprir determinação judicial" revela conteúdo demasiado aberto, permitindo interpretações extremas e antagônicas.

No entanto, diante do princípio da cooperação estatuído no art. 6º do CPC, o juiz deverá indicar objetivamente quais providências se esperam da parte.

Uma terceira via interpretativa sugere a aplicação complementar da LEF e do CPC, para que se restrinjam as situações de incidência da prescrição intercorrente àquelas previstas nos citados Diplomas, ou seja, quando não localizado o devedor ou não encontrados bens penhoráveis (LEF, art. 40, § 2º; CPC, art. 921, § 2º).

Esse terceiro caminho recebe censuras[28], na medida em que transfere ao credor o fracasso do Estado-juiz em localizar o devedor ou seus bens. Acrescentam os seus críticos que o desconhecimento pelo credor da existência de bens não pode ser tomado como omissão injustificada, por configurar fator de inércia alheio à sua vontade, e que, ademais, se o legislador pretendesse incluir essas hipóteses como causas suficientes ao pronunciamento da prescrição intercorrente, o teria feito de modo expresso, tal como sucedido na LEF e no CPC.

4.2. Marco inicial para a contagem do prazo

De acordo com o § 1º do art. 11-A da CLT, a fluência do prazo prescricional intercorrente inicia-se quando o exequente deixa de cumprir determinação judicial no curso da execução.

Para os que já aplicavam a prescrição intercorrente antes mesmo da Reforma Trabalhista, com amparo na Súmula 327 do STF, nada muda.

De outra banda, para aqueles que seguiam a posição majoritária da jurisprudência trabalhista, cristalizada na Súmula 114 do TST, surge a seguinte inda-

---

26. Por todos, consultem-se: SOUZA JUNIOR, Antonio Umberto de [et al], op. cit., p. 40-41; SILVA, Homero Batista Mateus da Silva. Comentários..., p. 33.
27. TEIXEIRA, Bruno Cesar Gonçalves. Os efeitos deletérios da reforma trabalhista na execução judicial. Conjur ,02/05/2017. Disponível em: <https://www.conjur.com.br/2017-mai-02/bruno-teixeira-efeitos-deleterios-reforma-trabalhista-execucao-judicial>. Acesso em: 10/05/2018.
28. SOUZA JUNIOR, Antonio Umberto de [et al], op. cit., p. 39-41.

gação sobre o marco inicial da contagem do prazo prescricional: é possível que uma determinação judicial anterior à LRT sirva como marco inicial à fluência do prazo prescricional?

Parece que a melhor resposta é a negativa. Afinal, admitir-se o contrário seria o mesmo que atribuiu efeitos retroativos à lei nova, o que vai de encontro ao art. 5º, XXXVI, da CF, ao art. 6º da LINDB e ao art. 14 do CPC[29].

Assim, para a deflagração do início do prazo prescricional, a ordem judicial precisa ser renovada após a vigência da LRT, não podendo ser consideradas aquelas pretéritas para tal finalidade. Nesse sentido é o Enunciado 196 aprovado no V Fórum Permanente de Processualistas do Trabalho (FPPT):

196. (art. 11-A da CLT e art. 10 do CPC) O fluxo da prescrição intercorrente nas execuções iniciadas antes da entrada em vigor da Lei 13.467/17 tem como termo inicial a intimação do exequente para dar andamento à execução, em data posterior à da vigência da referida lei.

5. PRESCRIÇÃO E JUS POSTULANDI

Questão interessante diz respeito à incidência da prescrição quando a parte estiver no exercício do *jus postulandi*.

Nesse específico aspecto nenhuma mudança foi introduzida pela LRT.

Afinal, mesmo após a Lei 13.467/17, ao magistrado é permitido promover e impulsionar a execução nas hipóteses em que a parte esteja desacompanhada de advogado.

Portanto, a possibilidade de se reconhecer a prescrição da pretensão executiva ou da prescrição intercorrente, quando a parte estiver no exercício do *jus postulandi*, será de difícil ocorrência, restringindo-se àquelas raras situações em que o ato a ser praticado dependa exclusivamente da parte e não possa ser realizado pelo magistrado, a exemplo da entrega da CTPS para anotações ou da apresentação do trabalhador para a reintegração no emprego.

Quando se tratar de liquidação pelo procedimento comum (antiga liquidação por artigos), em virtude de a parte estar sem advogado, o juiz deverá determinar de ofício a realização dos cálculos de liquidação ou pelo contador da vara ou por um perito, com vistas a viabilizar o acesso à Justiça[30].

---

29. CF, Art. 5º, XXXVI – a lei não prejudicará o direito adquirido, o ato jurídico perfeito e a coisa julgada; LINDB, Art. 6º A Lei em vigor terá efeito imediato e geral, respeitados o ato jurídico perfeito, o direito adquirido e a coisa julgada; Art. 14. A norma processual não retroagirá e será aplicável imediatamente aos processos em curso, respeitados os atos processuais praticados e as situações jurídicas consolidadas sob a vigência da norma revogada.
30. SCHIAVI Mauro. Manual..., p. 512 (nota de rodapé).

Dúvidas podem surgir sobre a incidência da prescrição quando não localizado o devedor ou não encontrados bens penhoráveis, nos casos e que a parte esteja sem advogado.

Aqui as opiniões se dividem, uns pelo não cabimento da prescrição intercorrente, por ser inconcebível que se transfira ao credor o fracasso do Estado-juiz[31], outros pela sua incidência, ante a impossibilidade de eternização do processo.

6. A DECRETAÇÃO DE OFÍCIO DA PRESCRIÇÃO

Sempre existiu muita resistência na jurisprudência em se admitir a declaração de ofício da prescrição, mesmo após Lei 11.280/06, que introduziu o § 5° no art. 219 do CPC/73, autorizando a pronuncia de ofício, e, também, depois da vigência do CPC/15, de aplicação complementar ao processo do trabalho (Art. 15), que mantém essa possibilidade (Art. 487, II).

A jurisprudência prevalecente afirmava a incompatibilidade da prescrição de ofício com o processo do trabalho por entrar em choque com vários princípios constitucionais, "como da valorização do trabalho e do emprego, da norma mais favorável e da submissão da propriedade à sua função socioambiental, além do próprio princípio da proteção". Além disso, entendia que, se considerada compatível com o processo do trabalho a regra civilista, deveria ser concedida prévia vista à parte para se manifestar, com arrimo nos artigos 10 e 487, parágrafo único, do CPC[32].

Também a doutrina se dividia entre os que negavam[33] a possibilidade da pronúncia de ofício e os que a admitiam[34].

A partir da LRT, a pronúncia de ofício da prescrição intercorrente passa a constar do § 2° do art. 11-A da CLT.

Resta saber se prevalecerá na jurisprudência o entendimento de que essa possibilidade também abarca a declaração da prescrição da pretensão executiva e a da fase de conhecimento.

Roberto Dala Barba Filho manifesta posição no sentido de que, ao fim e ao cabo, restará consagrada a possibilidade de declaração de ofício na cognição:

Particularmente, entendo que é muito difícil sustentar que a declaração da prescrição de ofício seria incompatível com o processo do trabalho na fase de conhecimento – etapa processual em que ainda predomina a incerteza e indefinição a respeito da existência do direito material vindicado – mas não o seria na fase de execução, em que já há um título executivo em favor da parte exequente.

---

31. SOUZA JUNIOR, Antonio Umberto de [et al], op. cit., p. 39-41.
32. DELGADO, Mauricio Godinho. Curso..., p. 289.
33. SCHIAVI Mauro. Manual..., p. 519-523.
34. BARBA FILHO, Roberto Dala, op. cit.

É muito difícil visualizar, com efeito, de que forma o princípio da proteção no processo do trabalho serviria de escudo contra a incidência da prescrição de ofício na fase de conhecimento, mas deixaria de existir precisamente na etapa processual em que o *andebeatur* já foi reconhecido[35].

Finalmente, mesmo após a LRT, é importante que o contraditório seja preservado, ouvindo-se as partes previamente ao decreto judicial, consoante dispõem os artigos 10 e 487, parágrafo único, e 921, § 5º, do CPC[36].

7. CONCLUSÃO

As incertezas geradas pela Lei da Reforma Trabalhista ainda causarão muita insegurança jurídica antes que haja uma uniformização jurisprudencial. E com a fase de execução não será diferente.

Neste trabalho, algumas questões polêmicas envolvendo a execução foram levantadas, contudo sem a pretensão de se esgotar o assunto.

Com relação aos limites ao impulso oficial do magistrado, parece que a tendência será no sentido de apenas se exigir a iniciativa da parte quando a lei assim dispuser, reconhecendo-se ao juiz o dever de impulsionar o desenvolvimento do processo nas demais situações.

Quanto à prescrição da pretensão executiva, a sua ocorrência se restringirá aos casos em que a parte, representada por advogado, abandonar o processo, deixando de requerer a instauração da fase de execução.

Finalmente, e talvez esse seja o ponto mais complexo, diz respeito ao significado e alcance da expressão "deixa de cumprir determinação judicial", para fins de aplicação da prescrição intercorrente. É possível que a jurisprudência caminhe no sentido de limitar a sua incidência àquelas hipóteses previstas na LEF e no CPC, que admitem a prescrição intercorrente quando não localizado o executado ou não encontrados bens penhoráveis.

Enfim, essas são apenas algumas de muitas dúvidas ainda a serem respondidas.

---

35. Ibidem.
36. Art. 10. O juiz não pode decidir, em grau algum de jurisdição, com base em fundamento a respeito do qual não se tenha dado às partes oportunidade de se manifestar, ainda que se trate de matéria sobre a qual deva decidir de ofício; Art. 487, Parágrafo único. Ressalvada a hipótese do § 1º do art. 332, a prescrição e a decadência não serão reconhecidas sem que antes seja dada às partes oportunidade de manifestar-se; Art. 921, § 5º O juiz, depois de ouvidas as partes, no prazo de 15 (quinze) dias, poderá, de ofício, reconhecer a prescrição de que trata o § 4º e extinguir o processo.

8. REFERÊNCIAS

BARBA FILHO, Roberto Dala. Prescrição intercorrente é mudança que mais impacta ações trabalhistas. Conjur, 23/09/17. Disponível em: <https://www.conjur.com.br/2017-set-23/roberto-dala-prescricao-intercorrente-mudanca-impacta>. Acesso em 10/05/2018.

CAIRO JR, José. Curso de direito processual do trabalho. 10ª ed. Salvador: Juspodivum, 2016.

CASSAR, Vólia Bomfim; BORGER, Leonardo Dias. Comentários à reforma trabalhista. Rio de Janeiro: Forense, 2017.

DELGADO, Mauricio Godinho; DELGADO, Gabriela Neves. A reforma trabalhista no Brasil: com os comentários à Lei 13.467/17. São Paulo: LTr, 2017.

DELGADO. Mauricio Godinho. Curso de direito do trabalho. 15ª ed. São Paulo: LTr, 2016.

DICIONÁRIO PRIBERAM. Disponível em: <https://www.priberam.pt/dlpo/promover>. Acesso em: 10/05/2018.

FONSECA, José Geraldo da. Reforma trabalhista não é armagedom da execução judicial. Conjur, 16/05/17. Disponível em: <https://www.conjur.com.br/2017-mai-16/reforma-trabalhista-nao-armagedom-execucao-judicial>. Acesso em: 10/05/2018.

GASPAR, Danilo; PINHEIRO, Iuri. CLT comparada: o que mudou – com base na Lei 13.467 de 13 de Julho de 2017. Porto Alegre: Verbo Jurídico, 2017.

GIGLIO, Wagner Drdla. Direito processual do trabalho. 12ª ed. São Paulo: Saraiva, 2002.

OLIVEIRA, Murilo C. S. A deforma da execução trabalhista: panorama crítico da Lei 13.467/2017. In: PAMPLONA FILHO, Rodolfo; LUDWIG, Guilherme Guimarães; VALE, Silvia Teixeira do. Interpretação e aplicação da reforma trabalhista no direito brasileiro. São Paulo: LTr, 2018.

SCHIAVI, Mauro. A reforma trabalhista e o processo do trabalho: aspectos processuais da Lei 13.467/17. São Paulo: LTr Editora, 2017.

SCHIAVI, Mauro. Manual de direito processual do trabalho. 10ª ed. São Paulo: LTr, 2016.

SILVA, Homero Batista Mateus da Silva. Comentários à Reforma Trabalhista. São Paulo: Editora Revista dos Tribunais, 2017.

SILVA, Homero Batista Mateus da Silva. Curso de direito do trabalho aplicado, vol. 10: execução trabalhista. 2ª ed. São Paulo: Editora Revista dos Tribunais, 2015.

SOUZA JUNIOR, Antonio Umberto; SOUZA, Fabiano Coelho de; MARANHÃO, Ney; AZEVEDO NETO, Platon Teixeira de. Reforma trabalhista: análise comparativa e crítica da Lei 13.467/2017 e da Med. Prov. n. 802/2017. 2ª ed. Rideel, 2018.

TEIXEIRA, Bruno Cesar Gonçalves. Os efeitos deletérios da reforma trabalhista na execução judicial. Conjur ,02/05/2017. Disponível em: <https://www.conjur.com.br/2017-mai-02/bruno-teixeira-efeitos-deleterios-reforma-trabalhista-execucao-judicial>. Acesso em: 10/05/2018.

A Garantia do Juízo como Requisito para Oposição de Embargos à Execução

Ingrid Elise Scaramucci Fernandes

Especialista em Direito e Relações do Trabalho pela Faculdade de Direito de São Bernardo do Campo, sócia advogada do escritório Gilberto Maistro Sociedade de Advogados.

Sumário: 1. Introdução – 2. Breves noções históricas sobre execução – 3. A execução de título judicial – 4. Os embargos à execução: 4.1. Conceito; 4.2. Natureza jurídica; 4.3. Legitimidade; 4.4. Competência; 4.5. Matéria arguível em embargos à execução; 4.6. Efeitos suspensivos; 4.7. Prazo e procedimento – 5. A garantia do juízo – 6. Conclusão – 7. Referências bibliográficas.

1. INTRODUÇÃO

Com as recentes mudanças na legislação processual civil e também trabalhista, se tem colocado em voga questões como a celeridade processual e a efetividade das medidas inseridas nas antigas legislações.

A Lei 13.467/2017 trouxe muitas modificações para o Processo do Trabalho, uma das mais comentadas foi a da prescrição intercorrente, que coloca fim a uma discussão que se estendia há anos. Ocorre que, por traz do instituto da prescrição intercorrente existe um problema ainda maior, o crescente número de ações trabalhistas que não encontram na fase executiva uma satisfação aos créditos do trabalhador/credor.

Assim, a fase de execução/cumprimento de sentença é o grande *calcanhar de Aquiles* da Justiça do Trabalho, sendo uma fase morosa e sem efetividade para grande parte dos que apresentam suas lides à Justiça do Trabalho, recaindo naquele velho ditado *ganha, mas não leva*.

A proposta do presente artigo é traçar alguns conceitos básicos sobre a execução, principalmente a trabalhista e, especificamente se concentrar no instituto dos Embargos à Execução e o requisito da garantia do juízo para sua oposição, verificando se a garantia do juízo é mesmo necessária e, se sim, seus reflexos como causador da morosidade nas execuções trabalhistas.

Para que se possa traçar um panorama da fase de execução, primeiramente com algumas noções históricas.

Posteriormente, é importante verificar como tem sido tratada a execução no Brasil, para fim de entender a necessidade da garantia do juízo para fim de embargos à execução.

Após, ingressando propriamente dito no instituto dos Embargos à Execução, conhecer sua natureza jurídica e seu funcionamento é necessário para que, por fim, abordar a garantia do juízo e seus reflexos na execução.

Por fim, será discutida a necessidade da garantia da execução para fim dos Embargos e quais as consequências desta na Justiça do Trabalho.

2. BREVES NOÇÕES HISTÓRICAS SOBRE EXECUÇÃO

A civilização romana tinha como maneira de efetivar as penalidades impostas através de penas impostas ao próprio devedor, de forma corpórea. Desta forma, àquele que era condenado sofria como penalidade a escravidão, havendo, ainda, a possibilidade de pena de morte.

No sistema *manus iniectio*, o devedor tinha o prazo de 30 dias para saldar a dívida, após o reconhecimento desta por sentença, caso não o fizesse, o credor poderia anunciar a dívida em três feiras, de modo a torná-la pública, podendo ser quitada por familiares do devedor ou terceiros. Caso nenhuma das hipóteses de quitação ocorresse, o credor tinha o direito de dispor da vida do devedor, podendo negociá-lo como escravo – o que somente poderia ser feito fora dos limites do rio Tibre, uma vez que o comércio de escravos era ilegal em Roma. Ainda, o credor podia dispor da vida do devedor, matando-o[1]. No caso de existirem mais credores, estes dividiam de forma proporcional os créditos auferidos com a venda do devedor.

O termo execução teve origem da faculdade do credor em dispor da vida do devedor, em verdadeira execução da dívida através da disposição corpórea.

Posteriormente, o direito romano evoluiu, não permitindo mais a execução corpórea dos devedores, passando estes a responderem com seu patrimônio, o que ocorreu com o advento da *Lex Poetelia* no século V. Esta evolução se deu, em parte, por influência do cristianismo, trazendo uma humanização para as execuções.

Em que pese haver um grande avanço ao passar da execução corpórea para a execução patrimonial, ainda assim havia muitos abusos, uma vez que as execuções não se limitavam ao valor da dívida, podendo haver o confisco de patrimônio maior do que o efetivamente devido. Ainda, poderia haver a destruição do patrimônio e o confisco de bens para obrigação de pagamento da dívida, tudo através da autotutela, uma vez que o Poder Judiciário da época somente interferia até o momento da condenação, sendo certo que os atos executivos eram totalmente praticados pelo credor. Desta forma, apesar de haver um avanço, ainda assim o devedor estava sujeito a todo tipo de constrição e abusos praticados por parte do credor.

Na era medieval, os institutos romanos foram esquecidos, sendo que em determinados casos até mesmo a fase de conhecimento não existia, sendo que os credores

---

1. TEIXEIRA FILHO, Manoel Antonio – *Execução no Processo do Trabalho* p. 55.

buscavam com suas próprias forças cobrar dívidas que muitas vezes não haviam nem sequer sido reconhecidas judicialmente.

Somente a partir do ano 1000 d.C., com os estudos desenvolvidos na Universidade de Bolonha é que se passou a extirpar a autotutela executória e, assim, garantir ao devedor o direito de se opor à sentença a ser executada.

Em que pese à garantia do contraditório e da ampla defesa que começou a ser operada com mais efetividade na fase executiva, tais atos, em muitos casos, começaram a gerar grande morosidade da satisfação das dívidas, uma vez que os devedores passaram a contar com inúmeras defesas para apresentar e, assim, prejudicar a celeridade da execução.

No Brasil, a execução, a princípio somente existia em casos processuais civis, uma vez que a legislação trabalhista é recente.

O Regulamento 737 de 1850 foi a primeira legislação originariamente brasileira a regulamentar a execução de títulos judiciais e extrajudiciais, sendo que já era prevista a possibilidade do devedor se defender através de Embargos.

No processo do trabalho, uma das primeiras legislações que tratou da execução foi o Decreto Lei 1.237 de 1939, que previa a Organização da Justiça do Trabalho.

Com apenas cinco artigos que tratavam expressamente da execução, o diploma legal previa que a execução poderia ser iniciada pelas partes, pela Procuradoria do Trabalho, ou de ofício.

A própria sentença já deveria determinar o modo pelo qual seria cumprida a decisão e o prazo para tanto, sendo certo que, para pagamentos em dinheiro, o prazo era de 48 horas para pagar ou garantir a execução, sob pena de penhora.

Após a garantia do juízo, o devedor poderia apresentar defesa, no prazo de 5 dias, somente podendo alegar o cumprimento da decisão, quitação ou prescrição da dívida, igual prazo era concedido ao credor para se manifestar sobre a impugnação, e, posteriormente enviada ao juiz para julgamento.

Era aplicável, de forma subsidiária, a Lei de Execuções contra a Fazenda Pública no que fosse cabível.

Posteriormente, o Decreto 6.596/1940 não alterou substancialmente a execução trabalhista.

Em 1943 entrou em vigor o Decreto Lei 5.452, que criou a Consolidação das Leis do Trabalho – CLT, criando um verdadeiro "código de processo do trabalho", que está disciplinado no Capítulo V do Título X – *Do Processo Judiciário do Trabalho* e, assim, disciplinando de maneira mais extensa a execução trabalhista, em que pese os Embargos à Execução continuem sendo tratados de forma muito sucinta pela legislação trabalhista.

3. A EXECUÇÃO DE TÍTULO JUDICIAL

A fase de execução/cumprimento de sentença pressupõe a existência de uma fase cognitiva anterior, em que o réu/executado/devedor pode exercer o contraditório e, assim, o devedor teve a oportunidade de se defender quanto às pretensões deduzidas, sendo que, somente será efetivamente responsável pelo cumprimento da obrigação, após o trânsito em julgado da decisão.

Considerando isso, é possível minimizar as matérias que podem ser discutidas na fase executória, uma vez que o direito material já foi amplamente discutido na fase de conhecimento.

Desta forma, para a fase de execução, a primeira questão a ser apreciada pelo Juízo é a liquidez da decisão.

Em princípio, a CLT não previa como se daria a liquidação de sentença, com os avanços legislativos, passou a se prever três formas de serem feita a liquidação: por cálculos, por artigos ou por arbitramento – artigo 879 (Redação dada pela Lei 2.224 de 1954).

A partir de então, se iniciou a primeira questão relativa à manifestação em fase de execução. Somente a partir de 1992, com a Lei 8.432 é que foi dada a faculdade ao juiz de abrir prazo para as partes de manifestarem sobre os cálculos, antes de serem homologados.

Em que pese a CLT trouxesse o texto como uma faculdade do juiz (*poderá*) o mais correto é tratar tal questão como uma obrigação do juiz, uma vez que é necessário privilegiar também o contraditório e a ampla defesa na fase executiva. Entretanto, a redação do texto dava margens à interpretação da norma, o que muitas vezes gerava a homologação de valores dos quais as partes não haviam concordado, com a possibilidade das partes se manifestarem quanto aos cálculos apresentados, existe a mitigação de tais abusos, em que pese ainda hoje ser possível a impugnação da decisão que homologou os cálculos.

Esta celeuma foi dirimida com a nova redação dada ao § 2º do artigo 879, pela Lei 13.467/2017, sendo previsto que o juiz *deverá* abrir prazo comum às partes para se manifestarem de forma justificada e fundamentada sobre os cálculos apresentados, inclusive informando os itens e valores impugnados.

Neste ponto a reforma trabalhista avançou, uma vez que não mais há espaço para meras alegações infundadas, sem qualquer indicação de quais seriam os valores corretos e, assim, prestigiando a celeridade e a boa-fé processual, sem falar de estar garantido o princípio do contraditório e da ampla defesa na fase de liquidação de sentença para ambas as partes.

Apesar da reforma ter resolvido este problema, ainda assim, existem questões pertinentes à liquidação de sentença que merecem ser melhores abordadas. Entretanto, isso será feito mais adiante.

Desta feita, após a homologação dos cálculos de liquidação, inicia-se propriamente a fase executória, em que são tomadas as medidas necessárias para efetivar o direito já reconhecido na fase de conhecimento.

A fase executiva, prevista na CLT avançou muito no ordenamento jurídico pátrio, inclusive, sendo mais célere e efetiva que a execução processual cível.

A CLT previu, de maneira suscita o procedimento executório, somente posteriormente é que foi incluída a execução extrajudicial (artigo 887-A, inserido pela Lei 9.958/2000), sendo que, até então, somente se admitia na Justiça do Trabalho a execução de suas próprias decisões.

Após a liquidação dos valores devidos, havendo uma decisão homologatória inicia-se propriamente dita a fase executiva, sendo o devedor citado para pagar a divina, no prazo de 48 horas.

Sendo o valor integralmente quitado após a citação para pagamento, encerra-se a fase executiva, com o cumprimento da obrigação a qual foi condenado.

Em que pese tal instituto pareça razoavelmente simples e rápido, o que torna a fase de cumprimento de sentença morosa é o fato de que, muitas vezes, o devedor não paga o valor devido no prazo fixado, sendo certo que a partir de então, se iniciam diversos mecanismos constritivos, buscando garantir o juízo e, assim, dar eficácia à decisão de fase de conhecimento.

Caso não haja o pagamento no prazo fixado, seguirá a penhora de bens do executado, tantos quantos forem necessários para satisfazer o crédito de forma integral (artigo 883 da CLT). Atualmente ainda é permitido ao devedor nomear bens à penhora, seguindo a ordem preferencial estabelecida no artigo 835 do CPC, bem como apresentar seguro garantia judicial (artigo 882 da CLT).

Tratando-se de nomeação de bens à penhora, deve o credor ser intimado para se manifestar, uma vez que tais bens devem estar de acordo com a ordem preferencial prevista no CPC, sendo que, caso o devedor apresente bens de difícil liquidez, é possível que o credor os recuse, indicando outros bens do devedor passíveis de penhora.

Por fim, a reforma trabalhista trouxe a para a CLT o artigo 883-A que prevê a possibilidade de protesto da decisão judicial transitada em julgado e inscrição do nome do executado em órgãos de proteção ao crédito ou no Banco Nacional de Devedores Trabalhistas (BNDT) caso não haja a garantia do juízo, após transcorrido um prazo de 45 dias a contar da citação do executado para pagar a dívida.

Entende-se que tal prazo é abusivo e dificulta a celeridade processual e a efetividade de tais medidas, uma vez que, neste período o executado poderá livremente dispor de seus bens, sem qualquer garantia ao exequente.

Passando-se a fase de penhoras, admitindo que foi possível encontrar bens penhoráveis, inicia-se prazo para defesa do executado, que, conforme será melhor explicada adiante, é feita através de ação cognitiva incidental, chamada de Embargos à Execução.

4. OS EMBARGOS À EXECUÇÃO

4.1. Conceito

Embargos à Execução são o meio pelo qual o executado, na fase de execução pode se insurgir contra a execução, buscando que seja afastada a constrição de seus bens.

Francisco Ferreira Jorge Neto e Jouberto de Quadros Pessoas Cavalcante conceituam os Embargos à Execução como uma ação que tem como função *propiciar ao devedor o exercício do direito de defesa. Assim, dá ensejo a nova relação processual, a um novo processo, no qual o devedor, ao defender-se, propõe uma nova demanda em face do credor, objetivando (a) a discussão do crédito pretendido pelo exequente; (b) a desconstituição do título executivo; (c) correção dos defeitos do processo de execução.*[2]

Para Carlos Henrique Bezerra Leite[3] os Embargos à Execução são gênero, dos quais são espécies os embargos do executado, ou à penhora, os embargos à arrematação e à adjudicação, bem como os embargos de terceiro. Em que pese o posicionamento defendido, entende-se que os embargos à execução são os previstos no artigo 884 da CLT, não havendo tal diferenciação.

Entretanto, para fins didáticos, importante mencionar o posicionamento de Bezerra Leite sobre a denominação dos Embargos. Para ele, a denominação mais correta seria *embargos do executado,* uma vez que no CPC atual, extinguiu o processo de execução de título judicial. Ainda, aduz que, considerando que qualquer das partes é interessado para dar início à fase de execução, sendo que, nem sempre o credor será o exequente e o devedor o executado, razão pela qual melhor denominação seria *embargos do executado,* embora usualmente as expressões *embargos do devedor* e *embargos à execução* sejam utilizadas como sinônimos.

4.2. Natureza jurídica

Os Embargos à Execução têm natureza jurídica de ação incidental que tem por objetivo garantir ao devedor, após a garantia do juízo, o contraditório e a ampla defesa na fase de execução.

Valentim Carrion, citando processualistas civis como Humberto Theodoro Jr., Liebman e Amaral Santos e Lopes da Costa, chega à conclusão de que os embargos à execução tem natureza jurídica de ação incidental e não de simples defesa, tratando-se *de ação incidental de caráter constitutivo, conexa à execução, que pretende extinguir o processo ou desconstituir a eficácia do título executivo, a relação jurídica líquida e certa.*[4]

---

2. JORGE NETO, Francisco Ferreira e CAVALCANTE, Jouberto de Quadros Pessoa, *Direito Processual do Trabalho,* p. 1112.
3. LEITE, Carlos Henrique Bezerra, *Curso de Direito Processual do Trabalho,* p. 1410.
4. CARRION, Valentin, 1931– *Comentários à Consolidação das Leis do Trabalho* – 30 ed. atual. Por Eduardo Carrion, p. 741.

Já Manoel Antonio Teixeira Filho, seguindo o mesmo raciocínio, vai adiante ao discorrer sobre a natureza jurídica dos embargos que *não correspondem à suposta modalidade de contestação do devedor, ainda que muitos tenham percebido a dissimilitude desses embargos em contorno com a resposta que o réu sói oferece no processo de conhecimento.*

A contestação é, efetivamente, uma das respostas que o réu pode oferecer ao autor e às pretensões por ele deduzidas em juízo (CPC, art.297), mas, enquanto o réu responde dentro da mesma relação jurídica processual, o devedor faz com que seus embargos instaurem uma nova relação processual, em que pese o fato de sabermos que os embargos se apresentam, em regra, conexos com a execução.

Não sendo os embargos em pauta forma de contestação, qual enfim a sua natureza jurídica? Ora, visando tais embargos a desconstituir o título executivo em que se funda a execução ou a impedir que esta prossiga até o seu ponto de culminância, parece-nos inevitável dizer que, do ponto de vista do devedor, esses embargos trazem nítido perfil de uma ação constitutiva, incidente na execução. O mesmo elemento de constitutividade far-se-á presente, em virtude disso, na sentença que acolhe os embargos, pois estará, com isso, extinguindo ou modificando o título executivo; quando não, subtraindo-lhe a eficácia e os efeitos.[5]

Em que pese à doutrina majoritária entenda que o acima disposto, há entendimentos no sentido de que os Embargos à Execução tenham natureza jurídica de defesa, é o que defende Francisco Antonio de Oliveira: *A sua natureza jurídica é a de simples defesa do executado (lato sensu) que se caracteriza em simples pedido de reconsideração. A matéria estará gizada ao que restou prequestionado por ocasião da impugnação dos cálculos ao que dispõe o artigo 884, § 1.º, da CLT, e artigo 741, incisos II usque VII, do CPC (art. 769, CLT).*[6]

Carlos Henrique Bezerra Leite entende ser importante a definição da natureza jurídica dos Embargos à Execução não apenas de maneira didática, mas também para fins processuais, como para contagem de prazo de oposição destes pela Fazenda Pública, sendo certo que, a depender de sua natureza jurídica o prazo será simples – no caso de natureza jurídica de ação incidental à execução – e prazo em quádruplo – no caso de natureza jurídica de defesa[7].

Além da contagem de prazo para oposição da medida, é importante a determinação da natureza jurídica dos embargos para fim pautar melhor a questão principal a ser discutida adiante.

---

5. TEIXEIRA FILHO, Manoel Antonio – *Execução no Processo do Trabalho*, p. 585.
6. OLIVEIRA, Francisco Antonio de – *A execução na justiça do trabalho: doutrina, jurisprudência, enunciados e súmulas*, p. 164.
7. LEITE, Carlos Henrique Bezerra, *Curso de Direito Processual do Trabalho*, p. 1414.

4.3. Legitimidade

A previsão contida no artigo 884, § 1º é expressa no sentido de que os embargos à execução são opostos pelo executado, cabendo ao exequente, em igual prazo (5 dias) apresentar impugnação.

Assim, considerando a redação atual do artigo 878 da CLT, em que a qualquer uma das partes é facultado o início da fase de execução, o executado poderia ser tanto o credor como o devedor. Por esta razão é que Bezerra Leite entendeu ser melhor a nomenclatura *embargos do devedor*, uma vez que embargos à execução, nos atuais moldes, poderiam ser opostos tanto pelo credor quanto pelo devedor.

Entretanto, a maior parte da doutrina segue o entendimento de Jorge Neto e Cavalcante que entendem que são *devedores as pessoas físicas ou jurídicas, que são os sujeitos passivos na ação de execução, os quais terão a legitimidade ativa para a propositura dos embargos.*[8]

Considerando que na maior parte dos casos as execuções são iniciadas pelos credores que tem interesse em receber seus créditos o quanto antes, bem como o que é amplamente aceito pela doutrina pátria, entende-se que os embargos à execução são opostos pelo devedor e a impugnação pelo credor, apesar de poder haver inversão de papéis, a ser analisada em cada caso.

4.4. Competência

Por terem os Embargos à Execução a natureza jurídica de ação incidental à execução estes devem ser distribuídos como petição ao cumprimento de sentença, sendo estes processados nos mesmos autos da execução, não recebendo numeração própria como ocorre no Processo Civil.

Em se tratando de execução por carta precatória a intimação será comunicada ao juiz deprecante imediatamente, inclusive por meio eletrônico, sendo o prazo contado a partir da juntada aos autos da comunicação (CPC, art. 915, § 2º). Neste caso, não se aplica o disposto no CPC, art. 229 que prevê prazo em dobro para manifestação em caso de litisconsortes com procuradores diferentes.

Ainda é entendimento já trazido no antigo CPC/73, artigo 747 e reproduzido no artigo 914, § 3º do atual CPC/15, bem como na Súmula do TST, verbete 419 que traz:

> *Na execução por carta precatória, os embargos de terceiro serão oferecidos no juízo deprecante ou no juízo deprecado, mas a competência para julgá-los é do juízo deprecante, salvo se versarem, unicamente, sobre vícios ou irregularidades da penhora, avaliação ou alienação dos bens, praticados pelo juízo deprecado, em que a competência será deste último.*

---

8. JORGE NETO e CAVALCANTE, Ob. Cit. p. 1115.

O entendimento do TST é utilizado analogicamente para os Embargos à Execução, uma vez que também reflete o previsto no CPC e, assim, por força do artigo 789 da CLT, é aplicável na Justiça do Trabalho.

4.5. Matéria arguível em embargos à execução

Conforme já abordado acima, por terem sido amplamente discutidas em fase de conhecimento as matérias de direito são poucas as matérias que podem ser alegadas pelo embargante/devedor.

Nos termos do artigo 884, § 1º da CLT, somente pode ser deduzida, em sede de embargos à execução, *alegações de cumprimento da decisão ou do acordo, quitação ou prescrição da dívida,* tal limitação se dá justamente para que não haja a oposição de Embargos protelatórios, uma vez que a dívida já é líquida, já houve condenação quanto a quem deve pagar e já existe valor suficiente depositado em Juízo para saldar o crédito.

Em que pese a legislação trabalhista seja restritiva quanto às matérias que podem ser alegadas em Embargos à Execução, a doutrina juslaboralista entende ser possível expandir as matérias arguíveis nos embargos. Esta conclusão se dá, por duas razões principais: (i) tratando-se os embargos de ação incidental, uma lei infraconstitucional como a CLT não teria o condão de limitar as matérias que podem ser suscitadas, sob pena de ferir o princípio do livre acesso à justiça; e (ii) considerando a previsão legal trazida no artigo 769 da CLT e, agora, corroborada pelo artigo 15 do CPC/15, é possível a aplicação supletiva do Código de Processo Civil no Processo do Trabalho, alargando, portanto as matérias que podem ser alegadas em sede de Embargos à Execução.

Desta forma, é possível aplicar de forma analógica ao Processo do Trabalho do artigo 917 do CPC/15, que traz as seguintes matérias arguíveis em Embargos à Execução:

I – inexequibilidade do título ou inexigibilidade da obrigação;

II – penhora incorreta ou avaliação errônea;

III – excesso de execução ou cumulação indevida de execuções;

IV – retenção por benfeitorias necessárias ou úteis, nos casos de execução para entrega de coisa certa;

V – incompetência absoluta ou relativa do juízo da execução;

VI – qualquer matéria que lhe seria lícito deduzir como defesa em processo de conhecimento.

Destaque-se que tais matérias seriam alegáveis em caso de execução de título extrajudicial, uma vez que algumas destas matérias não caberiam no cumprimento de sentença, uma vez que já deveriam ter sido ventiladas em sede de conhecimento.

Em que pese a doutrina majoritária entenda ser possível a aplicação subsidiária do CPC quanto às matérias arguíveis em embargos, este não é o mesmo entendimento jurisprudencial, havendo, ainda, controvérsias sobre a possibilidade de alargar o rol do artigo 884, § 1º do CPC.

Mauro Schiavi entende serem arguíveis em Embargos à Execução: *(i)* nulidade da citação se o processo correu à revelia; *(ii)* prescrição da dívida; *(iii)* cumprimento da decisão ou quitação da dívida; *(iv)* inexigibilidade do título; *(v)* penhora incorreta ou avaliação errônea; *(vi)* excesso de execução; *(vii)* inexigibilidade do título em razão do dispositivo em que se baseava ter sido declarado inconstitucional; *(viii)* impugnação à liquidação; e *(ix)* matérias de ordem pública.[9]

Destaque-se que, conforme previsto no § 3º do artigo 884 da CLT, somente na oportunidade dos Embargos à Execução é que as partes poderão se insurgir contra a decisão que homologou os cálculos de liquidação.

Quando o excesso de execução for o fundamento dos embargos, a petição deverá ser instruída com o valor que entende ser correto e a apresentação da memória de cálculo, sob pena de rejeição liminar dos embargos ou de não conhecimento desse fundamento.

4.6. Efeito suspensivo

A CLT não traz expressamente qual é o efeito pelo qual serão admitidos os embargos à execução, por esta razão, aplica-se subsidiariamente o disposto no CPC a respeito, atualmente no artigo 919 do CPC/15, que traz:

> Os embargos à execução não terão efeito suspensivo.
>
> § 1º O juiz poderá, a requerimento do embargante, atribuir efeito suspensivo aos embargos quando verificados os requisitos para a concessão da tutela provisória e desde que a execução já esteja garantida por penhora, depósito ou caução suficientes.
>
> § 2º Cessando as circunstâncias que a motivaram, a decisão relativa aos efeitos dos embargos poderá, a requerimento da parte, ser modificada ou revogada a qualquer tempo, em decisão fundamentada.
>
> § 3º Quando o efeito suspensivo atribuído aos embargos disser respeito apenas a parte do objeto da execução, esta prosseguirá quanto à parte restante.
>
> § 4º A concessão de efeito suspensivo aos embargos oferecidos por um dos executados não suspenderá a execução contra os que não embargaram quando o respectivo fundamento disser respeito exclusivamente ao embargante.
>
> § 5º A concessão de efeito suspensivo não impedirá a efetivação dos atos de substituição, de reforço ou de redução da penhora e de avaliação dos bens.

Este entendimento chegou até mesmo a se tornar Enunciado na Jornada de Execução na Justiça do Trabalho de 2010.

---

9. SCHIAVI, Mauro, *Execução no processo do Trabalho*, p. 317-324.

Apesar dos enunciados não terem força vinculante, servem como parâmetro do entendimento de vários estudiosos do direito, neste caso, magistrados trabalhistas, sobre temas relevantes:

> *Enunciado 54. EMBARGOS À EXECUÇÃO. EFEITOS SUSPENSIVOS. APLICAÇÃO DO ART. 475-M E 739-A, § 1º, DO CÓDIGO DO PROCESSO CIVIL (CPC). O oferecimento de embargos à execução não importa a suspensão automática da execução trabalhista, aplicando-se, subsidiariamente, o disposto nos arts. 475-M e 739-A, § 1º, do CPC.* (ENUNCIADO 54 DA JORNADA DE EXECUÇÃO NA JUSTIÇA DO TRABALHO DE 2010)

Ainda, o próprio TST, ao negar a possibilidade de Mandado de Segurança contra decisões em que caibam embargos à execução admite que é possível a concessão do efeito suspensivo aos embargos:

> *RECURSO ORDINÁRIO EM MANDADO DE SEGURANÇA. LEI 13.105/15. INCLUSÃO DA EMPRESA IMPETRANTE NO POLO PASSIVO DA EXECUÇÃO EM RAZÃO DO RECONHECIMENTO DE FORMAÇÃO DE GRUPO ECONÔMICO. ATO JUDICIAL ATACÁVEL MEDIANTE REMÉDIO JURÍDICO PRÓPRIO. PREVALÊNCIA DA CONVICÇÃO DEPOSITADA NA ORIENTAÇÃO JURISPRUDENCIAL 92 DA SBDI-2 DO TST. 1. O mandado de segurança jamais foi visto como substitutivo de recurso, de modo que pudesse o litigante, ante ato judicial determinado, servir-se de um ou de outro, a seu critério e gosto. 2. Não há e não pode haver, ante a distinção das salvaguardas constitucionais, fungibilidade entre os institutos. 3. A Lei 12.016/2009, ao proibir a impetração de mandado de segurança contra decisão judicial da qual caiba recurso com efeito suspensivo (art. 5º, II), não inovou o ordenamento jurídico até então vigente, na medida em que tanto o sistema recursal inaugurado pelo Código de Processo Civil quanto o trabalhista (CLT, art. 899; Súmula 414, item I, do TST) admitem a concessão de efeito suspensivo aos recursos dele desprovidos, ainda que excepcionalmente. 4. Portanto, mesmo sob a égide da Lei 12.016/2009, subsiste a convicção depositada na Orientação Jurisprudencial 92 da SBDI-2 do TST, no sentido do descabimento de "mandado de segurança contra decisão judicial passível de reforma mediante recurso próprio, ainda que com efeito diferido". Para o caso, o procedimento ordinário contém rito hábil à defesa da pretensão da parte. Recurso ordinário conhecido e desprovido. (RO-10423-37.2016.5.18.0000, Rel. Min. Alberto Luiz Bresciani de Fontan Pereira, DEJT 28/4/2017)*

Assim, em que pese a CLT não preveja expressamente o efeito suspensivo nos embargos à execução, este pode ser concedido, quando haja fundamentos suficientes de que o prosseguimento da execução sem o julgamento dos embargos causará grandes prejuízos ao embargante.

4.7. Prazo e procedimento

O prazo para opor os embargos é de 5 dias a contar da data em que o devedor garantiu a execução, oferecendo bens à penhora ou depositando o valor em juízo, no caso da execução sincrética, ou foi intimado da penhora, na execução de título extrajudicial. Em se tratando de execução por carta precatória a intimação será comunicada ao juiz deprecante imediatamente, inclusive por meio eletrônico, sendo o prazo contado a partir da juntada aos autos da comunicação.

A questão da garantia do juízo será tratada adiante, considerando ser o tema principal deste artigo, entretanto, é importante citar algumas questões quanto ao prazo e o procedimento dos embargos à execução antes de propriamente entrarmos na garantia do juízo, para que melhor possa ser discutida a questão.

No que diz respeito ao início do prazo para oposição de embargos à execução, a CLT é clara ao determinar que este somente começa a correr a partir da garantia do juízo, ou seja, antes de garantida a execução é impossível opor embargos.

O Fórum Permanente de Processualistas do Trabalho – FPPT, em sua 3ª edição, ocorrida em 21 e 22 de outubro de 2016 editou dois Enunciados importantes quanto ao início do prazo para os Embargos:

> *Enunciado 124* (art. 884 da CLT) Na hipótese de penhora on-line em garantia da execução, a contagem do prazo de cinco dias para a oposição dos embargos à execução se dá a partir da intimação judicial do referido ato de constrição e não da efetivação do bloqueio, independentemente de qualquer ato de comunicação bancária.
>
> *Enunciado 125* (art. 884 da CLT) Na hipótese de garantia da execução por meio de depósito judicial pela parte, o início da contagem do prazo de cinco dias para a oposição de embargos, prevista no artigo 884, dar-se-á da data do efetivo pagamento, excluído o primeiro dia e incluído o último.[10]

Assim, em que pese tais diretrizes não tenham força vinculante, o grupo de estudiosos de Processo do Trabalho que compõe o FPPT é homogêneo, formado por magistrados, membros do Ministério Público e advogados atuantes em todas as regiões do país, com seus enunciados apenas sendo aprovados por unanimidade, o que demonstra a seriedade do fórum, bem como que os entendimentos ali aprovados, refletem um posicionamento consolidado e, que deve ser considerado para o presente tema.

Após a oposição dos Embargos e sendo estes recebidos, o juiz mandará intimar o exequente para impugná-los no prazo de 5 dias, podendo haver designação de audiência de instrução de julgamento (§ 2º, artigo 884 da CLT), caso o juiz entenda necessária qualquer produção de prova testemunhal sobre a matéria ventilada nos embargos.

Utilizando-se subsidiariamente da previsão do artigo 16, § 2º da Lei 6.830/1980, através do artigo 889 da CLT, entende-se que serão 3 as testemunhas que cada parte poderá arrolar, podendo este número duplicar, se o juiz entender necessário.

Passada a fase de apresentação de impugnação aos Embargos à Execução e às impugnações à sentença de liquidação, que também somente poderão ser apresentadas no mesmo prazo dos Embargos – artigo 884, § 3º da CLT –, o juiz julgará todos conjuntamente, através de sentença.

Da sentença que julgar os embargos à execução, a impugnação, caberá recurso de Agravo de Petição no prazo de 8 dias, que será endereçado ao órgão superior.

---

10. Disponível em http://www.fppt.com.br/enu_21_10_2016.php, acesso em 31.05.2018.

5. A GARANTIA DO JUÍZO

Passadas as considerações iniciais sobre a execução trabalhista e os Embargos à Execução, ingressa-se propriamente dito no tema deste artigo.

Prevê o *caput* do artigo 884 da CLT: *Garantida a execução ou penhorados os bens, terá o executado 5 (cinco) dias para apresentar embargos, cabendo igual prazo ao exequente para impugnação*. Esta regra está contida na CLT desde sua redação original e se mantém imutável desde então.

Da simples leitura do artigo é possível se deduzir que somente se pode embargar se a execução estiver garantida ou houver a penhora de bens. O motivo pelo qual se institui a garantia do juízo como obrigatoriedade para a oposição de embargos é a proteção do trabalhador e dos créditos por ele almejados. Considerando que a execução parte do princípio de que já houve uma fase de conhecimento anterior, com as produções de provas necessárias e a garantia do contraditório, permitir que o executado/devedor oferte embargos sem que garanta o juízo seria prestigiar condutas meramente protelatórias por parte do devedor.

Este entendimento também estava previsto no CPC/73, em sua redação original, entretanto, em 2006, através da Lei 11.382 houve alteração no texto referente aos embargos à execução, admitindo que esses fossem opostos sem a necessidade de garantia do juízo pelo devedor: *O executado, independentemente de penhora, depósito ou caução, poderá opor-se à execução por meio de embargos* (artigo 736, CPC/73) e o artigo 914 do CPC/15 repetiu o mesmo artigo, dispensando a necessidade de garantia do juízo para oposição dos embargos.

Não obstante o entendimento atualizado do CPC ser no sentido de ser desnecessária a garantia do juízo para fins de embargos, na Justiça do Trabalho o entendimento continua sendo da sua necessidade.

Embora a regra seja da não admissibilidade dos embargos se não estiver garantido o Juízo existem exceções: a primeira se dá quanto à Fazenda Pública que, considerando realizar o pagamento de créditos, por precatórios, poderá ofertar embargos sem a prévia garantia do juízo; a segunda foi inserida pela recente Lei 13.467/2017 e traz: *Artigo 884 [...] § 6º A exigência da garantia ou penhora não se aplica às entidades filantrópicas e/ou àqueles que compõem ou compuseram a diretoria dessas instituições*.

Neste caso, a reforma andou bem, auxiliando entidades que já não dispõe, via de regra, de muitos valores a serem ofertados em penhora, e que, caso assim o sejam, podem gerar prejuízos às suas atividades cotidianas, a previsão legal não restou muito clara quanto às regras a serem aplicadas para tais entes.

Desta forma, no VI Fórum Permanente de Processualistas do Trabalho, foi editado enunciado prevendo algumas das condições necessárias a comprovar a desnecessidade de garantia do juízo:

Enunciado 226 (Art. 884, § 6º, art.818, I e art.765, CLT). A fim de se valer da previsão de inexigibilidade da garantia da execução ou penhora para efeito de conhecimento dos embargos à execução, necessária a comprovação pela executada de que se trata de entidade filantrópica (arts. 818, I, CLT, e 373, CPC/2015), especialmente por meio dos certificados emitidos pelos conselhos de assistência social (Lei 8.742/93) e pelos conselhos de saúde (Lei 8.080/90), cabendo ao juiz do trabalho (art. 765, CLT) admitir outros meios de prova cabais de tal condição e da regularidade exclusivamente nos casos de pendência de procedimento administrativo voltado à renovação da autorização para as ditas atividades.[11]

Apesar das exceções resolverem parte do problema, a execução trabalhista, no decorrer dos anos não vem se mostrando tão efetiva quanto deveria.

Uma das questões que se pode levantar contra a garantia do juízo para oposição dos embargos é o fato de que impossibilitando que o devedor oponha embargos sem tal requisito, se limita o direito de ação deste, considerando que, conforme já visto acima, os embargos têm natureza de ação cognitiva incidental. Desta forma, ao determinar que somente se pode propor uma ação, mesmo que incidental, após o preenchimento de certo requisito, estariam sendo limitado o seu acesso à Justiça e, consequentemente, o Direito de ação (artigo 5º, XXXIV, *a*, CF), direitos estes constitucionais e que, portanto, não poderiam ser limitados por qualquer legislação infraconstitucional.

Para resolver tal celeuma, Manoel Antonio Teixeira Filho disserta que:

Mesmo não sendo tais embargos recurso (ou contestação), e sim ação constitutiva, justifica-se a exigência de garantia eficiente do juízo em virtude da autoridade e da força da coisa julgada material, subsumida na sentença exequenda. No processo de conhecimento, a lei não impõe ao réu – para efeito de admissibilidade da resposta que venha a oferecer – a garantia do juízo porque o direito está aí sendo disputado pelas partes, não sendo razoável (e quanto menos jurídico), por esse motivo, criar-se um encargo patrimonial a um dos litigantes, sem que existisse qualquer sentença condenatória, ou seja, declaratória de que o direito pertence à parte contrária. Proferida a sentença condenatória, o réu, caso tencione dela recorrer, deverá efetuar o depósito de que trata o art. 899, § 1º da CLT, embora limitado ao valor fixado pelo TST. Na execução, o que se tem é um direito já reconhecido, definitivamente, em prol do credor e que se exterioriza sob a forma de dívida certa e quantificada, a que o devedor será chamado a solver no prazo legal. É precisamente essa certeza do direito a sua imutabilidade (na mesma relação jurídica processual) que justifica a exigência legal no sentido de que o devedor, colimando embargar a execução, garanta o juízo, mediante o depósito, à ordem deste, da quantia constante do mandado, ou indique bens a serem apreendidos pelo órgão judiciário competente.[12]

Ultrapassada a discussão quanto à constitucionalidade da garantia do juízo, ainda assim a garantia do juízo se mostra retrograda, tanto que eliminada do Processo Civil e, ainda, gera grande demora nas execuções, uma vez que, não havendo garantia integral da dívida, o devedor não poderá embargar, nem o credor impugnar os cálculos da execução e, ainda, muitas vezes, existindo alguns valores bloqueados

---

11. Disponível em http://www.fppt.com.br/enu_23_03_2018.php#execucao acesso em 31.05.2018.
12. TEIXEIRA FILHO, Manoel Antonio, p. 597-598.

e, aos poucos liberados ao credor, dificilmente haverá a garantia total do juízo, prejudicando as possibilidades do devedor/executado se defender na execução.

Sensíveis com os problemas atuais existentes frente à garantia do juízo e à execução trabalhista, a Jornada de Execução na Justiça do Trabalho de 2010 editou enunciado no sentido de auxiliar os executados e promover a celeridade processual.

> *55. EMBARGOS À EXECUÇÃO. GARANTIA DO JUÍZO. A garantia integral do juízo é requisito essencial para a oposição dos embargos à execução. Entretanto, na hipótese de garantia parcial da execução e não havendo outros bens passíveis de constrição, deve o juiz prosseguir à execução até o final, inclusive com a liberação de valores, porém com a prévia intimação do devedor para os fins do art. 884 da Consolidação das Leis do Trabalho (CLT), independentemente da garantia integral do juízo.* (ENUNCIADO 55 DA JORNADA DE EXECUÇÃO NA JUSTIÇA DO TRABALHO DE 2010)

Este entendimento permite que, havendo garantia parcial da execução e não sendo encontrados outros bens passíveis de penhora, o que causa um travamento do processo, o juiz pode aceitar os embargos à execução e, assim, posteriormente, liberar tais valores ao credor/exequente. Frise-se que, em que pese este enunciado tenha sido elaborado por magistrados membros da ANAMATRA, não há qualquer consenso na aplicação deste, sendo ainda muito controversa qualquer admissão de embargos sem a garantia integral do juízo.   As estatísticas emitidas pelo TST demonstram que, no ano de 2017, foram iniciadas 842.984 execuções em todo país, sendo que, no mesmo período, foram encerradas somente 655.408 (tanto do ano de 2017 quanto de anos anteriores), havendo, ainda, um resíduo composto de 1.832.223 execuções em curso e mais 815.801 execuções em arquivo provisório, somando um total de 2.648.024 execuções ainda passíveis de cumprimento.[13]

No ano de 2018, apesar dos dados serem parciais, a proporção não se modifica muito, os dados dos meses de janeiro e fevereiro, disponibilizados pelo TST demonstram que foram distribuídas 104.001 execuções, com encerramento de apenas 90.767 (incluindo execuções de nos anteriores), havendo um resíduo de 1.839.614 execuções em curso e 823.653 em arquivo provisório, num total de 2.663.267 execuções em trâmite no país.[14]

Não se diga que o número expressivo de execuções em curso se dê unicamente pela impossibilidade de se opor embargos à execução sem a garantia do juízo, porém, certamente este é um fator que torna mais morosa a execução trabalhista.

Recentemente, no VI Fórum Permanente de Processualistas do Trabalho – FPPT, a turmária de execução buscou a aprovação do seguinte enunciado:

---

13. Disponível em http://www.tst.jus.br/documents/18640430/31336edf-70ca-da84-1adc-2a869e4fc968 acesso em 24.05.2018.
14. Disponível em http://www.tst.jus.br/documents/18640430/11172113-b4a4-70c4-d7de-80f7e2017c9f acesso em 24.05.2018.

(CLT, art.884). *A penhora parcial é suficiente para viabilizar o processamento e julgamento de mérito dos embargos à execução, desde que esgotados os meios de localização de bens, a critério do juiz.*

Este enunciado não foi aprovado em plenária, entre os motivos para sua rejeição estão: a expressão *a critério do juiz*, entendendo-se muito discricionária e sem objetividade para entender o que seriam esgotados os meios de localização de bens e também o fato de que, apesar de muitos já vislumbrarem a possibilidade de penhora parcial ser suficiente para fins de garantir o juízo, muitos outros entendem que somente a garantia total permite os embargos à execução.

Assim, continua-se sendo majoritário o entendimento no sentido de que é necessária a garantia total do juízo para que se possa opor Embargos à Execução. Desta forma, tratando-se de matérias de ordem pública, que tenham urgência em sua discussão, não podendo aguardar a garantia do juízo para apresentação em juízo, é bem aceito atualmente a possibilidade de apresentar matérias de ordem pública por meio de Exceção de pré-executividade na Justiça do Trabalho, meio que deve ser utilizado caso necessário.

6. CONCLUSÃO

Os embargos à execução são ferramenta pela qual o devedor pode exercer seu direito de petição de modo a afastar os atos constritivos de seus bens e a própria execução em si.

Em que pese os embargos tenham natureza jurídica de ação constritiva incidental, para sua oposição é necessário que o juízo esteja garantido em sua totalidade, sob pena de não ser conhecido.

Apesar de deste requisito não ser mais necessário no processo civil, o que garante o livre acesso à Justiça e também a celeridade processual, o processo do trabalho não seguiu a mesma linha, exigindo a garantia do juízo para fim de oposição dos embargos, uma vez que em fase de cumprimento de sentença/execução, em regra já houve o direito do contraditório e da ampla defesa exercido na fase de conhecimento, com exceção da execução de título extrajudicial. Assim, o direito de opor embargos é mitigado, impedindo que haja inúmeros recursos protelatórios na fase executiva.

Desta forma, a legislação trabalhista, ao optar por manter o requisito da garantia do juízo para fins de oposição de embargos à execução, prestigiou também a celeridade, em que pese utilizando-se de mecanismo diverso ao do processo civil.

Importante ressaltar que a única finalidade da fase executiva trabalhista é que os direitos reconhecidos na fase de conhecimento sejam efetivados, assim, o que se deve buscar sempre é a melhor forma de se executar a dívida.

Assim, a conclusão é no sentido de que, apesar de haver expressa previsão legal quanto à garantia do juízo, esta deve ser flexibilizada, para, desta forma, tentar de algum modo, trazer alguma celeridade a um procedimento tão moroso e que ainda traz menos efetividade do que deveria aos que recorrem à Justiça do Trabalho para resolver seus conflitos.

7. REFERÊNCIAS BIBLIOGRÁFICAS

CARRION, Valentin, 1931 – *Comentários à Consolidação das Leis do Trabalho* – 30 ed. atual. Por Eduardo Carrion – São Paulo: Saraiva, 2005

JORGE NETO, Francisco Ferreira e CAVALCANTE, Jouberto de Quadros Pessoa, *Direito Processual do Trabalho* – 5. Ed. – São Paulo: Atlas, 2010

LEITE, Carlos Henrique Bezerra, *Curso de Direito Processual do Trabalho* – 14 ed. de acordo com o novo CPC – Lei n. 13.105, de 16-3-2015 – São Paulo: Saraiva, 2016

OLIVEIRA, Francisco Antonio de – *A execução na justiça do trabalho: doutrina, jurisprudência, enunciados e súmulas* – 4. ed. rev. e ampl. – São Paulo: Editora Revista dos Tribunais, 1999.

SCHIAVI, Mauro – *Execução no Processo do Trabalho* – 4. Ed. – São Paulo: LTr, 2012

TEIXEIRA FILHO, Manoel Antonio – *Execução no Processo do Trabalho,* 9. Ed. São Paulo: LTr, 2005.

Enunciados do Fórum Permanente de Processualistas do Trabalho de 21.10.2016, http://www.fppt.com.br/enu_21_10_2016.php, acesso em 31.05.2018.

Enunciados do Fórum Permanente de Processualistas do Trabalho de 23.03.2018. http://www.fppt.com.br/enu_23_03_2018.php#execucao, acesso em 31.05.2018.

Estatística de Execuções Distribuídas – TST. http://www.tst.jus.br/documents/18640430/31336edf-70ca-da84-1adc-2a869e4fc968, acesso em 24.05.2018 e http://www.tst.jus.br/documents/18640430/11172113-b4a4-70c4-d7de-80f7e2017c9f, acesso em 24.05.2018.

Cabimento dos Honorários Advocatícios no Processo de Execução Trabalhista:
primeiras impressões

Raphael Miziara

Mestrando em Direito das Relações Sociais e Trabalhistas pela UDF. Advogado. Professor em cursos de graduação e pós-graduação em Direito. Autor de livros e artigos jurídicos. Membro da ANNEP – Associação Norte Nordeste de Professores de Processo e da ABDPro – Associação Brasileira de Direito Processual.

Sumário: 1. Introdução – 2. Honorários advocatícios na jurisdição civil executiva: breves razões de sua existência – 3 Cabimento dos honorários advocatícios na jurisdição trabalhista executiva: 3.1 Subsidiariedade e supletividade procedimental no processo de execução: uma releitura necessária dos artigos 769 e 889 da CLT; 3.2 Honorários advocatícios na execução por aplicação supletiva do art. 85, § 1º, do CPC ao processo do trabalho – Lacuna normativa; 3.3 Honorários advocatícios na execução por aplicação supletiva do art. 85, § 1º, do CPC ao processo do trabalho – Lacuna de efetividade ou como medida de (des)estímulo ao (des)cumprimento do comando judicial; 3.4 Honorários advocatícios na execução em razão da necessidade de tratamento isonômico entre o empregado – em regra reclamante/credor – e a empresa – em regra, reclamada/devedora; 3.5 Honorários advocatícios na execução por aplicação da teoria do diálogo das fontes; 3.6 Honorários advocatícios na execução em razão da necessidade de remuneração do trabalho prestado pelo advogado; 3.7 Honorários advocatícios na execução em razão da paridade de tratamento entre os advogados que atuam perante a jurisdição civil e a trabalhista – 4. Notas conclusivas – 5. Referências.

> *"Para cada legislador de ocasião, existe um intérprete de plantão"*
> *(Sayonara Grillo Coutinho)*

1. INTRODUÇÃO

A partir da entrada em vigor da Lei 13.467 de 13 de julho de 2017 o processo do trabalho passou a conviver, em maior extensão, com a figura dos honorários advocatícios em razão da mera sucumbência. Assim se afirma, porque a novidade legislativa rompe com a sistemática anterior, pela qual não eram devidos honorários advocatícios nas lides decorrentes da relação de emprego (art. 5º, da Instrução Normativa 27 de 2005 do TST; súmulas 219 e 329 do TST).

O entendimento que predominava anteriormente fundamentava-se na ideia de que não eram admissíveis os honorários de sucumbência na Justiça do Trabalho em razão da figura do "jus postulandi", ou seja, o direito de as partes ajuizarem a ação sem a assistência de advogado (Súmulas 219[1] e 329[2] do TST), tanto é que os honorários eram cabíveis nas lides que não decorriam da relação de emprego.

Com a Reforma Trabalhista, o entendimento jurisprudencial contido nos verbetes sumulares acima citados está, ao menos parcialmente, superado[3], de modo que, de acordo com o novo artigo 791-A da CLT, incluído pela Lei 13.467/2017, "*ao advogado, ainda que atue em causa própria, serão devidos honorários de sucumbência, fixados entre o mínimo de 5% (cinco por cento) e o máximo de 15% (quinze por cento) sobre o valor que resultar da liquidação da sentença, do proveito econômico obtido ou, não sendo possível mensurá-lo, sobre o valor atualizado da causa*".

Segundo os artífices da Reforma, a previsão de honorários advocatícios sucumbenciais na Justiça do Trabalho teve por desiderato *i)* combater a litigância irresponsável, assim entendida como aquela desprovida de razão, bem como *ii)* tirar o processo do trabalho da sua ultrapassada posição administrativa.[4]

Claro que, como se verá, a fonte material que impulsionou a previsão de honorários advocatícios na Justiça do Trabalho vai muito mais além do que o anunciado pelo legislador e não se resume, de maneira simplista, ao previsto e anunciado no Parecer Final proferido pela Comissão Especial do PL 6.787/2016. Outras razões,

---

1. Súmula 219 do TST – Honorários advocatícios. Cabimento. (alterada a redação do item I e acrescidos os itens IV a VI na sessão do Tribunal Pleno realizada em 15.3.2016). I – Na Justiça do Trabalho, a condenação ao pagamento de honorários advocatícios não decorre pura e simplesmente da sucumbência, devendo aparte, concomitantemente: a) estar assistida por sindicato da categoria profissional; b) comprovar a percepção de salário inferior ao dobro do salário mínimo ou encontrar-se em situação econômica que não lhe permita demandar sem prejuízo do próprio sustento ou da respectiva família (art.14, § 1º, da Lei 5.584/1970). II – É cabível a condenação ao pagamento de honorários advocatícios em ação rescisória no processo trabalhista. III – São devidos os honorários advocatícios nas causas em que o ente sindical figure como substituto processual e nas lides que não derivem da relação de emprego. IV – Na ação rescisória e nas lides que não derivem de relação de emprego, a responsabilidade pelo pagamento dos honorários advocatícios da sucumbência submete-se à disciplina do Código de Processo Civil (arts. 85, 86, 87 e 90). V – Em caso de assistência judiciária sindical ou de substituição processual sindical, excetuados os processos em que a Fazenda Pública for parte, os honorários advocatícios são devidos entre o mínimo de dez e o máximo de vinte por cento sobre o valor da condenação, do proveito econômico obtido ou, não sendo possível mensurá-lo, sobre o valor atualizado da causa (CPC de 2015, art. 85, § 2º). VI – Nas causas em que a Fazenda Pública for parte, aplicar-se-ão os percentuais específicos de honorários advocatícios contemplados no Código de Processo Civil.
2. Súmula 329 do TST – Honorários advocatícios. Art. 133 da CR/88. Mesmo após a promulgação da CF/1988, permanece válido o entendimento consubstanciado na Súmula 219 do Tribunal Superior do Trabalho.
3. MIZIARA, Raphael; NAHAS, Thereza. *Impactos da reforma trabalhista na jurisprudência do TST*. São Paulo: RT, 2017. p. 173.
4. Consta do Parecer da Comissão Especial do PL 6.787/2016 os seguintes fundamentos para sustentar a aplicação dos honorários advocatícios na Justiça do Trabalho: "*A ausência histórica de um sistema de sucumbência no processo do trabalho estabeleceu um mecanismo de incentivos que resulta na mobilização improdutiva de recursos e na perda de eficiência da Justiça do Trabalho para atuar nas ações realmente necessárias. A entrega da tutela jurisdicional consiste em dever do Estado, do qual decorre o direito de ação. Todavia trata-se de dever a ser equilibrado contra o impulso da demanda temerária. Pretende-se com as alterações sugeridas inibir a propositura de demandas baseadas em direitos ou fatos inexistentes. Da redução do abuso do direito de litigar advirá a garantia de maior celeridade nos casos em que efetivamente a intervenção do Judiciário se faz necessária, além da imediata redução de custos vinculados à Justiça do Trabalho. Além disso, o estabelecimento do sistema de sucumbência coaduna-se com o princípio da boa-fé processual e tira o processo do trabalho da sua ultrapassada posição administrativista, para aproximá-lo dos demais ramos processuais, onde vigora a teoria clássica da causalidade, segundo a qual quem é sucumbente deu causa ao processo indevidamente e deve arcar com os custos de tal conduta*".

inclusive mais importantes, justificaram a previsão dos honorários na Justiça do Trabalho, como será demonstrado ao longo do presente trabalho.

Fato é que, a despeito da previsão legal acima mencionada, alguma controvérsia, pelo menos no campo doutrinário, tem surgido acerca da aplicação dos honorários advocatícios na fase executiva.[5]

O art. 791-A, § 5º, da CLT, incluído pela Reforma Trabalhista, se limitou a dispor que "*São devidos honorários de sucumbência na reconvenção*". Por sua vez, o art. 85, § 1º, do CPC prevê que "*são devidos honorários advocatícios na reconvenção, no cumprimento de sentença, provisório ou definitivo, na execução, resistida ou não, e nos recursos interpostos, cumulativamente*".

Do cotejo entre os dois dispositivos indaga-se: *trata-se de omissão deliberada, ou seja, cuida-se de silêncio eloquente do legislador reformista ou omissão pura e simples a permitir a aplicação supletiva do processo comum?*

O objetivo do presente artigo é justamente enfrentar o cabimento ou não dos honorários advocatícios na execução. Em outras palavras, almeja-se responder a seguinte questão: *aplica-se ao processo do trabalho os dispositivos do processo comum relativos aos honorários advocatícios de sucumbência na fase de execução, notadamente o art. 85, § 1º, da CPC?*

Para o alcance desse intento, será necessário um estudo prévio acerca das razões que levaram a instituição dos honorários advocatícios na jurisdição civil. Ainda, mister que se faça um resgate histórico dos motivos que levaram a edição normas inscritas nos artigos 769 e 889 da CLT para, depois, perpassar pela problemática da inefetividade da execução forçada no Processo do Trabalho, que atualmente é palco de uma taxa de congestionamento de 70% (setenta por cento) em seus processos. Demonstrar-se-á, ainda, a partir do cotejo com o direito processual comum, a necessidade de se repensar as bases do processo trabalhista em torno do diálogo entre os sistemas processuais.

Advirta-se, por fim, que o objeto do presente estudo se circunscreve tão somente à análise do cabimento dos honorários advocatícios no processo de execução, razão pela qual não se enfrentará, ao menos nesse momento, as situações de cabimento dos honorários em caso de acolhimento da exceção de pré-executividade, procedência e improcedência dos embargos à execução, embargos de terceiro, entre outras.

2. HONORÁRIOS ADVOCATÍCIOS NA JURISDIÇÃO CIVIL EXECUTIVA: BREVES RAZÕES DE SUA EXISTÊNCIA

Vaticina o art. 85, *caput*, do CPC que a sentença condenará o vencido a pagar honorários ao advogado do vencedor, bem como, em seu parágrafo primeiro, que esses

---

5. O mesmo debate tem sido levantado em relação aos honorários recursais. No entanto, em razão do desiderato ora proposto, o trabalho se limitará a enfrentar a aplicabilidade ou não dos honorários na fase executiva.

honorários serão devidos na reconvenção, no *cumprimento de sentença*, provisório ou definitivo, na *execução*, resistida ou não, e nos recursos interpostos, cumulativamente.

Sabe-se que existem técnicas para o desenvolvimento da execução, que pode se dar *a)* por sub-rogação (direta) ou *b)* por coerção (indireta). Na primeira, o Estado utiliza-se de atos materiais, fazendo, com o uso da força, substituir a vontade do devedor pela vontade concreta da lei, como, por exemplo, por meio da penhora e consequente expropriação. Na segunda, por sua vez, o Estado se vale de meios indiretos para convencer o devedor a, por vontade própria, satisfazer o direito do exequente, mediante uma ameaça de piora ou uma possibilidade de melhora da situação do devedor.

Especificamente em relação à execução indireta o sistema prevê a possibilidade de piora da situação do devedor, como, por exemplo, com a previsão das "astreintes", multas, prisão civil, honorários, etc.; ou, ainda, possibilidade de melhora da situação do devedor, a exemplo do que ocorre no art. 827, § 1º, do CPC, que prevê um desconto de 50% (cinquenta por cento) no valor dos honorários advocatícios se a parte faz o pagamento da dívida no prazo de três dias a contar da citação.[6] Aqui, a lei prevê uma espécie de prêmio ao devedor que cumpre espontaneamente a obrigação.

De igual modo, são devidos honorários advocatícios *no cumprimento de sentença*, haja ou não impugnação, depois de escoado o prazo de 15 (quinze)dias para pagamento voluntário (Súmula 517 do STJ). É o que também se depreende do art. 523 do CPC que, ao tratar do *"cumprimento definitivo da sentença que reconhece a exigibilidade de obrigação de pagar quantia certa"*, prevê que o débito será acrescido de multa de dez por cento e, também, de honorários de advogado de dez por cento, em caso de não pagamento voluntário no prazo de 15 (quinze) dias.

Vê-se, assim, que a possibilidade de condenação em honorários advocatícios na execução e no cumprimento de sentença é típica medida de execução indireta (ou por coerção), pois é uma forma de indução do devedor ao cumprimento da obrigação, que terá uma piora de sua situação caso não efetue o pagamento a tempo e modo.

Outro motivo que justifica a fixação de honorários na fase de cumprimento de sentença consiste no fato de que a verba honorária fixada na fase de cognição leva em consideração apenas o trabalho realizado pelo advogado até então, sendo extremamente injusto com o advogado não haver condenação em verbas honorárias no cumprimento de sentença, já que será obrigado a prosseguir com o processo após a condenação, o que naturalmente lhe exigirá mais trabalho e que, por certo, deve ser recompensando.

Com efeito, como bem pontua Araken de Assis, a execução é atividade autônoma, relativamente à pretensão a condenar, e a necessidade de o advogado deduzir a

---

6. Art. 827 do CPC – Ao despachar a inicial, o juiz fixará, de plano, os honorários advocatícios de dez por cento, a serem pagos pelo executado. § 1º No caso de integral pagamento no prazo de 3 (três) dias, o valor dos honorários advocatícios será reduzido pela metade.

pretensão a executar, elaborando peças técnicas próprias da sua atribuição. Eventual cumprimento que desatendesse semelhante despesa dificilmente se estimaria satisfatório e completo.[7]

Diante do até aqui exposto, pode-se afirmar que são previstos honorários advocatícios de sucumbência na fase executiva, pelo menos, pelos seguintes motivos: *i)* é uma forma de execução indireta ou por coerção, servindo para estimular o devedor ao pagamento do valor exequendo sob pena de piora de sua situação, tornando, assim, a execução *mais efetiva*; *ii)* o trabalho do advogado realizado na fase de cumprimento de sentença ou no processo autônomo de execução deve ser remunerado.

3. CABIMENTO DOS HONORÁRIOS ADVOCATÍCIOS NA JURISDIÇÃO TRABALHISTA EXECUTIVA

3.1. Subsidiariedade e supletividade procedimental no processo de execução: uma releitura necessária dos artigos 769 e 889 da CLT

O Brasil é um país que conta com uma Justiça do Trabalho autônoma e independente, mas que, desafortunadamente, não possui um Código de Processo do Trabalho, a exemplo do que sucede em outros países como, por exemplo, Portugal. Em verdade, há um diminuto número de leis processuais tipicamente trabalhistas na CLT e em legislações esparsas. Em relação a execução, a situação é ainda pior, pois o sistema processual celetista conta com apenas dezesseis artigos (arts. 876 a 892 da CLT).

Diante desse cenário, é inegável a necessidade que o processo do trabalho tem de se socorrer, de forma subsidiária e supletiva, da legislação processual comum, notadamente do Código de Processo Civil e da Lei de Executivos Fiscais, quando se trata de execução trabalhista.

Ocorre que a transposição de normas do processo comum ao processo do trabalho não se faz de maneira automática, devendo o intérprete perquirir acerca da presença de dois requisitos: *a)* omissão e *b)* compatibilidade normativa (regras e princípios) (art. 15 do CPC[8] c/c arts. 769 e 889 da CLT).

Assim, regra geral, nos casos omissos, o direito processual comum será fonte subsidiária do direito processual do trabalho, exceto naquilo em que for incompatível com as regras e princípios do processo do trabalho, nos termos do art. 769 da CLT.

Por sua vez, aos trâmites e incidentes do processo da execução são aplicáveis, naquilo em que não contravierem ao Título X da CLT (Do Processo Judiciário do Trabalho), os preceitos que regem o processo dos executivos fiscais para a cobrança judicial da dívida ativa da Fazenda Pública Federal (art. 889 da CLT).

---

7. ASSIS, Araken de. *Manual da execução*. 19. ed. São Paulo: RT, 2017. p. 820.
8. Art. 15 do CPC – Na ausência de normas que regulem processos eleitorais, trabalhistas ou administrativos, as disposições deste Código lhes serão aplicadas supletiva e subsidiariamente.

O grande debate, no entanto, consiste em saber de qual tipo de omissão trata a CLT. Trata-se de omissão normativa ou, também, de omissão axiológica e/ou ontológica. Em outros termos, analisados os requisitos para importação de normas processuais do processo comum, indaga-se: *qual a extensão da omissão de que tratam os arts. 769 e 889 da CLT?* Seria a mera ausência de norma (lacuna *normativa*), ou também seria omissão o caso em que existe uma norma, porém a sua aplicação causa uma situação de injustiça (lacuna *axiológica*) ou inadequada ante ao caso concreto, como, por exemplo, ante ao seu ancilosamento (lacuna *ontológica*).[9]

Para responder tal indagação é preciso ter em mente a *mens legis* dos artigos 769 e 889 da CLT, ou seja, seu objetivo, sua teleologia, sua *ratio*.

Em primeiro lugar, os dispositivos foram elaborados à época para reafirmar a autonomia do direito processual do trabalho. Havia, assim, um valor simbólico na norma que previa a subsidiariedade.

Pretendia a norma em comento afastar a larga supletividade do direito processual comum ao direito processual do trabalho, como forma de tentar solidificar sua autonomia, o que não mais se justifica nos dias atuais, embora se justifique historicamente. Pelo contrário, como se verá, é preciso trilhar caminho inverso, pois a evolução do processo comum tem contrastado com a estagnação, até involução (como, em boa parte, pela Lei 13.467/2017) do processo do trabalho, de modo que as regras processuais comuns precisam ser aproveitadas de alguma maneira no processo do trabalho, como o fito último e maior da incessante busca da eficiência processual.[10]

Nesta mesma linha de pensamento manifesta-se Wolney de Macedo Cordeiro, para quem:

> *A estrutura normativa das regras de subsidiariedade, portanto, foi edificada no âmbito de uma postura defensiva da autonomia do direito processual trabalhista e de um processo mais eficaz para a materialização das garantias do direito material respectivo. Ao se utilizar a expressão "[...] exceto naquilo em que for incompatível com as normas deste Título" (CLT, art. 769, parte final), buscou o legislador preservar os elementos pontuais de otimização do processo e evitar uma invasão do formalismo típico do direito comum. Ora, cotejando o tradicional direito processual civil com o direito processual do trabalho, podem verificar que essa preocupação era procedente. Os institutos trabalhistas apresentaram-se ao longo de décadas bem mais efetivos que os instrumento processuais contemplados pelos Códigos de Processo Civil de 1939 e de 1973, e a intromissão de direito processual, eivado de formalismo, certamente implicaria em um retrocesso incomensurável para o processo laboral. [...] A **defesa da 'purificação' do direito processual do trabalho apresentava-se, portanto, justificada na época**, e a inserção das normas de direito processual civil não teria o condão de acelerar ou simplificar o trâmite processual. (grifou-se)*[11]

Em segundo lugar, necessário saber que o direito material exerce forte influência sobre o processo, sendo que uma das razões de ser do direito processual, além de seu

---

9. DINIZ, Maria Helena. *As lacunas no direito*. 9. ed. São Paulo: Saraiva, 2009. p. 95.
10. COSTA, Marcelo Freire Sampaio. *Reflexos da reforma do CPC no processo do trabalho*: princípio da subsidiariedade – leitura constitucional (conforme e sistemática). 2. ed. Rio de Janeiro: Forense, 2013. p. 28.
11. CORDEIRO, Wolney de Macedo. *Execução no processo do trabalho*. 4. ed. Salvador: JusPodivm, 2017. p. 29.

aspecto garantista, está no direito material, pois seu objetivo é também assegurar, mediante a tutela jurisdicional, a integridade do ordenamento e dos interesses juridicamente protegidos. Em outras palavras, para conferir tutela efetiva, o sistema processual deve ser organizado *em função das situações tutelandas* e, por isso, regras específicas de determinados procedimentos *levam em conta elementos da relação substancial*.[12]

Logo, é preciso ter em mente que a relação substancial trabalhista é, em sua essência, estruturalmente assimétrica, marcada pelo elemento subordinação, no qual o empregado é pessoa que depende exclusivamente de seu salário para viver, já que desprovido de riqueza material acumulada. É evidente, assim, que a instrumentalização desse direito material violado prime pela maior relevância ao valor celeridade, pois, como bem adverte Russomano, *"na jurisdição do trabalho, todas as medidas dilatórias injustificadas são imperdoáveis, porque a fome não respeita os prazos do processo"*.[13]

Nessa ordem de ideias, partindo-se da premissa de que o direito material exerce influência sobre o direito material, o processualista do trabalho deve orientar-se pela ideia de que todo o sistema processual trabalhista precisa ser criado e interpretado em função da relação de direito material que visa realizar/efetivar.

Com efeito, Leciona Coqueijo Costa que desde o nascimento da jurisdição especial trabalhista, mitiga-se o princípio teórico da igualdade das partes, básico do processo comum. No processo do trabalho há a inversão para a desigualdade ou desequilíbrio dos sujeitos processuais na lide trabalhista, imposto por razões sociológicas e econômicas de ordem substantiva, pois uma das partes da relação detém os meios de produção, dos quais depende a outra. É o que Trueba Urbina denomina de princípio da disparidade social, que tutela o trabalhador.[14]

Ainda, o processo do trabalho absorve em seu âmago, o permanente e geral desequilíbrio econômico, probatório e de informação entre as partes. Econômico, em razão da urgência da prestação debatida no litígio trabalhista, no temor de o empregado perder seu emprego ou entrar nas famosas "listas negras", bem como na dificuldade de enfrentar os gastos do processo. Probatório, pois o trabalhador tem de arrancar a prova do ambiente patronal, quase sempre hostil e do qual sofre natura pressão. Por fim, de informação, dada a carência de meios econômicos e culturais do empregado para obter uma defesa adequada.[15]

Como decorrência lógica dessa realidade fática é que o processo do trabalho possui características próprias que o individualizam e o autonomizam. Com razão, Manuel Alonso Olea lembra que

---

12. BEDAQUE, José Roberto dos Santos. *Direito e processo*. 5. ed. São Paulo: Malheiros, 2009. p. 176. Advirta-se que não se está aqui a adotar uma visão instrumentalista do processo em detrimento do aspecto garantista que também lhe fundamenta. Em verdade, acredita-se que o processo é uma garantia contra os arbítrios do poder estatal (garantismo processual), mas, ao mesmo tempo, é instrumento para realização do direito material (visão instrumentalista).
13. RUSSOMANO, Mozart Victor. *Direito processual do trabalho*. 2. ed. São Paulo: LTr, 1977. p. 40.
14. COSTA, Coqueijo. *Direito processual do trabalho*. 3. ed. Rio de Janeiro: Forense, 1986. p. 19.
15. Idem, ibidem.

"todos estes caracteres configuran um proceso sumamente abierto, ágil y rápido, que realmente viene exigido en la gran mayoría de las ocasiones por la perentoriedad en la decisión sobre los derechos materiales fundantes de las pretensiones debatidas en los procesos de trabajo".[16]

Portanto, o desequilíbrio dos sujeitos no campo substancial é circunstância que contamina a produção das regras processuais trabalhistas que, por sua vez, deve absorver essa realidade e impor sua especialização em relação ao processo comum, como consequência mesma das peculiaridades do conflito individual de trabalho para, justamente, corrigir esse desequilíbrio.

Por essas razões é que os arts. 769 e 889 da CLT foram forjados. E o foram como uma espécie de vaso comunicante entre o sistema processual trabalhista e o comum, para servir de escudo protetivo do primeiro contra as indevidas importações de regras processuais do segundo, muitas vezes incompatíveis com a ideologia processual trabalhista.

A toda vista, a *ratio* dos dispositivos mencionados era a de, para além de reafirmar sua autonomia, evitar a inefetividade do direito processual do trabalho. Tal afirmação é confirmada por Mozart Victor Russomano que, ao discorrer sobre as origens do direito processual do trabalho, afirma que como ramo novo do direito processual, ele revelou, desde sua origem, acentuada tendência para abandonar o passado, *no que este possui de obsoleto e conservantista*. Prossegue afirmando que o direito processual do trabalho abriu novas perspectivas e *trouxe avanços em relação ao direito processual civil* que, por sua vez, acabava por seguindo os passos e absorvendo as inovações conquistadas pelo primeiro.[17]

A mesma percepção foi notada por Ada Pellegrini Grinover ao afirmar, naquela época, que o processo do trabalho se constitui no *germe da renovação* do processo civil comum, dando novo enfoque aos institutos fundamentais do processo, plasmando novos mecanismos, recriando instrumentos processuais, rompendo determinados esquemas processuais, elaborando e afirmando um novo sistema jurídico processual, qual veículo do novo direito material e das novas relações.[18]

Ocorre que esse ímpeto renovador que sempre caracterizou o direito processual do trabalho foi, nos últimos tempos, relegado ao oblívio. A situação se inverteu e, o que se vê, é a total inversão de valores, pois o direito processual civil contém atualmente dispositivos muito mais efetivos do que o próprio direito processual do trabalho.

O processo do trabalho, do ponto de vista normativo, é atávico, rígido e elemento de atraso na prestação jurisdicional. Já o processo civil, pelo menos no prisma normativo, tem se mostrado mais dinâmico, flexível e apto a oferecer uma prestação jurisdicional rápida e eficaz. Esse ambiente paradoxal faz com que seja necessária a releitura das regras de aplicação subsidiária.[19]

---

16. OLEA, Manuel Alonso. *Derecho procesal del trabajo*. 3. ed. Madrid: Instituto de Estudios Políticos, 1976. p. 36.
17. RUSSOMANO, Mozart Victor. *Direito processual do trabalho*. 2. ed. São Paulo: LTr, 1977. p. 39.
18. *Apud* COSTA, Coqueijo. *Direito processual do trabalho*. 3. ed. Rio de Janeiro: Forense, 1986. p. 21.
19. CORDEIRO, Wolney de Macedo. *Execução no processo do trabalho*. 4. ed. Salvador: JusPodivm, 2017. p. 26.

Resultado prático dessa inversão de valores é denunciado pelo Relatório Justiça em número de 2016, que aponta, na Justiça do Trabalho, uma taxa de congestionamento de 70% (setenta por cento) nos processos de execução. Ainda, a série histórica do período 2009 até 2015, aponta uma *constância* nos valores das taxas de congestionamento da fase de execução.[20] Ou seja, de 2009 até 2015, em razão da constância da taxa de congestionamento, percebe-se que a efetividade não tem melhorado, em razão de sua estagnação, visto que não foi oxigenado por novas reformas que o adaptassem à realidade circundante.

A doutrina moderna continua a bater nessa tecla, como se extrai das lições de Jorge Luiz Souto Maior, que recorre à interpretação histórica e teleológica da regra celetista, para admitir a aplicação do direito processual comum quando for mais efetiva:

> *Ora, se o princípio é o da melhoria contínua da prestação jurisdicional, não se pode utilizar o argumento de que há previsão a respeito na CLT como forma de rechaçar algum avanço que tenha havido neste sentido no processo civil,* **sob pena de se negar a própria intenção do legislador** *ao fixar os critérios da aplicação subsidiária do processo civil. Notoriamente, o que se pretendeu (daí o aspecto teleológico da questão) foi impedir que a irrefletida e irrestrita aplicação das normas do processo civil evitasse a maior efetividade da prestação jurisdicional trabalhista que se buscava com a criação de um procedimento próprio na CLT (mais célere, mais simples, mais acessível). Trata-se, portanto, de uma regra de proteção,* **que se justifica historicamente**. *Não se pode, por óbvio, usar a regra de proteção do sistema como óbice ao seu avanço. Do contrário, pode-se ter por efeito um processo civil mais efetivo que o processo do trabalho, o que é inconcebível, já que o crédito trabalhista merece tratamento privilegiado no ordenamento jurídico como um todo.*[21]

O que se quer dizer é que o direito processual civil que visa instrumentalizar uma relação de direito substancial firmada, em regra, entre pessoas em pé de igualdade, possui pontos de maior efetividade do que o direito processual do trabalho, que busca instrumentalizar uma relação de direito material entre desiguais e na qual uma das partes depende, quase sempre de forma urgente, da tutela célere e efetiva.

Logo, se no passado o artigo 769 da CLT serviu como cláusula de barreira para disposições de um processo comum marcado pelo caráter liberal e individualista, os avanços dos últimos tempos no processo civil, visando a tutela célere e efetiva, impõem a releitura do citado artigo 769 para, em lugar de fechamento do processo do trabalho para o processo civil, determinar sua abertura, a fim de que o processo do trabalho possa cumprir sua função de forma adequada. A tendência atual é que as disposições normativas do processo civil mais atuais ou adequadas prevaleçam em relação as do processo do trabalho. O próprio artigo 769 não impediu que a jurisprudência admitisse a incidência do direito processual comum, a despeito de previsão expressa no processo do trabalho.[22]

---

20. Justiça em números 2016: ano-base 2015. Conselho Nacional de Justiça. Brasília: CNJ, 2016. p. 190.
21. SOUTO MAIOR, Jorge Luiz. *Reflexos das alterações do CPC no processo do trabalho*. Revista LTr. Vol. 70. n. 8. São Paulo: LTr, 2006. p. 920-1.
22. LEITE, Carlos Henrique Bezerra. *Curso de direito processual do trabalho*. 12. ed. São Paulo: LTr, 2014. pa. 101 a 111 *apud* PEREIRA, Ricardo José Macedo de Brito. *Ação civil pública no processo do trabalho*. 2. ed. Salvador: JusPodivm, 2016. p. 29.

Importante destacar os enunciados do II Fórum Nacional de Processo do Trabalho, realizado na cidade de Belo Horizonte, nos dias 26 e 27 de agosto de 2016, reconhecendo a aplicabilidade das normas de processo civil, desde que respeitado o requisito da compatibilidade.[23]

Como exemplo da maior efetividade do processo civil em relação ao processo do trabalho, pode-se mencionar, dentre outros exemplos:

> i. o *protesto* da decisão judicial transitada em julgado que, no processo do trabalho, só poderá ocorrer depois de transcorrido o prazo de quarenta e cinco dias a contar da citação do executado (art. 883-A da CLT[24]), enquanto no processo civil a decisão judicial transitada em julgado poderá ser levada a protesto, depois de transcorrido o prazo para pagamento voluntário de 15 dias (art. 517, *caput*, do CPC[25]);
>
> ii. ainda em relação ao protesto, que no processo civil somente será cancelado desde que comprovada a satisfação integral da obrigação (art. 517, § 4º[26]). Já no processo do trabalho, basta a garantia do juízo e não a satisfação integral da obrigação (art. 883-A, parte final, da CLT);
>
> iii. a multa de dez por cento prevista no art. 523, § 1º, do CPC, de aplicação incorretamente rechaçada pelo C. TST ao processo do trabalho[27];
>
> iv. a não previsão para o processo do trabalho da figura do processo sincrético que, ao dispensar nova citação do devedor, melhor se coaduna com a efetividade processual;
>
> v. a previsão expressa de honorários advocatícios na execução e no cumprimento de sentença no processo civil, que acaba por funcionar como forma de execução indireta e estímulo para o cumprimento da obrigação (art. 85, § 1º, do CPC[28])

---

23. No II Fórum Nacional de Processo do Trabalho (cidade de Belo Horizonte) ficaram estabelecidos, dentre os vários enunciados, os seguintes, quanto ao respectivo tema: 1) CLT, art. 769. A autonomia do Direito Processual do Trabalho, respeitados os princípios, é compatível com a teoria do diálogo das fontes. Resultado: aprovado por maioria qualificada; 2) CLT, arts. 769 e 889. CPC. Diante da previsão de aplicação supletiva do CPC ao processo do trabalho (art. 15), o requisito da compatibilidade, previsto nos arts. 769 e 889 da CLT, deve ser interpretado no sentido da máxima efetividade da jurisdição trabalhista. Resultado: aprovado por maioria qualificada; 3) CLT, art. 769. CPC, art. 15. Na aplicação supletiva do CPC ao processo do trabalho, em caso de omissão parcial, o requisito da compatibilidade é mais relevante que o requisito da omissão, respeitados os princípios do processo do trabalho. Resultado: aprovado por maioria qualificada.
24. Art. 883-A da CLT. A decisão judicial transitada em julgado somente poderá ser levada a protesto, gerar inscrição do nome do executado em órgãos de proteção ao crédito ou no Banco Nacional de Devedores Trabalhistas (BNDT), nos termos da lei, *depois de transcorrido o prazo de quarenta e cinco dias a contar da citação do executado, se não houver garantia do juízo*. (Incluído pela Lei 13.467, de 2017).
25. Art. 517 do CPC. A decisão judicial transitada em julgado poderá ser levada a protesto, nos termos da lei, *depois de transcorrido o prazo para pagamento voluntário previsto no art. 523*.
26. Art. 517, § 4º, do CPC. A requerimento do executado, o protesto será cancelado por determinação do juiz, mediante ofício a ser expedido ao cartório, no prazo de 3 (três) dias, contado da data de protocolo do requerimento, *desde que comprovada a satisfação integral da obrigação*.
27. Eis o teor da tese firmada com efeito vinculante: "A multa coercitiva do artigo do artigo 523, § 1º, do CPC (antigo artigo 475-J do CPC de 1973) não é compatível com as normas vigentes da CLT por que se rege o processo do trabalho, ao qual não se aplica". (IRR-1786 24.2015.5.04.0000; Data de Julgamento: 21/08/2017, Redator Ministro: João Oreste Dalazen, Tribunal Pleno, Data de Publicação: DEJT 30/11/2017).
28. Art. 85, § 1º, do CPC. São devidos honorários advocatícios na reconvenção, *no cumprimento de sentença, provisório ou definitivo, na execução, resistida ou não*, e nos recursos interpostos, cumulativamente.

Tal situação é inconcebível e a jurisprudência precisa, urgentemente, enfrentar esse estado de coisas. Sem medo de errar, pode-se afirmar que a concepção original de subsidiariedade, manifestada pelo binômio compatibilidade/omissão, está ultrapassada, devendo os arts. 769 e 889 da CLT serem interpretados de modo a assegurar, o máximo possível, a concretude dos direitos trabalhistas, que são fundamentais. Essa a interpretação que melhor se coaduna com os valores constitucionais.

Nesse prisma, quando há uma modernização no processo civil, o seu reflexo na esfera trabalhista é medida que se impõe. Ora, não pode uma regra que, quando concebida, buscava proteger o trabalhador, tornar-se um estorvo na mesma tarefa de proteção do obreiro. A regra celetista, ao tempo em que foi editada, teve um nítido sentido de proteção ao empregado, já que à época as regras do processo comum eram por demais tecnicistas e burocratizantes, dentro de um paradigma processual incapaz de absorver em seu bojo as particularidades da relação material juslaboral, marcada pela desigualdade entre as partes.

Assim, impõem-se a aplicação das alterações processuais hodiernas ao processo do trabalho quando houver verdadeiro benefício à efetividade da jurisdição e à busca permanente da premissa principiológica constitucional da duração razoável do processo.[29]

Vale registrar, a título de curiosidade, que após a aprovação da Reforma Trabalhista, ainda tramitava na Câmara dos Deputados o Projeto de Lei 3146/2015, que teve origem no Senado Federal sob a forma do PLS 606. Referido projeto "*altera o Capítulo V do Título X da Consolidação das Leis do Trabalho (CLT), aprovada pelo Decreto-Lei 5.452, de 1º de maio de 1943, para disciplinar o cumprimento das sentenças e a execução de títulos extrajudiciais na justiça do trabalho*".

É, pois, um projeto que, apesar das suas imperfeições, promove de fato uma reforma e *modernização real* da execução trabalhista, que passaria a ser mais efetiva, por exemplo, com a previsão da multa de 10% (dez por cento) sobre o débito e honorários advocatícios.

Atualmente, o PL, que já foi aprovado no Senado Federal, encontra-se na Câmara dos Deputados aguardando parecer da Comissão de Constituição e Justiça. No entanto, o Deputado Rogério Marinho, no dia 19/11/2017, requereu ao Plenário da Câmara dos Deputados o arquivamento das proposições do PL que visam alterar a Reforma Trabalhista (requerimento 7.805/2017). No dia 28/02/2018 o requerimento foi deferido parcialmente, fulminando, praticamente por completo, qualquer tentativa de modernização da execução trabalhista.

---

29. COSTA, Marcelo Freire Sampaio. *Reflexos da reforma do CPC no processo do trabalho*: princípio da subsidiariedade – leitura constitucional (conforme e sistemática). 2. ed. Rio de Janeiro: Forense, 2013. p. 28.

3.2. Honorários advocatícios na execução por aplicação supletiva do art. 85, § 1º, do CPC ao processo do trabalho – Lacuna normativa

Como já dito linhas acima, o art. 85, § 1º, do CPC prevê que *"são devidos honorários advocatícios na reconvenção, no cumprimento de sentença, provisório ou definitivo, na execução, resistida ou não, e nos recursos interpostos, cumulativamente"*. Por sua vez, o art. 791-A, § 5º, da CLT, incluído pela Reforma Trabalhista, se limitou a dispor que *"São devidos honorários de sucumbência na reconvenção"*.

Do cotejo entre os dois dispositivos indaga-se: *trata-se de omissão deliberada do legislador reformista, ou seja, cuida-se de silêncio eloquente ou omissão despretensiosa a permitir a aplicação supletiva do processo comum?*

Pode-se argumentar que houve silêncio eloquente da CLT, o que impede a aplicação do CPC ao caso, ao argumento de que quando a CLT quis tratar do tema, o fez de forma expressa no art. 791-A, § 5º, da CLT.[30]

No entanto, a melhor interpretação é a entende que o art. 791-A da CLT regula apenas parcialmente a matéria dos honorários, de modo a atrair a aplicação supletiva do CPC (art. 15 do CPC c/c art. 889 da CLT), conforme se passa a demonstrar.

Não convence o argumento pelo qual quando a CLT quis tratar do tema, ela o fez de forma expressa. Basta imaginar outras situações nas quais, mesmo sem previsão expressa, serão cabíveis os honorários de sucumbência. É o caso, por exemplo, dos embargos à execução que, por possuírem natureza de ação, demanda a fixação de honorários advocatícios. Com efeito, mesmo sem previsão expressa na CLT é imperiosa a estipulação de honorários de sucumbência no caso.

Em verdade, caso o legislador quisesse afastar qualquer dúvida quanto ao não cabimento dos honorários na fase de execução, aí sim teria feito expressamente.

Ademais, do fato de se mencionar uma hipótese – como fez o art. 791-A, § 5º, da CLT em relação à reconvenção – não se deduz a exclusão de todas as outras. Aqui cabe a parêmia *positivo unius non est exclusio alterius* (a especificação de uma hipótese não redunda em exclusão das demais).[31]

3.3. Honorários advocatícios na execução por aplicação supletiva do art. 85, § 1º, do CPC ao processo do trabalho – Lacuna de efetividade ou como medida de (des)estímulo ao (des)cumprimento do comando judicial

Ainda que se entenda não haver, no tocante aos honorários advocatícios, lacuna normativa na execução trabalhista e que o silêncio foi proposital, é preciso invocar os fundamentos que rechaçam a vetusta e ultrapassada interpretação dos artigos 769 e 889 da CLT, como exposto acima.

---

30. É a posição, por exemplo, do jovem processualista do trabalho Felipe Bernardes, para quem *"a reforma quis prever honorários advocatícios sucumbenciais exclusivamente na fase de conhecimento"* (BERNARDES, Felipe. Manual de processo do trabalho. Salvador: JusPodivm, 2018. p. 324).
31. MAXIMILIANO, Carlos. *Hermenêutica e aplicação do direito.* Rio de Janeiro: Forense: 2006. p. 198.

O que se quer dizer é que mesmo que o silêncio do legislador tenha sido intencional, é preciso lembrar que tal fato não é suficiente para afastar o cabimento dos honorários na fase de execução, como adiante se demonstrará.

Como dito em linhas pretéritas, os artigos 769 e 889 da CLT foram concebidos, em sua origem, por dois principais motivos que, historicamente se justificavam: *i)* postura defensiva da autonomia do direito processual trabalhista, que buscava se firmar como ramo autônomo; *ii)* preservar os elementos pontuais de otimização do processo e evitar uma invasão do formalismo típico do direito comum.

Aqui, é preciso fazer o resgate de todo arcabouço argumentativo alinhavado no item 3.1. Certo é que a lei deve ser interpretada segundo seu aspecto teleológico. O intérprete deve buscar a *ratio legis* e chegar ao resultado interpretativo que melhor se coadune com a finalidade normativa. Os artigos 769 e 889 da CLT sempre procuraram tornar o processo do trabalho mais efetivo, célere e eficaz, já que a relação material tutelada envolve verbas alimentares.

No caso, é inegável que o cabimento dos honorários advocatícios de sucumbência na execução trabalhista funciona como medida de desestímulo ao descumprimento do comando judicial, tornando a execução mais efetiva, já que caso a quantia estabelecida em sentença não seja paga a tempo e modo a situação do devedor irá piorar.

Vê-se, assim, que a possibilidade de condenação em honorários advocatícios na execução e no cumprimento de sentença é típica medida de execução indireta (ou por coerção), pois é uma forma de indução do devedor ao cumprimento da obrigação.

3.4. Honorários advocatícios na execução em razão da necessidade de tratamento isonômico entre o empregado – em regra reclamante/credor – e a empresa – em regra, reclamada/devedora

Outro argumento que justifica a aplicação dos honorários advocatícios na fase executiva é a disparidade de tratamento que a lei estabelece entre o trabalhador sucumbente no processo de conhecimento e o devedor – regra geral, a parte mais forte da relação –, no processo de execução.

Explica-se. Se o reclamante – em regra, o trabalhador – sucumbe no processo cognitivo, será condenado em honorários de sucumbência. Por sua vez, se a Reclamada – em regra, a empresa – não cumpre voluntariamente a sentença exequenda, não sofrerá condenação em honorários na fase de execução. Resta evidente, como bem observa Cléber Lúcio de Almeida, que *"não se teve o mesmo rigor em relação aqueles que descumprem a legislação trabalhista, ainda que dolosamente"*.[32] Aqui, vem a calhar a inteligência de Sayonara Grillo, ao lembrar que *"para cada legislador de ocasião, existe um intérprete de plantão"*, pensamento que serviu de abertura ao presente estudo e que bem nos socorre na situação apreciada.

---

32. ALMEIDA, Cléber Lúcio. *A responsabilidade pela reparação de danos processuais na reforma trabalhista*. In: HORTA, Denise Alves (coord. et. al.) Direito do trabalho e processo do trabalho: reforma trabalhista principais alterações. São Paulo: LTr, 2018. p. 342.

Observa-se que, por um lado, reconhece-se que o trabalhador sucumbente é condenado em honorários advocatícios. Mas, por outro, a empresa, condenada em ação trabalhista e que continua a descumprir deliberadamente o comando sentencial, parece ter tratamento menos gravoso do que uma afirmação feita pelo reclamante na petição inicial.

Por um lado, desestimula-se o ingresso ao Poder Judiciário ao prever a possibilidade condenação em honorários advocatícios, mas, por outro, incentiva-se o descumprimento do comando sentencial por parte daquele que é devedor, pois a lei não impôs expressamente nenhuma medida capaz de tornar mais efetivo o processo executivo.

3.5. Honorários advocatícios na execução por aplicação da teoria do diálogo das fontes

Ainda que não se admita a interpretação histórica que desvenda a *ratio legis* dos artigos 769 e 889 da CLT, há o argumento da interpretação sistemática, mormente diante da chamada teoria do diálogo das fontes.

Invoca-se aqui as lições de Cláudia Lima Marques que, acertadamente, afirma que em alguns casos não se faz necessária a aplicação dos critérios tradicionais para solução de antinomias normativas (critérios hierárquico, cronológico e da especialidade). Isto porque, em determinadas situações, *além de não se verificar verdadeiras antinomias, há necessidade de harmonização entre as normas do ordenamento jurídico e não de sua exclusão*. Nesses casos, faz-se necessária a coordenação das diferentes normas para que ocorra o diálogo das fontes, possibilitando assim uma aplicação simultânea, coerente e coordenada das plúrimas fontes legislativas convergentes.[33]

Fazendo uma prospecção dos sentidos da palavra "diálogo", usada Erik Jayme, pai da teoria em comento, encontra-se três sentidos principais, segundo Cláudia Lima Marques[34]: plasticidade; influências e aproveitamento recíprocos; e harmonia. "Plasticidade", pois diálogo é contra a rigidez do "monólogo", é contra o discurso metodológico rígido tradicional (de um método superando outro, de uma lei revogando a outra, de uma fonte ou valor ser superior ao outro). Esta plasticidade é importante, no plano simbólico, para as jovens disciplinas welfaristas, a procura de autonomia, e para os grupos de hipervulneráveis, cujas leis protetivas muitas vezes nem conseguem "falar" e já as normas tradicionais "resolveram" suas causas, acabaram com suas pretensões, sem olhar ou escutar o que os direitos humanos impõem! O diálogo é um momento de plasticidade e de autonomia daqueles que, normalmente, não teriam sua "lógica", seus valores, suas pretensões, seus direitos respeitados e ouvidos.

---

33. MARQUES, Cláudia Lima. *Diálogo entre o Código de Defesa do Consumidor e o novo Código Civil*: do diálogo das fontes no combate às cláusulas abusivas. In: Revista de direito do consumidor. n. 45. Jan-mar. São Paulo: RT, 2003. p. 71.
34. MARQUES, Cláudia Lima; BENJAMIN, Antônio Herman. *A teoria do diálogo das fontes e seu impacto no Brasil*: uma homenagem a Erik Jayme. In: Revista dos Tribunais. vol. 115/2018. São Paulo: RT, 2018. p. 21-40.

Diálogo é sinônimo de convivência ou aproveitamento (influências) recíprocas, que quebra o tom autoritário dos paradigmas tradicionais, como lex *specialis, lex generalis, lex superior*. No "di-a-logos" há convivência de paradigmas. *Superam-se os muros e divisórias entre fontes, há porosidade e entrelaçamento, influências recíprocas e convivência de valores e lógicas.*

Cláudia Lima Marques fala em três tipos de "diálogos" de fontes: o primeiro tipo de diálogo é sempre sistemático e de coerência. "Diálogo", porque há influências recíprocas, porque há aplicação conjunta das duas normas ao mesmo tempo e ao mesmo caso (diálogo sistemático de coerência), por seus fundamentos comuns e a mesma coerência nos direitos fundamentais. O segundo tipo de diálogo é a aplicação simultânea, seja complementar, seja subsidiariamente das várias fontes (diálogo sistemático de complementaridade e subsidiariedade). E o último tipo de diálogo é o de 'adaptação', seja permitindo a opção voluntária das partes sobre a fonte prevalente (especialmente em matéria de convenções internacionais e leis modelos) ou mesmo permitindo uma opção por uma das leis em conflito abstrato (diálogo de coordenação e adaptação sistemática)

A teoria do diálogo das fontes, segundo seus teóricos, tem direta relação com os direitos fundamentais, pois põe em relevo o sistema de valores que estes representam e orienta a aplicação simultânea das regras de diferentes fontes para dar efetividade a estes valores.

Nesse sentido, tem razão Ben-Hur Claus quando leciona que os arts. 8º, 769 e 889 da CLT são normas de transporte, são normas de diálogo e que essas normas da CLT sempre conduziram ao Diálogo das Fontes no âmbito do Direito Processual do Trabalho: desde a autonomia científica da disciplina para a coordenação com o sistema geral de Direito.[35]

3.6. Honorários advocatícios na execução em razão da necessidade de remuneração do trabalho prestado pelo advogado

De acordo com o art. 878 da CLT, com redação dada pela Lei 13.467/2017, a execução será promovida pelas partes, permitida a execução de ofício pelo juiz ou pelo Presidente do Tribunal apenas nos casos em que as partes não estiverem representadas por advogado.

Extrai-se desse dispositivo que o advogado da parte vencedora terá que desempenhar e desenvolver um trabalho adicional para dar início e para acompanhar execução trabalhista, que muitas vezes despende mais tempo do que no próprio processo de conhecimento, sendo recomendável o arbitramento de honorários advocatícios.

Nessa linha, confira-se trecho do voto da Ministra Nancy Andrighi, no julgamento do Recurso Especial 978.545/MG:

---

35. CLAUS, Ben-Hur Silveira. *Comentários ao enunciado 2*. In: FELICIANO, Guilherme Guimarães; MIZIARA, Raphael (Coord.). *Comentários aos enunciados da 2ª Jornada de Direito Material e Processual da ANAMATRA*. No prelo.

*Outro argumento que se põe favoravelmente ao arbitramento de honorários na fase de cumprimento da sentença decorre do fato de que **a verba honorária fixada na fase de cognição leva em consideração apenas o trabalho realizado pelo advogado até então**. E nem poderia ser diferente, já que, naquele instante, sequer se sabe se o sucumbente irá cumprir espontaneamente a sentença ou se irá opor resistência. Contudo, esgotado in albis o prazo para cumprimento voluntário da sentença, **torna-se necessária a realização de atos tendentes à satisfação forçada do julgado, o que está a exigir atividade do advogado e, em consequência, nova condenação em honorários, como forma de remuneração do causídico em relação ao trabalho desenvolvido na etapa do cumprimento da sentença**. Do contrário, o advogado trabalhará sem ter assegurado o recebimento da respectiva contraprestação pelo serviço prestado, caracterizando ofensa ao art. 22 da Lei 8.906/94 – Estatuto da Advocacia, que garante ao causídico a percepção dos honorários de sucumbência. (grifou-se)*

Vê-se que a verba honorária fixada na fase de cognição leva em consideração apenas o trabalho realizado pelo advogado até então, sendo extremamente injusto com o advogado não haver condenação em verbas honorárias no cumprimento de sentença, já que será obrigado a prosseguir com o processo após a condenação, o que naturalmente lhe exigirá mais trabalho e que, por certo, deve ser recompensando.

Nessa trilha, como bem pontua Araken de Assis, a execução é atividade autônoma, relativamente à pretensão a condenar, e a necessidade de o advogado deduzir a pretensão a executar, elaborando peças técnicas próprias da sua atribuição. Eventual cumprimento que desatendesse semelhante despesa dificilmente se estimaria satisfatório e completo.[36]

Sob esse prisma, é bom advertir, parece inaplicável a fixação dos honorários advocatícios na execução iniciada e desenvolvida "ex officio", sob pena de enriquecimento ilícito do advogado. A *ratio* é a mesma para a execução dos créditos previdenciários, que também se desenvolve de ofício.

3.7. Honorários advocatícios na execução em razão da paridade de tratamento entre os advogados que atuam perante a jurisdição civil e a trabalhista

No que toca ao processo de conhecimento, sabe-se que inovação da reforma trabalhista quanto aos honorários advocatícios representou uma tentativa de igualar o trabalho prestado pelo advogado na jurisdição trabalhista com o trabalho prestado perante a jurisdição cível. No entanto, resta flagrante a violação do princípio da isonomia, já que no processo do trabalho o percentual ficou no patamar de cinco a quinze por cento[37], enquanto no cível, de dez a vinte por cento.[38]

---

36. ASSIS, Araken de. *Manual da execução*. 19. ed. São Paulo: RT, 2017. p. 820.
37. Art. 791-A da CLT. Ao advogado, ainda que atue em causa própria, serão devidos honorários de sucumbência, fixados entre o mínimo de 5% (cinco por cento) e o máximo de 15% (quinze por cento) sobre o valor que resultar da liquidação da sentença, do proveito econômico obtido ou, não sendo possível mensurá-lo, sobre o valor atualizado da causa. (Incluído pela Lei 13.467, de 2017).
38. Art. 85, § 2º, do CPC. Os honorários serão fixados entre o mínimo de dez e o máximo de vinte por cento sobre o valor da condenação, do proveito econômico obtido ou, não sendo possível mensurá-lo, sobre o valor atualizado da causa, atendidos: [...]

Se voltarmos os olhos ao processo de execução, o vilipêndio ao princípio da isonomia torna-se ainda mais claro, pois o CPC prevê expressamente o cabimento dos honorários advocatícios na execução e na fase de cumprimento de sentença, enquanto a CLT nada dispôs.

Ainda que não se vislumbre situação de desigualdade explícita e manifesta é, no mínimo, forma de discriminação indireta ou implícita, assim entendida como aquela que decorre da existência de norma aparentemente neutra, mas geradora de discriminação quando aplicada. Em sentido mais abrangente, é a discriminação que decorre de uma que se pretende neutra, mas que acaba por gerar situação de desigualdade injustificada.

Trata-se, a toda vista, de tratamento legislativo que viola o princípio da isonomia, ao tratar de maneira desigual profissionais em situação de igualdade. É preciso que o Poder Judiciário então confira o tratamento isonômico aos advogados que militam na seara trabalhista e outros advogados.

4. NOTAS CONCLUSIVAS

Ao longo desse breve estudo procurou-se demonstrar o cabimento dos honorários advocatícios no processo de execução trabalhista, como medida de promoção de uma tutela jurisdicionais mais efetiva, bem como por se tratar de solução que combate a indevida desigualdade provocada pela Lei 13.467/2017 entre os advogados que atuam na jurisdição civil e os que militam na jurisdição trabalhista.

Por certo, demonstrou-se que ainda que se vislumbre um silêncio eloquente ou propositaI no artigo 791-A, § 5º – o que não parece adequado –, a defesa da inaplicabilidade dos honorários advocatícios na fase de execução sucumbe facilmente a outros tantos argumentos demonstrados ao longo do texto. Isso porque, mesmo que o silêncio do legislador tenha sido intencional, tal fato não é suficiente para afastar o cabimento dos honorários na fase de execução.

Concluiu-se, assim, percorrendo a mesma trincheira da doutrina mais moderna, que é imperiosa a releitura dos artigos 769 e 889 da CLT com a lupa constitucional, afastando-se assim a visão míope e vetusta que pretende enxergar os dispositivos referidos a partir de um viés que somente se justifica historicamente.

Além disso, viu-se que o pensamento que inadmite o cabimento dos honorários advocatícios no processo de execução descura da *ratio legis* que inspirou as cláusulas de proteção ao processo do trabalho, notadamente o art. 769 da CLT, fechando os olhos para as evidentes lacunas normativa ou, ao menos, ontológica.

Por certo, pode-se afirmar também, ao fim e ao cabo, que os advocatícios na execução se justificam na lacuna de efetividade, pois sua presença é medida de estímulo ao cumprimento do comando judicial, o que também se fundamenta na aplicação da teoria do diálogo das fontes, de modo a conferir maior efetividade a tutela jurisdicional e prestigiar a duração razoável do processo que, por certo, também abarca a atividade executiva.

Outrossim, viu-se que os honorários advocatícios na execução se justificam em razão da necessidade de tratamento isonômico entre o empregado – em regra reclamante/credor – e a empresa – em regra, reclamada/devedora e, também.

Por fim, o cabimento dos honorários advocatícios na execução deve se dar em razão da necessidade de remuneração do trabalho prestado pelo advogado, bem como pela necessidade de tratamento paritário entre os advogados que atuam perante a jurisdição civil e a trabalhista.

5. REFERÊNCIAS

ALMEIDA, Cléber Lúcio. *A responsabilidade pela reparação de danos processuais na reforma trabalhista.* In: HORTA, Denise Alves (coord. et. al.) Direito do trabalho e processo do trabalho: reforma trabalhista principais alterações. São Paulo: LTr, 2018.

ASSIS, Araken de. *Manual da execução.* 19. ed. São Paulo: RT, 2017.

BEDAQUE, José Roberto dos Santos. *Direito e processo.* 5. ed. São Paulo: Malheiros, 2009.

BERNARDES, Felipe. *Manual de processo do trabalho.* Salvador: JusPodivm, 2018.

CLAUS, Ben-Hur Silveira. *Comentários ao enunciado 2.* In: FELICIANO, Guilherme Guimarães; MIZIARA, Raphael (Coord.). *Comentários aos enunciados da 2ª Jornada de Direito Material e Processual da ANAMATRA.* No prelo.

CORDEIRO, Wolney de Macedo. *Execução no processo do trabalho.* 4. ed. Salvador: JusPodivm, 2017.

COSTA, Coqueijo. *Direito processual do trabalho.* 3. ed. Rio de Janeiro: Forense, 1986.

COSTA, Marcelo Freire Sampaio. *Reflexos da reforma do CPC no processo do trabalho*: princípio da subsidiariedade – leitura constitucional (conforme e sistemática). 2. ed. Rio de Janeiro: Forense, 2013.

DINIZ, Maria Helena. *As lacunas no direito.* 9. ed. São Paulo: Saraiva, 2009.

LEITE, Carlos Henrique Bezerra. *Curso de direito processual do trabalho.* 12. ed. São Paulo: LTr, 2014.

MARQUES, Cláudia Lima. *Diálogo entre o Código de Defesa do Consumidor e o novo Código Civil*: do diálogo das fontes no combate às cláusulas abusivas. In: Revista de direito do consumidor. n. 45. Jan-mar. São Paulo: RT, 2003.

MARQUES, Cláudia Lima; BENJAMIN, Antônio Herman. *A teoria do diálogo das fontes e seu impacto no Brasil*: uma homenagem a Erik Jayme. In: Revista dos Tribunais. vol. 115/2018. São Paulo: RT, 2018.

MAXIMILIANO, Carlos. *Hermenêutica e aplicação do direito.* Rio de Janeiro: Forense: 2006.

MIZIARA, Raphael; NAHAS, Thereza. *Impactos da reforma trabalhista na jurisprudência do TST.* São Paulo: RT, 2017.

OLEA, Manuel Alonso. *Derecho procesal del trabajo.* 3. ed. Madrid: Instituto de Estudios Politicos, 1976.

RUSSOMANO, Mozart Victor. *Direito processual do trabalho.* 2. ed. São Paulo: LTr, 1977.

SOUTO MAIOR, Jorge Luiz. *Reflexos das alterações do CPC no processo do trabalho.* Revista LTr. Vol. 70. n. 8. São Paulo: LTr, 2006.

A Reforma Trabalhista e a Jurisdição Voluntária para Homologação de Acordo Extrajudicial – Análise dos arts. 855-B/E, CLT

Marcelo Miranda Caetano

Advogado. Mestre em direito (UFPA). Especialista em direito (UNAMA). Graduado em direito (UFPA). Professor de graduação e pós-graduação em direito. Membro da ANNEP (Associação Norte e Nordeste de Professores de Processo), da ABDPro (Associação Brasileira de Direito Processual), do IBDP (Instituto Brasileiro de Direito Processual), da Comissão de Ensino Jurídico da OAB/PA, da ATEP (Associação da Advocacia Trabalhista do Estado do Pará), da plataforma jurídica 'Pede Vista'. Coautor de artigos e livros jurídicos e membro de banca de concurso público.

Sumário: 1. Introdução – 2. Dicotomia entre CLT e CPC – 3. O acordo extrajudicial na Justiça do Trabalho: 3.1 A petição inicial, contestação e reconvenção; 3.2 O Ministério Público, Defensoria Pública e Fazenda Pública; 3.3 Penalidades por uso fraudulento da jurisdição; 3.4 Honorários, custas e perícia; 3.5 Decisão judicial e recurso – 4. Bibliografia.

1. INTRODUÇÃO

Não é novel a existência de jurisdição voluntária na seara trabalhista, tal qual seu uso por empregado admitido antes do advento da CF/88, para sair do regime de estabilidade decenal e se vincular ao do FGTS. Por ser cada vez mais rara a existência desse tipo de trabalhador, dita aplicação de jurisdição caminha ao desuso.

Na contramão do acima, os arts. 855-B/E, CLT, acrescidos pela Lei 13.467/17 (reforma trabalhista), sobre homologação de acordo extrajudicial, criam nova ação na processualística laboral, intentada direta e conjuntamente por seus interessados, e visam potencializar a jurisdição voluntária na Justiça do Trabalho, dentro de opção legislativa pautada, no mínimo, em preceito tripartite: a) utilização para ajustes com temáticas variadas, respeitada a competência da Justiça do Trabalho (art. 114, CF/88); b) uso por qualquer trabalhador sujeito à competência da Justiça do Trabalho e c) validade do ajustado, como título executivo judicial, condicionada à intervenção homologatória da Justiça do Trabalho.

Doravante, não será inusual as varas trabalhistas julgarem processos sobre jurisdição voluntária para homologação de acordo judicial.

2. DICOTOMIA ENTRE CLT E CPC

A jurisdição voluntária é disposta distintamente, na CLT e no CPC. Na primeira, aparece como processo (Capítulo III-A – do processo de jurisdição voluntária). No segundo, como procedimento (Capítulo XV – dos procedimentos de jurisdição voluntária). Tal situação pode acirrar o debate sobre a natureza jurídica de tal jurisdição. Pela teoria clássica ou administrativista, não se trata de real atividade jurisdicional, por ser mera administração pública de interesse privado, onde o juiz exerce espécie de atividade administrativa, em procedimento. Ao revés, pela teoria revisionista, o juiz exerce efetiva atividade jurisdicional, no transcurso dum processo.

Tanto a CLT (arts. 855-B/E, CLT) quanto o CPC (art. 719 e seguintes) adotam a expressão 'jurisdição voluntária' à temática em apreço, daí comumente dizer-se que em tal jurisdição não há autor e réu, mas interessados na homologação de ajustes privados, pelo Estado-Juiz.

Inobstante o debate supra, a homologação de acordo extrajudicial, disposta nos arts. 855-B/E, CLT, guarda certa inspiração/semelhança com a homologação de autocomposição extrajudicial, do art. 725, VIII, CPC e do art. 57, Lei 9099/95. A existência dessas disposições permite inferir que o ordenamento pátrio rechaça a proliferação de lides simuladas e prestigia o acordado extrajudicialmente, possibilitando sua transformação em título executivo judicial, após homologação pelo Poder Judiciário.

Havendo jurisdição voluntária nos moldes dos arts. 855-B/E, CLT, as disposições do art. 719 e seguintes, CPC, podem ser utilizadas de forma subsidiária e supletiva (art. 769, CLT c/c art. 15, CPC).

3. O ACORDO EXTRAJUDICIAL NA JUSTIÇA DO TRABALHO

3.1. A petição inicial, contestação e reconvenção

O trâmite dessa modalidade de jurisdição voluntária, pela conjugação do art. 855-B, CLT e art. 720, CPC com o princípio do disposto, se inicia por provocação conjunta dos interessados, que não podem exercer o *jus postulandi*, eis deverem ser representados por advogados distintos (art. 855-B, § 1º, CLT), facultado ao trabalhador ser assistido pelo advogado do sindicato de sua categoria (art. 855-B, § 2º, CLT). Dita impossibilidade de utilização de *jus postulandi* ocasiona superação parcial da Súmula 425, TST e mitiga a dicção do art. 791, CLT.

A exordial da jurisdição voluntária à homologação de acordo extrajudicial deve atender, guardadas suas peculiaridades, aos reclamos do art. 840, § 1º, CLT c/c 319, CPC, sobre os requisitos da petição inicial, indicando, dentre outros: o juízo a que é dirigida; a qualificação dos interessados; breve exposição dos fatos; detalhamento dos termos do acordo (ex.: direitos e deveres, parcelas, valor e forma de satisfação) e do pedido; data e a assinatura dos advogados dos interessados; valor da causa e as provas necessárias à análise da providência judicial desejada.

Pela dicção do art. 855-E, CLT, a petição inicial não pode ser genérica, sem especificar os direitos/deveres alvos da pretendida homologação judicial, que podem ser vinculados a temáticas diversas (ex.: econômicas, sociais e/ou jurídicas), respeitada a competência material da Justiça do Trabalho, as matérias de ordem pública e a necessidade de observância dos requisitos previstos nos art. 840 a 850, CC, sobre transação (Enunciado 9, Comissão 8, 2ª Jornada de Direito Material e Processual da ANAMATRA).

É cabível aditamento à petição inicial, desde que realizado conjuntamente pelos interessados e assinado por seus procuradores, até antes do juiz prolatar a decisão final. Sendo determinada audiência, tal aditamento pode ser realizado nesta.

A exordial pode dispor sobre transação de parcela de dano moral, material, estético, existencial e afins, em função da ampliação da competência da Justiça do Trabalho (art. 114, VI, CF88; Súmula Vinculante 22, STF e Súmula 392, TST).

Para o ajuizamento da ação não há necessidade de os interessados previamente homologarem/escriturarem sua avença perante ente sindical, órgão público ou cartório, incluso em função da revogação do § 1º, art. 477, CLT, nada impedindo, entretanto, que assim o façam. Tal desnecessidade também abarca ação envolvendo acordo extrajudicial com empregado estável, incluso de pedido de demissão, pois sua eventual homologação realizar-se-á perante autoridade judiciária competente, após criteriosa análise dos contornos da avença, amoldando-se, por conseguinte, ao art. 500, CLT.

O ajuizamento do processo para homologação de acordo extrajudicial não prejudica o prazo para pagamento das verbas rescisórias, estabelecido no § 6º, art. 477, CLT, e não afasta a aplicação da multa prevista no § 8º, art. 477, CLT (art. 855-C, CLT), acaso tal prazo seja inobservado, salvo quando, comprovadamente, o trabalhador der causa à mora, ou seja, o ajuizamento de tal processo não exime o empregador a, em havendo extinção do contrato de trabalho e no prazo de até dez dias contados a partir deste, entregar ao empregado os documentos que comprovem a comunicação da extinção contratual aos órgãos competentes, bem como efetuar o pagamento dos valores constantes do instrumento de rescisão ou recibo de quitação, sob pena de multa. Não cumprido o prazo referenciado, crê-se possível ao Juiz determinar o pagamento da multa correspondente, sem que tal seja julgado *extra petita* inválido.

Para evitar transtornos, afastar a aplicação da multa do art. 477, § 8º, CLT (art. 855-C, CLT) e facilitar a análise da transação, pelo juiz, é prudente os interessados anexarem à petição inicial toda a documentação comprobatória da quitação das verbas rescisória e a vinculada ao saque do FGTS e seguro desemprego.

Ajuizada a exordial fica suspenso o prazo prescricional da ação quanto aos direitos nela especificados. Todavia, tal prazo volta a fluir no dia útil seguinte ao do trânsito em julgado da decisão que negar a homologação do acordo (art. 855-E, CLT). Dita suspensão quer dizer que o prazo anterior à data do ajuizamento da petição inicial será computado para fins de aplicação prescricional, acaso necessário.

Na superveniência das férias forenses a jurisdição voluntária se processará, quando seu trâmite puder ser prejudicado pelo adiamento (art. 215, CPC).

Como à homologação de acordo extrajudicial, nos moldes arts. 855-B/E, CLT, os interessados ajuízam conjuntamente a petição inicial, desprovida de litigiosidade, não há se falar em apresentação de defesa, reconvenção e aplicação de revelia.

3.2. O Ministério Público, Defensoria Pública e Fazenda Pública

O Ministério Público e a Defensoria Pública podem figurar como interessados na homologação de acordo extrajudicial perante a Justiça do Trabalho, respeitadas suas atribuições/funções institucionais, e serão representados judicialmente por seus respectivos membros.

Havendo matéria disposta no art. 178, CPC (ex.: interesse público ou social e interesse de incapaz), o Ministério Público será intimado a intervir na qualidade de fiscal da ordem jurídica, sob pena de nulidade, podendo ter vista dos autos depois das partes, produzir provas, requerer as medidas processuais pertinentes e recorrer, além de ser intimado de todos os atos do processo (art. 179, CPC).

Quanto à Defensoria Pública, sua participação como interessada no acordo extrajudicial possivelmente estará vinculada à promoção dos direitos humanos e à defesa dos direitos individuais e coletivos dos necessitados.

A Fazenda Pública (União, Estados, Distrito Federal, Municípios e suas autarquias e fundações públicas) pode figurar como interessada na homologação de acordo extrajudicial, cabendo à sua Procuradoria ajuizar a ação, conjuntamente com quem também for interessado. Por outro lado, a Fazenda Pública poderá ser ouvida se o conteúdo do que os interessados desejem homologar lhe gerar interesse (art. 722, CPC), não configurando tal situação, por si só, hipótese de intervenção do Ministério Público (art. 178, parágrafo único, CPC).

3.3. Penalidades por uso fraudulento da jurisdição

Como as disposições dos arts. 855-B/E, CLT não se prestam a propósitos simulados, fraudulentos, ilegais e/ou inescrupulosos, o juiz, convencendo-se que os interessados na homologação extrajudicial se servem do Poder Judiciário para praticar qualquer daqueles, proferirá decisão que impeça tal objetivo, aplicando, de ofício, as penalidades da litigância de má-fé (art. 142, CPC). Tal decisão extingue o processo sem julgamento do mérito, por ausência de real interesse de agir (art. 485, VI, CPC), não tornando o acordo extrajudicial título judicial. Entretanto, dita decisão não invalidará ou nulificará o teor do acordo extrajudicial, que continuará com tal natureza jurídica, acaso os interessados tenham observado as disposições do art. 784, II e IV, CPC, à sua constituição.

Acaso o juiz não se aperceba da simulação dos interessados e homologue o acordo extrajudicial, este pode ser alvo de ação rescisória (art. 966, III, CPC).

Na hipótese do juiz compactuar com a simulação dos interessados, procedendo com dolo ou fraude, poderá responder civil e regressivamente, por perdas e danos. (art. 143, CPC). Haverá impedimento do juiz à homologação do acordo extrajudicial quando no processo estiver postulando, como defensor público, advogado ou membro do Ministério Público, seu cônjuge ou companheiro, ou qualquer parente, consanguíneo ou afim, em linha reta ou colateral, até o terceiro grau (art. 144, III, CPC). Por outro lado, o juiz será suspeito à homologação do acordo extrajudicial quando qualquer das partes ou seus advogados forem seus amigos íntimos ou inimigos (art. 145, I, CPC).

Na hipótese do membro do Ministério Público, da Advocacia Pública e da Defensoria Pública, procedendo com dolo ou fraude no exercício de suas funções, compactuar com simulação/fraude dos interessados à homologação de acordo extrajudicial, poderá responder civil e regressivamente. (arts. 181, 184 e 187, CPC).

3.4. Honorários, custas e perícia

Cada interessado se responsabilizará pelo honorário contratual pactuado com seu respectivo advogado. Não haverá condenação sucumbencial, por inexistência de litigiosidade no processo de homologação de acordo extrajudicial, ficando parcialmente superada, por conseguinte, a Súmula 219, TST, sobre pagamento sucumbencial em ação com parte assistida por advogado do sindicato de sua categoria.

Quanto às custas, devem ser rateadas entre os interessados, se de outra forma não for convencionado (art. 789, § 3º, CLT), sendo isentos do seu pagamento, além dos beneficiários da justiça gratuita, a União, os Estados, o Distrito Federal, os Municípios e respectivas autarquias e fundações públicas federais, estaduais ou municipais que não explorem atividade econômica e o Ministério Público do Trabalho (art. 790-A, CLT). Tal isenção não alcança as entidades fiscalizadoras do exercício profissional (art. 790-A, parágrafo único, CLT).

Havendo necessidade de realização de perícia, o juiz fixará o valor dos honorários periciais, dentro dos parâmetros estabelecidos pelo Conselho Superior da Justiça do Trabalho, e poderá deferir parcelamento do pagamento (art. 790-B, §§ 1º e 2º, CLT). Os interessados podem pactuar sobre quem pagará o honorário pericial, dentro de negócio jurídico-processual (art. 190, CPC) e, inexistindo consenso, a responsabilidade recairá a quem for sucumbente na pretensão objeto da perícia, ainda que beneficiária da justiça gratuita, exceto quando esta não tenha obtido em juízo créditos capazes de suportar tal despesa, ainda que em outro processo, situação que fará a União responder pelo encargo (art. 790-B, CLT). Independente de quem pleiteie a perícia e mesmo se deferida de ofício ou a requerimento do Ministério Público, na qualidade de fiscal da ordem jurídica, o juízo não poderá exigir adiantamento de valores para sua realização (art. 790-B, § 3º, CLT), aliás, situação ratificadora da disposição da OJ 98, SDI-II, TST.

3.5. Decisão judicial e recurso

A decisão, quanto à homologação de acordo extrajudicial, em matéria de competência da Justiça do Trabalho, cabe às Varas do Trabalho (art. 652, 'f', CLT, incluído pela Lei 13.467/2017), levando-se em conta à competência territorial de cada qual (art. 651, CLT), sendo permitido ao juiz, de ofício, reputar ineficaz a eleição de foro diferente da do estabelecido no art. 651, CLT e remeter os autos ao juízo natural e territorialmente competente (art. 63, § 3º, CPC c/c Enunciado 11, Comissão 8, 2ª Jornada de Direito Material e Processual da ANAMATRA).

Realizada a distribuição da petição inicial, o juiz terá 15 (quinze) dias para analisá-la (art. 855-D, CLT), podendo perfazer, dentre outros, o seguinte: a) homologar o acordo proposto; b) não homologar o acordo proposto; c) designar audiência; d) determinar emenda no petitório e apresentação doutras provas; e) requisitar informações de entes públicos e privados; f) determinar diligências que entenda necessárias ao melhor entendimento do assunto; g) deliberar por ouvida da Fazenda Pública, nas matérias vinculadas ao art. 722, CPC e h) notificar o Ministério Público, na qualidade de fiscal da ordem jurídica (art. 178, CPC).

Os interessados não podem obrigar o juiz a homologar sua avença e tampouco possuem direito líquido e certo a tal, tutelável por mandado de segurança (Súmula 418, TST c/c Enunciado Aglutinado 2, Comissão 8, 2ª Jornada de Direito Material e Processual da ANAMATRA), pois cabe àquele, dentre outros, a análise da legalidade, boa fé, pressupostos de constituição e desenvolvimento válido e regular do processo, sem o que não homologará transação alguma. Referida inobrigação restará reforçada se os interessados inobservarem as disposições dos arts. 840 a 850, CC ou quando a transação imponha ao trabalhador condições meramente potestativas, ou que contrarie o dever geral de boa-fé objetiva (artigos 122 e 422, CC) (Enunciado 9, Comissão 8, 2ª Jornada de Direito Material e Processual da ANAMATRA).

Se o juiz homologar o acordo extrajudicial, dando eficácia ao pactuado pelos interessados, é porque, dentre outros: a) não vislumbrou ilegalidade ou vício; b) acreditou haver interesse, legitimidade e boa fé dos interessados; c) entendeu existir adequação entre o pedido e os contornos fático-jurídicos apresentados e d) não percebeu manifesto prejuízo ao trabalhador, que diminua ou afaste seus direitos básicos e afete sua dignidade.

Havendo homologação judicial, total ou parcial, do acordo extrajudicial, tal decisão valerá como título executivo judicial (art. 515, III, CPC) e o juízo que a prolatou, regra geral, será o competente por seu cumprimento.

Com o trânsito em julgado da decisão homologatória do acordo extrajudicial, esta poderá ser levada a protesto, gerar inscrição do nome do executado em órgãos de proteção ao crédito ou no Banco Nacional de Devedores Trabalhistas (BNDT), nos termos da lei, depois de transcorrido o prazo de quarenta e cinco dias a contar da citação do executado, se não houver garantia do juízo (art. 88-A, CLT).

Se a decisão judicial for por não homologar o acordo ou o fazê-lo parcialmente, é porque, por exemplo, entendeu haver simulação, fraude ou ilegalidade que comprometa sua completude (art. 129, CPC / art. 9º, CLT), em decisão sem obrigatória observância ao critério da legalidade estrita, eis poder ser por juízo de equidade, conveniência e oportunidade (art. 723, p.u., CPC). Todavia, a fim gerar maior segurança jurídica, acredita-se importante que a decisão judicial, em qualquer caso, seja fundamentada e observe a dicção dos arts. 93, XI e art. 489, CPC (Enunciado Aglutinado 2, Comissão 8, 2ª Jornada de Direito Material e Processual da ANAMATRA).

Não é obrigatória a realização de audiência ao juiz prolatar decisão sobre o petitório de homologação de acordo extrajudicial. Todavia, achando-a necessária, todos os interessados serão notificados a comparecer e não poderão impedir sua realização, por ser o art. 855-D, CLT norma cogente, vinculada ao poder instrutório do magistrado (arts. 139 e 370, CPC).

Por inexistir litígio na ação e levando-se em conta a acreditada boa fé e desejo dos interessados rapidamente homologarem seu acordo extrajudicial, é inaplicável a regra do quinquídio legal à realização de audiência (art. 841, CLT).

Não havendo comparecimento dos interessados à audiência, o juízo poderá adotar, dentre outros, o seguinte: a) homologar a avença, por entender inexistir prejuízo processual; b) remarcar a audiência e c) não homologar a avença, extinguindo o feito, por analogia ao art. 844, CLT.

Não há impedimento ao juiz homologar, e sem realização de audiência, acordo extrajudicial sobre a motivação e as parcelas pagas em rescisão de contrato de trabalho. Todavia, ante a natureza da avença, crê-se prudente, antes de homologá-la, o juiz realizar audiência com os interessados, em atenção à segurança jurídica e aos princípios da razoabilidade, boa fé e verdade real.

Antes da ação ser julgada qualquer interessado poderá desistir da pretendida homologação, com ou sem anuência do outro interessado, devendo o juiz, em tal hipótese, extinguir o feito sem resolução do mérito, por ausência de interesse de agir. A desistência não desnaturará a natureza extrajudicial do acordo, apenas não permitirá sua transformação em título judicial. Em momento futuro, havendo convergência, os interessados poderão ajuizar nova ação pleiteando homologação do acordo extrajudicial.

Contra qualquer decisão, no processo de homologação de acordo extrajudicial, caberá oposição de embargo de declaração, no prazo de cinco dias úteis, notadamente quando aquela contiver omissão, obscuridade, contradição e erro material (arts. 775 e 897-A, CLT; art. 1022, CLT e art. 9º, IN 39/16, TST).

Se a decisão judicial foi por não homologar, total ou parcialmente, o acordo extrajudicial, será cabível aos interessados interporem recurso ordinário, no prazo de oito dias úteis (arts. 775 e 895, I, CLT) ao respectivo Tribunal, não podendo este retornar o processo para que o juiz o homologue. (Enunciado 10, da Comissão 8,

2ª Jornada de Direito Material e Processual da ANAMATRA). Havendo necessidade de preparo recursal, a responsabilidade caberá ao interessado. Tal qual o petitório inicial, a interposição recursal demanda patrocínio advocatício.

Homologada judicialmente a avença extrajudicial, sua eficácia poderá ser retirada por meio de ação anulatória, pois os atos de disposição de direitos, praticados pelas partes ou por outros participantes do processo e homologados pelo juízo, bem como os atos homologatórios praticados no curso da execução, estão sujeitos à anulação, sendo incabível ajuizamento de ação rescisória para tal fim (art. 966, § 4º, CPC).

4. BIBLIOGRAFIA

AMARAL, Guilherme Rizzo. Comentários às alterações do novo CPC. São Paulo: Ed. Revista dos Tribunais, 2015.

BUENO, Cassio Scarpinella. Novo código de processo civil anotado. São Paulo: Saraiva, 2015.

CARRION, Valentin. Comentários à Consolidação das Leis do Trabalho. São Paulo: Saraiva, 2018.

CASSAR, Vólia Bomfim. Comentários à reforma trabalhista. Rio de Janeiro: Forense; São Paulo: MÉTODO, 2018.

CRUZ e TUCCI, José Rogério *et al*. Código de processo civil anotado. Rio de janeiro: LMJ Mundo Jurídico, 2016.

GARCIA, Gustavo Filipe Barbosa. CLT comentada. Rio de Janeiro: Forense, São Paulo: Método, 2018.

LEITE, Carlos Henrique Bezerra. Curso de direito processual do trabalho. São Paulo: LTr, 2018.

MEDINA, José Miguel Garcia. Novo código de processo civil comentado. São Paulo: Ed. Revista dos Tribunais, 2016.

MARTINS, Sérgio Pinto. Comentários à CLT. São Paulo: Saraiva Educação, 2018.

MOUZALAS, Rinaldo *et al*. Processo civil volume único. Salvador: JusPodivm, 2016.

NEVES, Daniel Amorim Assumpção. Novo código de processo civil comentado. Salvador. JusPodvm, 2017.

SOUZA JÚNIOR, Antonio Umberto *et al*. Reforma trabalhista. São Paulo: Rideel, 2017.

STRECK, Lenio Luiz *et al* (orgs.). Comentários ao código de processo civil. São Paulo: Saraiva, 2016.

WAMBIER, Teresa Arruda Alvim *et al*. Primeiros comentários ao novo código de processo civil. São Paulo: Ed. Revista dos Tribunais, 2016.

O Novo Depósito Recursal no Processo do Trabalho: entre isenções e garantias

Tercio Roberto Peixoto Souza

Advogado. Procurador do Município do Salvador. Membro do Conselho Superior do Instituto Baiano de Direito do Trabalho – IBDT e do Instituto dos Advogados da Bahia – IAB. Associado da Associação Baiana dos Advogados Trabalhistas – ABAT. Pós-Graduado em grau de Especialista em Direito Público pela Universidade Salvador – UNIFACS. Mestre em Direito pela Universidade Federal da Bahia – UFBA. Professor do Curso de Pós-Graduação da Universidade Salvador – UNIFACS. Professor do Curso de Pós-Graduação da Faculdade Baiana de Direito – FBD. Professor convidado da Escola Superior de Advocacia da OAB/BA – ESA. Professor convidado da Escola Judicial do TRT da 5ª Região- EMATRA5.

Sumário: 1. Dos princípios do processo e da compreensão corrente acerca do depósito recursal no processo do trabalho – 2. Dos valores e formalidades para a validade do depósito recursal – 3. Das exceções ao regime geral do depósito recursal – 4. Considerações finais – 5. Referências

1. DOS PRINCÍPIOS DO PROCESSO E DA COMPREENSÃO CORRENTE ACERCA DO DEPÓSITO RECURSAL NO PROCESSO DO TRABALHO

É natural do ser humano a irresignação e o erro. Não por outras razões, o sistema jurídico brasileiro fora pensado sob um critério de pesos e contrapesos, tudo a justificar um controle do poder pelo próprio poder. De outro lado, em um contexto de intensa velocidade da comunicação e a cultura do 'fast', que envolve avassaladoramente as relações sociais (não à toa temos o 'fast food', e mesmo o 'fast sleep' [conceito que envolve o descanso em aeroportos]), certa é a maior exigência quanto à celeridade dos processos judiciais o que enseja, portanto, que quanto menos sejam os recursos, em tese, cabíveis, mais rápido será o processo.

O choque entre a celeridade e a segurança irá se reafirmar com muito maior intensidade no âmbito das relações laborais, em que de regra, em um dos lados da relação jurídico-processual há aquele que possui como seu único meio de subsistência a sua força de trabalho, e que por isso mesmo, não tem disponibilidade de tempo para esperar... as suas necessidades e da sua família não esperam.

Visando equacionar tais visões (velocidade e segurança), boa parte da doutrina entende ter sido consagrado, no ordenamento jurídico, o princípio da revisibilidade das decisões (ou do duplo grau de jurisdição), mas também o da razoável duração do processo (art. 5.º, LV e LXXVIII, da CF/1988, entre outros). Identifica-se o princípio da revisibilidade das decisões como aquele que determinaria como direito da parte o de subordinar uma determinada decisão judicial ao controle por parte do próprio Poder Judiciário. O art. 5.º, LV, da CF/1988, ao definir que aos litigantes, em processo judicial ou administrativo, e aos acusados em geral são assegurados o contraditório e ampla defesa, com os meios e recursos a ela inerentes, teria assegurado tal princípio. Ou seja, a partir daquele dispositivo não seria possível aferir a positivação do princípio. No entanto, é possível vislumbrá-lo a partir de todo o arcabouço normativo vigente, que define uma estrutura recursal formada por diversos tribunais, em uma sistemática eminentemente piramidal, no qual os Tribunais Superiores encontram-se no cume enquanto os demais, na base da pirâmide.

Como já dito, é possível fazer o contraponto ao aludido preceito porque já se fala em um direito fundamental a um processo sem dilações indevidas, ou seja, o direto da parte à prestação jurisdicional em um tempo razoável. Pode-se dizer que a partir da Emenda Constitucional 45/2004 e com a inclusão do inciso LXXVIII no art. 5.º da CF/1988 – através do qual fora assegurado a todos, no âmbito judicial e administrativo, a razoável duração do processo e os meios que garantam a celeridade de sua tramitação –, foi consagrado o direito à razoável duração do processo.

No âmbito do processo laboral não é propriamente recente a noção de que se deve otimizar o manejo do expediente recursal. Nesse contexto, o legislador apresentou algumas condicionantes para o exercício legítimo do direito de recorrer, ou seja, de ver a decisão proferida em um determinado processo ser revista por outro órgão judicial. Para a interposição de cada um dos recursos previstos no ordenamento deve o recorrente observar que são diversos os pressupostos recursais objetivos, também denominados extrínsecos, a serem cumpridos para o conhecimento do recurso, tais quais a adequação, tempestividade e a representação processual que lhe são inerentes. Dentre tais exigências, exige-se para a interposição recursal justamente a realização de um depósito, denominado depósito recursal.

A redação do art. 899 da CLT, de há muito, determina que no processo laboral apenas será admitido o recurso, inclusive o extraordinário, mediante depósito prévio da quantia da condenação, até um valor máximo. Como leciona Wagner Giglio "essa imposição visa coibir os recursos protelatórios, a par de assegurar a satisfação do julgado, pelo menos parcialmente, pois o levantamento do depósito em favor do vencedor será ordenado de imediato, por simples despacho do juiz, após a ciência do trânsito em julgado da decisão" (GIGLIO, 2007, p.486).

O depósito recursal, portanto, possui uma dupla finalidade: a de garantia recursal, impondo-se ao condenado o ônus de dispor de algum valor para que possa insistir na discussão da matéria; mas também a de garantia do juízo. Neste sentido já se pronunciou o TST categoricamente no sentido de que o depósito recursal teria natureza de "garantia do juízo recursal, [o] que pressupõe decisão condenatória ou executória de obrigação de pagamento em pecúnia, com valor líquido ou arbitrado", como se depreende da redação do item I, da Instrução Normativa 3, daquele Tribunal.

Não se nega a controvérsia quanto à constitucionalidade desse expediente, dado que inegavelmente cria-se um óbice ao direito de recorrer. O STF já se pronunciou sobre a inconstitucionalidade da exigência do depósito prévio para a interposição recursal no âmbito administrativo, consoante se identifica:

> "Agravo regimental no agravo de instrumento. Ausência de violação ao art. 97 da CF/1988. Recurso administrativo. Necessidade de depósito prévio. Inconstitucionalidade da exigência. Repercussão geral reconhecida. Precedentes. – 1. Não ofende a cláusula de reserva de plenário a decisão do relator que se limita a aplicar entendimento anteriormente firmado pelo Plenário do Supremo Tribunal Federal no sentido da inconstitucionalidade de norma. 2. O Plenário desta Corte, na Questão de Ordem no AgIn 698.626-SP, rel. Ministra Ellen Gracie, concluiu pela existência da repercussão geral da matéria versada nos presentes autos, ratificando, na ocasião, a Jurisprudência do Supremo Tribunal Federal no sentido de ser inconstitucional a exigência de depósito prévio como requisito de admissibilidade de recurso administrativo. 3. Agravo regimental não provido." (AgIn 639805, AgRg, rel. Min. Dias Toffoli, 1.ª Turma, j. 31.08.2010, DJe-223, divulg. 19.11.2010, public. 22.11.2010, Ementário vol-02435-02, p. 316)"

Todavia, em relação à exigência do depósito recursal no âmbito judicial, tem o mesmo STF entendido que a matéria seria meramente infraconstitucional, o que não ensejaria análise por parte da Suprema Corte:

> "Trabalhista. Depósito recursal. Lei 8.177/1991. Alegada contrariedade ao art. 5.º, II, da Constituição. A discussão em torno do depósito recursal na justiça do trabalho e da ocorrência da deserção cinge-se ao âmbito da legislação ordinária, sendo inadequada a apreciação pelo supremo tribunal federal. Agravo regimental improvido." – (AgIn 153269 AgRg, rel. Min. Ilmar Galvão, 1.ª Turma, j. 07.06.1994, DJ 10.02.1995, p. 1.876, Ementário vol. 01774-04, p. 777)"

> "Direito do trabalho e direito processual civil. Agravo regimental em recurso extraordinário. Matéria trabalhista. Pressuposto de admissibilidade. Depósito recursal. Ofensa reflexa. Interpretação de norma processual. – 1. O debate acerca do recolhimento de custas ou de depósito recursal não autoriza a interposição de recurso extraordinário ante a exigência de interpretação de norma processual infraconstitucional. Precedentes. 2. Agravo regimental improvido." (RE 585379, AgRg, rel. Ministra Ellen Gracie, 2.ª Turma, j. 16.12.2008, DJe-038, divulg. 26.02.2009, public. 27.02.2009, Ementário vol. 2350-05, p. 866)"

Na doutrina e jurisprudência o que se tem entendido é que tal exigência adéqua-se à sistemática de um processo célere e eficaz, portanto, constitucional, sendo necessária a compreensão do seu delineamento. Vejamos.

2. DOS VALORES E FORMALIDADES PARA A VALIDADE DO DEPÓSITO RECURSAL

O dispositivo legal mais relevante para a compreensão e delimitação do depósito recursal no âmbito do processo laboral é justamente o art. 899 da CLT, o qual fora importantemente alterado a pela Lei 13.467/2017, e está atualmente assim vazado:

> "Art. 899. Os recursos serão interpostos por simples petição e terão efeito meramente devolutivo, salvo as exceções previstas neste Título, permitida a execução provisória até a penhora.
>
> § 1º Sendo a condenação de valor até 10 (dez) vezes o salário-mínimo regional, nos dissídios individuais, só será admitido o recurso inclusive o extraordinário, mediante prévio depósito da

respectiva importância. Transitada em julgado a decisão recorrida, ordenar-se-á o levantamento imediato da importância de depósito, em favor da parte vencedora, por simples despacho do juiz.

§ 2º Tratando-se de condenação de valor indeterminado, o depósito corresponderá ao que for arbitrado, para efeito de custas, pela Junta ou Juízo de Direito, até o limite de 10 (dez) vezes o salário-mínimo da região.

§ 4º O depósito recursal será feito em conta vinculada ao juízo e corrigido com os mesmos índices da poupança.

§ 5º (Revogado).

§ 6º Quando o valor da condenação, ou o arbitrado para fins de custas, exceder o limite de 10 (dez) vezes o salário-mínimo da região, o depósito para fins de recursos será limitado a este valor.

§ 7º No ato de interposição do agravo de instrumento, o depósito recursal corresponderá a 50% (cinquenta por cento) do valor do depósito do recurso ao qual se pretende destrancar.

§ 8º Quando o agravo de instrumento tem a finalidade de destrancar recurso de revista que se insurge contra decisão que contraria a jurisprudência uniforme do Tribunal Superior do Trabalho, consubstanciada nas suas súmulas ou em orientação jurisprudencial, não haverá obrigatoriedade de se efetuar o depósito referido no § 7º deste artigo.

§ 9º O valor do depósito recursal será reduzido pela metade para entidades sem fins lucrativos, empregadores domésticos, microempreendedores individuais, microempresas e empresas de pequeno porte.

§ 10. São isentos do depósito recursal os beneficiários da justiça gratuita, as entidades filantrópicas e as empresas em recuperação judicial.

§ 11. O depósito recursal poderá ser substituído por fiança bancária ou seguro garantia judicial."

Como já dito, para a interposição do recurso, deve ser cumprido pelo recorrente o pressuposto do denominado depósito recursal. E a leitura do § 1º do art. 899 da CLT permite a conclusão de alguns delineamentos relevantes sobre o tema.

O primeiro deles leva em consideração que o aludido depósito deve ser feito 'previamente' à interposição do recurso. A disposição legal deve ser compreendida, todavia, no sentido de que o depósito recursal deve ser realizado e comprovado no prazo do respectivo recurso, de modo que a interposição recursal no primeiro dia do prazo, com a realização do depósito em momento posterior, mas ainda dentro do prazo recursal, não implica na deserção daquele. É o que se depreende da Súmula 245 do TST: "DEPÓSITO RECURSAL. PRAZO. O depósito recursal deve ser feito e comprovado no prazo alusivo ao recurso. A interposição antecipada deste não prejudica a dilação legal.".

Veja-se que tal compreensão deve ser a mesma para as hipóteses em que a parte deseje substituir o depósito recursal por fiança bancária ou seguro garantia judicial, consoante facultado doravante, a partir da redação conferida ao art. 899, § 11, da CLT. Nesse caso, a parte também deverá comprovar a garantia do juízo, por meio da fiança ou do seguro, no prazo recursal. É o que fora consagrado, inclusive, através do Enunciado 216 do Fórum Permanente de Processualistas do Trabalho – FPPT, como se depreende:

"(art. 899, § 11, da CLT) A parte recorrente deverá apresentar os documentos representativos da fiança bancária ou do seguro-garantia previstos no art. 899, § 11, da CLT, no prazo recursal."

No tocante ao prazo, ainda, com a alteração do artigo 10 da IN 39/2016 do TST, que regulamentou a aplicabilidade do art. 932, parágrafo único, e 938, § 1º a 4º e 1.007, todos do CPC ao processo laboral, permite-se que, diante da a insuficiência do depósito recursal, tal diferença seja complementada. A insuficiência do depósito, não mais impõe, assim, a deserção do recurso. Nesse sentido, a SDI 1 do TST cristalizou o seu entendimento através da OJ 140 daquela Corte:

"DEPÓSITO RECURSAL E CUSTAS PROCESSUAIS. RECOLHIMENTO INSUFICIENTE. DESERÇÃO. (nova redação em decorrência do CPC de 2015) – Em caso de recolhimento insuficiente das custas processuais ou do depósito recursal, somente haverá deserção do recurso se, concedido o prazo de 5 (cinco) dias previsto no § 2º do art. 1.007 do CPC de 2015, o recorrente não complementar e comprovar o valor devido."

Mas o mesmo § 1º do art. 899 da CLT ainda expõe outro delineamento igualmente relevante, qual seja, o de que somente é devida a garantia pelo recorrente em havendo condenação em pecúnia. Tal compreensão fora reafirmada, inclusive, através da Súmula 161 do TST: "Depósito. Condenação a pagamento em pecúnia. – Se não há condenação a pagamento em pecúnia, descabe o depósito de que tratam os §§ 1º e 2º do art. 899 da CLT."

Nesse sentido, ainda, cumpre mencionar que segundo o entendimento assentado até o momento, de regra a parcela é devida apenas pelo empregador sucumbente. Assim, indevida a exigência da parcela àquele contra quem não houve condenação ao pagamento de valores, na hipótese do trabalhador recorrente. Nesse sentido o TST:

"Exigência de depósito recursal por parte do reclamante. Impossibilidade – O depósito recursal não tem natureza jurídica de taxa de recurso, mas de garantia do juízo recursal (Instrução Normativa n.º 03/93 do TST), ou seja, objetiva garantir o cumprimento da condenação. A medida é voltada exclusivamente para atender o interesse do trabalhador que, embora tendo de aguardar o julgamento do recurso interposto, terá a certeza de que ao menos parte do valor da condenação imposta encontra-se reservado para a execução da sentença. Além disso, embora o caput do art. 899 da CLT não declare expressamente que o depósito recursal é exigido apenas do recorrente empregador, tal conclusão é facilmente extraída dos §§ 4º e 5º do mencionado dispositivo legal, quando estabelecem que o depósito far-se-á na conta vinculada do trabalhador, que deverá ser aberta em seu nome, se ainda não a tiver. Recurso de revista conhecido e provido." (634654-82.2000.5.10.5555, rel. Rider de Brito, j. 17.12.2003, 5ª Turma, DJ 26.03.2004)"

O mesmo § 1º do art. 899 da CLT permite identificar, ainda, que os depósitos recursais estão sujeitos a limites. De fato, deve-se notar, também, que o aludido depósito possui um valor máximo, qual seja, justamente o valor da condenação.

Desse modo, se alcançado o valor correspondente ao total da condenação, nada mais é devido a título de garantia da instância. E naquelas hipóteses em que o valor da condenação for indeterminado, o valor arbitrado pelo Juízo servirá como mesmo limite (§ 2º, art. 899, CLT).

O valor máximo (teto) do depósito recursal será o montante da condenação. Todavia, visando permitir o acesso à instância superior, estabeleceu o legislador não apenas um teto (correspondente ao valor total da condenação), mas um limitador, aquilo o que pode ser denominado como um subteto, através do qual limita-se os valores do depósito recursal a cada uma das espécies recursais, consoante previsto no § 6º do art. 899 da CLT.

Através da Lei 8.542/92, especialmente no seu art. 40, o legislador estabeleceu limites ao depósito recursal no caso de interposição do recurso ordinário, de recurso de revista, embargos infringentes e recursos extraordinários, sendo devido um novo depósito a cada novo recurso interposto, no decorrer do processo. Assim, enquanto não alcançado o valor integral da condenação, cada depósito recursal deve ser realizado, respeitando-se os limites fixados, todavia.

Tal compreensão fora cristalizada pelo E. TST, consoante se depreende do teor da Súmula 128 do Tribunal:

"DEPÓSITO RECURSAL

I – É ônus da parte recorrente efetuar o depósito legal, integralmente, em relação a cada novo recurso interposto, sob pena de deserção. Atingido o valor da condenação, nenhum depósito mais é exigido para qualquer recurso.

II – Garantido o juízo, na fase executória, a exigência de depósito para recorrer de qualquer decisão viola os incisos II e LV do art. 5º da CF/1988. Havendo, porém, elevação do valor do débito, exige-se a complementação da garantia do juízo.

III – Havendo condenação solidária de duas ou mais empresas, o depósito recursal efetuado por uma delas aproveita as demais, quando a empresa que efetuou o depósito não pleiteia sua exclusão da lide."

O citado enunciado da Súmula do E. TST traz à lume, ainda, duas questões importantes. A primeira delas, prevista no inciso II da Súmula, indica que realizada a garantia integral do Juízo, em sede de execução, torna-se inexigível o depósito recursal, na hipótese de manejado recurso na mesma fase, justamente por estar a instância totalmente assegurada. Apenas na hipótese de incrementado o valor da execução, ter-se-ia como possível tal exigência.

A segunda questão relevante consignada no verbete é que havendo condenação solidária, será possível que apenas um dos condenados realize o depósito, desde que nenhum dos recorrentes pretenda a sua exclusão da lide. Nesta última hipótese, ambos recorrentes devem garantir o juízo.

Ao determinar que o depósito recursal seja feito em conta vinculada ao juízo, o § 4º do art. 899 trouxe importante modificação na sua dinâmica. A redação contida no mesmo dispositivo indicava a necessidade de o aludido depósito fosse realizado em conta vinculada do empregado, a que se refere o art. 2º da Lei 5.107, de 13 de setembro de 1966, a Lei que regia o FGTS – Fundo de Garantia do Tempo de Serviço.

Diante da especificação da natureza da conta em que seria realizado o depósito, tal disposição fazia crer ser necessária a utilização das guias correspondentes, na conta do empregado no FGTS, a denominada guia GFIP – Guia de Recolhimento do FGTS e de Informações à Previdência Social, para a sua formalização. Nesse sentido, a compreensão corrente era no sentido de que o recolhimento do depósito em guia diversa, que não a GFIP (na conta vinculada do FGTS) impunha o não conhecimento recursal.

Ou seja, mesmo realizado o depósito, mesmo garantida a instância, dado que os valores não estavam alocados em conta vinculada do FGTS, entendia-se como não atendido o requisito. Nesse sentido a S. 426 do TST:

> *"DEPÓSITO RECURSAL. UTILIZAÇÃO DA GUIA GFIP. OBRIGATORIEDADE. Nos dissídios individuais o depósito recursal será efetivado mediante a utilização da Guia de Recolhimento do FGTS e Informações à Previdência Social – GFIP, nos termos dos §§ 4º e 5º do art. 899 da CLT, admitido o depósito judicial, realizado na sede do juízo e à disposição deste, na hipótese de relação de trabalho não submetida ao regime do FGTS."*

Cumpre deduzir que o entendimento sumular *está superado* por força da redação conferida pela Lei 13.467/2017 ao § 4º do art. 899. Doravante será possível a realização do depósito recursal em conta à disposição do juízo, independente da sua natureza. Sempre nos pareceu injustificável o formalismo, no particular, em inadmitir o recolhimento recursal em outra modalidade, que não fosse o depósito na conta vinculada do FGTS, quando qualquer depósito colocado à disposição do juízo, independente da natureza da conta, não apenas asseguraria a instância como, por certo, remuneraria de forma mais efetiva o capital colocado à disposição do Juízo, fato positivo para o Devedor, que ao final seria onerado de forma menos gravosa no cumprimento da decisão judicial; para o Credor, porque teria posto à sua disposição de forma mais efetiva o crédito que pretende no processo; e para a própria administração judiciária, dado que conseguiria cumprir a sua decisão, integralmente, da forma mais célere, economizando inclusive recursos públicos para a mesma prestação jurisdicional.

Não é demais dizer que o saldo da conta vinculada do FGTS é remunerado à razão de míseros três por cento ao ano (art. 13 da Lei 8.036/1990). Aliás, o FGTS é corrigido pela TR – Taxa Referencial, acrescido de 3% (três por cento) de juros ao ano, enquanto a poupança, o investimento tido por todos como o mais conservador de mercado, é igualmente corrigido pela TR, mas remunerado à razão de 6,17% (seis inteiros e dezessete décimos), no mesmo período. Ao menos nos últimos vinte anos, segundo a imprensa especializada, o rendimento do FGTS perde para a poupança e não cobre nem a inflação[1].

De todo modo, em face da alteração da redação do § 4º do art. 899 da CLT, permite-se concluir que doravante seja possível a realização do depósito recursal em

---

1. https://economia.uol.com.br/noticias/redacao/2017/02/01/em-20-anos-rendimento-do-fgts-perde-para-poupanca-e-nao-cobre-nem-inflacao.htm.

qualquer conta bancária, desde que à disposição do juízo, condicionando-se apenas que o seu saldo seja corrigido segundo os mesmos índices da poupança.

Parece certo concluir, então, que não há mais qualquer imposição quanto à natureza da conta bancária a ser utilizada para a realização do depósito, desde que obviamente a mesma esteja à disposição da autoridade judicial e remunere os recursos àquela razão.

Mas deve ser destacado ainda que, apesar de a redação legal indicar ser imperioso que o depósito seja "corrigido com os mesmos índices da poupança", não parece haver qualquer razão para se afastar os depósitos realizados em contas com índices superiores aos da poupança. Com efeito, diante das mudanças do mercado financeiro, é muito possível que existam contas remuneradas em índices superiores aos da caderneta de poupança, cujos recursos sejam igualmente passíveis de serem colocados à disposição do Juízo. Dada tal realidade, não parece existir óbice à sua implementação dado que, isso mesmo, otimizaria a própria prestação jurisdicional, à guisa do denominado princípio da razoável duração do processo (art. 5º, LXXVIII, CF/88).

Por fim, cumpre mencionar ainda que uma vez realizado o depósito recursal, tais valores, segundo a previsão do § 1º do art. 899 da CLT, ficam à disposição do juízo e estarão sujeitos a levantamento imediato, em favor da parte vencedora, por simples despacho da autoridade judicial. Tal determinação impõe que uma vez colocados os valores à disposição do Juízo, transitada em julgado a decisão recorrida, caberá ao mesmo a definição quanto ao destino daqueles recursos. Tal fato se mostra relevante porquanto reafirma que os valores utilizados no depósito recursal sujeitam-se doravante à gestão judicial, fato que impacta importantemente nas novidades trazidas no § 11 do art. 899 da CLT, quanto ao seguro garantia e à fiança bancária.

Sem dúvidas, a fim de que os aludidos valores permaneçam à disposição da autoridade judicial é certo que incumbe à parte a regularidade e manutenção daquelas garantias até a extinção do processo ou a sua substituição. Essa foram as conclusões encartadas no Enunciado 217 do Fórum Permanente de Processualistas do Trabalho – FPPT:

> "(art. 899, § 11, da CLT e art. 835, caput, do CPC) É ônus da parte recorrente manter atualizada a fiança bancária ou seguro garantia desde a data da interposição do recurso até a extinção do processo ou a substituição por outro meio hábil a garantir à execução, respeitada a ordem de preferência do art. 835, caput, do CPC."

Neste ponto, parece relevante deduzir, todavia, que tal ônus não pode ser confundido com decisões surpresa, ou eventuais incertezas, no curso do feito. Em cumprimento ao art. 10 do NCPC, acaso constate o Juízo ou qualquer dos litigantes ter havido o vencimento do prazo das garantias referidas, ou qualquer outra irregularidade, deve-se conferir à parte razoável prazo para que tenha a oportunidade para regularizar a situação processual, seja renovando as garantias originalmente postas, seja substituindo-as. Mesmo porque, a eventual cessação da garantia nos chamados 'tempos mortos' do processo, ou seja, enquanto aguarda-se um pronunciamento ou mesmo o cumprimento de determinação jurisdicional, usualmente não tem o condão de implicar em qualquer prejuízo. Apenas decorrido o prazo fixado pelo Juízo, sem a regularização da situação, parece certa a cominação dos ônus processuais decorrentes da inércia da parte. Com efeito, se ainda que feito o depósito recursal em montante inferior ao devido não há que ser determinada *incontinenti* a extinção do feito, com muito mais razão não se deve fazê-lo a quem promoveu a diligência, mas em razão do próprio decurso do tempo, teve a eficácia da sua atuação limitada.

3. DAS EXCEÇÕES AO REGIME GERAL DO DEPÓSITO RECURSAL

Apresentado o regime geral do depósito recursal, cumpre agora expor algumas das suas exceções, muitas delas trazidas pela Lei 13.467/2017.

A primeira exceção trazida ao regime geral do depósito recursal é justamente aquela prevista no § 7º do art. 899 da CLT, que determina a redução do valor do depósito recursal para a hipótese do recurso de agravo de instrumento. Antes mesmo de tratar do aludido recurso, desde já é preciso alertar ao leitor para que não confunda o recurso de agravo de instrumento previsto no CPC com aquele de mesma denominação, mas absolutamente diverso, existente no âmbito do processo do trabalho. Com efeito, é próprio do direito processual do trabalho a irrecorribilidade imediata das decisões interlocutórias. Todavia, a lógica que permeia o CPC é no sentido oposto, havendo previsão expressa, nos arts. 1.015 e seguintes, do recurso de agravo de instrumento como sendo o meio processual apto a atacar as decisões interlocutórias especificadas em lei, proferidas nos processos diretamente submetidos àquele diploma legal.

A hipótese do processo do trabalho, dada a própria dinâmica recursal em que os recursos, em regra, são apresentados perante o juízo prolator da decisão, a fim de que se apreciem os pressupostos da irresignação, será possível ao Juízo de piso a negativa de seguimento ao próprio recurso, quando não respeitados os pressupostos recursais mínimos. Acontece que diante de tal negativa, faz-se necessário garantir às partes um meio impugnatório contra o despacho que nega seguimento ao recurso. Daí porque o art. 897, 'b', da CLT prevê o cabimento do agravo de instrumento, a ser manejado contra os despachos que denegarem a interposição de recursos pelos respectivos juízos de piso.

Historicamente não havia qualquer obrigatoriedade da garantia da instância no manejo do agravo de instrumento. Todavia, a partir da Lei 12.275/2010, passou a ser obrigatório, também em sede do recurso de agravo de instrumento, a realização do depósito recursal, todavia, limitado à 50% (cinquenta por cento) do valor do depósito recursal do recurso a que se pretendida destrancar. Tal imposição legislativa decorreu da atuação do TST, que visando limitar o número de agravos de instrumento em curso naquela Corte, pretendeu acrescer mais essa obrigação ao recorrente. Embora, efetivamente tenha se notado alguma redução do número de recursos dessa natureza na Corte máxima justrabalhista, em verdade pensamos que a eficácia dessa nova obrigação é menor, quando se nota, a partir de resultados estatísticos do CNJ, que os maiores litigantes no âmbito da corte superior ou são entes públicos, ou grandes conglomerados financeiros, portanto, não sujeitos a limitações de ordem orçamentária para fins recursais.

Quando do advento da Lei 13.015/2014, fora inserido no art. 899 da CLT o parágrafo 8º, através do qual passou-se a prever uma verdadeira exceção à regra geral contida no § 7º do mesmo dispositivo. Explico. Prevê aquele dispositivo que quando o agravo de instrumento tem a finalidade de destrancar recurso de revista que se insurge contra decisão que contraria a jurisprudência uniforme do Tribunal Superior do Trabalho, consubstanciada nas suas súmulas ou em orientação jurisprudencial, não haverá obrigatoriedade de se efetuar o depósito referido no § 7º. Ou seja, enquanto seja regra a realização do depósito recursal também em sede do recurso de agravo de instrumento, quando o objeto do agravo de instrumento se tratar de recurso de revista fundado na jurisprudência uniforme do TST, ter-se-ia a dispensa da realização do aludido depósito recursal. Ou seja, firmado o entendimento por meio de Súmula ou OJ, o recorrente não se vê obrigado a realizar tal depósito. Tal medida fora instaurada no sentido de prestigiar o cumprimento do entendimento manifestado pelo TST, ou seja, de obedecer às suas Súmulas e OJ's.

Mas é importante mencionar que se em um mesmo recurso há mais de uma matéria recursal, sendo uma delas abrangidas pela exceção e outra não, o Recorrente deverá fazer o aporte financeiro mencionado, sob pena de não conhecimento do recurso, ao menos naquela parte não prevista no § 8º do art. 899.

Os §§ 9º e 10 do art. 899 da CLT, por sua vez, trouxeram exceções igualmente relevantes à dinâmica do depósito recursal, por igualmente excepcionarem o regime geral da exigência daquela parcela. Diante da sua relevância, permita-me e reprodução, mais uma vez, dos dispositivos:

> *"§ 9º O valor do depósito recursal será reduzido pela metade para entidades sem fins lucrativos, empregadores domésticos, microempreendedores individuais, microempresas e empresas de pequeno porte.*
>
> *§ 10. São isentos do depósito recursal os beneficiários da justiça gratuita, as entidades filantrópicas e as empresas em recuperação judicial."*

A redação do § 9º trouxe hipótese de redução dos valores do depósito recursal. Mas seria melhor que o legislador tivesse seguido a técnica redacional prevista do § 7º do mesmo art. 899. Afinal, ao estabelecer que o depósito recursal será reduzido "pela metade" sem estabelecer qual seria o todo, pode remanescer alguma dúvida de qual seria a parte exigida. Assim, à guisa de integração do dispositivo, deve-se interpretá-lo no sentido de que o valor do depósito recursal, daqueles entes que o legislador especifica no § 9º, será reduzido pela metade, do valor do depósito do respectivo recurso.

Feitas tais considerações deve-se considerar que o legislador determinou hipóteses de redução do depósito em favor de alguns. Os primeiros destinatários da redução são as denominadas entidades sem fins lucrativos. Embora pareça elementar a definição, a demonstração de que a parte seja efetivamente uma 'entidade sem fins lucrativos' não é tão simples. Com efeito, embora não seja propriamente adequado ao legislador a conceituação, a redação contida na Lei n. 9.532/1997, visa delimitar as entidades sem fins lucrativos, nos seguintes termos:

> "§ 3º Considera-se entidade sem fins lucrativos a que não apresente superávit em suas contas ou, caso o apresente em determinado exercício, destine referido resultado, integralmente, à manutenção e ao desenvolvimento dos seus objetivos sociais."

Note-se que a definição normativa acima indicada pressupõe ou a não existência de resultado positivo (superávit) ou a não distribuição de lucros. Assim, é importante identificar que mesmo entidades que executem atividades comerciais (aqui no sentido da intermediação de bens e serviços) necessariamente não irão perder a característica de entidades sem fins lucrativos, sendo necessária a apuração caso a caso. Tal premissa é relevante pois existem diversas associações, instituições, clubes de futebol, que mesmo fazendo a gestão de ativos economicamente relevantes, e estejam a desenvolver atividades no comércio (de intermediação), não perderão o enquadramento enquanto entidades sem fins lucrativos. Assim, ainda que executem atividades superavitárias economicamente, tais entidades estariam albergadas pelo benefício legal da redução.

O mesmo benefício da redução do depósito recursal deve ser implementado em relação aos empregadores doméstico, segundo a delimitação constante da Lei Complementar 150/2015, aos microempreendedores individuais, microempresas e empresas de pequeno porte, previstos na Lei Complementar 123/2006.

Ladeado ao aludido benefício da redução do depósito recursal, a Lei 13.467/2017 trouxe ainda, no § 10 do art. 899, a previsão de isenção do depósito recursal em favor dos beneficiários da justiça gratuita, das entidades filantrópicas e das empresas em recuperação judicial.

A isenção do depósito recursal conferida em favor dos beneficiários da justiça gratuita, prevista no § 10 do art. 899, de algum modo, tornou incontroversa a aplicação do art. 98, VIII do CPC, ao processo laboral. A previsão do CPC de há muito indicava ser a gratuidade de justiça suficiente a exonerar o beneficiário da realização de depósitos previstos em lei para interposição de recurso. Tal expediente veio para sepultar a celeuma quanto à possibilidade de dispensa do depósito recursal, notadamente quando o reclamado gozar dos benefícios da justiça gratuita. Havia quem pretendesse, por força do tratamento conferido pela LC 132/2009 e a Lei 1.060/1950, além da previsão do art. 899, § 1º, da CLT, a inexigibilidade da parcela. Todavia, essa não era a posição majoritária dos Tribunais, notadamente do TST, que entendia ser devido o depósito, mesmo ao beneficiário da gratuidade, como se depreende:

"AGRAVO DE INSTRUMENTO EM RECURSO DE REVISTA. RECURSO DE REVISTA INTERPOSTO NA VIGÊNCIA DA LEI 13.015/2014. SOCIEDADE PRIVADA SEM FINS LUCRATIVOS. DESERÇÃO DO RECURSO DE REVISTA. AUSÊNCIA DE RECOLHIMENTO DO DEPÓSITO RECURSAL. ASSISTÊNCIA JUDICIÁRIA GRATUITA. NÃO ABRANGÊNCIA DO DEPÓSITO RECURSAL. NÃO APLICAÇÃO DO TEOR DO ART. 3º, INCISO VII, DA LEI 1.060/50, COM ALTERAÇÃO DA LC 132/2009, NO PROCESSO DO TRABALHO. Na hipótese, conforme consignado pelo Juízo de admissibilidade regional, não se pode admitir o recurso de revista da reclamada por deserção, ante a ausência de comprovação de recolhimento do depósito recursal. A concessão de assistência judiciária gratuita, no âmbito do processo do trabalho, não implica a dispensa de que seja efetuado o depósito recursal, dada a sua natureza de garantia do juízo da execução. Nesse sentido é o entendimento prevalecente desta Corte. Esclarece-se, por oportuno, que não se aplica o disposto no inciso VII do art. 3º da Lei 1.060/50, com a alteração dada pela Lei Complementar 132/2009, no processo trabalhista. O preceptivo assim dispõe: "Art. 3º. A assistência judiciária compreende as seguintes isenções (...) VII – dos depósitos previstos em lei para interposição de recurso, ajuizamento de ação e demais atos processuais inerentes ao exercício da ampla defesa e do contraditório". A alteração implementada no art. 3º da Lei 1.060/50, que conferiu nova redação ao seu inciso VII como citado, decorreu da lei complementar 132, de 2009, cujo principal objetivo foi alterar os dispositivos da Lei Complementar 80, de 12 de janeiro de 1994, que se refere, essencialmente, à organização da Defensoria Pública. Tem-se que os preceitos constantes da referida Lei 1.060/50, incluindo-se a redação do inciso VII do seu art. 3º conferida mediante lei complementar, ainda que de hierarquia superior, somente têm aplicação no processo do trabalho quando houver omissão na legislação trabalhista e, ainda assim, apenas naquilo em que com ele for compatível. Esse é o princípio norteador da incidência ou não dos preceitos constantes de diplomas legais inseridos no ordenamento jurídico civil de forma subsidiária à sistemática trabalhista, nos exatos termos do art. 769 da CLT. E é exatamente sob essa ótica que se impõe concluir pela impossibilidade de aplicação do teor do art. 3º, inciso VII, da Lei 1.060/50, com a redação conferida pela Lei Complementar 132 de 2009, no processo do trabalho relativamente ao depósito recursal, visto que, nesta esfera, tal depósito constitui garantia do juízo da execução, que, ao final de demanda, poderá ser levantado de imediato pelo autor da ação caso vencedor, não se identificando, portanto, com aqueles "depósitos previstos em lei para interposição de recurso" de que trata a lei (precedentes desta Corte) . Agravo de instrumento desprovido. (TST – AIRR: 217304320145040001, Relator: José Roberto Freire Pimenta, Data de Julgamento: 30/08/2017, 2ª Turma, Data de Publicação: DEJT 08/09/2017)".

A alteração do § 10 do art. 899, assim, *torna superado* o entendimento consolidado pelo E. TST sobre o tema, em que se compreendia a assistência judiciária gratuita não abranger o depósito recursal, como exemplifica o julgado acima transcrito.

A isenção dos beneficiários da justiça gratuita é justificável por si só, dada a inviabilidade daquele em suportar as despesas processuais, sem prejuízo seu ou de sua família, reconhecido pelo próprio Poder Judiciário. Parece que a previsão legal veio conferir alguma coerência sistêmica ao instituto da gratuidade de justiça, no âmbito do processo laboral, eximindo aquele reconhecidamente pobre do desembolso de valores antes da sua condenação.

No tocante às entidades filantrópicas, estas por igual foram beneficiadas com tratamento diferenciado. Trata-se de benefício a ser operado mediante a comprovação da condição do requerente, e que visa conferir condição diferenciada às entidades que assim se enquadrem pelo papel social que desempenham. Visando explicitar algum delineamento para a comprovação da condição de filantrópica à recorrente, através do Enunciado 215, o Fórum Permanente de Processualistas do Trabalho – FPPT indica ser necessário que a entidade comprove o preenchimento dos requisitos previstos em lei, especialmente nas Leis 8.742/93 e 8.212/91, para o gozo do benefício:

> "(art. 899, § 10 da CLT; Lei 8.742/93 e 8.212/91) Para obter a isenção de depósito judicial prevista no § 10 do art. 899 da CLT, é necessário que a entidade comprove o preenchimento dos requisitos previstos nas Leis 8.742/93 e 8.212/91, anexando o Certificado emitido pelo Conselho Nacional de Assistência Social – CNAS ou Conselho Nacional de Saúde – CNS, atualizado, ou prova de requerimento de renovação ainda pendente de apreciação."

No tocante às empresas em recuperação judicial, deixa-se de exigir a garantia do juízo na medida em que todos os ativos da empresa, durante o expediente da recuperação, estão à disposição do Juízo, e direcionados à manutenção da própria atividade empresarial. Também a matéria foi solucionada pela Lei 13.467/2017, superando-se, por igual, o entendimento no sentido de que a previsão da Lei 11.101/2005 não previa a isenção das empresas em recuperação judicial do recolhimento do depósito recursal.

Por fim, dada a inexigibilidade de garantia por parte da Fazenda Pública, não há que se falar em depósito recursal para a Administração Pública ou o Ministério Público do Trabalho.

Ademais, ainda se há que falar da exigência do depósito recursal em face da ampliação das competências da Justiça do Trabalho. Com efeito, se aplica a exigência mesmo nas relações de trabalho ou que não evolva parcela trabalhista *stricto sensu*.

Presume-se, no processo executivo, que a instância esteja garantida integralmente, já que esse é pressuposto para a apresentação dos embargos à execução. Desse modo, na execução, se o juízo já estiver garantido, não há necessidade do depósito recursal. Tais conclusões foram consolidadas na jurisprudência do E. TST, consoante prevê a Súmula 128:

> "Depósito recursal. – I. É ônus da parte recorrente efetuar o depósito legal, integralmente, em relação a cada novo recurso interposto, sob pena de deserção. Atingido o valor da condenação, nenhum depósito mais é exigido para qualquer recurso.
>
> II. Garantido o juízo, na fase executória, a exigência de depósito para recorrer de qualquer decisão viola os incisos II e LV do art. 5.º da CF/1988. Havendo, porém, elevação do valor do débito, exige-se a complementação da garantia do juízo.
>
> III. Havendo condenação solidária de duas ou mais empresas, o depósito recursal efetuado por uma delas aproveita as demais, quando a empresa que efetuou o depósito não pleiteia sua exclusão da lide."

Na hipótese de recurso ordinário em ação rescisória, a parcela somente é devida se julgada procedente a rescisão, impondo-se a condenação em pecúnia, na forma da Súmula 99 do TST:

> *"Ação rescisória. Deserção. Prazo. – Havendo recurso ordinário em sede de rescisória, o depósito recursal só é exigível quando for julgado procedente o pedido e imposta condenação em pecúnia, devendo este ser efetuado no prazo recursal, no limite e nos termos da legislação vigente, sob pena de deserção."*

Por fim, dado que o depósito recursal possui natureza de garantia do Juízo, através do § 11 do art. 899 da CLT, prevê-se que o mesmo poderá ser substituído por fiança bancária ou seguro garantia judicial. De rigor, a hipótese da substituição da penhora por fiança bancária não é propriamente nova, muito menos no âmbito do processo laboral. Com efeito, desde há muito prevê a Lei de Execução Fiscal, a Lei 6.830/80, aplicável subsidiariamente ao processo executivo, em seu art. 15, ser possível a substituição da penhora por depósito em dinheiro ou fiança bancária, e cuja aplicabilidade fora reconhecida pelo Judiciário Trabalhista, consoante explicitado na redação anterior da OJ 59 da SDI II.

A novidade trazida pela Lei 13.467/2017, fica por conta da ampliação objetiva quanto aos meios de garantia admitidos (fiança e seguro garantia), em sede do depósito recursal. Note-se que mesmo com a ampliação das hipóteses, as inovações previstas no aludido dispositivo não ensejaram em alteração quanto à natureza do aludido depósito, mesmo quando substituído por fiança ou seguro garantia, tendo sido essas as conclusões consolidadas através do Enunciado 214 do Fórum Permanente de Processualistas do Trabalho – FPPT:

> *"(art. 899, § 11 da CLT) A substituição do depósito recursal por fiança ou seguro não retira a sua natureza de garantia da execução e deve ser colocado à disposição do juízo para que este possa liberá-lo em favor da parte quando assim cabível."*

Alguma dúvida tem remanescido, todavia, quanto às condições e ao importe da aludida garantia, quando substituir o depósito recursal. Com efeito, muitos estão a sustentar que a garantia seja apresentada em valor não inferior ao do débito do recurso, acrescido de trinta por cento, por aplicação do art. 835, § 2º do CPC, no particular. Ouso discordar.

Temos que a previsão do art. 835, § 2º do CPC cuida de hipótese específica, qual seja, aquela em que a garantia (o seguro ou a fiança) visam substituir a penhora. Sucede que o depósito recursal, a prima facie, não deixa de garantir o juízo, mas serve primordialmente enquanto requisito para que a parte possa acessar à instância superior. Assim sendo, nos parece ser exigido, na melhor das hipóteses, o acréscimo de trinta por cento apenas e tão somente na hipótese de ser utilizada a aludida garantia na fase executiva, especificamente para fins de penhora, portanto.

O próprio art. 882 da CLT, com a redação inserida também a partir da Lei 13.467/2017, que autoriza a utilização do seguro-garantia na fase executiva, explicita que aquela condição deve ser observada segundo a ordem preferencial prevista no art. 835 do CPC, dispositivo que cuida justamente da penhora.

Assim, na melhor das hipóteses tem-se como possível o incremento dos 30% sobre o valor do débito, apenas perante o processo executivo, e a partir do CPC/2016, compreensão esta firmada, inclusive, pelo E. TST, consoante se depreende do conteúdo da nova redação da OJ 59 da SDI II, daquela Corte:

> "59. MANDADO DE SEGURANÇA. PENHORA. CARTA DE FIANÇA BANCÁRIA. SEGURO GARANTIA JUDICIAL. A carta de fiança bancária e o seguro garantia judicial, desde que em valor não inferior ao do débito em execução, acrescido de trinta por cento, equivalem a dinheiro para efeito da gradação dos bens penhoráveis, estabelecida no art. 835 do CPC de 2015 (art. 655 do CPC de 1973)."

Ademais, há quem mencione, na doutrina, ser a previsão do art. 835, § 2º do CPC, atinente ao acréscimo de 30% (trinta por cento) destinada "a cobrir a atualização monetária do débito (constante da inicial até o momento da substituição da penhora) e a inclusão dos encargos da mora (v.g. juros), das despesas processuais e dos honorários advocatícios." (REDONDO, 2016. P. 2.019).

Ou seja, o aludido acréscimo tem por finalidade permitir apenas que os valores postos à disposição do Juízo cível, mantenham o seu valor, considerando que as despesas processuais e honorários de advogado já integram a execução. Sucede que, como já dito, a redação do § 4º do mesmo art. 899 da CLT indicou precisamente qual o critério fixado pelo legislador para a atualização dos valores postos à disposição do Juízo em sede recursal, qual seja, que o crédito que assegure a instância seja corrigido segundo os mesmos índices da poupança.

Assim, parece que o único critério que se deve exigir da garantia, quando utilizado à guisa do § 11 do art. 899, é que respeite ao menos os mesmos critérios de correção fixados em favor do depósito em dinheiro, ou seja, que o seu saldo, ou montante segurado, como queira, sejam corrigidos seguindo os mesmos índices da poupança.

Deste modo, está-se a dar cumprimento não apenas ao § 4º do art. 899 da CLT, que exige critério mínimo de remuneração do saldo colocado à disposição do juízo, mas também o § 11 do mesmo artigo, dado ter sido o seguro garantia e/ou fiança bancária equiparados a dinheiro.

Por fim, cumpre mencionar que na hipótese de utilizada a fiança ou seguro garantia a título de depósito recursal, transitada em julgado a decisão, ter-se-á como possível ao juízo a determinação da sua liberação imediata, consoante previsto no § 1º do art. 899 da CLT, como já deduzido, determinando-se ao devedor que pague imediatamente os valores, sob pena de pagamento pela seguradora.

Na hipótese de o Juízo entender ser necessária a discussão quanto à extensão do crédito exequendo, portanto, de se instaurar o processo executivo, uma vez convolado o depósito recursal em penhora, deve-se determinar ao executado ou o reforço do depósito recursal (à razão dos aludidos 30% previstos no art. 835 do CPC), ou o reforço da penhora, no correspondente ao valor executado, acrescido dos 30%, caso pretenda assegurar o juízo através de fiança bancária ou seguro garantia.

4. CONSIDERAÇÕES FINAIS

A ausência de sistematicidade decorrente das modificações legislativas impostas pela Lei 13.467/2017 nos impõe algum vagar na compreensão do instituto jurídico do depósito recursal, no âmbito do processo laboral, mormente a fim de que se dê a efetividade esperada ao processo, consoante os seus princípios.

Todavia, tal vagueza não deve ser tornar óbice para a coerente e adequada aplicação do instituto, mormente a fim de que sejam preservadas não apenas a sistematicidade do processo laboral, mas primordialmente para que se permita às partes alguma segurança quanto aos ônus que devem suportar, no exercício dos seus direitos.

As modificações quanto à natureza da conta bancária a ser utilizada para a realização do depósito, desde que obviamente a mesma esteja à disposição da autoridade judicial, não tem o condão de alterar a natureza do instituto, pura e simplesmente. De outro lado, se é certo que incumbe à parte a regularidade e manutenção daquelas garantias até a extinção do processo ou a sua substituição, não se pode impor àquele que se vale das previsões legais ônus desproporcionais ou surpreendentes, ao longo do feito, mormente em se considerando que o sistema processual atribuiu ao seguro garantia e/ou à fiança bancária o status equivalente ao de dinheiro.

Dúvidas existem e existirão. Ainda há muito a ser feito. Mas apenas o trabalho diuturno será capaz de tornar o que deve ser naquilo o que verdadeiramente é.

5. REFERÊNCIAS

GIGLIO, Wagner. Direito Processual do Trabalho. 16. Ed. rev., ampl., e adaptada. São Paulo: Saraiva, 2007.

REDONDO, Bruno Garcia. In WANBIER, Teresa Arruda Alvin (et al) (coord.) 2. Ed. rev. e atual. São Paulo: Revista dos Tribunais, 2016.

SAAD, Eduardo Gabriel. Curso de direito processual do trabalho. 6. ed. atual e ampl., São Paulo: LTr, 2008.

RECURSO DE REVISTA E A NULIDADE POR NEGATIVA DE PRESTAÇÃO JURISDICIONAL: ARTIGO 896, § 1º-A, INCISO IV, DA CLT

Carlos Augusto Marcondes de Oliveira Monteiro

Advogado, mestre e doutor em direito do trabalho pela PUC-SP, coordenador do curso de pós-graduação em direito do trabalho da Escola Paulista de Direito, professor de cursos preparatórios e autor de livros e artigos.

Sumário: 1. Introdução – 2. Da especificidade – 3. Da negativa de prestação jurisdicional – 4. Impossibilidade de reexame de fatos e provas – 5. Do prequestionamento – 6. Demais ônus exigidos pelo § 1º-A do art. 896 da CLT – 7. Conclusão – 8. Bibliografia.

1. INTRODUÇÃO

A Lei 13.467/17, chamada Reforma Trabalhista alterou diversos dispositivos da CLT, inclusive no que tange ao Recurso de Revista e dentre as alterações foi incluído o inciso IV no § 1º-A do artigo 896 da CLT, que por sua vez foi criado pela Lei 13.015/14 onde estabelece ônus a serem cumpridos pelo recorrente como condição para conhecimento do recurso de revista.

Referido dispositivo restou ampliado com a lei da reforma trabalhista para estabelecer as condições para conhecimento do recurso de revista quando tratar de matéria de nulidade de prestação jurisdicional.

Seja em 2014, com a criação deste dispositivo, seja em 2017, com a sua ampliação, na prática não houve alteração no processamento do recurso de revista, pois mesmo anteriormente, tais condições insculpidas no § 1º-A do artigo 896 da CLT já eram exigidas para o conhecimento do recurso, seja por força de instrução normativa do TST seja condição implícita inerente ao recurso. Contudo, isso não retira a importância e relevância do novo dispositivo.

O que se pretende neste artigo é destacar a alteração imposta pela "reforma trabalhista" no que tange à preliminar de negativa de prestação jurisdicional.

2. DA ESPECIFICIDADE

Antes de tratar da preliminar de negativa de prestação jurisdicional no recurso de revista, importante discorrer sobre o requisito denominado especificidade.

A especificidade é um requisito imposto para conhecimento do recurso de revista por divergência jurisprudencial, hipótese prevista nas alíneas "a" e "b" do artigo 896 da CLT.

A primeira hipótese de cabimento por divergência jurisprudencial ocorre quando *"derem ao mesmo dispositivo de lei federal interpretação diversa da que lhe houver dado outro Tribunal Regional do Trabalho, no seu Pleno ou Turma, ou a Seção de Dissídios Individuais do Tribunal Superior do Trabalho, ou contrariarem súmula de jurisprudência uniforme dessa Corte ou súmula vinculante do Supremo Tribunal Federal"* (alínea "a" do art. 896 da CLT).

Também se admite divergência com base neste dispositivo por divergência com orientação jurisprudencial do Tribunal Superior do Trabalho. O dispositivo não menciona expressamente, mas faz menção acórdão da SDI (Seção de Dissídios Individuais), órgão responsável pela edição das orientações jurisprudenciais, razão pela qual pacificou o TST entendimento no sentido de que a divergência com OJs também é causa de Recurso de Revista. É o que consta da Orientação Jurisprudencial n. 219 da SDI-I, abaixo transcrita:

> *RECURSO DE REVISTA OU DE EMBARGOS FUNDAMENTADO EM ORIENTAÇÃO JURISPRU-DENCIAL DO TST (inserida em 2.4.2001). É válida, para efeito de conhecimento do recurso de revista ou de embargos, a invocação de Orientação Jurisprudencial do Tribunal Superior do Trabalho, desde que, das razões recursais, conste o seu número ou conteúdo.*

Não serve como decisão paradigma decisões proferidas por outro Tribunal Superior, com exceção às súmulas vinculantes do Supremo Tribunal Federal, incluído expressamente na alínea *a* do art. 896 da CLT pela Lei 13.015/14.

A segunda hipótese de divergência está prevista na alínea "b" segundo o qual será cabível recurso de revista quando "derem ao mesmo dispositivo de lei estadual, Convenção Coletiva de Trabalho, Acordo Coletivo, sentença normativa ou regulamento empresarial de observância obrigatória em área territorial que exceda a jurisdição do Tribunal Regional prolator da decisão recorrida, interpretação divergente, na forma da alínea a".

Pois bem, em ambas as hipóteses, para que a divergência seja apta, necessário observar dois requisitos, quais sejam: atualidade e especificidade.

A especificidade é um requisito exigido pelo item I da Súmula n. 296 do TST, que assim dispõe: *"A divergência jurisprudencial ensejadora da admissibilidade, do prosseguimento e do conhecimento do recurso há de ser específica, revelando a existência de teses diversas na interpretação de um mesmo dispositivo legal, embora idênticos os fatos que a ensejam."*

A profundidade da especificidade pode ser verificada por meio da Súmula de n. 23 do TST, que assim estabelece:

> *RECURSO (mantida) – Res. 121/2003, DJ 19, 20 e 21.11.2003. Não se conhece de recurso de revista ou de embargos, se a decisão recorrida resolver determinado item do pedido por diversos fundamentos e a jurisprudência transcrita não abranger a todos.*

Decorre daí que não basta a similitude entre a decisão recorrida e o acórdão paradigma. Ambos devem ter tratado do mesmo assunto e utilizado dos mesmos fundamentos, sob pena do não conhecimento do recurso de revista.

Antônio Álvares da Silva, ao tratar da mencionada Súmula n. 23 do TST, faz a seguinte colocação:

> "Esta súmula coloca situação quase impossível de ocorrer na prática e extrapola o papel da jurisprudência que é o de interpretar e não de legislar sobre a lei interpretada, acrescentando-lhe condições de que o legislador não cuidou.
>
> Geralmente toda sentença traz argumentos vários. O raciocínio humano, principalmente quando manipulado para decidir questão controversa, é múltiplo porque o problema em discussão oferece vários ângulos de análise.
>
> Esta visão nunca é exclusiva de um juiz porque raramente será igual o modo de pensar e deduzir entre os homens. Há ainda a questão da linguagem que não será a mesma, o que ocasiona variações nos argumentos. Por isso, exigir que uma decisão judicial resolva a controvérsia dos autos com os mesmos fundamentos de outra é pedir o impossível.
>
> O Direito é, ao mesmo tempo, 'ato de autoridade e ato de persuasão'. O juiz deve, antes de tudo, convencer-se a si próprio, deduzindo motivos, para depois convencer os outros, usando a fundamentação. Os elementos, subjetivo e objetivo, se entrelaçam no ato de julgar. É impossível querer que um fundamento se desdobra em vários. Outras vezes, vários fundamentos se condensam em um. Por isso foi muito mais razoável a Súmula n. 528 do STF:
>
> 'Se a decisão contiver partes autônomas, a admissão parcial, pelo Presidente do Tribunal a quo de recurso extraordinário que, sobre qualquer delas se manifestar, não limitará apreciação de todas pelo Supremo Tribunal Federal, independentemente de interposição de agravo de instrumento.'
>
> O mesmo princípio deveria ser adotado no processo do trabalho. Se há vários fundamentos e a jurisprudência abranger apenas um ou alguns, está suficientemente fundada a admissão do recurso de revista. E note-se que a Súmula do STF fala em partes autônomas da sentença e a Súmula n. 23 apenas em fundamentos diversos. Isto quer dizer que uma parte autônoma da sentença contamina a outra para efeito de recurso extraordinário. Por que não há de acontecer o mesmo com os motivos que sequer pressupõem sentença com segmentos independentes?"[1]

A Lei 13.015/14 poderia ter tratado expressamente da especificidade, mas não o fez. Contudo, é possível se extrair do inciso III do § 1º-A do art. 896[2] da CLT, a exigência da especificidade, quando o dispositivo menciona que a parte deverá demonstrar de forma analítica a divergência com súmula ou orientação jurisprudencial.

---

1. SILVA, Antônio Álvares da. *Do Recurso Extraordinário no Direito Processual Brasileiro*. São Paulo: Revista dos Tribunais, 1999. p. 61-62.
2. § 1º-A. Sob pena de não conhecimento, é ônus da parte: I – indicar o trecho da decisão recorrida que consubstancia o prequestionamento da controvérsia objeto do recurso de revista; II – indicar, de forma explícita e fundamentada, contrariedade a dispositivo de lei, Súmula ou Orientação Jurisprudencial do Tribunal Superior do Trabalho que conflite com a decisão regional; III – expor as razões do pedido de reforma, impugnando todos os fundamentos jurídicos da decisão recorrida, inclusive mediante demonstração analítica de cada dispositivo de lei, da Constituição Federal, de Súmula ou Orientação Jurisprudencial cuja contrariedade aponte.

Podemos definir especificidade como o requisito essencial para se conhecer do Recurso de Revista por divergência, que estará presente quando os mesmos fundamentos analisados pelo acórdão paradigma tenham sido analisados pelo acórdão recorrido. Se a mesma matéria foi analisada por fundamentos distintos, não haverá especificidade.

Daí porque a importância do acórdão Regional apreciar todos os fundamentos invocados pelas partes, sob pena de negativa de prestação jurisdicional. Em primeiro grau, não se exige do juiz que analise todos os fundamentos trazidos pela parte, em razão da existência do efeito devolutivo amplo. Contudo, em se tratando de acórdão Regional, necessária a manifestação sobre todos os pontos trazidos no recurso.

Em sendo analisado apenas um dos fundamentos trazidos pela parte, haverá omissão, o que é causa de Embargos de Declaração. Mantida a omissão estaremos diante de negativa de prestação jurisdicional, o que deverá ser alegado em preliminar de Recurso de Revista.

3. DA NEGATIVA DE PRESTAÇÃO JURISDICIONAL

A negativa de prestação jurisdicional é matéria a ser invocada em preliminar de recurso de revista quando o Tribunal Regional do Trabalho deixar de apreciar alguma matéria fática ou de direito invocada no recurso ordinário.

A necessidade do Tribunal Regional apreciar todas as matérias e fundamentos devolvidos no recurso se torna fundamental, em prol do princípio da motivação, mas também para que se possa preencher o requisito da especificidade, conforme acima tratado.

Se no recurso ordinário a parte invocou 4 argumentos para prosperar seu inconformismo e o Regional não aprecia os 4 sob o fundamento de que não está obrigado a analisar cada um dos fundamentos invocados pela parte, além de violar o princípio da motivação, não permite a parte cumprir o requisito da especificidade. Daí porque o Tribunal Superior do Trabalho editou a súmula 459 permitindo nestas hipóteses o cabimento do recurso de revista por violação ao artigo 93, inciso IX da Constituição Federal ou artigo 832 da CLT ou artigo 489 do CPC, conforme abaixo transcrito:

Súmula 459 do TST

RECURSO DE REVISTA. NULIDADE POR NEGATIVA DE PRESTAÇÃO JURISDICIONAL (atualizada em decorrência do CPC de 2015) – Res. 219/2017, DEJT divulgado em 28, 29 e 30.06.2017 – republicada – DEJT divulgado em 12, 13 e 14.07.2017 O conhecimento do recurso de revista, quanto à preliminar de nulidade, por negativa de prestação jurisdicional, supõe indicação de violação do art. 832 da CLT, do art. 489 do CPC de 2015 (art. 458 do CPC de 1973) ou do art. 93, IX, da CF/1988.

Sobre a negativa de prestação jurisdicional, assim decidiu o TST em acórdão da lavra do desembargador convocado Claudio Armando Couce de Menezes:

> "Cumpre destacar, por oportuno, que, nos moldes da Orientação Jurisprudencial no 115 da SBDI-1 do C. TST, apenas a indicação de violação dos arts. 832 da CLT, 458 do CPC ou 93, inciso IX, da Constituição Federal é capaz de fundamentar o conhecimento do recurso de revista, no que concerne à prefacial de nulidade por negativa de prestação jurisdicional. Como em sede de recurso de revista, a recorrente indica expressamente tais artigos, passa-se à apreciação do tema.
>
> A arguição de nulidade de decisão judicial por negativa de prestação jurisdicional requer a identificação dos pontos que não foram enfrentados, a fim de viabilizar a análise da entrega da efetiva tutela jurisdicional, pois a mera alegação genérica de sua ocorrência, torna impossível sua aferição. Portanto, cumpre à recorrente demonstrar onde estaria configurada a negativa de prestação jurisdicional pelo Regional e qual o ponto relevante que não foi analisado pelo Colegiado Trabalhista Regional.
>
> E para a declaração de nulidade, há de se mostrar omissa a decisão, mesmo após a provocação por intermédio de embargos declaratórios, para que reste demonstrada a negativa de prestação jurisdicional ensejadora do conhecimento do recurso de revista. (Processo N. RR-0000197-37.2012.5.02.0362).

Em razão de diversas decisões neste sentido, é que o legislador inseriu na CLT o disposto no inciso IV do artigo 896, § 1º-A, com a seguinte redação:

§ 1º-A. Sob pena de não conhecimento, é ônus da parte:

....

IV – transcrever na peça recursal, no caso de suscitar preliminar de nulidade de julgado por negativa de prestação jurisdicional, o trecho dos embargos declaratórios em que foi pedido o pronunciamento do tribunal sobre questão veiculada no recurso ordinário e o trecho da decisão regional que rejeitou os embargos quanto ao pedido, para cotejo e verificação, de plano, da ocorrência da omissão.

Sobre referido dispositivo, assim é a doutrina de Homero Batista Mateus da Silva:

> "A transcrição dos embargos de declaração no corpo do recurso de revista já vinha sendo exigida pela jurisprudência do TST, para aqueles casos em que a parte requer a nulidade do julgado por negativa de prestação jurisdicional. Trata-se de uma questão de lógica, por assim dizer: se o advogado está obrigado a transcrever no recurso de revista o trecho do acórdão que ele pretende atacar, cotejando-o com a jurisprudência dissonante de outro acórdão de outro tribunal, como resolver a questão da transcrição do trecho quando ele não possui nada pera transcrever? Em outras palavras, se o objetivo do advogado é justamente se queixar da omissão do desembargador, afirmando que ele não entregou a prestação jurisdicional inteira, como exigir que ele transcreva o trecho atacado? A única solução possível – já que alguma transcrição tem de existir, diante da disciplina contemporânea do recurso de revista e diante da premissa de que os Ministros não devem analisar o processo por inteiro mas apenas o núcleo da divergência a ser uniformizada – é precisamente exigir que o advogado demonstre que já havia levantado aquele tópico em sede de embargos de declaração. Pode parecer estranho que uma parte tenha de refazer seu próprio recurso, ou seja, tenha que repetir no corpo do recurso de revista as razões já manifestadas no corpo dos embargos de declaração. Mas esse estranhamento decai quando se entende que o recurso de revista deve ser uma peça independente, capaz, por si só, de demonstrar a vulnerabilidade do acórdão e a divergência jurisprudencial. Diferente é o caso

do recurso ordinário, por exemplo, em que a parte pode manifestar seu inconformismo e pedir que o desembargador reveja, item por item, a colheita das provas, a valoração dos testemunhos e o enquadramento legal efetuado, o que tornaria inviável repetir 100% dos autos nas folhas recursais. Vista a questão por esse ângulo e conhecida a jurisprudência prévia sobre a matéria, a inovação do art. 896, § 1º-A, IV, não representa grande espanto. Vai dificultar ainda mais o processamento das revistas, cuja taxa de êxito já está perto de 1% apenas, é verdade, mas está dentro do contexto restritivo desse remédio jurídico."[3]

Sobre referido dispositivo legal, foram editados dois enunciados no Fórum Permanente de Processualistas do Trabalho – FPPT, realizado em março de 2018, com a seguinte redação:

Enunciado 218. (art. 896, § 1º-A, IV, da CLT) É condição para a discussão de negativa de prestação jurisdicional em sede de Recurso de Revista a oposição de Embargos de Declaração em Recurso Ordinário, pois o art. 896, § 1º-A, IV da CLT criou um requisito formal que impede a interposição direta de Recurso de Revista de decisão proferida em Recurso Ordinário.

Enunciado 219. (art. 896, § 1º-A, IV, da CLT) Preexistindo discussão acerca de questão fática, não há que se falar em prequestionamento ficto, cabendo à parte recorrente, quando da arguição de nulidade do julgado por negativa de prestação jurisdicional, transcrever o trecho dos embargos de declaração em que se requereu o pronunciamento do Regional, bem como o trecho da decisão regional que negou provimento ao recurso.

Ou seja, o legislador nada mais fez do que consignar na CLT condição para o processamento do recurso de revista já exigido pelo Tribunal Superior do Trabalho, o que tornou a questão mais clara e previsível do que anteriormente quando tratado apenas em decisões judiciais.

4. IMPOSSIBILIDADE DE REEXAME DE FATOS E PROVAS

A impossibilidade de reexame de fatos é provas é considerado um pressuposto negativo de processamento do Recurso de natureza extraordinária, de forma que, se necessária a análise do conjunto probatório e dos fatos controvertidos, inviável o conhecimento do Recurso, pois o que se discute em recursos de natureza extraordinária é o direito objetivo e não o direito subjetivo das partes.

Sobre esta questão, assim é a doutrina de Estevão Mallet:

"Conforme sublinhado anteriormente, a finalidade para a qual se instituiu o recurso de revista não foi a tutela do direito subjetivo dos litigantes, mas a preservação da integridade do direito objetivo, tanto com a garantia de observância da lei posta como com a busca de uniformização jurisprudencial, verdadeira decorrência do princípio constitucional da igualdade. Decorre daí ser despicienda a reapreciação, em recurso de revista, do aspecto fático da controvérsia, uma vez que o julgamento em que se apreciou mal a prova, podendo causar lesão ao direito das partes, em nada abala o ordenamento jurídico. Trata-se de sententia lata contra ius litigatoris, injusta com certeza, mas cuja correção não se mostra viável por meio de recurso de revista, e

---

[3]. DA SILVA, Homero Batista Mateus. Comentários à Reforma Trabalhista, São Paulo: Editora Revista dos Tribunais, 2017, p. 178/179

que não se confunde com a sententia contra ius in thesi, essa sim passível de reforma por meio de impugnação extraordinária, dado incorrer o juiz em erro na interpretação ou na aplicação do direito objetivo."[4]

Referido pressuposto consta da Súmula n. 126 do Tribunal Superior do Trabalho, que possui a seguinte redação: "Incabível o recurso de revista ou de embargos (arts. 896 e 894, 'b', da CLT) para reexame de fatos e provas.", bem como na Súmula n. 279 do Supremo Tribunal Federal e Súmula n. 7 do Superior Tribunal de Justiça.

Contudo, é importante distinguir reexame de fatos e provas de reenquadramento jurídico de fatos, conforme bem explica os autores Kátia Magalhães Arruda e Rubem Milhomem:

"Conforme registrado nos primeiros tópicos, o recurso de revista tem natureza jurídica de recurso extraordinário, cuja finalidade é uniformizar a jurisprudência, protegendo o direito objetivo (interpretação da norma/matéria eminentemente de direito), de modo a prestigiar a segurança jurídica. Assim, cabe à Corte Superior rever a tese jurídica adotada no acórdão recorrido, a partir de premissas fático-probatórias já assentadas, bem ou mal, pelo TRT. A Corte Regional é soberana na apreciação do conteúdo da prova e na respectiva valoração, assim como tem a última palavra quando se trata de afirmar ou negar a existência de um fato controvertido. Há duplo grau de jurisdição, quanto aos fatos e provas, nas instâncias ordinárias. O TST não é terceiro grau de jurisdição, mas grau especial, extraordinário. O TRT analisa os fatos e provas e lhes dá o enquadramento jurídico. A Corte Superior verifica se deve permanecer ou não o enquadramento jurídico dado aos fatos e provas na decisão recorrida.

Em síntese, se o recorrente pretende discutir a conclusão do TRT a respeito da valoração do conjunto fático-probatório, o caso não é, materialmente, de tese jurídica a ser confrontada. A matéria de direito a ser examinada no TST, pressupõe que as premissas fático-probatórias levadas em conta pela Corte regional não sejam objeto de inconformismo do recorrente na Corte Superior, quer dizer, é preciso que, partindo dos fatos e provas produzidas, esteja em debate somente o enquadramento jurídico do caso concreto."[5]

Por tal motivo, deve o Tribunal Regional do Trabalho não só expor os fundamentos do seu convencimento, mas também explicitar no acórdão toda matéria fática discutida pelas partes de forma a permitir que as partes discutam o correto enquadramento jurídico e, portanto, a correta aplicação da Lei no caso concreto, sob pena negativa de prestação jurisdicional.

Ao contrário do prequestionamento, este pressuposto encontra-se sedimentado no direito comparado, previsto expressamente no Código de Processo Civil de Portugal e da França, dentre outros países.

Segundo Odonel Urbano Gonçalves e Pedro Paulo Teixeira Manus: "Revolvimento de fatos ou reapreciação da prova não são possíveis no recurso de revista. O Tribunal Superior do Trabalho, no seu julgamento, apoia-se no quadro fático traçado pelo Tribunal Regional do Trabalho. É o que igualmente ocorre no Supremo Tribu-

---
4. MALLET, Estêvão. *Do Recurso de Revista no Processo do Trabalho*. São Paulo: LTr, 1995. p. 99-100.
5. ARRUDA, Kátia Magalhães; MILHOMEM, Rubem. *A Jurisdição Extraordinária do TST na Admissibilidade do Recurso de Revista*. São Paulo: LTr, 2012. p. 71.

nal Federal e no Superior Tribunal de Justiça quando, respectivamente, apreciam o cabimento do recurso extraordinário e do recurso especial; aqui também não se toca no quadro fático traçado na instância inferior (ordinária)."[6]

Reenquadramento jurídico dos fatos nada mais é do que a análise da matéria de direito com base nos fatos estampados no acórdão Regional.

Contudo, a grande dificuldade é separar matéria fática de matéria de direito. A teoria tradicional que considera a sentença um silogismo, em que a norma é a premissa maior, a situação concreta a premissa menor e o enquadramento de uma a outra a conclusão é insuficiente para distinguir fato de direito, conforme ressalta Estevão Mallet:

> *"Mas a simplicidade sedutora dessa concepção não resiste ao estudo mais aprofundado da verdadeira natureza da sentença. Realmente, como notou Calamandrei, o trabalho lógico que o juiz deve desenvolver para chegar à conclusão é muito mais complexo do que faz supor o esquema silogístico.*
>
> *(...)*
>
> *Mais ainda, a atividade decisória do juiz não se reduz à análise lógica dos elementos da causa. Como anota Couture, 'ni el juez es una máquina de razonar ni la sentencia una cadena de silogismos'. Reconhecido papel criador da função judicante, é evidente não se prestar a explicá-la por inteiro o singelo esquema da subsunção, decorrente do modo silogístico. Segundo ressalta Miguel Reale, 'interpretar o Direito é trabalho axiológico, e não puramente lógico, como se se desenrolassem as consequências das leis mercê de simples dedução. A sentença do juiz é também um trabalho estimativo, de compreensão axiológica, e não mero silogismo'.*
>
> *Aliás, ainda por outros aspectos é passível de questionamento a concepção rigidamente silogística da sentença. Em primeiro lugar, mostra-se discutível, sob o aspecto filosófico, a licitude de comparar-se um conceito (representado, no pretenso silogismo jurídico, pela norma legal) com algo real (correspondente ao caso concreto), para daí tirar alguma conclusão. Sommer, por exemplo, é peremptório ao afirmar que a um conceito só se pode subsumir outro conceito, não uma realidade, no que é seguido por Larenz, para quem 'é irredutível a distância entre o particular e o geral'. Nunca, pois, se poderia, aceita essa concepção, enquadrar o caso verificado na previsão normativa, já que os dois polos da relação são distintos e inconfundíveis."*[7]

Estevão Mallet, sugere a distinção nos seguintes termos:

> *"A distinção entre fato e direito mais nitidamente se formula levando-se em conta que o primeiro termo da dicotomia está relacionado com o passado. Fato é 'o que aconteceu', algo já realizado. Por isso ressalta Carnelutti que 'o conceito de fato está ligado ao tempo', pois 'o fato pertence ao passado'. Não é por outra razão que Calamandrei encontrou grande semelhança entre o trabalho desenvolvido pelo juiz e a atividade do historiador. Já que um caso como noutro o de que se trata é de apurar a verdade de certos fatos passados, 'l'accertamento probatorio compiuto dal giudice è sostanzialmente identico alla riconstruzione storiografia dei fatti compiuta dallo storico'.*

---

6. GONÇALVES, Odonel Urbano; MANUS, Pedro Paulo Teixeira. *Recursos no Processo do Trabalho*. São Paulo: LTr, 1997. p. 47.
7. MALLET, Estêvão. *Do Recurso de Revista no Processo do Trabalho*. São Paulo: LTr, 1995. p. 102-103.

Daí concluir-se constituir questões de fato tudo que diga respeito à determinação do que aconteceu, ou seja, do que já se passou. Engish reforça tal conclusão ao escrever que ao se falar em fato tem-se em vista 'acontecimentos, circunstâncias relações, objectos e estados, todos eles situados no passado, espácio-temporalmente ou mesmo só temporalmente determinados'. Tudo mais que cabe ao juiz apurar, não estando relacionado com o que aconteceu, constitui questão do direito, e não matéria de fato. A interpretação da norma aplicável, a definição de seu alcance ou de seu conteúdo, por exemplo, são atividades caracterizadores de questão de direito, admitido, pois, revisão em recurso de revista. Da mesma forma, saber se a norma invocada aplica-se ou não ao caso julgado é também questão de direito.

Constitui questão de direito, outrossim, a qualificação jurídica dos fatos apurados. Não pode haver dúvida a propósito desse ponto, porque ao qualificar incorretamente os fatos acaba o juiz por aplicar à situação verificada lei diversa da que a deveria reger, incorrendo naquilo que os franceses chamam de 'violation de la loi par fausse application'. O erro ocorre, portanto, não no esclarecimento dos fatos, mas na aplicação da norma. Típica caso de erro de direito. A doutrina é firme no particular, bastando citar Chiovenda, que ressalta: 'Não constitui questão de fato ou juízo de fato, mas de direito, a concernente à natureza jurídica de um fato, a saber, se um fato considerado como verdadeiro é ou não regulado por determinada norma'. Compreende-se com facilidade, aliás, tal conclusão, importando apenas ter presente, como lembra Marty, autor de célebre monografia sobre a distinção entre fato e direito, que: 'par l'identification d'une certaine situation de fait avec une notion légale, toute qualification entraine indirectement une définition de cette notion'. Assim, o enquadramento jurídico dos fatos da causa induz, de modo necessário, a definição do conceito estabelecido pela norma legal aplicada, constituindo, portanto, operação tipicamente jurídica, passível de controle mediante recurso de revista."[8]

Sobre a questão, assim decidiu o Supremo Tribunal Federal, em acórdão da lavra do Ministro Marco Aurélio:

"RECURSO EXTRAORDINÁRIO — MOLDURA FÁTICA — INTANGIBILIDADE — CONSIDERAÇÕES. No julgamento de recurso de natureza extraordinária, há de se distinguir entre o revolvimento de fatos e provas coligidos na fase de instrução e o enquadramento jurídico da matéria contida no próprio acórdão impugnado. A vedação limita-se ao assentamento de moldura fática diversa da retratada pela Corte de origem para, à mercê de acórdão inexistente, concluir-se pelo conhecimento do recurso." (RE 182555/MG, DJ – 24.5.1996)

Cumpre destacar que a valoração da prova não pode ser tida como matéria de direito, pois decorre da livre apreciação pelo juiz, sendo vedada, portanto, sua discussão em sede de recurso de natureza extraordinária, o que não ocorre quando o Tribunal deixa de considerar, por exemplo, a confissão real de uma das partes. Neste caso não se trata de valoração da prova, mas sim violação de dispositivo legal.

Assim conclui Kátia Magalhães Arruda e Rubem Milhomem:

"Em resumo, a sistemática é a seguinte: se o TRT diz que houve a prova do fato, não pode o TST afirmar que a prova não teria sido produzida — isso é discussão vedada pela Súmula n. 126 do TST; diferentemente, se a Corte regional decide que houve a prova do fato, e, daí, interpretando a norma em debate, reconhece o efeito jurídico "A", pode o TST concluir, levando em conta as

---

8. MALLET, Estêvão. *Do Recurso de Revista no Processo do Trabalho*. São Paulo: LTr, 1995. p. 103-105.

premissas fático-probatórias constantes na decisão recorrida, que a interpretação da norma em debate leva ao reconhecimento do efeito jurídico "B".

Se o conteúdo do documento, do testemunho, do depoimento, do laudo pericial, bem assim de quaisquer outras espécies de prova, estiver transcrito na decisão recorrida (com ou sem aspas), o TST pode levá-lo em consideração para dar o enquadramento jurídico que achar adequado ao caso concreto. Contrariedade à Súmula n. 126 do TST somente haveria se a Corte Superior, ultrapassando as informações contidas no acórdão recorrido, fosse retroceder à fase de instrução para diretamente estudar as provas.

Todavia, embora a verdade processual seja aquela fixada no segundo grau de jurisdição, deve-se ter especial atenção para aqueles acórdãos nos quais o TRT afirma peremptoriamente que houve a prova do fato alegado, mas, ao registrar os fatos e provas a partir dos quais decidiu, acaba demonstrando flagrantemente que a conclusão assentada não se sustenta. Nesse caso, pode o TST conhecer da controvérsia trazida ao seu exame, não resolvendo fatos e provas, mas, sim, dando-lhes outro enquadramento jurídico.

Exemplo: o TRT afirma textualmente que ficou provado que a reclamante era empregada doméstica. Aí, quando discorre sobre os motivos que levaram à sua conclusão, diz que ficou demonstrada a prestação de serviços como diarista, um dia por semana, em residência familiar, durante seis meses. Nesse caso, não importa que a Corte regional tenha dito: "houve prova". O que se leva em conta, para o fim de conhecimento do recurso de revista, é que a prestação de serviços, nas circunstâncias registradas pelo TRT, por si mesmas, não levam ao reconhecimento do vínculo de emprego, conforme a atual jurisprudência do TST. Isso é matéria de direito. Logo, não se aplica a Súmula n. 126 do TST.

Em outro exemplo, estando em discussão uma norma coletiva, se o TRT diz que ela não prevê o direito alegado pelo reclamante, e não a transcreve no acórdão recorrido (ou não faz o resumo fático do seu conteúdo), o TST não pode chegar a conclusão contrária. Mas, se o conteúdo da norma coletiva consta da decisão recorrida (seja mediante transcrição, seja mediante o resumo fático registrado pela Corte regional), pode o TST examinar a matéria, tanto no que diz respeito ao sentido e ao alcance do ajuste coletivo firmado (art. 896, 'b', da CLT), quanto no que se refere ao controle da sua legalidade (art. 896, 'c', da CLT), sem o óbice da Súmula n. 126 do TST."[9]

Ou seja, a reapreciação da prova é vedada em sede de recurso de revista, mas o correto enquadramento jurídico dos fatos se traduz em análise de matéria de direito. Daí porque, ao TRT é vedado fundamentar de forma genérica como "as provas produzidas nos autos", mas é importante a fundamentação indicando as provas que conduziram o entendimento ao final consagrado, para possibilitar à parte que discuta o correto enquadramento jurídico daqueles fatos, sob pena de ensejar em negativa de prestação jurisdicional.

Podemos tomar como exemplo a ação da qual o Tribunal Regional do Trabalho nega provimento ao recurso do autor sob o fundamento de que este não teria direito a horas extras em razão da existência de acordo de compensação de horas, conforme provado pelo réu. Contudo, se o Regional consignar a existência de horas extras habituais, é possível se concluir pela possibilidade de análise do TST quanto a tal

---

9. ARRUDA, Kátia Magalhães; MILHOMEM, Rubem. *A Jurisdição Extraordinária do TST na Admissibilidade do Recurso de Revista*. São Paulo: LTr, 2012. p. 75-76.

matéria, por divergência com o item IV da Súmula n. 85. Para isso, desnecessário apreciar fatos e provas, mas tão somente dar o correto enquadramento jurídico a fato incontroverso constante do acórdão Regional, qual seja, a realização de horas extras habituais, o que é causa de descaracterização do acordo de compensação.

Outro exemplo: podemos citar o acórdão Regional que reconhece o direito a indenização decorrente de assédio moral por perseguição do empregador durante todo o contrato de trabalho e nega direito à rescisão indireta do contrato de trabalho por ausência de prova do disposto no art. 483 da CLT. Neste caso, é possível ao TST reconhecer a rescisão indireta, sem o risco de incidir o disposto na Súmula n. 126 do TST, pois consta do próprio acórdão Regional o reconhecimento de uma perseguição do empregador, o que caracteriza em rescisão indireta do contrato, por força das alíneas "b", "d" e "e" do art. 483 da CLT.

Também não se trata da aplicação da Súmula n. 126 do TST, quando o que se discute no processo é o ônus da prova. O Regional julga improcedente o reconhecimento do vínculo empregatício sob o fundamento de que o reclamante não se desincumbiu do ônus da prova. Constando no acórdão Regional que a alegação da empresa não foi de negativa do vínculo, é possível sustentar em sede de Recurso de Revista a violação da Lei quanto a distribuição do ônus da prova [10].

Por fim, importante destacar que para o correto enquadramento jurídico dos fatos, é possível o Tribunal Superior do Trabalho levar em consideração o voto vencido, eis que faz parte do acórdão Regional. Neste sentido, segue abaixo trecho do voto do Ministro Alexandre Agra Belmonte:

"Conforme mencionado, a Corte Regional, por maioria de votos, vencida a Relatora (Desembargadora Ana Luiza Heineck Kruse), deu provimento parcial ao recurso ordinário do reclamado para absolvê-lo da condenação imposta, relativa ao pagamento de indenização por danos morais e materiais.

No acórdão recorrido foram transcritos todos os votos (vencido e vencedores), permitindo, assim, o sopesamento dos fatos ali disponibilizados sem atentar contra a Súmula n. 126/TST. Firme nesse entendimento é que me permito fazer um novo enquadramento dos fatos disponibilizados, repito,

---

10. Kátia Magalhães de Arruda e Rubem Milhomem quanto a possibilidade de análise do ônus da prova, assim estabelecem: "Um exemplo, clássico, que quase sempre enseja alguma dúvida no exame do recurso de revista: a) o TRT diz que não houve prova das horas extras e era do reclamante o ônus de provar o fato constitutivo do direito; b) o reclamante diz que houve prova sim e, ainda que assim não fosse, o ônus probatório era da reclamada; c) primeiramente, se o TRT disse que não houve prova pelo reclamante, não se pode chegar a conclusão contrária — nesse ponto se aplica a Súmula n. 126 do TST; d) contudo, ultrapassado o aspecto fático-probatório, tem-se que a questão da distribuição do ônus da prova é eminentemente de direito, pois quando não há nenhuma prova nos autos, ou a prova é insuficiente, o TRT decide levando em conta o encargo processual de cada um; e) portanto, é necessário analisar se houvesse ou não afronta aos arts. 818 da CLT e 333 do CPC, e, nesse caso, houve, pois, ante o princípio da aptidão para a prova, o encargo probatório, quanto às horas extras, era da empresa; f) se ônus da prova era da reclamada, é irrelevante que o reclamante não tenha provado o direito, devendo ser deferido o pedido; g) aplicar a Súmula n. 126 do TST para afastar de plano o exame dos referidos dispositivos infraconstitucionais, nesse caso, seria um equívoco." ARRUDA, Kátia Magalhães; MILHOMEM, Rubem. *A Jurisdição Extraordinária do TST na Admissibilidade do Recurso de Revista*. São Paulo: LTr, 2012. p. 78, 79.

para concluir que, no caso, assiste razão ao reclamante, diferentemente do que entendera a Corte Regional, em sua maioria.

Explico.

Mesmo dos votos vencedores, conforme aduzi em sede de agravo de instrumento provido, resta patente a cobrança do Banco-reclamado por metas, assim como a admissão de que a perita concluiu pela "existência do nexo causal, ou mesmo concausa, entre a prestação de serviços e a doença que inegavelmente acometeu o reclamante (fls. 564/579 e 614/618), conclusão esta inclusive referida nos laudos trazidos às fls. 122/140" (fl. 1608).

Ademais, do voto vencido, que integra o acórdão regional, extraio os seguintes elementos fáticos:.." (RR TST-RR-72600-23.2009.5.04.0404)

Ao julgar o agravo de instrumento, no mesmo processo, assim foi a fundamentação do Ministro Relator:

Pois bem, a tese recursal, conforme acima exposta, mostra-se razoável, uma vez que, mesmo sem considerar o voto da Desembargadora Relatora Ana Luiza Heineck Kruse (vencida), que negava provimento ao recurso ordinário do reclamado, resta patente do entendimento vencedor a cobrança por metas, assim como a admissão de que o perito concluiu pela "existência do nexo causal, ou mesmo concausa, entre a prestação de serviços e a doença que inegavelmente acometeu o reclamante (fls. 564/579 e 614/618), conclusão esta inclusive referida nos laudos trazidos às fls. 122/140" (fl. 1608).

E, exatamente por integrar o acórdão é que defendemos que a declaração do voto vencido não é faculdade do julgador, mas sim direito da parte, em razão do princípio da motivação das decisões judiciais, razão pela qual cabe a parte opor embargos de declaração objetivando a declaração do voto vencido, sob pena de negativa de prestação jurisdicional.

5. DO PREQUESTIONAMENTO

Prequestionamento é um pressuposto específico do Recurso de Revista, que significa dizer que a matéria ventilada no recurso deve, obrigatoriamente, ter sido discutida na instância ordinária.

Sobre o prequestionamento, assim é a doutrina de Manoel Antonio Teixeira Filho:

"Conquanto o vocábulo prequestionamento não se encontre dicionarizado, esse neologismo significa, na terminologia processual, o ato de discutir-se, de ventilar-se, de questionar-se, de maneira prévia, perante o órgão a quo, determinada matéria ou tema, a fim de que o tribunal ad quem os possa reexaminar, em grau de recurso de natureza extraordinária (usada a expressão, aqui, em contraposição ao recurso ordinário).

A cláusula do prequestionamento surgiu no direito norte-americano por meio do Judiciary Act, de 24 de setembro de 1789. Esse Act, adaptando o writ of error do direito inglês às singularidades da organização da Colônia, permitiu recurso para a Suprema Corte. No Brasil, a primeira alusão ao prévio questionamento foi feita pelo Decreto n. 510, de 22 de junho de 1890, do Governo Provisório, cujo art. 59 inspirou-se no mencionado Judiciary Act.

A exigência de que a parte interessada ventile a questão, no âmbito do juízo emissor do acórdão a ser impugnado mediante recurso de natureza extraordinária, decorre, em tese, da necessidade de o órgão ad quem poder, em face disso, subsumir o tema à moldura legal e, em consequência, formular sobre o mesmo um juízo de valor. Como argumentou, certa feita, em voto, o Min. Marco Aurélio de Farias Mello: 'A exigência do prequestionamento não decorre de simples apego a determinada forma. A razão de ser do instituto está na necessidade de proceder-se ao cotejo para, somente então, assentar-se o enquadramento do recurso no permissivo próprio (STF, AgRg em Ag 178.745-7-DF, DJU de 30.5.97. p. 23.181)'"[11]

Conforme mencionado pelo autor, a primeira aparição do prequestionamento surge no direito norte-americano, com o *Judiciary Act* de 24 de setembro de 1789 que, segundo a doutrina de Estevão Mallet: "exigia, de modo expresso, houvesse sido arguida a aplicação ou incidência da lei questionada, para interposição do *writ of error*. Daí afirmar Coolley ser indispensável, para o cabimento deste, constar nos autos, "ou expressamente, ou por manifestação clara e necessária, que qualquer uma das questões enumeradas haja surgido no Tribunal do Estado e aí haja sido rejeitada". Tinha-se, pois, imposta pelo direito e reconhecida pela doutrina, a exigência de prévia discussão da validade da lei ou do tratado, sem o que ficava tolhido o acesso à Corte Suprema."[12]

No Brasil, a exigência prevista no Decreto n. 510 de 1890 foi mantida na Constituição Federal de 1891, em seu art. 59, § 1º, o que permaneceu até a Constituição de 1937. Na Constituição Federal de 1946 tal exigência desapareceu, iniciando-se uma série de decisões que dispensavam a necessidade do prequestionamento. Com o passar do tempo, em razão dos inúmeros processos pendentes no Supremo Tribunal Federal, este cuidou de estabelecer por meio de súmula a necessidade do prequestionamento.[13]

Até o advento da Lei 13.015/14 não havia qualquer previsão na lei quanto ao prequestionamento, razão pela qual cuidou o Tribunal Superior do Trabalho de editar a Súmula tratando do assunto[14], abaixo transcrita:

Súmula n. 297 do TST – PREQUESTIONAMENTO. OPORTUNIDADE. CONFIGURAÇÃO (nova redação) – Res. 121/2003, DJ 19, 20 e 21.11.2003

I. Diz-se prequestionada a matéria ou questão quando na decisão impugnada haja sido adotada, explicitamente, tese a respeito.

II. Incumbe à parte interessada, desde que a matéria haja sido invocada no recurso principal, opor embargos declaratórios objetivando o pronunciamento sobre o tema, sob pena de preclusão.

III. Considera-se prequestionada a questão jurídica invocada no recurso principal sobre a qual se omite o Tribunal de pronunciar tese, não obstante opostos embargos de declaração.

---

11. TEIXEIRA FILHO, Manoel Antonio. *Comentários à Lei 13.015/14*. São Paulo: LTr, 2015. p. 34-35.
12. MALLET, Estêvão. *Do Recurso de Revista no Processo do Trabalho*. São Paulo: LTr, 1995. p. 89.
13. Inicialmente com a Súmula n. 282 e posteriormente com a Súmula n. 356.
14. Primeiro por meio da Súmula n. 184 e, posteriormente, com a Súmula n. 297. Assim é o teor da Súmula n. 184: Ocorre preclusão se não forem opostos embargos declaratórios para suprir omissão apontada em recurso de revista ou de embargos.

Referida súmula vai além da simples definição, que se dá no item I, mas também trata do procedimento a ser tomado na hipótese do acórdão Regional se negar a pronunciar sobre o tema. Neste caso, caberá Embargos de Declaração para sanar a omissão que, se mantida, restará prequestionada a matéria.

Pois bem, referido verbete deixa claro que o Recurso de Revista se inicia na instância ordinária, pois o Regional só está vinculado ao que discutido nas petições do Recurso Ordinário e das contrarrazões, de forma que se a violação da Lei ou da Constituição Federal não for abordada quando da elaboração da peça na instância ordinária, ficará prejudicada qualquer análise em sede de Recurso de Revista[15].

O disposto no item III da súmula 297 do TST restou absorvido pelo CPC de 2015, no art. 1.025, que assim estabelece: *"Consideram-se incluídos no acórdão os elementos que o embargante suscitou, para fins de prequestionamento, ainda que os embargos de declaração sejam inadmitidos ou rejeitados, caso o tribunal superior considere existentes erro, omissão, contradição ou obscuridade."*

Sobre o disposto no mencionado artigo, assim é a doutrina de Cássio Scarpinella Bueno:

"O art. 1.025 quer consagrar o que parcela da doutrina e da jurisprudência chama de 'prequestionamento ficto', forte no que dispõe a Súmula n. 356 do STF.

A regra, bem-entendida a razão de ser do recurso extraordinário e do recurso especial a partir do 'modelo constitucional do direito processual civil', não faz nenhum sentido e apenas cria formalidade totalmente estéril, que nada acrescenta ao conhecimento daqueles recursos a não ser a repetição de um verdadeiro ritual de passagem, que vem sendo cultuado pela má compreensão e pelo mau uso do enunciado da Súmula n. 356 do STF e pelo desconhecimento da Súmula n. 282 do STF e da Súmula n. 211 do STJ. Mais ainda e sobretudo: pela ausência de uma discussão séria e centrada sobre o que podo e sobre o que não pode ser compreendido como 'prequestionamento', tendo presente a sua inescondível fonte normativa, qual seja, o modelo que a Constituição Federal dá aos recursos extraordinários e especial, e, para ir direto ao ponto, à interpretação da expressão 'causa decidida' empregada pelos incisos III dos arts. 102 e 105 da CF."[16]

E, em razão do disposto no item III da súmula 297 do TST e no artigo 1025 do CPC, em sendo omisso o acórdão Regional quanto a matéria que se pretende prequestionar, mesmo a parte tendo opostos embargos de declaração, não estamos diante da hipótese de negativa de prestação jurisdicional, mas sim de prequestionamento ficto.

Caberá a parte somente informar na peça recursal o cumprimento do prequestionamento, ainda que ficto.

---

15. Esse é mais um dos fundamentos pelo qual entendemos que a Súmula n. 425 do TST, que trata do *jus postulandi* na Justiça do Trabalho, é equivocada. Como admitir interposição de recurso na instância ordinária sem advogado e limitar a sua exigência apenas à interposição de Recurso de Revista? Ora, é na instância ordinária que se inicia a preparação do Recurso de Revista, razão pela necessário a assistência de um advogado para que o efetivo controle do exercício do poder seja exercido.
16. BUENO, Cássio Scarpinelli. Novo Código de Processo Civil anotado. São Paulo: Saraiva, 2015. p. 662.

6. DEMAIS ÔNUS EXIGIDOS PELO § 1º-A DO ART. 896 DA CLT

Também podemos definir como pressuposto específico do Recurso de Revista a observância pelo recorrente de determinadas formalidades, sob pena de não conhecimento.

Tais formalidades, definimos como ônus processual do recorrente, que a Lei 13.015/14 teve o cuidado de inserir na CLT, ao criar o § 1º-A do art. 896, abaixo transcrito:

> *§ 1º-A. Sob pena de não conhecimento, é ônus da parte:*
>
> *I – indicar o trecho da decisão recorrida que consubstancia o prequestionamento da controvérsia objeto do recurso de revista;*
>
> *II – indicar, de forma explícita e fundamentada, contrariedade a dispositivo de lei, súmula ou orientação jurisprudencial do Tribunal Superior do Trabalho que conflite com a decisão regional;*
>
> *III – expor as razões do pedido de reforma, impugnando todos os fundamentos jurídicos da decisão recorrida, inclusive mediante demonstração analítica de cada dispositivo de lei, da Constituição Federal, de súmula ou orientação jurisprudencial cuja contrariedade aponte.*

O inciso IV do referido dispositivo restou inserido pela Lei 13.467/17, conforme tratado no tópico anterior.

Sobre esta questão, assim decidiu o Tribunal Superior do Trabalho em acórdão da lavra do Ministro Claudio Mascarenhas Brandão:

> *AGRAVO DE INSTRUMENTO EM RECURSO DE REVISTA EM FACE DE DECISÃO PUBLICADA A PARTIR DA VIGÊNCIA DA LEI 13.015/2014. SUMARÍSSIMO. HORAS EXTRAS. MINUTOS QUE ANTECEDEM E SUCEDEM A JORNADA DE TRABALHO. TEMPO À DISPOSIÇÃO. ATOS PREPARATÓRIOS. DEDUÇÃO DE VALORES. AUSÊNCIA DE COMPROVAÇÃO DO EFETIVO PREQUESTIONAMENTO. NECESSIDADE DE TRANSCRIÇÃO DO TRECHO DA SENTENÇA, QUANDO MANTIDA PELO TRIBUNAL PELOS SEUS PRÓPRIOS FUNDAMENTOS. REQUISITO PREVISTO NO Art. 896, § 1º-A, I, DA CLT. Dentre as alterações promovidas à sistemática recursal pela Lei 13.015/2014 encontra-se a criação de pressuposto intrínseco do recurso de revista consistente na indicação (transcrição) do fragmento da decisão recorrida que revele a resposta do tribunal de origem sobre a matéria objeto do apelo. O requisito encontra-se previsto no art. 896, § 1º-A, I, da CLT, cujo teor dispõe que: 1º-A. Sob pena de não conhecimento, é ônus da parte: I – indicar o trecho da decisão recorrida que consubstancia o prequestionamento da controvérsia objeto do recurso de revista. Cumpre esclarecer que, em se tratando de processo submetido ao rito sumaríssimo, no qual o Tribunal Regional, na certidão de julgamento, se limita a confirmar a sentença pelos seus próprios fundamentos – conforme permissivo contido na parte final do art. 895, § 1º, da CLT –, caberá à recorrente transcrever o trecho da decisão adotada pelo magistrado de primeira instância que comprove o prequestionamento da discussão objeto do apelo, pois, caso contrário, estará desatendida a disciplina contida no aludido dispositivo legal, que lhe atribui tal ônus. Agravo de instrumento a que se nega provimento. (AIRR – 794-78.2014.5.03.0080, relator Ministro: Cláudio Mascarenhas Brandão, Data de Julgamento: 5.8.2015, 7ª Turma, Data de Publicação: DEJT 7.8.2015)*

Referido ônus já estava previsto na Instrução Normativa n. 23 do TST, editada pela Resolução n. 118, de 5.8.2003, o que se faz necessário por se tratar de recurso de natureza extraordinário, conforme enfatiza Manoel Antonio Teixeira Filho:

"Conquanto o conjunto dos ônus processuais descritos nos incisos I a III do art. 896, da CLT, pareça ser nutrido de um rigor excessivo, supostamente inconciliável com a simplicidade do processo do trabalho, devemos reconhecer que esse rigor é de certo modo justificável no plano dos recursos de natureza extraordinária — como é o de revista —, que não se vinculam ao duplo grau de jurisdição."[17]

Sobre o cotejo analítico de teses, assim é a doutrina de Maurício de Figueiredo Corrêa da Veiga:

"Por se tratar de um recurso de natureza extraordinária, a interposição do recurso de revista deverá observar determinados critérios, cabendo ao advogado da parte observar o preenchimento dos pressupostos de admissibilidade que antes eram destacados pela doutrina e pela jurisprudência, sendo que, a partir da alteração legislativa, passarão a ser exigidos também por imposição legal, sob pena de não conhecimento do apelo.

Com efeito, sob pena de não conhecimento do recurso, a parte deverá indicar o trecho da decisão recorrida que consubstancia o prequestionamento da controvérsia objeto do recurso de revista.

Trata-se do cotejo analítico de teses, razão pela qual não basta a transcrição integral do acórdão regional, mas sim o destaque do trecho referente a cada tema, cuja reforma é pretendida no recurso.

Feita a indicação do trecho da decisão recorrida, a parte deverá confrontá-la com a violação ou divergência que entende existente, sendo que, para fazer este cotejo deverá a parte indicar, de forma explícita e fundamentada, contrariedade a dispositivo de lei, Súmula ou Orientação Jurisprudencial do Tribunal Superior do Trabalho que conflite com a decisão regional.

É bem verdade que muitos advogados já adotavam este procedimento, pois além de possibilitar uma melhor visualização dos temas objeto do recurso por parte do julgador, permite que o recurso seja mais objetivo, pois o que vale no recurso de natureza extraordinária é o cotejo analítico de teses, pois as discussões doutrinárias, infelizmente, se restringem às instâncias ordinárias.

O sítio do Tribunal Superior do Trabalho noticiou em 13 de fevereiro de 2015 que a Egrégia 6ª Turma do TST julgou os primeiros recursos com base na Lei 13.015/2014, sendo que em um dos analisados o recurso não foi conhecido, pois a parte não indicou o trecho que pretendia prequestionar com o fim de demonstrar a violação dos dispositivos mencionados (no caso concreto, os arts. 818 da CLT e 333, inciso I do CPC, ou 5º, inciso X, da Constituição da República).

Naquela oportunidade, conforme notícia extraída do próprio Tribunal o Ministro Relator destacou que 'É dever de quem recorre definir a tese jurídica e refutar todos os fundamentos contidos no julgado, além de proceder à demonstração analítica dos dispositivos invocados'.

Por fim, prevaleceu o entendimento do qual não basta a indicação de violação de dispositivo da Constituição Federal e de lei e a apresentação de julgados para confronto de jurisprudência, devendo a parte fazer a correta indicação, que no caso se efetiva com a transcrição.

Além disso, o item III do § 1º-A do art. 896/CLT incorporou a previsão contida na Súmula n 23 do TST, ao determinar que também será ônus da parte expor as razões do pedido de reforma, impugnando

---

17. TEIXEIRA FILHO, Manoel Antonio. Comentários à Lei 13.015/2014. *Revista LTr*, São Paulo, 2015. p. 40.

todos os fundamentos jurídicos da decisão recorrida, inclusive mediante demonstração analítica de cada dispositivo de lei, da Constituição Federal, de súmula ou Orientação Jurisprudencial cuja contrariedade aponte."[18]

Em suma tanto os incisos I a III do artigo 896, § 1º-A da CLT, introduzidos pela Lei 13.015/14, como o inciso IV deste mesmo dispositivo, que trata da negativa de prestação jurisdicional, incluído pela Lei 13.467/17, não tratam de inovações, mas somente trazem para o campo legislativo o que já era exigência para o processamento do recurso de revista.

7. CONCLUSÃO

Diversas foram as alterações trazidas pela Lei 13.467/17 no processo do trabalho e no recurso de revista. Contudo, quanto a inclusão do inciso IV no artigo 896, § 1º-A da CLT, referida alteração teve como finalidade regulamentar o que já era exigência do Tribunal Superior do Trabalho para análise do recurso de revista.

Poderia o legislador ter tratado de outros temas fundamentais do recurso de revista, que encontra amparo somente na jurisprudência, mas não o fez. Contudo, reputamos importante a inclusão do inciso IV no § 1º-A do artigo 896 da CLT, que, como dito, retrata a jurisprudência do TST quanto ao conhecimento do recurso de revista por negativa de prestação jurisdicional.

Além do possibilitar o cumprimento da especificidade, importante que todos os fatos estejam estampados no acórdão uma vez que ao TST é vedado reexame de fatos e provas, o que, como visto, não se confunde com reenquadramento jurídico dos fatos.

8. BIBLIOGRAFIA

ARRUDA, Kátia Magalhães; MILHOMEM, Rubem. *A Jurisdição Extraordinária do TST na Admissibilidade do Recurso de Revista*. São Paulo: LTr, 2012.

BELMONTE, Alexandre Agra. Breves comentários ao novo sistema recursal trabalhista (Lei 13.015/2014). *Revista LTr*, São Paulo, vol. 79, jan. 2015.

BUENO, Cássio Scarpinelli. *Curso sistematizado de direito processual civil*. São Paulo: Saraiva, 2008, v. 5.

DA SILVA, Homero Batista Mateus. Comentários à Reforma Trabalhista, São Paulo: Editora Revista dos Tribunais, 2017.

GONÇALVES, Odonoel Urbano; MANUS, Pedro Paulo Teixeira. *Recursos no processo do trabalho*. São Paulo: LTr, 1997.

JORGE NETO, Francisco Ferreira; CAVALCANTE, Jouberto de Quadros. *Direito Processual do Trabalho*. 5. ed. São Paulo: Atlas.

---

18. VEIGA, Maurício de Figueiredo Corrêa da. *Admissibilidade do Defeito Formal que não seja Reputado Grave e a Obrigatoriedade do Cotejo Analítico de Teses*. In A Nova Lei de Recursos Trabalhistas – Lei 13.015/14. Coord. Alexandre Agra Belmonte, São Paulo: LTr, 2015. p. 130-131.

_____. A sistemática recursal e suas inovações (Lei 13.105/2014): O recurso de revista e de embargos no TST. *Revista LTr*, São Paulo, vol. 79, mar. 2015.

MALLET, Estêvão. *Do Recurso de Revista no Processo do Trabalho*. São Paulo: LTr, 1995.

NEVES, Daniel Amorim Assumpção. *Novo Código de Processo Civil – Lei 13.105/2015*. São Paulo: Método, 2015.

SILVA, Antônio Álvares da. *Do Recurso Extraordinário no Direito Processual Brasileiro*. São Paulo: Revista dos Tribunais, 1999, p. 61-62.

_____. *Do Recurso de Revista no Processo do Trabalho*. São Paulo: LTr, 1995.

TEIXEIRA FILHO, Manoel Antonio. *Sistema dos Recursos Trabalhistas*. São Paulo: LTr, 2011.

_____. Comentários à Lei 13.015/2014. *Revista LTr*, São Paulo, 2015.

_____. O processo do trabalho e a reforma trabalhista. São Paulo: Ltr, 2017.

VEIGA, Maurício de Figueiredo Corrêa da. *Admissibilidade do Defeito Formal que não seja Reputado Grave e a Obrigatoriedade do Cotejo Analítico de Teses*. In A Nova Lei de Recursos Trabalhistas – Lei 13.015/14. Coord. Alexandre Agra Belmonte, São Paulo: Ltr, 2015. p. 130-131.